医商

揭秘医疗美容商业模式

李滨 于晓冬 著

中国经济出版社
CHINA ECONOMIC PUBLISHING HOUSE

图书在版编目（CIP）数据

医商：揭秘医疗美容商业模式 / 李滨，于晓冬著. -- 北京：中国经济出版社，2023.10
ISBN 978-7-5136-7501-7

Ⅰ.①医… Ⅱ.①李… ②于… Ⅲ.①美容院 - 商业模式 - 研究 Ⅳ.① F719.9

中国国家版本馆 CIP 数据核字（2023）第 185794 号

选题策划　汪　京
责任编辑　高　旭　李　强
责任印制　马小宾
封面设计　新成博创

出版发行	中国经济出版社
印刷者	北京富泰印刷有限责任公司
经销者	各地新华书店
开　本	787 毫米 × 1092 毫米　1/16
印　张	32.5
字　数	624 千字
版　次	2023 年 10 月第 1 版
印　次	2023 年 10 月第 1 次
定　价	119.00

广告经营许可证　京西工商广字第 8179 号

中国经济出版社　网址　www.economyph.com　社址　北京市东城区安定门外大街 58 号　邮编　100011
本版图书如存在印装质量问题，请与本社销售中心联系调换（联系电话：010-57512564）

版权所有　盗版必究（举报电话：010-57512600）
国家版权局反盗版举报中心（举报电话：12390）　　　服务热线：010-57512564

序一

认识处于市场早期的中国医美业的若干特征

李 滨

有人说2022年是中国医美的合规元年，恐怕是基于这一年开始的又一轮行业大整顿，以及相对密集的法律法规文件的出台，这或许意味着中国医美业早期的市场发育走向结束，开始向规范化的成长期过渡。可以预见的是，中国医美业一旦进入合规化时代，必将在世界范围占据领先地位，并且是独一无二的存在。所以，对早期市场的若干特征加以认识，有助于我们在其合规化进程中，更好地把握方向。

作为一个完全内需型的产业，它的特征决定了其广阔前景与美好未来。首先，中国医美产业拥有庞大的市场需求，这得益于我们的人口基数与人种特点，而且我国已经形成了数量庞大的中产阶层，他们既有一定的消费能力，又有对美好生活的强烈向往；可以与之比较的是一度领先的韩国医美市场。其次，中国政府认可消费医疗并出台了相对开放的产业政策，尽管法律法规尚处于不断完善的进程。再次，中国文化的包容性与对新生事物的接纳程度，让全世界的新技术、新产品得以在中国市场迅速推广。最后，医美技术的本土化程度高，并不依赖于国外的医疗技术，大量从事医美的医生根据国人的特点与审美需求，已经形成了世界范围独特的医美技术范式。中国的美容医生有丰富的人才储备与相对完善的培训机制，仅仅用了二三十年，他们的医美技术水平便已经赶上甚至超越了欧美国家，我们可以强烈地感受到中国医美产业在引进、消化、吸收、同化与超越方面的强大能力。中华民族五千多年生生不息，虽历经磨难而文脉不断、法统道统绵延不绝，正是因为其强大的"同化"能力。

然而我们也必须承认，当今中国的医美市场，尚未度过市场发育的早期阶段，虽然未来拥有巨大的上升空间与投资价值，但是也面临许多困难与挑战。未来十年到二十年，它将处于高速发展且伴随规范与自洽的这样一个过程。研究一个行业的商业模式，首先要面对的就是它的成长发育周期，当我们看清中国医美市场处于早期阶段所具备的种种表现，就不难针对现存的问题找出相应的解决方案。

纵览中国医美市场发展的历程，有三个重要时间节点：

1984年，中国第一家美容外科医院——黄寺美容外科医院成立。

1994年，发布《医疗机构诊疗科目名录》，首次正式将"医疗美容科"列为"一级诊疗科目"；从这个意义上说，中国医美是"90后"。

2002年，我国施行第一部行业规章《医疗美容服务管理办法》，这也是迄今唯一规范医美行业的政府文件；从这个角度看，中国医美也可以是"00后"。

第一家医美专科医院的出现，带有一定的偶然性，那时，参与者都在懵懂中摸索；医美被纳入一级诊疗科目之后的几年里，才出现了真正市场化的民营医美机构；第一部规范性文件的出现，距离2022年只有短短20年，医美行业如同一个处于青春期的少年，一面向上快速成长，一面向下突破底线，处于不断地被教育、规制、整顿和完善的过程。

有人说，2022年将是第四个重要的时间节点，这一年是中国医美行业的"合规元年"，也就是说，这位曾经的少年，终于要正儿八经地步入社会，规规矩矩地做成年人了。身在历史当中，我们无法假设历史，但是从业者都深深感受到了合规化的"成年礼"突然近在眼前，我们必须迈过这个标志性的门槛。

早期市场必然有其与生俱来的种种特点。

第一个特点：野蛮生长

任何一个新生市场，一开始必然是生机勃勃的，并伴随着野蛮生长，这多表现为按照丛林法则行事，评价准则是胜者为王败者为寇。改革开放初期，人们一旦发现了一个新的商机，便一拥而上，如同滔天洪水漫灌，施展的是洪荒之力；只有经过自然演化与不断治理，才能成为江河湖渠。

世界市场的早期发展同样如此，那是个暴力掠夺的时代，人类在殖民扩张、战火连绵中度过了三个多世纪，经过三四百年的时间，才逐步形成今天的世界格局。中国医美业存在不到四十年，也是在恣意妄为、巧取豪夺中完成了原始积累，各色人等参与其中，都想在这个新兴市场赚到第一桶金，不少人身负坑蒙拐骗、无所不用其极的原罪。在这个阶段，指望从业者遵从朴素的道德直觉，未免异想天开。最早进入这个行业的淘金者，依靠的是胆量与魄力，而不是学识和修养，所以，这个行业始终处于医疗行业鄙视链的末端。野蛮生长时期既有"浪漫"的行业传奇，也有泥沙俱下的历史无奈；它和Z世代①一样伴随着互联网而成长。

第二个特点：法律法规不完善

仅从医美行业诞生以来只出了一部专门的法规性文件这一现象，就可以得出中国医美行业法律法规有待健全的结论了。

中国是世界上为数不多的承认消费型医疗合法存在，并鼓励社会资本兴办营利性民营医疗机构的国家。有趣的是，将医疗机构按照所有制的不同，进行了不同的规制构架后，却没有体系化的专门应对民营医疗及营利性医疗机构的法律法规，不能不说这是一个亟待完善的领域。虽然民营消费型医疗产业规模不大，但毕竟事关人民的生命健康，光靠一次次治理整顿是解决不了根本问题的。

当然，清理整治本身也是法治不断健全的过程，只是立法显然落后于治理的脚步，所以出现了法律法规滞后于行业发展的现象。作为新兴产业，法规不健全在所难免，这有待于政府监管部门与行业从业人员的共同努力。有识之士应该积极推动医美行业单独立规立法，给医美行业（消费医疗行业）划定边界。

第三个特点：市场需求旺盛

看新兴市场的长期发展性，只要看其需求是否旺盛就可以了。

中国的医美市场自2002年至2019年，年均复合增长率超过20%；人口渗透率从1998年微不足道的百分之零点零几，到2019年的3.6%②；预计疫情之后仍能保持10%的增速③。需求之旺、成长之快，可见一斑。

中国医美是自驱型的行业，市场化充分，成长性好，发展速度快且消费潜力巨大。当消费需求被调动，而市场供给无法合规化与均衡性地满足需求时，必然出现众多向这个领域伸手的组织与个人，他们急切地想从中切分一块属于自己的蛋糕。

---

① Z世代，也被称为"网生代""互联网世代""二次元世代""数媒土著"，通常是指1995年至2009年出生的一代人，他们一出生就与网络信息时代无缝对接，受数字信息技术、即时通信设备、智能手机产品等影响比较大。
② 根据智研咨询发布数据。
③ 德勤，艾尔建美学. 中国医美行业2022年度洞悉报告[R].

说中国的消费者对医美的需求强烈，一个重要原因是东亚人对相貌调整与提升的需求高于欧美人，因为人类的人体美学标准主要沿袭自古希腊的人体美学，它成为全人类的美学追求，于是东亚人希望自己能够拥有一些欧美人的体貌特征。除此之外，抵抗自然的人体衰老进程，则是人类共同的需要。因此，东亚人对医美的消费需求，可能是全世界最高的。

从文化的角度也可以印证这一点，东亚人普遍没有宗教的束缚，而且对外来文化向来持开放、接纳与包容的态度，一边接受，一边进行本土化的改造；尤其是中华文明，对外来文明的吸纳与同化能力，堪称世界第一，且具有洋为中用、推陈出新的传统。

第四个特点：产品驱动

从18世纪60年代开始，工业革命使资本主义工业国在世界范围瓜分商品市场，许多国家成为资本主义市场的经济附庸，工业产品主导市场也成为世界市场早期的主要特征之一。

医美行业的早期发展，仍然是西方工业化成果的外延，无论是光电技术还是产品研发，都是工业化的溢出效应。发展至今，以进口产品为主的上游器械商仍处于市场早期的红利期，价格昂贵，且在行业内形成产品驱动，成为医美业发展的主要引擎。所以，在中国医美市场发展的早期，行业成为西方工业化的附庸，产品驱动大于技术驱动就不奇怪了。

当产品矩阵中的一部分药械品牌化之后，它们对消费者的直接影响也能反向拉动行业的发展；医生们不得不屈从于产品化的浪潮，因此高度分散的医美业短期还无法与上游供应商抗衡，产品驱动的情况还将长期存在。这也是消费型医疗市场早期的主要特征之一，因为产品驱动的内核是工业化和信息化，它也是人类文明的成果。

但是，我们承认"科学技术是第一生产力"的同时，也难以否认医生才是医疗的核心生产力，医疗有很大的人文学科成分，美学更是纯粹的人文学科，医美最朴素的定义是"用医疗手段实现美学价值"，这就决定了医美无法被工业化和信息化完全遮蔽，这个矛盾有待解决。

第五个特点：资本注重短期收益

从19世纪70年代开始，世界市场进入高速发展时期，随着第二次工业革命的进行，资本主义列强将世界瓜分殆尽。世界市场从此由商品销售为主，发展为兼有资本市场与金融市场两大板块的新市场，所有新兴产业都有资本这个最大推手。

资本同样瞄准了中国新兴的医美产业，并成为最积极的玩家。但是在其早期，资本普遍注重的是短期效益，这也是资本市场普遍关注上游的原因。只有到了市场规范化发展的时期，资本的关注点才有可能转向具有长期价值的投资对象，因为资本逐利的天性，它的投资逻辑必须是可视化、可量化、可计算的。

资本市场的合规化要求远远高于医美业的现状，特别是在二级市场，因此，资本一方面要求利润，另一方面要求合规。责任是被投资者承担的，利润则由大家来分享，这个背景成为市场发展周期的主要参照物。资本没有情绪，其眼中也没有什么医疗和美学，他们只追逐合规化下的高额利润。

第六个特点：底层逻辑不清晰

市场早期的主要参与者，对行业发展的规律大都是一知半解。这种现象不可避免，因为人们没有时间去想清楚了再干，做事情总是一边行动一边思考，并逐渐将思路理清。

很少有人去思考医美行业的底层逻辑，从业者如此，行业监管者同样如此，人们只能在现有的行规里去寻找对自己有用的工具。行业发展的最初二三十年，人们最关心的是医美业的工具理性，价值理性被暂时放在一边。

国际冲突、经济下行、行业整顿、疫情防控，这些事情同时发生在我们身边，与我们息息相关，也让许多业内人士陷入事业发展的困惑。我们这个相对年轻的行业，问题到底出在哪里？医疗与消费，到底应该是怎样一种关系？消费医疗的底层逻辑，应该是什么？怎样才能真正将这个发展潜力巨大、市场前景广阔的产业，迅速带上正轨？

我们身处一个不确定性极高的年代，这些问题，其实更应该问问我们自己。

上文，我们归纳了处于发展早期的中国医美行业及市场的一些特征，对这些问题进行提炼，目的是在探寻其商业模式的过程中，让我们思路更加清晰、认知更加合理，也为应对未来的市场变化及发展，做好相应的准备，迎接灿烂美好的明天。

本书写作的主要目的是为医疗美容等消费医疗商业模式提供更多的细节，并未对传统商业模式专注的客户价值主张、盈利模式、关键资源、关键流程、合作伙伴、成本结构、客户关系等进行深入讨论，也没有对美容医院模式、美容诊所模式、医美连锁模式、医院连锁模式、全科医疗连锁模式、互联网医疗模式等商业模式的表现形式进行系统论述。因为这些是"知识"和"信息",不是具体的智慧。本书希望提供更多"切片式"的细节,帮助读者理解和认识医美等消费医疗商业模式面对的困境,找到思考的入口,开启商业智慧的另一扇窗。

序二

消费医疗的家族相似性与医美的身体美学

于晓冬

非常荣幸与李滨先生共同完成这本书。

什么是消费医疗？这是本书通篇探讨的问题。对于消费医疗该怎么做，为什么这么做，未来将如何演进等问题都有所述及。很多内容是李滨先生深耕消费医疗行业多年的心得体会，用半口语化的语言娓娓道来，可以想见一位智者坐在沙发上，喝着茶、抽着烟，承着下午温暖的阳光在野马尘埃中传道授业解惑，脑海中浮现北冥之鱼乘云气扶摇九万里为鲲鹏的逍遥。

借着作序的机会，这里说两个问题。

第一个问题，消费医疗的家族相似性。

我们大多有这样的经历，家人突然给你介绍了一个人，或者他乡遇故知攀关系的时候发现自己与对方居然是亲戚，又或者春节时家人团聚经常有完全不知道的亲戚出现。这种亲戚关系就是家族相似性。有些人与我们根本没有血缘关系，但是依靠家族相似性，也可以成为亲戚，加入"相亲相爱一家人"的微信群。

家族相似性是著名哲学家维特根斯坦在《哲学研究》里提出的重要概念，虽然对其争议很多，但是可以用来解释医美等消费医疗的很多问题，并且具有概念与范畴属性和知识连接能力。

维特根斯坦在传统范畴理论基础上，提出家族相似性理论（Family Resemblance）。他认为范畴的成员不必具有该范畴的所有属性，而是AB、BC、CD、DE式的家族相似关系，即一个成员与其他成员至少有一个或多个共同属性。范畴成员的特性不完全一样，他们是靠家族相似性来归属于同一范畴。而此范畴没有固定且明确的边界，是随着社会的发展和人类认知能力的提高而不断形成和变化发展的。

维特根斯坦在《哲学研究》第66节说:"我们看到了一个复杂网络的重叠和相似性纵横交错:有时整体有相似性,有时只有细节有相似性。"

举两个例子。

例1:假设01到05是五种对象,而A、B、C、D、E是五种性质,它们排布如表1。

表1

01	02	03	04	05
ABCD	ABDE	BCDE	ABCE	ACDE

每个对象都与其他对象共享了75%的性质,但没有一个所列的性质是所有对象共有的。这是整体相似性。消费医疗从医疗科目到具体诊疗项目,从医疗属性到消费属性,从市场营销到医疗服务,从主动合规到被动监管都有这种整体相似性,却各有不同。

例2:假设06到10是五种对象,A、B、C、D、E、F、G、H是八种性质,它们排布如表2。

表2

06	07	08	09	10
ABCD	ABCE	ABEF	AEFG	EFGH

06~10每组性质如同忒修斯之船,共有元素逐渐失去。每个对象都和相邻对象有75%的相似性,但并非所有邻近对象都有,事实上,06和10没有任何共同之处。这是细节相似性。近年崛起的轻医美与美容外科及整形外科的很多项目就是细节相似性大于整体相似性,造成了很多划线和分区的难题。

理解了消费医疗的家族相似性,就可以破解很多消费医疗的难题。家族相似性同形式逻辑和符号逻辑的推理不太兼容,这让受过严格医学训练、有逻辑思考习惯的医生们困惑。医疗美容则是用美感和审美体验来评价最终效果的(纯医疗问题相对简单),而美和审美是更加典型的家族相似概念。那么,在研究医疗美容商业模式的时候,就面临很多二律背反的难题。本书难能可贵之处,就是在讨论商业模式之时,融汇了很多认识论、伦理学知识及审美思考。这是一本智慧之书,不是一本知识之书。

第二个问题,医疗美容与美学的关系。

从事医美的人对美学有责任感。很多医美同行喜欢兼职做美学家。可是,大多数人并没有系统研究过现代美学，而是沉迷古典美学不能自拔。典型情况有两种。

其一，坚持本体论美学，认为美有本质，可以认识和发现，可以找到，可以做出来。现代美学和当代美学已经不再讨论美的本质问题，而是研究美感，研究美感经验，一面走向了人类内心，一面走向了社会意识形态和文化建构。虽然医美的美学更像是应用美学，有很多专门的著作对此进行讨论，但是局限于形式美学和医学美学，而忽视了现代主义和后现代主义对美和美感，对审美和审美体验的解构，更落后于网络社交时代的个性化、潮流化、异化的审美风潮。

其二，对身体美学视而不见。

身体美学由美国学者舒斯特曼在20世纪末提出，正式被介绍到国内是2002年，他的《实用主义美学》一书由学者彭锋翻译出版。

顾名思义，身体美学就是将身体作为研究美学的重要对象。美学包含了审美主体、审美客体以及审美主体和审美客体之间的关系。身体美学即将身体作为审美客体，以人的主体精神作为审美主体，用自己的精神观照自己的身体的审美过程。

从此描述可以看出，身体美学是美学界为医美准备的理论武器。可惜医美业谈论美学的很多，研究和应用身体美学的少之又少，这非常遗憾。

舒斯特曼认为身体美学（somaesthetics）可以定义为："对一个人的身体——作为感觉审美欣赏及创造性的自我塑造场所——经验和作用的批判的、改善的研究。因此，它也致力于构成身体关怀或对身体的改善的知识、谈论、实践以及身体上的训练。"

基于以上定义，身体美学分为三个层面：分析的身体美学、实用主义身体美学、实践的身体美学。身体美学带有浓郁的实践性与实用性色彩，舒斯特曼把这种强调"行"的身体美学视为对传统美学的拓展而不是解构。可以认为身体美学是医美的理论工具箱和思想宝库。近年国内美学领域研究身体美学之风渐盛，目前一致的观点是，身体美学与中国传统审美密切相关，甚至一脉相承。消费主义时代，身体美学源于实用主义哲学，更能解释和预言诸多消费现象和文化现象。这些是医美需要的理论支撑。因此本书也对很多基础的美学问题、身体美学问题有所提及，希望给消费医疗商业模式设计和研究提供一些人文领域和社会文化领域的参考。

前言

医美的魅力

魅力之一：用医美手段实现美的价值

为何影视行业要慎用"整形演员"[①]？这是影视行业对病态整形与畸形审美的抵制；医美一旦走向病态，就可能误导年轻人做出不理智的选择。"娘炮"文化、"耽美"之风、病态医美，这三种不健康的文化现象，在镜头里频频展现，对于观众，特别是年轻一代，便可能起着负面的引导作用。只是，病态医美对人的伤害，一旦形成，便难以挽回，对演员本人更是灾难性的，这是与其他两种现象不同的地方。

然而绝大多数的演艺人士却乐此不疲，只要做医美的，那必是"敬业"的表现，他们在为自己的银幕形象"负责"，他们想给观众展现一个更好的自己。国内早期的美容外科手术，主要是给演员们做的。

今天，谁该为"娘炮"、"耽美"、病态医美这些现象负责？

先说一个影视拍摄技术观点：拍摄人物时，或者用近景的低机位、大广角；或者用中焦距的大光圈，进行面部特写；或者用长焦来吊远景、奢侈布光、开大光圈。这些"技法"下的屏幕表达，要求上镜的脸必须小，头身比必须夸张。镜头的广角畸变、透视畸变等被变成镜头语言后，要求演员面部、身材特征突出，才有了"葫芦娃里女妖精"的脸成为女性艺人的某种标配。这些影视化效果，被很多希望进入演艺圈的人当成需求带到了医美圈子，号称"上镜脸"。很多医生强烈反对这些影视化、标签化的"审美"，但是这种审美风潮仍越吹越烈。

再说影视作品强大的影响力。商业化影视是大众文化消费品，一个剧、一场综艺节目、一部电影火了，不仅演员们成为大明星，而且演员的面部特征、身体特点也会

---

① 中国电视剧制作产业协会青年工作委员会2021年12月16日发布倡议书，倡议广大委员及其所经营的影视生产主体要牢牢把握正确的政治方向、舆论导向和价值取向，坚决抵制天价片酬、"阴阳合同"、病态整容等畸形审美以及"水军控评"等行为。

成为"审美"趋势和指南。美容医生的诊室经常会出现一个小姑娘，拿着几张不同的剧照，要求做成这个演员的鼻子，那个演员的眼睛……这样的风潮，源头在哪里？

如果经过医美人的手，毁了一位演员的前程，我们是不是会感到内疚？

医美是医学与艺术的结合，用医学手段创造美的价值。所以，医美的终极目标是什么？是偏向医学的结果，还是偏向艺术的结果？是遵从美学规律，还是遵从客户个人意愿？这一点向来有不少争论。

既然医美是医学与美学的结合，那么，有多少从事医美的医生，接受过正规的美学和艺术教育？当下的医学院，并没有医美的本科专业，所有美容医生都是从别的科室转行过来的。

如果有一个人找一个医生做了一个双方都认可的医美手术，结果这个人在准备拍戏的时候被剧组认为做过整形而拒绝，影响了个人发展，跑回来找医生负责，那医生应该怎么办？是应该在术前约定加上一条，说明以后出现类似问题，医生概不负责吗？这样的医疗文书恐怕全世界都难以找到先例。

我们应该抱持何种医美观点？

医美可以分成两个部分，一部分是设计，一部分是治疗。从某种意义上说，设计的环节更加重要，从事医美设计的人，必定是受过美学与艺术教育的专业医生，才可能真正设计出最接近客户主客观需求的人体美学方案，而且这个方案是可以通过医学手段实现的。治疗阶段，有可能是开刀，也有可能是注射或光电治疗，或者兼而有之，这个部分对技术要求高，它能够实现当初的设计方案。

我们的医美观点是什么？最高境界应该是做完医美之后，完全看不出来人工的痕迹，这才算是成功的。所谓"自然美"与"自然的美"，并不是一回事。"自然的美"属于天生丽质、与生俱来的美；"自然美"则可能是后天获得的医美效果，但是看上去自然，它应该是医美的最高境界。

医美涉及人体美学，它的来源只有一个，那就是从古希腊发轫，到文艺复兴时期形成的美学观念[1]，且至今未变。其中以达·芬奇创立的人体美学观点为代表，是对全人类的贡献。

有一本书叫《对立之美》[2]。其中一章谈及古典与浪漫，与医美颇有暗合。书中说：

---

[1] 叶朗.美学原理[M].北京：北京大学出版社，2008：30-43.
[2] 严伯钧.对立之美——西方艺术500年[M].中信出版集团，2021.

达·芬奇与米开朗琪罗的艺术风格象征着西方古典艺术当中两股最大的势力,"广义的古典主义"和"广义的浪漫主义"。

达·芬奇对微观和宏观的同时掌控,让画面呈现平衡、动感、张弛有度的完美效果,好似借由造物主之手创造的有机生命体一般。他对线条和布局的掌控前无古人。纵观艺术史,再无人能在平衡感与有机感上超越他。

古典主义讲究精确、典雅、平衡、节制,浪漫主义讲究想象力、表现力、对比度和放大的情感。

医美的美学观念,必然是达·芬奇的精确、典雅、平衡、节制,这也应该成为全世界美容医生的信条。所以,中国的医美医生一定要学习达·芬奇的美学思想。

米开朗琪罗的浪漫主义,可以交给彩妆、发型以及服饰。这些随场景随意变化的东西,能够展现浪漫、表达心情,可以随性格而动。只是相对固定在人体之上的变化,还是要基于保守主义的理念,尽可能地走中庸之道。

源自古希腊的哲学与艺术以及伴随发展而来的科学与医学,本身都是还原论的。就是把大审美拆成小审美,分别解决,然后组合在一起。这个过程就像是科学的发展,分科越来越细致;也像现代医学的分科,越来越细化。中国的哲学与艺术本身是整体论的,喜欢讲究整体、和谐、天人合一[①],追究万事万物背后的"道"。这导致中国的艺术首先讲究意境[②]与象征,而不是真实与还原[③]。在医美领域,医生们拿着还原论的医学工具,却在忙着做整体和谐美的艺术创作,发展下来,必然分成两个方向:一个是制造"病态整形"产品的医美流水线匠人,另一个是讲究精致审美与整体和谐的中庸的医美艺术家。

魅力之二:医美临界点的秘密

水有两个临界点,一个是零摄氏度,另一个是100摄氏度。在一个标准大气压下,低于零摄氏度时,变成冰;高于100摄氏度时,变成水蒸气。

坚硬的金属也有临界点,一般称之为熔点,温度高于熔点,金属便会熔化,熔点也是区分不同种类金属的标准之一。

[①] 张岱年.中国哲学中"天人合一"思想的剖析[J].北京大学学报(哲学社会科学版),1985(1):1-8.
[②] 王国维.人间词话[M].手稿,1910:1-3.
[③] 王海铝.意境的现代阐释[D].杭州:浙江大学,2005:40-49.

人的体温的临界点有两个，一个是35摄氏度，另一个是37.2摄氏度，低于前者便会失温，高于后者就是发烧，体温在两者之间，是健康态。人体的失温临界点或发烧临界点被突破的时候，虽然说是进入了另一种非健康状态，但是仍然存在渐进的过程。

情绪也有临界点，例如，喜极而泣、乐极生悲、勃然大怒及情绪失控，都是在形容情绪越过了临界点之后的状态。人的精神状态一旦突破了临界点，便有可能失去理智，要么精神崩溃，要么精神麻木。

在经济学中，临界点的目标指向允许不确定性因素向不利方向变化的极限值。例如，价格战中的降价，当价格下降到一定指标，内部收益率刚好等于行业基准收益率，这个值就是降价的临界点。当不确定性因素的变化达到一定比例时，经济效果的评价指标从可行变为不可行。

临界点意味着质的变化，它作为从一种状态转变成另一种状态的标志点，具有特殊的意义和价值。人们掌握了某种状态的临界点，也就等于掌握了某种变化的规律。

医美也恰好存在几个临界点。这方面在医美界并没有太多的讨论，一是"变美临界点"，二是"毁容临界点"，三是"情绪临界点"。

变美临界点更多是美学上的意义，所以又可以称之为"人体医学美学临界点"。人体医学美学[①]是指在医学美学基本原则指导下，研究现实人体美及其规律的学科，是医学美学的重要组成部分。变美临界点是指用最小代价便可以让人变美的诊疗范围，通常由医生来把握；指望客户自己能掌握这一点是不靠谱的，很少有人能做到这一点；而这一点也是考验美容医生水平的试金石，它源于医生的美学修养和临床经验。

变美临界点不存在统一标准，例如，"三庭五眼""黄金分割点[②]"之类，只是一些参照系而已；也没有划分标准，完全根据个人意愿和具体情况，有整体变美临界点，也有局部变美临界点；人处于不同的生命阶段，也会出现不同的临界点。

毁容临界点确切地说是医美治疗失败的标准值，也是过度医美的最高允许值，一旦过了这个临界点，便进入变丑的进程，是物极必反的道理。它既有医学标准，也存在美学标准和心理标准，其中心理标准受社会环境的影响较大，比如周围人对医美效

---

① 这个概念于2015年被提出，源于该年11月由科学出版社出版的图书《医学美学与美容医学名词》一书，作者是医学名词审定委员会。

② 黄金分割点，据称是古希腊毕达哥拉斯提出，定义为一个线段上偏左取一个点，如果这个点左侧的长度除右侧的长度的值与这个点右侧长度除整个线段的长度的值相等，那么这个点就是黄金分割点，取值约等于0.618，这是医美用得最多的一个美学工具，被认为是"上帝的密码"，很多有长度和比例关系的"美"符合这个规律。但是这个比例也存在大量反例，很多人反对这个说法。

果的评价。

这个临界点可谓医美的"魔咒",做医美的医患双方都绝对不能迈过这条界限,一旦过去了,便会迅速走向反面,不但所有的钱都白花,而且必然带来困扰医患双方的纠纷甚至医疗事故,我们也将之称为医美消费的纠纷临界点。

人们去做医美项目时,出发点无非是想让自己变得漂亮一点、年轻一点或性感一点,因人而异,没有绝对指标,很多情况下这个临界点是模糊不清的,导致恶劣后果的原因也多种多样。因此,过度医美情况经常发生,无论过度治疗的决定是谁做出的,一旦出现纠纷,医美机构是责任的唯一承担方,患者会将所有问题归结到医美机构或医生的头上。

情绪临界点专指医美就医者对医美效果自我认知的心理承受度,有的人心理承受度高,有的人却很低,一旦超过了临界点,情绪便会发生质的变化,从而影响人的行为。情绪临界点的基础是就医者自身的医美期望值。

情绪临界点要比毁容临界点宽泛一些,它不一定与毁容临界点完全一致,低于或高于毁容临界点的可能性都有,所以,当它高于毁容临界点的时候,可以作为毁容临界点的缓冲地带。当医生意识到患者的问题已经超过了毁容临界点时,哪怕还没有突破情绪临界点,也应该及时采取措施,不能以任何方式触碰患者的情绪临界点,导致对方情绪失控。

就医美临界点这个概念本身来说,它还关涉一个"医美阈值"的概念。什么是医美阈值?阈的意思是界限,阈值又叫临界值,是指一个效应能够产生的最低值或最高值。我们姑且将这个概念引申一下,特指最低值与最高值之间的范围。

医美的本质是通过医学手段实现人体的美学价值,找到最低值,也就是变美临界点,它是美学价值增值的开始;找到最高值,也就是毁容临界点,它是美学价值贬值的开始;在增值与贬值这两个临界点之间的范围,就是医美阈值。

医美业所有的业务,应该在医美阈值允许的范围内实施,无论是医生还是辅助人员,都应该建立这样的概念。只要在医美阈值之内,实施多少项目、收取多少费用都是合理的;一旦突破,哪怕多收一毛钱,都可能引发灾难性后果。

当然,除了这几个临界点,我们还能找到很多临界点。有些临界点是稳态的,有些是非稳态的。稳态临界点就像待在圆底瓶子里的小球,即便因为震动偏离了最底部,也会自动回到那个稳态位置;非稳态临界点就像杂技演员顶起来旋转的那个盘子,需要演员维持它不掉下来，而且一旦掉下来不会自动回去。事实上，我们很难找到医美的稳定临界点，而所有我们想要的临界点都是非稳态的，需要好好维护，才不至于偏离稳态。

美容医生必须对医美临界点有精准的把握。

拿着明星照片去找美容医生的做法是愚蠢的，消费者也不应该相信明星们关于自己如何变美的"鬼话"，例如，花了多少钱在护肤品上之类的，明星照片或剧中形象都经过了化妆或镜头美颜，与现实生活中真实的人物没有可比性。而拿明星照片找医生做参照系的做法，是典型的变美临界点误区。也就是说，客户本人对自己的变美临界点一无所知。

变美临界点与医美消费行为常常发生冲突。客户到医美机构寻求某种治疗，医美机构的咨询师便加以开发并开单，大多数情况是出于销售的目的，而非让客户变美的目的，这种情况是双方对变美临界点的忽视。不管是医生还是咨询师，洞察客户的变美临界点是一项重要的技能，医生们在这方面的水平更高一些，优秀的医生可以在很短的时间内把握住客户的变美临界点并加以指出，那些依从性好的客户会听从医生的建议，获得良好的治疗效果。

变美临界点可以说是医美的起步，也可以称为变美过程中的里程碑事件，具体来说这是解决了最基础的身体问题之后，便获得了美的提升价值。

合格的美容医生在治疗之前会与就医者充分沟通，他们会在变美临界点与毁容临界点之间的范围与就医者达成共识，我们称之为美学沟通一致。这一点也会体现在病历上。

医生们经过长年的经验积累，对自己技术与客户情况的认知会在临床实践中展现出来，有些时候的表现是对客户的挑选。这种情况的出现，往往会引发医生与咨询师或院方管理者的冲突，被认为是对业绩产生不良影响的行为；所以，咨询师应该加强对这类知识的学习，并且尽可能地与医生的决定保持一致。一方面，完全不具备医美阈值观念的消费者本身就是"雷"；另一方面，假如医生自知水平不足，出现挑选客户的情况，管理者不应该赶鸭子上架，以避免不必要的医患纠纷。

为什么我们要强调医生们不但要有高超的临床技术，还要学习人体美知识以及心理学知识？就是为了让医生团队能够具有综合的判断能力，很多时候，并不是医术高超就一定能有最好的医美效果。

客户对医美临界点的认知，可遇而不可求。

如果医美客户能对自己的变美临界点和毁容临界点了然于胸，对其自身而言是莫大的幸事。它可以让客户以最小的代价获得最好的效果，也能够避免走入毁容的陷阱。但是具备这种能力的消费者凤毛麟角，大多数医美消费者完全不具备这种认知能力。

对于医美行业的从业者来说，将这个责任完全推给消费者是不负责的表现，因为大多数消费者并不具备人体美学知识和自我审视能力，他们的主张大多来自他人的影响或医美时尚。这种能力来自个人的美学修养与医美行业的消费者教育，但医美消费者教育正是这个行业最缺乏的。

在具体的个案中，医生帮助就医者建立这种概念至关重要，它也是最大限度为就医者提供美学价值、保证医疗安全、避免医患纠纷的手段；同时，能够让就医者建立合理期望值，双方就美学沟通达成一致。

如果医美就医者存在不同程度的心理问题，要指望其建立合理的医美心理阈值是不现实的，这是医方该说"不"的时候。然而实践中，明知山有虎、偏向虎山行的例子不胜枚举，医美从业者为了销售业绩，往往抱着侥幸心理，最后总是得不偿失。大量的医患纠纷也正源于此，当然，有组织的医闹碰瓷者除外。

从道理上说，医美临界点是医患双方共有的认知，假如医患双方对此高度一致，那是双方的幸运，用英语表述是双方很match（旗鼓相当；匹敌；适配……）。可惜的是这种情况并不多见，但是在相处多时的老客户与医生之间，会存在这样的默契，那是长时间磨合的结果，由此建立了双方的信任关系。

为什么有的医生业绩非凡，客户满意度高？或许是他们掌握了医美临界点的秘密，并将之运用到与客户的互动，它是个性化的，不可言说，成为一种潜在的能力，但这绝不是什么秘而不宣的"秘诀"，只要留心，人人都能做到。

医美临界点具有因人而异的特点，这也是医美行业难以标准化的原因之一。不过，对于低风险的轻医美项目，特别是偏重于肌肤养护类的医美治疗，还是有可能将医美临界点或医美阈值进行相对标准化的预制，以增加医美项目的可复制性。

我们很少在各种医美大会上见到关于这个话题的交流，显然这方面的研究比较缺乏，但它是与医美业相伴而生的话题。

魅力之三：来自确定性与不确定性之间的冲突

这是一个颇有意思的话题。

医美让人着迷，是因为她全身上下充满了确定性与不确定性的冲突，这个冲突也可以称为"张力"。尽管基本医疗也存在这种矛盾或张力，但程度较之医美相去甚远。如果说治病救人过程中的不确定性，像是屈原般的上下求索，那么医美治疗过程中的不确定性，则像是周润发电影里的赌博。

医美的消费属性决定了它要比基本医疗具有更多的确定性。医生们大都熟稔特鲁多医生的墓志铭：有时去治愈，常常去帮助，总是去安慰。这个说法对循证医学再适合不过，既表述了救死扶伤乃医生的天职，同时揭示了医学局限性。然而这句话不适用于消费医疗，尤其是就医者根本就不是病人的情况。

这种冲突或者张力，可以用心理学揭示，也可以归于消费医疗的独特属性。

美容医生的自我定位是确定的，在就医者眼里却是不确定的。美容医生的身份可以有很多种，但是并没有因此受益，却带来诸多矛盾；而且美容医生从业时间越长越会产生身份的张力，处理不好会给本人、就医者和医美业务带来困扰。

虽然美容医生坚定地认为自己是经典意义上的医生，但是在就医者看来，为自己做治疗的这个人，是不是医生呢？答案却没有美容医生自己认为的那么坚定。尽管美容医生会有意无意回避这一点，但是他们清楚自己在就医者的心目中定位的模糊性，起码他们会意识到自己在就医者心中与从事疾病诊疗的医生有所不同。

在很多就医者与美容医生的交往场景里，尽管就医者也一口一个"主任""院长""大夫"地叫着，但是他们对医生的态度中往往以自然的亲热代替了内心的尊敬。医美就医者愿意与美容医生保持亲密的私人关系，只是并没有将美容医生当作经典意义上的医生。

医美就医者的就医过程大多是感性—理性—再回到感性[1]的循环，中间的"理性"常常模糊不清，从销售心理考虑，做销售的人希望就医者理性心理不要太强，感性决策最好；而医生却试图恢复和强调就医者的理性决策，以利于医疗合规和医疗服务品质的保证。

在就医者眼里，美容医生相比从事疾病治疗的医生，要复杂得多。有时候他们将美容医生当作经典的医生，有时候会将美容医生当成销售员或生活美容师，或者是一种高级别服务人员，就像电视剧里英国贵族家里的有尊严的管家。这一点医生们虽然

---

[1] 孙继黄. 正反合——审美心理走向成熟的应有命题[J]. 美育，2021（3）：23-31.

可以感受到，但并不愿意正视或接受，他们不愿意接受自己除医生外的其他角色；有些医生会刻意保持自己在三甲医院时的威仪，但往往并不成功，就医者并不买账，而且业绩可能因此而大受影响。

手术过程是确定的，结果却是不确定的。

美容外科手术和规范的光电治疗等医美诊疗项目，经过了临床总结和循证医学的检验，流程规范，具有不可置疑的确定性；但是手术和诊疗结果不那么确定。因为结果（或者效果）需要患者积极配合才能最终确认，配合度不同，结果自然不同，但是这种"实践"，医生无法向就医者进行充分陈述，这对医美医生是一种考验。

术后的结果是否真的能让就医者变美，还真的说不定，结果越接近确定性，医生的水平越高；但是医生的经验与水平并不是导致结果的唯一原因。个体差异、术后配合度、自身条件、心理预期、情绪影响等因素，都可能对术后结果造成影响。

医美手术或者治疗的理想效果就像抛物线的上临界点，要想停留在那里，需要满足严格条件，否则就会失去那个效果最大值。医疗技术和诊疗服务仅仅是给出了取得"效果最大值"的算法，却无法独立保证能取得那个"效果最大值"。这也像是炮兵射击，虽然弹道曲线计算和严格的射击操典以及训练有素的炮兵能够保证一切准确无误地执行，但是炮弹本身的细微差别、弹道过程中的温湿度环境、风速等，都会导致射击结果不是瞄准的那样。

医美治疗有时候像是一场冒险，医患双方都在寻求、期待"效果最大值"。医美是医患双方共创的过程，拆线或掀开纱布的那一刻，患者的容颜会变成什么样，存在太多的不确定性因素。再大牌的专家也会有如此的经历，答案揭晓的时候，是惊喜，还是惊恐？

从客户的心理角度看，做出一个决定需要三个前提，一是愉悦，二是避险，三是节能。所以客户很难轻易决定和尝试创伤性的美容外科手术。但是动物亦有试新的本能，何况作为高级动物的人类。人类不但喜欢试新，还喜欢寻求刺激，哪怕是冒险[①]。

愉悦，如果是美容手术的话，短期难以获得，需要耐心，它依赖于对愉悦的预期，所以风险也高一些；非手术获得愉悦的等待时间较短，确定性强于开刀，但是其愉悦的程度要比成功的外科手术低一些。总之，等待的时间越长，愉悦的程度越高；风险越大，获得愉悦的满足感越强。

---

① 尹林医生的观点，他是美容医生里的画家。

避险，是另一种自我保护的方式，但是又难以克制对变美的预期，人们总是在比较获得与痛苦的孰高孰低，并在两者之间进行选择。它的前提是找到两端的临界点。当欲望强于对痛苦与风险的恐惧时，人们会选择冒险。这时候"经济学理性人"的思考模型可以派上用场，医生假设就医者是理性人，帮助就医者在风险和收益之间做理性选择。

节能，是所有人都会采用的策略，无论对什么事，都有这样的价值选择，人们总希望在最短的时间，以最低的成本获得最好的结果。但成本概念其实是相对的，成本作为一种保障而存在，它的价值在于对结果的保障系数。假如结果是确定的，那么成本越低越好，无论是时间成本还是金钱成本，当然也包括身体的付出；假如结果是不确定的，而且与成本正相关，那么人们在选择的时候，则倾向于为了好的结果而支付更高的成本，直到忍耐的阈值。

为了解决上述三个问题，医美机构应尝试在术前提供优质服务，营造舒适氛围，提供新颖时尚的全新的系统的设计方案，或模拟视觉成像……以及术中安抚、心理帮助，术后化妆、发式、纹绣、服饰等配套服务，造就与术前设计吻合的真实形象；后期最好再辅以观念引导，使顾客在尝试手术（新体验）后，有愉悦、安全、高效的感觉和信念。这一切，是在消除确定性与不确定性之间的鸿沟。

曼昆经济学的定价原则可以帮助我们进行思考，得到一个东西的价格是由为了得到它而失去的东西决定的[1]。很多美容外科手术咨询时间很长，那么，随着咨询次数和咨询时长增加，成交率如何变化？有趣的是，成交率不是随着咨询次数和咨询时长增加而简单增加或者减少，而是中间会经历一个成交的"丢失深渊"，一般咨询3~5次不成交会导致客户流失；如果咨询超过5次，那么客户流失率大大降低，成交率迅速提高。这个规律包含着愉悦、避险、节能的综合考量，也体现了经济学给某样"东西"定价的代偿原则。

眼前诉求是确定的，未来欲望是不确定的。

日常生活中存在相当多的心理学意义上的"超常刺激"，例如明星的大长腿、性感的身材以及完美无瑕的容貌。人们观赏雕塑作品时，哪怕作品的比例完全不合常规也无所谓，人们只是沉浸在纯粹的兴奋感觉中。然后，经由"移情作用"，会无意识地将

---

[1] 曼昆经济学原理的第二原理，通常用于解释机会成本。N.格里高利·曼昆（N. Gregory Mankiw），1958年2月3日出生，美国著名经济学家。29岁成为哈佛大学历史上最年轻的终身教授之一，2003年进入政坛，著有《经济学原理》《宏观经济学》等经典教材。

这些幻象和自己联系起来。之后，人们开始在现实生活中寻找佐证，这就是类似"美丽日记"大行其道的理由。

患者在得到了一个确定性的医美效果后，便会立刻生出另一个欲望，而且这些不确定的欲望生成的周期会越来越短。在让自己变美这方面，人的欲望是无止境的。

许多人起初对医美持排斥态度，甚至嗤之以鼻，但是一旦做过一次，就会有第二次，直到上瘾。这样的例子简直不胜枚举。有经验的医生会劝告他的患者适可而止，以免过了临界点，过犹不及；但是大多数人将这种劝告当作耳旁风，而且，其中有一部分人因为无休止地做医美，最后演变成了双方的纠纷。所以医生们不得不在收入与效果之间做出选择，要在利益与道德之间找到平衡。

行为经济学理论可以对医美顾客的行为进行充分预测和合理解释。行为经济学是将经典经济学与行为心理学等学科结合的产物，主要出发点是不做生硬的"理性人[①]"假设，而是承认人的经济行为有很大的非理性成分。人的经济行为选择（医美治疗就是这种选择）的夸张往往超过了"边际效应"的解释能力和预测范围，而用行为经济学恰好可以解释这些个体行为和医美顾客的群体行为[②]。

医美的上游厂商、下游平台、中游机构的投资者或运营团队，都在不停地为医美就医者们制造欲望，没有这些不断涌现的变漂亮、变年轻、变性感的欲望，便没有营收和利润。这样做似乎与道德无关，毕竟是消费医疗，很难在消费医疗中找到过度医疗的证据，消费医疗有最少一半的消费成分，自主权和选择权完全在消费者一方。这样一来，压力都会集中在医生们身上。他们需要权衡利弊，负责将所有的因素摆平。美容医生的个人收入很高，压力也很大。

医患关系开始的时候是确定的，结束的时候是不确定的。

基本医疗的医患关系虽然冲突不断，但是结构简单，除了看诊与治疗，医患交流的机会并不多，总体看来，具有较强的确定性；消费医疗的医患关系更像是合同关系，如果这种关系迟迟无法确定，那么后面的治疗过程便不太可能开始。

医患双方都需要将这种关系确定下来。医生需要洞察就医者的状态，并做好心理评估；而患者一方也需要对医生建立信任，完成自己的心理建设过程。

[①] 马涛. 行为经济学对传统主流经济学的挑战[J]. 社会科学，2004（7）：18-26.
[②] 行为经济学在西方主流经济学中早已存在，但是自20世纪50年代至90年代，它沉寂了几十年。2000—2005年间的诺贝尔经济学奖的获得者，至少有三位被视为"行为经济学家"——阿克劳夫、史密斯、谢林，以及至少有一位被视为"计量经济学家"——麦克法顿。

一次治疗结束后，在等待结果揭晓的这段时间内，患者处于对医生关系的再确认过程之中，有可能会在心里调整与医生的关系，良好的关系可能会增强，也可能迅速恶化。

有人说消费医疗的医患关系完全由效果来决定，当然这是最重要的因素，但也不意味着一锤定音。不断的沟通过程中患者获得各种各样的信息，医生的亲和力与对患者的真诚关怀表达，决定了医患关系的品质与走向。

不满意结果往往从对效果预期失当或者服务细节与态度不佳开始，这虽然未必会让医患关系恶化，却也是考验医生一方沟通水平的时候。当然，如果变成纠纷，关系交恶是一定的。

医美客户关系管理，既是一门学问，也是医美机构的必修课。人们常说的经验，便是人际交往中关键时刻分寸感的拿捏，有的时候，可能就是那么一两句话，决定了医患关系的走向。

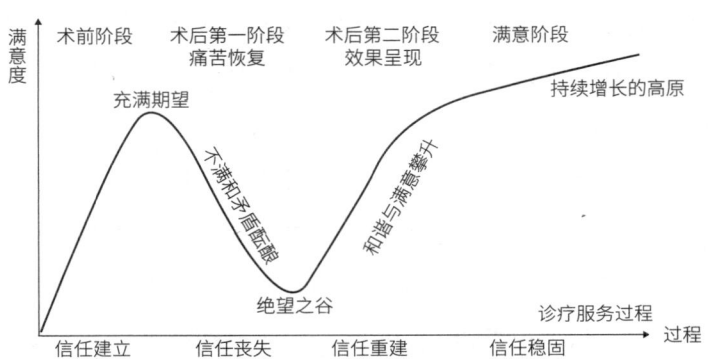

图1　医美诊疗服务过程与满意度发展曲线

图1是仿照"开悟之路"①的一个医美诊疗服务过程与满意度发展曲线。一般第一次做美容外科的情况大多是这样的发展过程，从充满期待和信任，到绝望之谷的不信任，再到持续满意和信任的高原，这是一个需要专业认知和细致服务的过程。医患关系的不确定性是因为经历了"绝望之谷"的考验，医患关系最终能否走向好的确定性，取决于能否达到"持续增长的高原"。

医美的过程，从单次诊疗，到顾客长期就医，再到顾客群体心理与行为模式，就是不断消除不确定性，建立确定性，然后循环往复的过程。

---

① 源自邓宁·克鲁格心理效应，又称达克效应，是一种认知偏差，在某些领域能力欠缺的人总有一种虚幻的自我优越感，认为自己比真实情况更加了解并擅长这一领域的事情；但随着知识的完善，他们会意识到自己的不足，通过不断学习，逐步达到真正意义上的优秀。

消除矛盾的过程本身也充满不确定性，因为导致不确定性的因素太多，医美从细微的单次诊疗，到整个行业的宏观发展，处处充满矛盾和张力。我们的工作就是面对这些矛盾，处理好这些张力，这或许正是医美的魅力所在。

以现代主义视角来看，医美代表了科技与医学的进步，是人类改造自我、追求美好生活的象征。现代主义崇尚理性、科学和进步，相信生活会更美好。医疗美容是现代社会人们追求身体完美和永葆青春的美好愿望与现实努力。

以后现代主义视角来看，医疗美容打破了传统身体与自然的界限，凸显后现代主义时期人们通过身体改造进而自我重塑的理念。后现代主义不相信有定然的真理或固定的宿命，而是认为社会与文化在构建人的个体。医美让人们可以随意改变和修饰身体，创建理想中的形象，这体现了后现代主义的基本理念——身体和身份可以重塑。

目 录

序一　认识处于市场早期的中国医美业的若干特征　　Ⅰ
序二　消费医疗的家族相似性与医美的身体美学　　Ⅶ
前言　医美的魅力　　Ⅺ

第一章
▶ 总论　关于消费医疗的底层逻辑 / 001

第一节　民营医疗如何从大乱走向大治？……………………… 002

第二节　关于消费医疗的思考 …………………………………… 006

第三节　关于医美商业模式底层逻辑的思考 …………………… 011

第四节　医美"标准化"与"平台化"的讨论 ………………… 017

第五节　医美业普遍存在的认知误区 …………………………… 020

第六节　医美业的"理想国"有可能在中国实现吗？ ………… 025

第七节　旧的模式与新的机会 …………………………………… 031

PART 1 行业篇

第二章 医美市场面临的种种挑战 / 039

第一节　从野蛮走向文明：观念的挑战 …………………………… 040

第二节　合规化之下的成本重构 …………………………………… 044

第三节　医美行业的生态化转型 …………………………………… 052

第四节　医美业实质上进入了"无广告时代" …………………… 055

第三章 变化中的求美者 / 061

第一节　为医美消费者画像：从入门到应用 ……………………… 062

第二节　医美消费者：永远不可能清零的"容貌焦虑" ………… 068

第三节　信用的缺失：宁信网红，不信医生 ……………………… 073

第四节　医美消费者自我管理的时代 ……………………………… 077

第五节　中国医美行业的一大空白：消费者教育 ………………… 081

第四章 行业政策的完善与立法思路的发展 / 085

第一节　税政风暴，无处可逃 ……………………………………… 086

第二节　医美广告与营销推广的治理思路 ………………………… 088

第三节　中西方医疗广告立法思路的对比 …………………… 097

第四节　打击网络不正当竞争对医美业的影响 ………………… 105

第五节　互联网医疗是医美的方向吗? …………………………… 108

第六节　新《医师法》将给医美业带来哪些变化? ……………… 111

第七节　医美直播：从独木桥上阳关道 ………………………… 117

第八节　探讨深圳医疗新政, 意味深长 ………………………… 120

第五章
▶ **新趋势：轻医美的崛起与美容外科的变化 | 127**

第一节　轻医美的机会与挑战 …………………………………… 128

第二节　轻医美的投资机会 ……………………………………… 135

第三节　美容外科真的衰落了吗? ……………………………… 139

PART 2　资源篇

第六章
▶ **掌握关键资源 | 147**

第一节　资源与关键资源 ………………………………………… 148

第二节　基础关键资源 …………………………………………… 150

第三节　专业关键资源 …………………………………………… 152

第四节　财务关键资源 …………………………………………… 155

第五节	发展关键资源	156
第六节	医美关键资源与经济利润	158
第七节	医美关键资源战略	161
第八节	掌握医美业关键资源的钥匙	165

第七章
▶ 与优秀的美容医生合作 / 169

第一节	消费医疗医生的行业角色分析	170
第二节	美容医生的心理建设	173
第三节	美容医生的修养	175
第四节	是不是所有美容医生都愿意成为"网红"医生？	183
第五节	美容医生IP人设的风险与防控	187

第八章
▶ 拥有合格的职业经理人团队 / 193

第一节	新时代的医美经营院长	194
第二节	医美经营团队的使命——在不确定性中寻找确定性	196
第三节	适合医美经营团队的模式	199
第四节	医美内部运营团队构成要求	204
第五节	与医美"独立咨询师"合作	209

第九章
▶ 创业者同资本的合作与博弈 / 215

第一节 撩开资本的面纱——医美机构的创业者将面对哪些投资人？ 216
第二节 美容医生自主创业是大方向 220
第三节 医生个人IP的资产认定 227
第四节 创业医生与合伙人相处的原则和方法 230

PART 3 营销篇

第十章
▶ 营销策略：戴着脚镣跳舞 / 235

第一节 怎样做医美营销最经济实惠，而且效果持久？ 236
第二节 医美广告新规出台之后，线上营销应该怎么做？ 237
第三节 "面诊"或是"面聊"——"视频面诊"那些"坑" 242
第四节 社会网络与微信私域流量 244
第五节 做医美不可不知的"弱传播"理论 249

第十一章
▶ 传播与体验并重的品牌策略 / 253

第一节 新消费主义时代的医美品牌 254
第二节 "无广告时代"的医美品牌策略 259

第三节　关于医美机构的品牌积累 …………………………… 264

第四节　医美品牌的双轨制策略 ……………………………… 269

第五节　直播能否有效传播医美品牌？ ……………………… 274

第十二章
▶ **医美人的个人IP与自媒体 / 281**

第一节　社交媒体如何改变美容医生的行为？ ……………… 282

第二节　美容医生自媒体的基本策略 ………………………… 286

第三节　美容医生个人IP生成的基本逻辑 …………………… 287

第四节　美容医生怎样选择自媒体主场？ …………………… 292

第五节　导致医美医生自媒体策略无效的原因 ……………… 295

第六节　医美爆款文章是怎样写成的？ ……………………… 298

第十三章
▶ **医疗美容第三方服务 / 305**

第一节　关于线上流量：医美第三方平台的"三国杀" ……… 306

第二节　医美第三方服务的定位与依据 ……………………… 310

第三节　医生经纪人，正在成为新的医美创业风口 ………… 320

PART 4 运营篇

第十四章
▶ 价值主张 / 327

第一节　寻找医美的确定性 …………………………………… 328

第二节　医美的显性行为与隐性行为 …………………………… 330

第三节　对医美行业内卷的剖析 ………………………………… 335

第四节　美容医学伦理学的基础——医生的诊疗自由 ………… 341

第五节　价值主张传播——优化医美转化率的基本法则 ……… 345

第十五章
▶ 经营之道：消费医疗的服务交付 / 351

第一节　医美的精要主义原则 …………………………………… 352

第二节　专科医美机构如何扩大营收？ ………………………… 354

第三节　美容医生怎样快速赢得客户的信任？ ………………… 358

第四节　关于医美服务的优质结尾 ……………………………… 361

第五节　医美机构的售后服务 …………………………………… 365

第六节　医美机构的客情管理 …………………………………… 369

第七节　情绪管理在医美实操中的应用 ………………………… 374

第八节　避免事故：海恩法则对医美业的警示 ………………… 378

第十六章
▶ *医疗美容的价格策略* | 383

第一节　价格战：杀敌一千，自损八百 …………………………… 384

第二节　美容医生怎样和患者解释价格？ ………………………… 387

第三节　如何规划与管理客户的医美成本？ ……………………… 390

第四节　未来的医美价格模型 ……………………………………… 396

第十七章
▶ *消费医疗的数字化转型* | 403

第一节　医美业与互联网的共生关系 ……………………………… 404

第二节　数字化医美的机会与挑战 ………………………………… 408

第三节　怎样理解数字化悖论？ …………………………………… 414

第四节　数字化医美能够为我们带来什么？ ……………………… 420

PART 5　风控篇

第十八章
▶ *控制来自内部的风险* | 427

第一节　医疗美容纠纷的成因 ……………………………………… 428

第二节　医美机构如何避免和应对重大医患纠纷？ ……………… 434

第三节　建好医美医生创业的护城河 ……………………………… 439

第四节　找出医美就医者中的"神经症"患者 …………… 445

第五节　视频直播的责任划分 ………………………………… 450

第十九章
▶ **法律与维权——防范来自外部的威胁 | 455**

第一节　一条"以恶制恶"的隐秘产业链 …………………… 456

第二节　医美机构须制定和舆情相关的危机应急预案 …… 462

第三节　医美创业医生如何应对诉讼？ ……………………… 468

参考文献 | 479

第一章

总论　关于消费医疗的底层逻辑

本章导读

我们始终坚信，国家鼓励社会资本办医的大方向不会变。治理消费医疗乱象是时代赋予我们这一代人的使命，我们认为，有效途径有三条：一、扶优限劣，鼓励营利性医疗机构上市融资，成为相对透明的公众公司，接受政策法规和全民监督；二、进行疾病医疗与消费医疗的二次分类，并为消费医疗单独立法立规；三、全面实施消费医疗医生责任制，鼓励医生创业，为诊疗行为与机构运营负责。

我们国家在实践中承认了消费医疗的存在，但是并未从立法层面体现。医疗美容作为消费医疗的重要组成部分，因为在底层逻辑上的认知不清，导致它与疾病医疗在伦理学角度产生诸多冲突，也是医美乱象丛生的根源之一。因此，我们有必要从底层逻辑上，对医美行业进行梳理。作为以消费医疗为主体内容的医美，医疗为消费服务，如何建立医疗与消费的双轨思维模型，已成为首要的问题。

我们必须承认，长期以来，对医美的认知存在诸多误区，从而给从业者与消费者，包括行业监管者都带来许多困扰。我们必须解决好认知的问题，才有可能实现相对均衡的产业结构设计，实现帕累托最优。当然，我国的制度优势是显而易见的，我们应该利用好这一点，与旧有的商业模式告别，找到真正适合行业的宣传推广方式。

第一节
民营医疗如何从大乱走向大治？

每年3月15日，媒体喜欢拖出医美来示众，这没什么不对，毕竟行业混乱是客观存在。从20世纪90年代中期以来的不到30年时间里，医美业突飞猛进的同时，伴随着许多遗憾。一个行业，从大乱走向大治，必然要经历野蛮生长与清理整顿交替的过程，全世界都是如此。我们这一代医美人，生逢其时，是这个行业的动荡年代的参与者、责任者、见证者，因此帮助行业由乱到治、再到跨越式健康发展，是我们的责任。

我们亲历着医美等消费医疗的发展，目睹中国消费医疗的"纷乱—整治—大治"渐进式过程，发展到今天，虽然距离大治尚远，但的确已经到了该彻底认识、理性发展、重新分类、搞好顶层设计的时候了。

一、医疗机构发展的资金从哪里来？

医疗机构是医疗服务的支柱，其发展需要大量资金的长期投入。世界范围内，医疗机构发展的资金有三个主要来源：社会捐助和慈善融资；政府或公益投资；商业化和社会化融资。这三种形式在我国都存在，但资金投向以公立医院和民营医疗机构为主，公立医院是疾病医疗的主力军。虽然民营医疗机构在数量上超过了公立医疗机构，但在床位占比、卫生技术人员（医、护、技）占比和收入占比上不到30%，在卫生健康产业中处于"补充性"地位。现有制度框架下，非营利性医疗机构（包括社会捐助和慈善融资的医疗机构）的"非营利属性"决定了其无法通过IPO（首次公开募股）等融资方式获得资金。那么营利性医疗机构通过直接或者间接形式IPO获得资金，就是医疗机构拿到低成本资金的重要途径。

国家对医疗健康的投入，对比医疗健康水平提升需要的边际成本上升效应，肯定会严重不足，这无疑影响到了人民群众的"获得感"。2017年10月党的十九大报告中强调：中国特色社会主义进入新时代，我国社会主要矛盾已经转化为人民日益增长的美好生活需要和不平衡不充分的发展之间的矛盾。2016年10月国务院《"健康中国2030"规划纲要》第六篇第十七章明确要求："破除社会力量进入医疗领域的不合理限制和隐性壁垒。逐步扩大外资兴办医疗机构的范围。加大政府购买服务的力度，支持保险业投资、设立医疗机构，推动非公立医疗机构向高水平、规模化方向发展，鼓励发展专业性医院管理集团。加强政府监管、行业自律与社会监督，促进非公立医疗机构规范发展。"党和国家的这些大政方针都鼓励全社会、全行业大力发展医疗健康事业。医疗健康事业需要的大量资金，离不开各种融资渠道并用。

既然称之为"营利性医疗机构"，那么，这些机构业务所得收益可用于投资者经济回报，以营利为目的，赚钱是营利性医疗机构的本质属性之一。而非营利性医疗机构，以疾病医疗为主业，承担社会公益的责任，由医保全面或部分覆盖，这样的医疗机构，因为要确保非营利属性，才不应该被鼓励市场化融资。凡从事疾病医疗的机构一旦商业化、市场化融资，就必须营利，与其公益属性背道而驰。

社会资本办医是对以公立医院为主导的医疗体系的有效补充。党和政府历来高度重视社会资本办医，以应对人们对医疗服务的多元化需求，特别是消费医疗领域。而社会化融资、商业化融资是支持社会办医规范良性发展的有效途径。上市融资是公开市场的股权融资，适宜于周期较长的医疗项目；作为公众公司，受到证监会和中小投资者的监督，公司治理更加规范，不仅要合规经营，而且必须维护公司的良好声誉。

营利性医疗机构上市融资会带动健康产业发展，起到合规经营的正面示范效应。凡能上市者，必是行业的标杆，能够上市的都是极其规范的优势企业。投资者得到合理的回报后，有利于吸引更多的社会资本投入医疗领域，也利于吸引更多的优秀人才。医疗发展需要临床、教学、科研齐头并进，只有具有良好融资渠道的医疗机构才能在这三个方面布局均衡，带动国内医疗服务系统赶超国际先进水平。

营利性医疗机构上市会拉动社会资本在医疗领域的持续投入。医疗机构扩张的瓶颈是人才而不是资本！因为人才的培养需要很长的周期，公司上市后，必然会加大人才培养的投入；例如爱尔眼科上市后与中南大学的合作办学、康宁医疗与温州医科大学合办的精神医学学院。而医疗机构的扩张，必须取得牌照，牌照的审批权在政府手里，这正是医疗行业与其他无序扩张行业最显著的区别；同时，上市公司的内部治理结构可以防止无序扩张，因为要避免盲目投资造成资源浪费。

一项我国医学生就业意向调查显示：选择继续学习深造的医学生占比高达80.67%，只有14.63%的医学生选择直接就业，毕业后选择临床专业三年后转行从事非临床专业的比例高达30%[①]。其原因离不开医疗行业为临床专业提供的发展机会较少，收入水平相对较低。民营医疗、营利性医疗机构如果能快速发展，可以为医疗临床专业毕业生提供更多的就业选择，壮大医疗服务人员队伍。毕竟我国临床医生只有三百多万人，未来需要大量增加和成长，而临床医生的成长需要临床实践，需要医疗机构大发展，这离不开巨量资金投入，资金投入不可能通过向财政"等靠要"解决，而是要拓展融资渠道。

综上，鼓励营利性医疗机构上市融资，才是正确方向；这同时是消费医疗行业治理的有效手段，让医疗机构置于全体股民的监督之下。

二、医疗行业进行二次分类，为消费医疗立法势在必行

2019年3月28日《人民法院报》第七版刊登了一篇文章——《医疗美容合同纠纷可适用消费者权益保护法》。文章指出：医疗美容合同具有消费性，就诊者符合消费者特征，应该将其纳入消费者予以保护。2021年北京某法院便出现了这样的判例，退一赔三，算是正式承认了消费医疗的存在。2023年4月，国家市场监督管理总局将《医疗美容消费服务合同（示范文本）》列入文本库，更代表了国家级监管部门对消费医疗的确认。

2022年3月15日这一天，最高法院的微信公众号发表"最高人民法院发布消费者权益保护典型案例"。第一个案例就是2021年北京某法院关于医美纠纷的判例。该案为医美患者与某医美机构侵权责任纠纷案。法院认为：首先，本案属于消费型医疗美容，邹某为健康人士，为满足对美的追求需要接受美容服务，具有消费者的特征；该医美机构的经营目的是为获取利润，具有经营者的特征。消费者为生活消费接受经营者提供服务的，应当受消费者权益保护法调整。

这个案例的典型意义在于，首先，将医美纠纷纳入医疗损害责任纠纷范畴，有助于督促医美机构加强医疗文书制作及保存工作，规范其诊疗活动；其次，将消费型医美纠纷纳入消费者权益保护法范围并适用惩罚性赔偿的规定，加大对商业欺诈行为的

---

① 汪光军，潘莉莉.医学院校就业指导课教学现状及对策研究[J].卫生职业教育，2022，40（16）：44-48，DOI：10.20037/j.issn.1671-1246.2022.16.16.

制裁力度，有利于切实保护消费者的合法权益。

法院的判决书是国家机关公文，是属于国家法律效力实现的文书。本案的历史意义在于用国家机关公文的形式，承认了消费医疗的存在。事实上，将消费医疗归类到消费品内，已经是社会共识。营利性医疗机构本身就持有两套牌照：卫生部门发的营利性医疗机构执业许可证、市场监管部门发的营业执照。

2000年7月18日，原卫生部发布《关于城镇医疗机构分类管理的实施意见》，明确指出营利性和非营利性医疗机构采取不同的财政、税收等政策和管理模式，允许营利性医疗机构"自主定价、自主经营、自负盈亏、照章纳税"。这是公认的第一次医疗机构分类，一路走来，已过了20多年。这份文件意义重大，从那个时候起，就确立了"卫生的归卫生，工商的归工商"，各管各的。

随着营利性医院也可以用医保支付，意味着所有制和医疗机构是否有营利属性开始变得模糊。是否支持医保，有一个重要的划分标准：医疗行为是否属于疾病医疗，也有人称之为"严肃医疗"。

相对于疾病医疗，消费医疗的项目大多不在ICD国际疾病目录之内，因其目的是满足人们的消费需求。它没有财政支持，且依法纳税，所有投资自行解决，除了诊疗收费不用缴纳增值税外，其他方面与一般企业并无二致。

严管并强力规范的行业，一般需具备三个特征：

一是严格并面面俱到的法律法规与制度，要做到尽可能地详尽，但是消费医疗没有与疾病医疗分离，所以借用疾病医疗的管理制度，难免不适应，导致很多方面无法可依。

二是行为戒律，在西方多来自宗教信仰，这是对自己的行为自律。目前医美行业显然还没到这个层次，最有可能形成自律的，只有医生群体，他们宣誓过希波克拉底誓言，有作为医生的自律信条。

三是大众约定俗成的行为规范，如果有人犯规，人人喊打，这是对他人行为的监督，并且成为社会群体的共识，这一点在医美行业恐怕也还做不到。

凡事得一步一步来，第一步，无疑是立法，为消费医疗立法立规，形成一整套行之有效的制度。

除了立新法，还可以在现有法律法规框架下不断优化。2021年11月1日国家市场监督管理总局发布《医疗美容广告执法指南》，引起全行业高度重视，对进一步规范医疗美容广告起到了积极作用。这是从立法立规角度得到的非常有益的经验。

三、全面实施医生责任制，是治理行业乱象的根本

医生责任制，是规范消费医疗，从乱到治的基础制度。大多数发达国家实行医生责任制，医生为自己的诊疗行为负责，在消费医疗领域，尤其需要如此。

医美行业，以营销为核心的机构，都是由机构承担医疗责任，医生失去了自主权与责任，所以，这就是行业之乱的根源。

前文说到个人的自律，医生是医美行业最有可能实现个人行为自律的群体，但也需要制度的保障。医生责任制，无疑在制度上确定了医生们不但要为自己的诊疗行为负责，还要为机构负责，这就离行业的大治又近了一步。

我国目前的医疗监管都以面向机构为主，面向医生为辅，因此，没有实行全面的医生责任制；但是在营利性医疗机构实施医生责任制，是完全有可能的。医生的专业能力与执业资格决定了他能做什么，不能做什么，这也是保障就医者安全与权益的最佳方法。

从最高法院的判例可以看出，医美行业的医患之间，既有医疗合同，同时也有消费服务合同，也就是商业合同。这是消费医疗的特殊之处，两个合同的责任主体都应该是医生。

在医美行业全面实施医生责任制，是解决行业乱象的根本之举。限制营利性医疗机构上市融资就能解决行业现存的那些问题吗？只能是治标不治本的舍本逐末之举。由实施医生责任制的营利性医疗机构上市融资，可以给整个行业带来巨大的增长和积极变化，应该是政策鼓励的发展方向，怎么可能带来不良的示范效应？它只会与疾病医疗相互促进。在社会主义市场经济体制之下，充分发挥和利用市场自身的调节作用，便可以实现有序扩张，无论是在消费医疗市场，还是在资本市场，这难道不是一个十分浅显的道理吗？

第二节　关于消费医疗的思考

要想成为一个更有智慧的人，专业地从事消费医疗的投资、运营和管理，需要建立足够简单而实用的思维模型。而且，要把我们直接的或间接的经验，植入思维模型的框架。

许多思维模型来自科学结论,包括经验总结,它们是形式化的结构,使用它们可以帮助我们更好地理解消费医疗。这些模型还可以提高我们面对底层逻辑和商业模式的各种问题时,所应具有的推理、解释、设计、沟通、行动、预测和探索能力。

消费医疗的商业模式日趋复杂,面向未来,希望保持增长并可持续发展的行业投资者、管理者和经营者们,应当学会运用多个思维模型来研究行业的复杂现象,并借助一系列逻辑框架发现和生成"智慧"。

当然,我们也不能忘记"如无必要,勿增实体"的奥卡姆剃刀原理[①],又称为"简单有效原理";理解消费医疗的底层逻辑和商业模式,不能忘记"最简化"原则。

我们遇到的第一个问题,就是消费医疗这个概念本身。这是一个挑战,因为无论在医疗层面还是在消费层面,它都是一个新事物。

一、消费医疗的定义

消费医疗的定义至今仍然没有定论。

有专家指出,医疗服务的消费属性可以从支付方对"疾病类别"的划分来判断。例如,医疗保险倾向于支付疾病诊疗类服务,对以提高生活品质为目的的医疗服务,偏向于共同给付或不纳入基本医疗保险。这也许就是保险眼中的消费医疗,但是这种划分并非泾渭分明。

也有从支付手段来划分的,但还是无法区分消费医疗与部分疾病医疗。比如高端医疗服务,为了提前就诊而采用自费方式看病,消费的是提前就医的便利,购买的是时间。英国的私人诊所和国内大医院的国际部是可以自费提前预约看诊的,消费的是便捷性与时间。

消费医疗的对立面是谁?应该是基本医疗。尽管基本医疗与消费医疗的界限不是一成不变的,但是我们仍然可以认为,消费医疗的定义,是那些为了提高生活品质、享受基本医疗保障之外的医疗服务的医疗行为的总称。

为什么在中国要提出消费医疗的概念?因为我们的国家制度中,对医疗机构有不同的分类标准,例如公立医院和民营医院、营利性医院和非营利性医院,等等。营利性医疗机构自主定价、自主经营、自负盈亏、依法纳税,要取得两块牌照,这是中国

---

① 奥卡姆剃刀原理又称"奥康的剃刀",它是由14世纪英格兰的逻辑学家、圣方济各会修士奥卡姆的威廉(约1285年至1349年)提出。这个原理的核心表达是"如无必要,勿增实体",即"简单有效原理"。

特色。公立医院享受政府拨款,以公益为目的,收支两条线,相较民营医院是完全不同的管理模式。欧美国家的医生可以为自己做广告,无论何种医疗行为;但是在中国,医生不可以在医疗广告中出现。

消费医疗与基本医疗的目的不同,它是为了提高生活品质,更不能接受医生犯错误,因此它的纠纷比较多;从另一方面来说,消费医疗的医生都来自基本医疗,他们之前或多或少地拥有基本医疗的经验,因此对他们是否应该比基本医疗的医生有更高的要求,无论是从医术上还是职业道德上。但是不管怎么说,有一点是肯定的:消费医疗只能走市场化的路线。

于是,争论便开始了,是强调它的消费属性,还是它的医疗属性?

这个争论目前还没有尘埃落定。未来如果要明确划分的话,可以采用两个办法:

1. 白名单制度

类似医保报销目录那样的白名单制度,在名单内的是基本医疗,名单外的是消费医疗。监管部门根据需要调整这个名单。这是主动划线的分类方法。

2. 患者或消费者主动选择确认属性

如果患者或者消费者决定自费支付,并且愿意接受医疗合同之外的商业服务合同,那么也可以视为消费医疗。

当然可以有更多的方法,但是必须采用"规定性"来代替不同医疗服务形态的自然属性,才能较好地明确边界。

二、消费医疗的二律背反

消费医疗的特殊性在于它充满矛盾,想要自洽,就无法统一;想要统一,就无法自洽。但是消费医疗本身又可以解释,可以理解,可以运行,可以发展。就像爱因斯坦所言:宇宙最不可理解之处是它是可以理解的。

现代医学之所以被称为循证医学,就在于它的探索属性。神农尝百草,是试出来的。最早的解剖者,也是盗墓者。循证医学是在不确定性中寻找确定性,医生们在想办法把患者的病治好,它取决于已经被证实了的医疗方法或药品,加上医生本人的经验与智慧,还有患者本人的意愿,经过因人施治,最后得到确定性的预后。

医疗行为的主角是医生。

消费行为的底层逻辑是确定性，人们需要确定性的食品或物品供自己享乐。这是千百年的消费过程累积的经验带来的确定性。然而人的欲望是无止境的，一个欲望满足之后，又会出现新的欲望，它是不确定的，所以，消费是在确定性中寻找不确定性。比如做完了眼睛，就想做鼻子；打完了水光，还想打点肉毒素、玻尿酸。

消费行为的主角是消费者。

当医疗与消费这两个底层逻辑不同的事物合二为一时，我们发现自己要面对概念、价值观、方法论等层面的挑战。医学从不确定性的探索出发寻找确定性的过程，与消费从确定性出发寻找不确定性的过程之间的矛盾，在医美上得到了充分体现。所有人在这对矛盾中，都变得立场模糊。

或许，这就是事物发展的辩证统一吧。但现实常常令人沮丧，而且无所适从。

18世纪德国古典哲学家康德提出了著名的"二律背反"的哲学概念，即同一个命题可以产生两个不同的理论，它们各自成立，但又互相矛盾。比如，人生来就是自由的，人是没有自由的。为了解决这个矛盾，就出现了法律制度，既保护人的自由，也限制人的自由。

二律背反指向的是规律中的矛盾。在相互联系的两种力量的运动规律之间，存在着相互排斥的现象。消费医疗正是如此。

消费医疗在欧美国家出现时，核心仍然是医疗，区别只是支付方式，所以，欧美国家普遍没有将消费医疗从医疗体系中分离的必要。

消费医疗在中国，最早就是以消费形式出现的，虽然没有官方的认可，但是现实社会中就是如此——它只是一门生意。所以后来出现了"回归医疗"的说法。

医生们大都愿意强调消费医疗的医疗属性，认为即使是一种"消费"，也仍然离不开医疗，核心是医疗的过程。消费是这种特殊医疗行为的另一个属性，它应该从属于医疗，营销为医疗服务。比如丽格模式，就是从医生端入手做医疗的。

早期的投资人或经营管理人员构成了以医美为代表的消费医疗的支配阶层，他们拥有话语权，强调的是这种医疗行为的消费属性，认为医疗是从属于消费的。因为选择权在消费端，医疗为消费服务，也就意味着医疗为营销服务。比如莆田系的模式，从消费者端入手做生意。

由此，消费医疗便出现了两种思维模式，各自都成立，但是又相互有矛盾和冲突。这就是消费医疗的二律背反。

还有一种中间模式，既不搞定医生，也不搞定患者，而是从服务入手，提供最好的服务，比如和睦家模式，既要雇用好的医生，又要提供高端服务，所以很贵。

作为消费医疗代表的医美，正是在这两种底层逻辑的相互博弈中，慢慢从大乱走向大治。国情不同，中国特色的消费医疗，应该有单独的立法，用严密的法律法规去规制。任何一个规范化的行业，都应该具备三个特征：一是严密的法律法规，二是宗教信仰般的行为戒律，三是价值观层面的社会共识。我们现在三者都谈不上具备。

法律法规层面的行业整顿，已经开始了，业内人都已经有了切身感受；其他两项，还得假以时日。

三、二元论的认知原则与双轨思维模型的出现

医生们接受现代医学教育，掌握了医疗技能的同时，也牢牢树立了理性主义价值观，他们是基本医疗的主人。消费医疗是除了医生之外，还有消费者、监管者、投资者、大众传媒等诸多角色参与的巨大博弈场。医生们的"应然"往往不能从理念变成现实，而是变成了另外一副样子，他们对消费医疗的现状表示不理解，因此"回归医疗"的呼声主要从医疗专业人员群体里发出。消费医疗的种种现象，虽然"于情不合"，但是"于理相合"，这是实然的问题。

应然是事物应该有的模样，实然是事物现实中的模样。

"应然"与"实然"最早由苏格兰哲学家大卫·休谟[①]提出，是英国经验主义哲学的主要成果。我们中国传统思想其实也是如此，儒家提倡"经世致用[②]"之学，而不怎么追究宇宙终极目的和意义。这就是看重实然，而对应然并不怎么追究；对中国人来说，虽然二者都重要，但是"经世致用"第一重要。

二元论是植根于我们每个人意识深处的认知模型，我们无法摆脱二元论的思考范式。就像我们习惯于气分阴阳、地分南北、人分男女一样，消费医疗的思考范式和商业模式处处存在着二元对立，却又可以辩证统一。

虽然消费医疗处处充满矛盾，却又可以自洽和统一，所以我们不能用单一视角和

[①] 大卫·休谟（1711—1776），苏格兰不可知论哲学家、经济学家、历史学家，被视为苏格兰启蒙运动以及西方哲学历史中重要的人物之一。

[②] 经世致用，是指学问必须有益于国事。经世致用一词由明清之际思想家王夫之、黄宗羲、顾炎武等提出。他们认为学习、征引古人的文章和行事，应以治事、救世为急务，反对当时的伪理学家不切实际的空虚之学，对后人影响很大。

方法去思考和行动，要重视矛盾的辩证统一，它是朴素的辩证法，也是高级的辩证法。

可以将这二律背反的两条主线辩证统一的，就是二元论的认知原则。在此基础上，又出现了双轨制的商业思维模式。一条轨道是医疗，另一条轨道是消费，二者相互依托，又相互制约，并行发展。需要注意的是，二元论并不是很好的哲学思辨，这里采用它，仅仅是为了讨论便利。

第三节
关于医美商业模式底层逻辑的思考

一、医美，正在被重新定义？

医疗美容是采用医疗手段实现美学价值，以满足就医者个体的心理需求和社会心理预期。这个定义包括了医学、人体美学和心理学三个学科。医美从医学出发，走向了更高更远的地方，近几十年医美发展的历程，就是重新定义医美的过程。从业者、消费者、大众传媒，乃至整个社会，都参与了医美的重新定义。

社会发展有时是"应然"与"实然"分道扬镳的过程，医美也是如此。我们心中对医美"应该是什么"的界定，属于我们自己的价值判断；现实中医美"实际是什么样"，是基于事实做出的判断。

二、医美被重新定义的基础

1.医疗技术第一

医疗技术是医美的出发点。对于从业者和医疗机构，从业资格是入场券。对求美者来说，了解医疗技术和尊重医疗规律，决定了其能从医美收获多少好处。

美容医疗同时具备技术属性和科学属性。用于医美的手段必须是科学的，它比技术属性更加宽泛，因为太多的脱离常规的探索，并不适用于美容医疗，在其科学性上应基于保守主义的立场。这就引发人们的思考，究竟怎样使用医疗技术，在美容医疗上才是科学的？

美容医疗的科学属性是指导思想，技术属性则是实现目的的手段。这个科学属性，并不仅仅是医学的，还有美学与心理学的介入，甚至包括其他门类的社会科学。

2. 美容医学的工具理性和价值理性

现代社会学奠基人之一、哲学家马克斯·韦伯[①]提出了价值理性和工具理性的概念，即人的理性可以分为两种不同的类型，一种是价值理性，另一种是工具理性。

价值理性用于价值判断，如双眼皮手术要不要做。价值理性要比工具理性复杂得多，它是有条件行为的无条件价值，强调动机的纯正和实现目标的手段正当性。工具理性用于事实判断，是实现目的的手段，如这个双眼皮该怎么做。这两个概念可以对应到应然与实然的范畴。

在医疗美容中，单纯使用工具理性是不够的，价值理性可能更加重要。工具理性是前提和基础，价值理性则是目标与判断。价值理性涉及的面更宽更广。

但是在医美实践中，价值理性常常被扭曲，无法作为工具理性的精神动力。与韦伯同时代的德国早期社会学代表人物格奥尔格·齐美尔说：金钱就像上帝，对所有人一视同仁，每个人都可以用上帝的名义做自己的事情。但是，获取金钱的路径是不同的，医生、作家、艺术家、官员、商人等社会角色，在各自的价值理性之下，通过工具理性实现目标，而钱是衡量其成就的标志之一。但是如果人将货币视为一切的衡量标准，那么人本身也会沦为被货币衡量的对象。

在相当长的时间内，医美人删除了一条路径——价值理性，简单粗暴地将行医变成了工具。如果用双轨制来描述：医美只关注消费那一根轨道，工具理性过度扩张，价值理性被忽略。

有一个问题也不得不重视，就是工具理性容易形成客观标准，而价值理性却很难找到标准答案，这就是价值观很难统一的现实。因此，当不加约束的工具理性造成了社会危害时，政府就会动用法制的武器来管束这个行业。

我们在医美业最常听到的一句话就是：我得先活下来，诗和远方再说吧。所以，中国的医美业由于缺乏价值理性的精神主导作用，形成了高度分散且内卷的局面。

高度分散的结果就是不堪一击。医美机构为什么总体上利润微薄，就是这个原因。因为我们长期忽视了这个行业应有的价值理性。

---

① 马克斯·韦伯，全名马克西米利安·卡尔·埃米尔·韦伯，德国社会学家、历史学家、政治学家、经济学家、哲学家，是现代西方一位极具影响力的思想家，与卡尔·马克思和埃米尔·杜尔凯姆并称为社会学的三大奠基人。

消费医疗的双轨制没有最终成为共识的另一个原因是：利益分配与资源配置也是很大的问题。这里说的是上中下游之间的极度不均衡。以价值理性和工具理性思考医美底层逻辑和消费医疗的商业模式，是要在明白这两者关系的前提下，找到真正的出路。

价值理性和工具理性模型对于建构医美底层逻辑和消费医疗商业模式的作用，就像"测量的尺度"和"边界划分者"，就象儒家的"正心诚意、格物致知"，是起点和基础。

三、消费医疗的底层逻辑是"双轨模型"

消费医疗商业模式的底层逻辑到底是什么？

只有真正掌握了底层逻辑，才能根据市场与政策环境的改变，调整我们的方法论。底层逻辑拥有强大的生命力，它可以随着市场的变化而生成新的方法论。可能的答案是：做一个多模型思考者[①]，才能初步解决医美行业的底层逻辑问题，并理解消费医疗的商业模式。

我们的推论是：从二律背反到二元论，再到医美的双轨思维。这是消费医疗底层逻辑的基本模型。

消费医疗有两条轨道，一条是医疗，一条是消费，就像铁路的两条轨，谁也离不开谁。医疗机构就是跑在铁轨上的火车。医美机构是其中的典型代表。

为什么是双轨？单轨行不行？单轨，那就变成了另外一个物种。

两条铁轨之间，必须有枕木，它们是规则，确定并保持着双轨的距离和关系，不能太近，也不能太远，当然，更不能交叉。

围绕着铁路，还要有许多规则，以保证轨道上以及周边环境的安全，既要安全到达目的地，又不能撞车或撞人。

围绕火车，还有许多供应链。上游是给火车提供动力的，以前的绿皮火车是用煤，现在的高铁用电力，电力成为高铁的动力源泉，和高铁的关系早已经变得密不可分，比如艾尔建和医美的关系。下游是卖火车票的，让乘客根据不同的需求上不同的车厢，比如新氧。高铁上还有许多其他的供应链，各赚各的钱，只是高铁本身是不是盈利，就是另外一个问题了。买票的钱有多少给了上游和下游，列车自己还能剩下多少？一般老百姓不得而知。

我们将消费医疗的两大元素比喻成火车的两条轨道，是理想化的状态。医疗与消

---

① ［美］斯科特·佩奇.模型思维[M].杭州：浙江人民出版社，2019：7-21.

费，互相依存，共同构成高效率的运行方式。但是现实与理想总是相去甚远。我们坚信这种商业模式注定将是消费医疗的未来，因为它满足了一种可以延续的商业模式所有需求：确定性、稳定性、增长性与合规性。

现实操作中，两条轨道常常是撕裂的，相当于工具理性与价值理性的割裂。中国消费医疗出现的所有问题，都可以归结为在这两条轨道之间的左右摇摆。

双轨模型思维可以进阶到双螺旋模型。1953年，克里克与詹姆斯·沃森[①]共同发现了DNA（脱氧核糖核酸）的双螺旋结构，DNA双螺旋结构的发现对人类认知飞跃影响巨大。简单的AGCT四个碱基在DNA分子上排成长长的链条，可以编码生命。为了维持DNA分子稳定，确保遗传信息准确，大自然与生物体又"发明"了双螺旋结构。当需要复制遗传信息时，DNA在解旋酶作用下双链条打开，然后信使RNA（核糖核酸）按编码单位复制DNA信息，在细胞器内开始加工……这就好比消费医疗的高级生态链。

企业培训风行过阿米巴[②]方案，用于优化企业内部流程，提高效率。这样做的理由是阿米巴虫是单细胞生物，具有最简单的生物特征，因此企业管理应该可以从中学习到大自然演化的底层逻辑。按此推论，DNA的双链条结构[③]，可以视为双轨制的进阶模型，其要点有如下几个：1.双轨双链条，互相补充，互相支撑，互相备份；2.简单、稳定的编码与通信，确保信息传输稳定、高效；3.完成重要功能时可以解开双轨或者双螺旋，完成后恢复状态；4.保持编码信息稳定，各个功能单元（基因编码）准确传递。

用DNA双螺旋作为医美底层逻辑和消费医疗商业模式的思维模型，对医疗专业人士来说应该很容易理解。因为DNA结构和复制机制都是教科书上的基础知识。高中的生物学老师感叹过大自然与生命的神奇，DNA结构虽然简单，但却是最高效、最合理、最稳定的结构，带有深刻的"必然性"，因此可以作为双轨制的进阶模型和思考底层逻辑的重要基石。

---

① 克里克（1916年6月8日—2004年7月28日），英国生物学家、物理学家、神经科学家。詹姆斯·沃森（1928年4月6日—），出生于美国伊利诺许州芝加哥，世界著名生物科学家、遗传学家，20世纪分子生物学的带头人之一。二人最重要的成就是1953年在剑桥大学卡文迪许实验室共同发现了脱氧核糖核酸的双螺旋结构。二人也因此与莫里斯·威尔金斯共同获得了1962年的诺贝尔生理学或医学奖。

② "阿米巴"在拉丁语中是单个原生体的意思，属原生动物变形虫科，虫体赤裸而柔软，其身体可以向各个方向伸出伪足，使形体变化不定，故而得名"变形虫"。变形虫最大的特性是能够随外界环境的变化而变化，不断地进行自我调整来适应所面临的生存环境。这种生物由于其极强的适应能力，在地球上存在了几十亿年，是地球上最古老、最具生命力和延续性的生物体。阿米巴经营模式是企业经营管理模式中的一种，阿米巴经营就是以各个阿米巴的领导为核心，让其自行制订各自的计划，并依靠全体成员的智慧和努力来完成目标。通过这样一种做法，让第一线的每一位员工都能成为主角，主动参与经营，进而实现"全员参与经营"，例如小分队的经营模式。阿米巴经营模式的提出者是日本的稻盛和夫。

③ [美]詹姆斯·沃森.双螺旋：发现DNA结构的故事[M].上海：上海译文出版社，2016.

四、医美产业中医疗属性与消费属性的博弈

双轨思维模型之下，医疗属性的临床诊疗与消费属性的营销运营，如何均衡发展并互相助益，一直是个难题。一个关键的问题是：医美就医过程中，是否允许推销？

2021年2月2日的《人民日报》发表了一篇文章《理性看待、依法规范"医疗美容热"》。文章中称医美就医者为"医美消费者"，等于承认了医美行业的消费医疗属性。既然是消费行为，就难免遇见"推销"；换句话说，让自负盈亏、遵循市场经济自由竞争规律的消费医疗服务机构不做推销的动作，似乎是不太现实的。

如果允许推销，那么，怎样推销才算合理合法呢？医美是特殊的医疗服务，对其推销行为加以规范与约束势在必行；所以，规范性文件应尽早制定出来。在推销与否，或如何推销这个问题上，指望行业自律，是不太现实的，因为它涉及经济利益，甚至关系到机构的生存与员工的饭碗。

医美行业的特殊性在于，它与疾病诊断完全不同，需要大量时间去进行沟通讨论。这个过程，很难说哪个环节是"设计""科普"抑或"推销"。

咨询师的出现，是20世纪90年代中后期的事；之后的20年，是医美咨询师们的高光时代，他们带来了医美业的辉煌与混乱，功过都很明显；他们的顶峰时期，一张大单可以开到数百万元，那是一个行业完全被销售驱动的年代。有关部门甚至想将医美咨询师变成一种职业，一番论证之后，不了了之。

在医美业刚刚进入大众视野的那些年，主导行业的都是投资人，医生们刚从公立医院出来，还没见过这么多钱，他们没有能力和投资人争夺医疗主导权。而咨询师正是投资人意志的代表，而且越是没有医疗背景的咨询师，业绩可能越高，因为他们无所畏惧，更有"狼性"[①]，而这一度成为咨询师培训的目标；与医美业同龄的人，都听说过医生们低声下气地请咨询师吃饭的事，不过是想从咨询师手里多获得一些治疗的机会，也就可以多赚一点钱。那些活跃的咨询师，掌控着医生们钱包的厚度。

非手术的同行们照样如此，在微整形的红利期，咨询师给客户开出10支玻尿酸，1支打在脸上，9支挤在纱布上。这种事，从那个时代过来的微整形医生们，想必心里都有数。在业绩压力面前，道德只好让步。医生们心里的不甘，只能化作行为上的不堪。

业内一些专家的观点是：把医美咨询师职业化，对他们进行规范化的培训，然后

---

① 朱咸宇，胡永铨.狼性文化下的企业成长[J].现代商业，2022：25-27，DOI:10.14097/j.cnki.5392/2022.24.053。

持证上岗。通过规范化培训，提高咨询师职业素养。愿望是非常好的，可问题仍然存在。没有这个证书的人，做了咨询师的业务，如何处理？如何监督？是否具有可行性？医美咨询这件事，谁都可以做，有没有医学知识都可以做，具有随机性和隐蔽性，难以控制，难以制度化。

有没有解决之道？我们顺着提案的思路，稍加思索，就可以体会到部分人主张取消医美咨询师的良苦用心，不外乎为了让医美行业早日规范起来，降低过度营销和过度医疗，最大化地减少医疗事故与纠纷，保护消费者的合法权益，让医美行业健康发展。

那么取缔了咨询师，是否就能够实现行业规范化的目的？问题的关键在哪里？

我们不妨从医美服务流程的关键环节入手，并加以分析。咨询师的推销过程，或推销结果，是不是关键环节？从理论上说，咨询师的动作不是关键环节。关键环节是医生的治疗，所有的医美结果，都是由医生完成的，他们是核心生产力，是决定性因素。

有些医美机构把咨询环节硬性规定为决定性因素，让临床医生们放弃医疗决策权，一切听咨询师的，医生渐渐沦为咨询师的工具。这应该是所有问题的症结。这其实是由谁来决定医疗服务内容的问题。明确医疗责任的承担者是谁，应该是决定医美产业政策的基点。

医美机构的医疗责任，不由医生承担，而是由机构承担，医生一方不是很在意医疗事故或纠纷的处理，那么，医疗事故还会只多不少吗？医美机构承担了医疗责任，那么就需要有足够的利润承担事故的赔偿费用，那么机构就必然以利益最大化为第一诉求。如果在医美行业政策层面，规定由治疗的实施者——医生，来承担主要的医疗责任，是否可行？是否可以最大限度地解决行业问题？是否会最大限度地保护消费者的权益？

医生承担医疗责任，是否能够落地呢？

大多数时候，医疗责任到底由医生承担，还是由机构承担，无法分得那么清楚，也难以实现监督。

如果直接将医疗机构的责任人规定为医生，问题是不是就迎刃而解了呢？如果法律法规规定了医疗机构的法定代表人，必须由医生担任，而且要对医疗安全负责，那么无论这位医生是老板、股东、合伙人，还是单纯的雇员，他都不会允许自己的机构去忽悠就医者吧？

咨询师主导医疗的行为，是反逻辑的，在行业从草莽走向成熟的过程中，一定会被逐步纠正。医生们的心态在逐渐改变，咨询师们的心态也在变化之中；当医生们意识到自己可以成为行业的主宰时，他们一刻也不会等待，毫不犹豫地将医疗主导权夺回，这也就是所谓"回归医疗"的由来。医生作为医疗产业的核心生产力，必须拥有医疗决定权，这样才有可能为客户创造价值，才会尽可能地避免医患纠纷。

第四节
医美"标准化"与"平台化"的讨论

在我们初步了解了消费医疗的底层逻辑之后，就有必要关注医美行业标准化与平台化两种思路。标准化的外化表现为"弱医生化"，即将医生个人发挥的余地尽可能地缩小，纳入统一的规范；而平台化的外化表现则是"弱机构化"，例如共享医疗的兴起。"弱医生化"和"弱机构化"，这两种行业思维的博弈已经开始，并在未来越来越明显，走向两个不同的方向。

医美标准化，是指在医美临床、营销、运营和服务的全流程中，对重复性的概念和操作，通过制定、发布和实施标准来达到统一，以获得最佳医美服务秩序和社会、经济效益的过程。

平台化本是一个IT概念，延伸到医美业，则是指基于医美产业全链条的连接，为医患双方提供从端到端的优质诊疗体验和差异化服务，保持医生执业的灵活性、自主性和高效性，同时降低医患双方的交易成本与摩擦成本。医美平台化是医美产业的一种商业形态，是重新认识这个行业的底层思维模式。

如果我们不偏离底层逻辑，那么这两种业务模式都有存在与发展的理由。

一、"弱医生化"的标准化追求

医疗服务个性化强，难以标准化，因此带来效益评估上的不确定性。于是资本市场的投资人试图寻找某种改变，试图发现尽量向标准化靠近的产业模型，例如"轻医美"概念的出现。投资人希望找到一种医美模式，更多地依靠设备而不是那么依赖医生的个人技术与个性化审美偏好。在一个确定好的框架里执行，这样比较容易标准化，也能够容易计算出投入产出比。虽然在实践中会遇到极大的困难，但是努力的方向仍然不失其合理性。投资人的价值取向，并非否认医生的价值，只是希望能够尽可能地标准化而已。

尽管大家都知道，医生的核心生产力地位不可轻视，但是"弱医生化"仍然是传统医美行业投资人的主流价值取向。他们采取的变通做法是让医疗围绕着营销的指挥棒走，尽可能地将医生变成生产线上的装配工，医生只管完成销售人员（咨询师）交给的治疗任务，当然也不必承担什么医疗责任。但是医生们不会甘于扮演这样的角色，他们不仅仅想主导医疗，还要主导营销。

观念不一致时，双方博弈而产生的内耗与成本的增加，是机构的市场能力削弱的深层次原因。比如医生希望打造个人品牌，但机构则不希望这样，他们更希望培养机构品牌，以摆脱对医生的依赖。这导致医生个人IP的经营可能变成了个人行为，医生们只能在业余时间做自己的IP，他们把个人IP作为绝对的私有财产来看待，并且不希望机构的老板们知道。于是，双方的内耗开始了，一方面医生绝不会把个人IP拿出来作为企业资源；另一方面，机构哪怕为了医生个人IP投入了人力物力财力，医生们同样以为那是个人化的无形资产。这样的结果便会引起投资人或高管们的愤怒，于是下一个动作就是对医生个人品牌的打压甚至封杀。

然而投资人对标准化的追求不会停止，如果医美机构期望实现资本市场的价值，则应该从更高的层次看待"标准化"的问题，"弱医生化"的道路行不通，应该还有别的路。

医美行业难道真的无法标准化吗？行业标准化的目的是什么？最终的目的无外乎两个：风险可控和收益可量化。

创建系统化的风险管理机制并不是太难的事；而通过"弱机构化"的平台逻辑，通过对医生的赋能，将医生的产能调控到相对的标准值，完全可能实现更高层次的标准化。

从低层次的角度看，医美这种一对一的消费医疗服务确实难以标准化；但是当我们上升到更高层次去分析时，标准化便跃然纸上：机制化的赋能，让医生们的产能趋同，只要他把个人的医术和品牌融入某个平台的流程，经过一段时间的调试与磨合，就会达到一定的产能，从而降低统计学上的方差。当然对医生的选择正确是成功的前提。

从前对效益进行评估时，都是通过对机构的效益进行分析，医生个人的产能被机构产能覆盖，医生的个人价值通过机构的效益来实现；而机构作为一个整体，为了追求效益的最大化，常常会使医生的动作变形，让医生配合机构的过度营销，同时对成本的控制，也不由医生说了算。收益好的机构，不仅要有好的医生，还要求有好的营销能力与成本控制，三者缺一不可。这让评估变得复杂，像科幻文学界的三体问题一样难以预估。

二、"弱机构化"的平台化思维

当机构的作用被弱化，代之以平台化的管控机制，或者机构本身的平台化改造，让医生直接与客户连接，不仅对医疗负责，同时对自己的个人IP负责，利用平台赋予的工具与功能，以及风险管理系统，让产能在较短的时间达到理想状态，让收益变得容易评估，这是完全有可能实现的。

平台化是"弱机构化"的前提和保障，而平台的生命力取决于为医生赋能的能力。首先是价值观的一致性，它带来的益处是沟通成本的降低和劲儿往一处使的合力。赋能对投资人而言，可减少统计方差，实现高层次的标准化。

赋能的不同阶段，有不同的价值展现。初级阶段，平台为医生们提供最基本的保障，可能是潜性的，就像水和空气，受之而不觉。比如对医生个人IP的培育、风险管理、供应链管理、成本合理化、舆情管理、政府关系等，表面上看不出与效益的直接关系。有些医生误以为这完全是他们自己的功劳。投资人不应被这种负面看法影响。

赋能的成熟阶段，平台的各种机制可以为医生带来流量，并且拥有流量转化的能力，最重要的是将流量变为存量；医生们的治疗行为是个性化的，但是管理流程与成本控制是标准化的，医生们创造了理想的收益，愿意在平台上与相关的贡献方分享利润，机构成为一层实现最终价值的保障，以及个人品牌的落脚点。平台的功能得到场景化的体现。

在平台赋能的高级阶段，医生将平台作为事业平台而非业务平台，平台成为医患双方的有效工具，"私域流量"或"私域存量"的概念不复存在，他们视平台为价值实现的终极舞台。

第五节　医美业普遍存在的认知误区

理查德·道金斯[①]说过：人固有一死，这却是我们的幸运。大多数人不可能死，因为他们从未出生过。那些可能像我一样存在但从未有机会看到一缕日光的人们，比阿拉伯沙漠中的沙粒还要多。在这些从未出生的幽灵之中，一定有比叶慈还有才华的诗人，比牛顿还伟大的科学家。我们知道这一点，是因为数学上可能的基因组合远大于真正活过的人类数量。从这惊人的极小概率的牙缝里幸存，如你我这样的普通人，才能在这人世间彼此相遇。

我们现在还活着，本身就是各种幸运和机缘巧合的结果。生存的基础是少犯错误，人类的23对DNA，有30亿对碱基，但是只有大约22000个基因，所有碱基里面只有不到10%是有效的编码。那么剩下的那些是什么？科学家推测是"纠错"系统。

医美业商业模式设计或底层逻辑运用，最需要关注的应当是避免误区。这是模型思维的另一个要点。

一、学坏容易学好难：囚徒困境与破窗效应

囚徒困境是美国兰德公司的两位研究员在1950年推出的博弈模型。故事是一个警察抓了两个小偷，分别关押，单独审讯。如果两个人都沉默，因为证据不足，各判一年；如果有一个人揭发，另一个人沉默，则揭发的人可以当庭释放，另一个倒霉蛋被判10年；如果两个人都揭发，证据确凿，各判8年。最后，两个人的选择是互相揭发。

这个例子反映了个人的最佳选择，并非团体的最佳选择。或者说在一个群体中，个人做出理性选择却往往导致集体的非理性。虽然困境本身只属模型性质，但现实中的价格竞争、环境保护等方面，也会频繁出现类似情况。其最主要的原因是全行业对合作与信任的放弃，虽然彼此出卖违反最佳共同利益，却可能让自己收获最大利益。

医美行业的价格战是囚徒困境最典型的诠释。价格是没有最低，只有更低。我见过九块九全年脱毛的会员卡。妄图用价格战碾压对手的做法，是典型的伤敌一千、自损八百的得不偿失之举。因为用倾销定制化产品的套路来倾销医疗服务，套用农贸市场的价格竞争办法，是对基本行规的颠覆，最后不仅让自己的机构利润下滑，也让整

[①] 理查德·道金斯（1941年3月26日—）是英国皇家科学院院士、牛津大学教授、著名科普作家、动物学家，《解析彩虹》的作者。

体行业失去应有的利润率,所以,在医美的价格战中,几乎没有赢家。

当年百度搜索上盛行的竞价排名,更是十足的囚徒困境中的多循环博弈。竞争对手在百度投放广告时,彼此之间不会有任何协作、合作或互信,因为百度平台就是这场游戏的设计者,每个玩家投放广告的竞价费用都在升高,成本增加,但是收入没能相应提升,利润率在下降。莆田医疗集团曾经想过联合抗争,但是以失败告终,因为彼此间存在竞争关系,无法真正联合起来一致对外。成员中只要有一家背叛或出卖了其他成员,这种抗争就变得毫无意义。

作为一个新兴产业,经历早期的野蛮生长与无序竞争并不奇怪,特别是在缺少规则的情况下,人们在竞争过程中,倾向于学坏。一家用两本账来逃避税收,家家都会仿效;一家用假冒产品,家家都会跟进,这就是另一个典型的误区——"破窗效应"。

一幢建筑如果有少许破窗,如果那些窗没修理好,可能将会有更多破坏者去破坏更多的窗户。他们不但会打碎更多的玻璃,甚至会毁坏整幢建筑。

这就是心理学上的"破窗效应",最早是犯罪心理学的一个结论,认为如果环境中的不良现象被放任,会诱使人们仿效,甚至变本加厉。"破窗理论"来自19世纪法国经济学家巴斯夏,简单地说就是"损害有益",后来被美国政治学家詹姆士·威尔逊和犯罪学家乔治·凯琳作为犯罪心理学的理论提出。

当从业者争相效仿破坏公共资源或公共利益的做法时,例如对假冒产品的使用、对知识产权的侵犯等,必将导致商业模式的失败。不要用公地悲剧解释医美商业模式,如果公地悲剧适用,那就不可能有商业模式存在。公地悲剧指享用者都从自己的私利出发,争取从中获取更多收益,而付出的代价由大家负担。这一名称来自古代英格兰乡镇中心的牧场,人们对资源的开发与利用超过了限度,就变成了竭泽而渔。在医美领域,它的公共资源是什么?比如对自媒体平台的滥用、对税收资源的侵占,等等。

一个有代表性的例子仍然来自百度。谷歌有句价值观宣言,叫"不作恶",但这不是百度的信条。信息搜索带有公共资源的属性,特别是当谷歌被挤出中国市场,百度一家独大的时候,本来应该更加凸显其搜索的公共资源性质。然而,百度公司自身与众多用户的掠夺式开发,让搜索的公信力一降再降。如今,已经很少有医美机构还将百度竞价作为营销预算的主要板块了。

破窗效应揭示了环境对人的心理形成和行为表现具有强烈的暗示和诱导作用,关联密切且互为因果。社会环境也有形成破窗效应的可能,当整体经济形势不佳,机构经营不善的时候，人们普遍的负面情绪会影响到每一个人，反而不会去珍惜来之不易的业务机会，而是在破罐破摔的心理驱使下，表现出对工作的懈怠。

避免破窗效应的魔咒，需要全行业合作。过去医美也曾经搞过多次行业诚信联盟，也搞过宣誓活动，但是效果并不突出。

二、勿以恶小而为之：滑坡效应

美国的卡罗尔·塔夫里斯和艾略特·阿伦森合著的《社会性动物》[①]一书中说道：生活中有很多奇特的、反理性的、反直觉的现象。滑坡效应便是其中之一。它是指个体的不道德程度，有随时间推移而逐渐加剧的倾向，即不道德的行为具有反复性和渐进性。它广泛存在于个体层面以及人际互动过程中，会影响个体正常社会交往，甚至阻碍社会和谐健康发展。比如，说一句小谎容易，但是这一句小谎要用很多句谎言来圆，所以，谎就会越说越大。

决策者对于大的变化，很容易发现其不道德性，而对于行为的微小变化却不易察觉，很难将其界定为不符合伦理规范的行为。滑坡效应好似从一个斜坡上滑下来，如果慢慢地滑，则可能没有太大的感觉，但是可能越滑越快，最后就收不住了。滑坡效应如同温水煮青蛙，所以我们常说，勿以恶小而为之。

有句名言：雪崩的时候，没有一片雪花是无辜的。引申地说：没有一片雪花是可以幸免的。比如虚假广告和偷税漏税是普遍的，已经造成了全行业泥足深陷。

避免滑坡效应对消费医疗特别重要。因为医疗合规是类似程序正义的"事件记录"与"纠正评估"的连续过程，就像一个长长的链条串联起来，任何一个环节出问题，整个链条就会断裂。因此，过程管理是医美底层逻辑，也是消费医疗商业模式成功的关键。

三、路径依赖——医美业天生就是这样吗？

路径依赖心理来自对风险的恐惧，包括心理依赖与模式依赖。例如市场化的美容医生对公立医院诊疗习惯的路径依赖，是相当严重的。

第一个让"路径依赖"理论闻名天下的是美国经济学家和社会学家道格拉斯·诺

[①] 《社会性动物》（第九版）被誉为美国社会心理学的《圣经》，作者 E.阿伦森是美国心理学会 110 年历史上唯一获得所有三项大奖的心理学家：杰出研究奖（1999 年）、杰出教学奖（1980 年）和杰出著作奖（1975 年）。本书自 1972 年出版第一版以来，在世界范围内畅销数千万册，是社会心理学领域最具影响力的著作。华东师范大学出版社 2007 年 12 月出版，邢占军译。

斯[①]。这个理论很容易理解，人类社会的技术演进或制度变迁，都有类似于物理学中的惯性，一旦进入某一路径，无论好坏，都有可能对这种路径产生依赖。

我国现役火箭的最大直径是3.35米，如长征二号丙火箭、长征七号火箭等。这个宽度由铁路的隧道决定。火箭运输需要铁路，铁路轨道标准的1435毫米轨距由古罗马将4.85英尺作为战车标准宽度而决定，而4.85英尺宽度是根据拉战车的两匹马的屁股宽度决定的。这是从马屁股、到战车、到轨道、到火箭的路径依赖。

医美业里例子也有很多，比如，激光等非手术项目的治疗手具，有很多可改进的地方，但是没怎么改，原因何在？其最初就设计成那个样子，模具设计、使用习惯已经塑造成型，再改很难。

很多外科术式如果要改，也存在同样问题，它们已经写进了教科书、写进了操作指南，再想修订的话，面临的工作量和时间成本将超乎想象。

路径依赖是指给定条件下人们的决策选择受制于其过去的决策，即使过去的境况可能已经过时。广义泛指历史因素的影响作用；狭义是指制度的自我加强，但初始时的细微差异会逐渐被放大，从而不成比例地引发了后来的境况。

比较可怕的是在路径依赖中对自我的强化现象，它们会阻止变革或改进。例如那个有名的试验：关在笼子中的猴子和香蕉的故事。只要有猴子去够香蕉，就用高压水枪教训所有猴子，最后猴子都不动手了。然后换进来一只新猴子，它不懂规矩，伸手去够香蕉，结果原来的那些猴子将新来的猴子暴打一顿，直到它服从规矩为止。

医美的商业模式更是充满路径依赖：如高价获客、被动合规、灰色游走、与渠道非对称博弈、核心技术不稳定、没有防火墙和护城河等。

强营销拉动，医疗为营销服务，其实全行业都在效仿这个模式，尽管有不少人知道它的问题，但是没有人敢于向这种模式发出挑战，这就是典型的路径依赖。

早期医美机构获客的百度模式，全行业都习惯了，没有人敢不做百度竞价，人们视这种获客方式为必然路径。

再比如低价引流，自从三方电商平台成为主要获客来源之后，其手段更加甚嚣尘上，许多机构将这些办法视为经营的必然路径，很少有人反其道而行之。只是那些少数敢于反着来的，现在都活得不错。

[①] 道格拉斯·诺斯（1920—2015），美国经济学家、历史学家。1920年出生于美国马萨诸塞州坎布里奇市。1942年、1952年先后获加州大学伯克利分校学士学位和博士学位。诺斯是新经济史的先驱者、开拓者和抗议者。由于建立了包括产权理论、国家理论和意识形态理论在内的"制度变迁理论"，获得1993年诺贝尔经济学奖。

应该何时突破路径依赖呢？以美国的计量单位为例，当年国际标准化组织推行米、千克、秒等公制单位时，虽然该组织本部就在美国，但是美国仍沿用了英制单位。至今，美国还经常有学术文章指出：因为美国采用了与国际上大多数国家不同的计量单位，每年会造成上千亿美元的损失。这是路径依赖的一个极端例子。美国之所以没有采用公制单位，是当初计划推行国际标准时受到了计量工具制造商的抵制和反对。路径依赖之下，也就没有采用。因为当初没有采用，所以至今也不能采用。新中国成立后，全面采用了公制计量单位，因此从中获益良多。

四、巴纳姆效应与幸存者偏差：我们该向谁学习？

巴纳姆效应[①]由心理学家伯特伦·福勒于1948年验证：每个人都容易相信一般性的人格描述适合自己，哪怕自己根本不是这种人，仍然认为关于一般人的描述准确地反映了自己的人格面貌；企业也是一样。《中国医疗美容机构经营院长》[②]一书中曾经举过这个例子。巴纳姆是美国历史上的一个传奇，他最著名的言论是："坏的宣传，也是宣传。没有宣传，什么都不可能发生。"

巴纳姆效应产生的原因在心理学上被认为是"主观验证"的作用。恺撒说过一句著名的话："没有人愿意看到事实的全部，人们往往只希望看到自己想看的现实。"人在主观上想要相信一件事，就总能找到相应的证据来证明自己是对的。这种常常存在于潜意识的主观验证效应，是导致我们做出错误判断的底层原因。

人们对成功者的认知偏差，导致合乎底层逻辑的商业模式难以在本应该出现的时候出现，它让实体行业的从业者交足了学费。

关于幸存者偏差，有一个非常著名的故事。1941年，美国哥伦比亚大学统计学教授亚伯拉罕·沃德接受海军的邀请，让其运用统计学的原理，推算如何降低飞机的损失率。将军们发现那些飞回来的战机，机翼上布满弹孔，于是建议在飞机的机翼上加装装甲。经过仔细观察，沃德发现，这些机翼上布满弹孔的飞机，其实都是幸存者，飞机机翼上中弹，并没有影响它们飞回来，真正需要研究的是那些被击落的飞机，它

[①] 巴纳姆效应又称巴南效应、弗拉效应，是一种心理现象。人们会对他们认为是为自己量身定做的一些人格描述给予高度准确的评价，而这些描述往往十分模糊及普遍，以致能够放诸四海皆准，适用于很多人身上。巴纳姆效应能够对不少伪科学如占星学、占卜或心理测验以及抽签掷筊等被普遍接受的现象提供一个相对完整的解释。

[②] 李滨.中国医疗美容机构经营院长（全二册）[M].北京：中国经济出版社，2020.

们才是真正有价值的研究对象。后来他发现，发动机中弹后，回来的可能性便没了，因此，用装甲保护的应该是发动机。那些关注机翼的人陷入了幸存者的认知偏差。

中国有句老话：只看见贼吃肉，没看见贼挨打。这也是幸存者偏差。我们真正应该研究是的那些失败者，他们的教训才是真正值得我们借鉴的。

做医美，最要命的便是陷入幸存者偏差的认知误区，只看见那些存活下来的机构，然后照葫芦画瓢，而没有根据自己的条件及所处城市和市场环境的特点，以及医生的技术特色进行决策。那些只注重营销，忽略医生技术价值或个人IP的机构，多少会存在这样的问题。

上述说法的目的是推导出什么样的医美模式是注定要被淘汰的？

底层逻辑和商业模式不自洽，甚至不成立的原因之一，可能是陷入了巴纳姆效应和幸存者偏差这两个思维陷阱。这在创业医生身上经常看到。比如，某几个大咖医生坐在一起随便聊聊，在纸上草草算一下自己一年能做多少手术，有多少"粉丝"顾客，就决定合伙开一家门诊部。结果不到半年便资源耗尽，大家没有更多资金准备和心理准备，门诊陷入困境，甚至关停并转。

避免落入思维陷阱，就可以正确评估和认识自己拥有的资源，不至于得出错误的结论。如果重视幸存者偏差，多看看那些消失的创业机构为什么消失，就能避免很多盲目乐观和准备不足的坑。

第六节
医美业的"理想国"[①] 有可能在中国实现吗？

精要主义追求的是"更少，但更好"。对于医美人而言，让就医者把手里的金钱和时间以及身体的代价，用在最有价值的项目上，就是医美精要主义。它与盛行的丛林法则背道而驰，令人遗憾的是，它没有被认同。大部分机构以及大部分市场竞争行为，在相当长的时间，仍将停留在丛林时代。这不光是指处于医美产业夹缝中的中游医美机构，还包括上游的药械供应商和处于下游的医美第三方。

医美行业同其他行业一样，其上中下游共同存在于市场，互相作为生存的基础，

[①] 陈恢钦.柏拉图理想主义政治思想的基本特征[J].北京大学学报（哲学社会科学篇），1999：116-122.

所以，彼此之间既有合作，也有博弈，但主要是合作。因为这个生态链条上的任何一环断了，其他的成员便失去了生存的土壤。然而现实情况是，上中下游的利益结构处于极不均衡的状态。

一、极不均衡的医美上中下游，离"纳什均衡"还很遥远

电影《美丽心灵》男主角原型约翰·纳什[①]21岁时，在自己的博士论文里，提出了纳什均衡的概念。只可惜他的内心却没能得到均衡，成为全世界最著名的精神病人。

纳什均衡是博弈论里一个重要的术语。在博弈过程中，无论对方采取什么策略，自己一方都会采取某个确定的策略。这个策略被称为支配性策略。用中国话说就是"以不变应万变"。

当参与博弈的所有各方采用了对自己最有利的确定性策略时，其中任何一方选择的策略都是最优的，那么这种组合就是纳什均衡。换成更简单的表述是：博弈者最好的策略是在趋势来临之前，卡到自己应有的位置。这个位置确保自己的利益最大化，也不因为自己或者别人策略改变而变得更差。

医美机构和医生往往感受到来自上游厂商的挤压，生存空间在收窄，是因为还没有形成纳什均衡。没有达成纳什均衡是因为缺少一个医生的支配性策略，这个策略就是医疗合规系统赋予医生的医疗决策权，即医生责任制。目前的策略环境下，与上下游的博弈，医生和机构处于被支配地位。

医生和机构什么时候能够翻身呢？就是医美合规系统全面落地之时。我们羡慕欧美医生的权利，却不知道他们的权利从何而来；我们希望能有欧美先进国家那样对医生友好的医疗环境，却又不想接受那样严格的管理。这是巨大的矛盾和纠结。一个复杂的博弈系统形成纳什均衡是某个阶段的最佳策略，而政策和外部环境是形成纳什均衡的约束条件。最不应该反对医疗合规的恰恰是医生，医疗机构也不应该反对医疗合规，因为除了医生外，第二受益的是机构。机构和医生是天然的合作关系，两者应该同时谋求对自己有利的纳什均衡条件。但现在的情况并不是这样，在大多数医美人看来，"回归医疗"不过是一句口号而已。

[①] 约翰·纳什（1928—2015），提出纳什均衡的概念和均衡存在定理，是著名数学家、经济学家、《美丽心灵》男主角原型，麻省理工学院前助教，后任普林斯顿大学数学系教授，主要研究博弈论、微分几何学和偏微分方程。由于他与另外两位数学家在非合作博弈的均衡分析理论方面做出了开创性的贡献，对博弈论和经济学产生了重大影响，从而获得1994年诺贝尔经济学奖。

药械厂商本身的竞争也很残酷，但是他们掌握了现代工业的力量，而医疗服务不容易工业化，因此，如果不能与上游药械厂商达成合理的纳什均衡，那么被挤压将是无条件的，不可抵挡的，直到被迫重组整个行业。所谓"天地不仁，以万物为刍狗"，就是这个道理，在规律面前，情感很脆弱。

高度分散与内卷的医美机构无法坚持自己的最优策略，所以，给上游或下游留出的时间和机会还很多。

行业竞争与博弈的现实是：机构之间充满竞争关系，而且常常是恶性竞争；上中下游之间是博弈关系，但是中游尚未形成一股真正的力量，处于被列强压榨的阶段。因为广大的医美机构总是在一些思维误区挣扎而不得要领，所以作为中游的广大医美机构普遍利润率低下，如果算上合规成本，基本是不怎么赚钱的。利润主要集中在上游，其次是下游那些提供客源服务或周边服务的企业，这种资源配置显然并不合理。

二、医美行业进化的目标，实现帕累托最优[①]

我们相信在行业自身的进化过程中，上中下游之间矛盾有望得到改善，最终实现帕累托最优。

帕累托最优的概念是资源分配的理想状态，在同一市场的所有成员之间，没有使任何一方的利益受损的前提下，至少让其中一方变得更好，改进的措施就是帕累托改进；当各方已经不再需要改进，并且达到了利益与资源配置的平衡时，这个状态就是帕累托最优，它是经济社会公平与效率的王国。帕累托改进是达到帕累托最优的路径与方法。

宋太祖的"杯酒释兵权"就是实现帕累托最优的例子，在不伤害这些功臣个人利益的前提下，交出兵权，实现国家初建时期必要的集权制度。

完全的市场经济被一只"看不见的手"推动着，在自由选择的过程中，人们为了实现自己利益的最大化，共同努力实现资源的合理配置。例如猎鹿博弈，两个猎人合作，可以打到一只鹿，每人吃10天；各自打猎，每人只能打到4只兔子，每人只能吃4天；如果一个去猎鹿，一个去猎兔，猎鹿人没得吃，猎兔人可以吃4天，如果猎鹿人再来瓜分猎兔人的兔子，每人可以吃2天，两人之间还可能干一仗。那么帕累托最优就是

[①] 这个概念是以意大利经济学家帕累托的名字命名的，他在关于经济效率和收入分配的研究中最早使用了这个概念。维尔弗雷多·帕累托（1848—1923），经典精英理论的创始人，社会系统论的代表人物。

两人合作去猎鹿。

但市场总是不完备的，它必须满足三个条件：生产最优、交换最优、生产和交换最优。它涉及产品间的边际替代率，边际替代率是呈下降趋势的，叫边际替代率递减。因此，在产品策略上，应该补充互补型产品。

帕累托最优是博弈论的重要概念，如果一个经济制度不是帕累托最优，那么有一些人可以在不影响他人的情况下让自己变得更好。说白了就是利己不损人。

作为一种价值判断，它的前提必须是有效的，然而现实社会，它的前提条件并不符合实际，在完全自由的市场竞争环境，帕累托最优和改进都只能是一种理想化状态。

当一个行业出现明显的不均衡状态，如果靠市场自由竞争无法实现帕累托最优，那么政府的干预便可能是有效的选项。政府依靠法律法规与相应的制度，作为一只看得见的手，与那只看不见的手互相配合，或许能够加速不均衡状态向帕累托最优的进化。

医美行业作为消费医疗的代表，目前正处于这样的过程。医美行业的上中下游之间，理论上不存在竞争关系，而是一种博弈关系，所以更需要制度的干预和协调。

而在同类企业之间，竞争关系是主要的，每个人都希望成为强者，它适用于马太效应，即强者恒强，赢家通吃。然而有趣的是，医美行业的高度分散性，决定了其很难形成垄断或几家独大的格局，所以，新机构的最大竞争对手，就是自己。这一点对医生们同样适用，让我们不断地战胜自己，成为自我更新、自我迭代的强者。山西锦波生物的金雷坤先生作为医美行业少有的跨行业成功者对医美的魅力有自己独到的看法。他认为：所有能满足人类内在精神需求的行业都是好行业，好行业在发展过程中可能会有一些看上去"脏乱差"的表现。医美就是符合这两个特点的行业。我们相信，医美只要满足服务人类精神需求的条件，就能走出"脏乱差"而成为伟大的行业。在这个信念驱动下，锦波生物拥有了高级结构的大分子功能蛋白生物新材料的绿色制造能力，这为医美行业构建更好生态提供了原材料。

柏拉图在政治哲学名著《理想国》里设计了他认为最符合他的政治理念的由哲学王统治的理想国。虽然这个"理想国"从未实现，后世的思想家也知道不可能实现，但大家还是以其作为思考和讨论的一个出发点。

三、我国是否存在制度优势？

答案不言而喻。本文列举的名词都是欧洲人提出的，它们在中国的医美行业得到了印证，说明人类的观念和认知都差不多。

如果我们可以寄希望于人类的自我觉悟，那么唯一能够左右人们认知的，就是制度。我们国家拥有独特的制度优势。

我们已经承认了消费医疗的存在，但其仍然缺乏相应的制度约束与保障。所以，我们在不断地呼吁，政府需要对医疗产业进行二次分类与单独立法，让以医美为代表的消费医疗，能够健康发展。

如医美的另一条轨道——消费，作为两条轨道之一，既不可过分强调，也不能偏废，它需要与医疗保持均衡，由规则（枕木）相连接，并行发展，这就是消费医疗最底层的商业模式。

一种新的观点是：消费+医疗+数字化又产生了新的交集，催生了第三拨消费医疗的业务模式。如果说传统的"消费医疗"更注重目标群体的消费属性，那么新的交集，我们称之为"医疗消费"，则更注重目标群体的"病症"属性。它以严肃医疗为基底，面向具有明确医疗需求和自费支付能力的患者群体，借助医疗数字化带给目标群体的便利性和可及性，而使得一些本来需要在"医疗"场景才能解决的问题在一个更偏"消费"的场景得以解决[①]。

人们试图从各个层面去解读消费医疗的底层逻辑，这似乎又催生了一个新词："医疗消费"，看得出来，这是在强调其中的医疗属性。但只是单纯地从支付方式来划分，仍然没有抓住消费医疗的核心要点，"消费"与"医疗"两个词，谁放在前面都无所谓，都是双轨中的一轨，或者比喻成人的左手和右手，左腿和右腿，很难说哪只手或哪条腿更重要。

但是在消费医疗中，强调医疗的重要性，怎么都不为过。消费医疗的特殊性在于，它主要为健康人群服务，在医疗上更容不得犯错误；而且，消费医疗的选择权在就医者手里，医生需要在消费需求与诊疗规范之间找到平衡。为此，我们强调医生责任制，医生要同时对其医疗行为和推广言论负责，但是，国内的大多数民营消费医疗机构并不是这样做的，纠纷率高就在所难免。

由于消费医疗在过往的营销推广中多有夸大之词，导致政府开始用政策严管。

可对于消费医疗来说，市场营销是必需的。美国允许医生为自己做广告，是因为有十分详细的法规，任何医疗广告，都必须有医生的签名，表明他个人对内容承担责

---

① 见《易凯资本 2022 中国健康产业白皮书》。

任。医生广告不局限于消费医疗，所以，也就没有进行类别划分的必要。

在中国，对医疗广告或信息一刀切地严管，是医疗行业野蛮生长的必然结果，咎由自取。只是行业还要发展，故此在现有制度之下，要有相应的对策。

健康所系，性命相托，是《中华人民共和国医学生誓言》的第一句，誓言内容部分取自古老的希波克拉底誓言，形式更是从"希波克拉底誓词"[①]那里沿袭下来。为什么要宣誓？因为在价值理性和工具理性的明确分野下，两者已经没有统治和被统治关系，而是成了铁路的两条轨道，都不可或缺。但是现代科学技术的发展和消费主义的盛行，后现代主义价值思潮风起云涌，而工具理性无限膨胀和扩张，必然导致价值理性被冲垮。但是医疗服务必须有价值理性作为支撑，否则将走向"健康所系，性命相托"的反面，成为单纯牟利的工具。

著名哲学家康德[②]的墓碑上刻着："有两样东西，人们越是经常持久地对之凝神思索，它们就越是使人内心充满常新而日增的惊奇和敬畏：我头上的星空和我心中的道德律。"虽然康德墓碑上的"道德"比我们常讲的伦理道德更加广泛，但这也是对医疗从业者的警醒，也可以当座右铭。

还有一点不可忽视，我国医美发展有一定文化优势。集体主义和人情社会下，医美消费有聚集效应，就是消费者会一批一批涌现，伴随医美人口渗透率提高，这种文化优势将是一个巨大的"红利池"。

[①] 《希波克拉底誓词》是要求医学生入学的第一课就要学习并正式宣誓的誓言。希波克拉底本人从来没有提到过这个誓词，也没有任何类似的文件被发现。最早提到这份誓词的是1世纪罗马皇帝克劳狄一世身边的一名罗马医生，所以该誓词的来源不明。誓词的文字在不同的时期不断被改变来适合当时的需要。从文艺复兴时期到20世纪，它被看作古代医学伦理的经典文献。1804年蒙彼利埃医学院首次使用《希波克拉底誓词》全文作为毕业生的誓词。20世纪许多高校，尤其是美国的高校在授予博士学位的仪式上使用《希波克拉底誓词》。许多医学院试图使用其他比较适合当今情况的文字，来取代《希波克拉底誓词》。

[②] 伊曼努尔·康德（1724—1804），出生和逝世于德国柯尼斯堡（现俄罗斯加里宁格勒），德国哲学家、作家，德国古典哲学创始人，其学说深深影响近代西方哲学，并开启了德国古典哲学和康德主义等诸多流派。康德是启蒙运动时期最后一位主要哲学家，是德国思想界的代表人物。他调和了勒内·笛卡儿的理性主义与弗朗西斯·培根的经验主义，被认为是继苏格拉底、柏拉图和亚里士多德后，西方极具影响力的思想家之一。

第七节 旧的模式与新的机会

一、阿喀琉斯之踵[①]——有哪些医美的商业模式注定被淘汰？

1. 跨行业的单店投资模式

我们以前常常听说"跨界打劫"这个词,其他行业的女性投资人特别喜欢做这样的事。她们的设想是医美这么贵,不如投资一个,自己做起来方便,周边有那么多爱美的亲朋好友,支撑一家小小的医美机构,应该不成问题。现在,这样的机构多半倒闭了。市场上出让的机构,多半是这类。

医美的双轨制生态,使其成为一个投资门槛很高的行业,而随着行业自身的迭代发展,以及相关法律法规的完善,这个门槛会越来越高,对其商业模式的熟悉与行业经验,是涉足医美业的前提之一。这个行业,肯定不是有钱就能赚钱的。

规模化、连锁化、品牌化,是业外投资人进入行业之前应该具备的战略思维,否则,过高的单机构成本与试错过程,就是投资人必踩的坑。这种模式的阿喀琉斯之踵是知识储备不足。

2. 渠道加工厂模式

渠道模式也注定被淘汰,因为它违背了我们前文分析的所有行业规律。最早发明渠道的是田永成大夫,当年北京有一千多家美容院,里面都挂着他的照片。那个时候,美容院介绍给田大夫一个患者,可以拿到10%的分佣。如果这个模式一直走来,它应该是合理的,以后还会继续存在。

但是后来渠道商和美容院的老板娘对这个佣金的比例不满意了,他们把分账比例一路拉高,据说最高的能到90%。笔者听说有个女老板一次性支付了1000万元,给自己的全脸注射玻尿酸。高额返佣让医美机构彻底沦为渠道的加工厂,不但医生没有决策权,机构老板也成为屈辱的合作者,而且要冒着偷税漏税的风险,以及各种各样的违规风险。这样的机构生存下去的唯一办法就是以次充好、跑单跳单,走上坑蒙拐骗

[①] 阿喀琉斯,希腊神话中凡人英雄珀琉斯和海洋女神忒提斯的爱子。忒提斯为了让儿子拥有"金钟罩",在他刚出生时就将其倒提着浸进冥河。遗憾的是,阿喀琉斯被母亲捏住的脚后跟却不慎露在水外,在全身留下了唯一"死穴"。阿喀琉斯之踵,指阿喀琉斯唯一的弱点,让他后来在特洛伊战争中被帕里斯毒箭射中脚踝而丧命。现引申为致命的弱点、要害。

的邪路。这种模式的阿喀琉斯之踵是分账极不合理。而且这种分账模式的基础是零和博弈，不是你多，就是我少，难以形成稳定长期的合作关系。渠道医美的历史证明了这一点。

3. 代运营起家的管理输出模式

代运营公司曾经是职业经理人构想出来的创业模式，虽尝试了多年，成功者却十分罕见，根本原因是无法在与合作者的博弈中获得平等的地位，当然也就没有胜出的可能。

管理输出往往不解决医美机构最关注的问题，大多数机构的缺陷不是一天两天能够解决的，而且老板本身能够真正意识到问题的不多，于是请代运营公司来帮助自己，而这不过是权宜之计。对于代运营公司来说，要想真正将一家机构做好，就必须投入大量资金，否则不但无法吸引优秀的人才，而且没有办法解决机构渴望的客源，最常见的做法是就地取材。做好了，人家老板想收回去自己弄，做不好当然是被扫地出门。这种模式的阿喀琉斯之踵是没有话语权。

这种模式本质上与渠道医美类似。因为底层逻辑还是分账，而且是零和博弈。合作期间，双方都会制造信息不对称，结果是互不信任，导致合作不能持续，模式不成立。

4. 购买流量的电商模式

医美电商模式是从互联网一般电商的概念引申来的，它的核心是将医疗服务商品化，并尽可能地标准化，甚至弱医生化。这种模式刚刚出现的时候，正值百度竞价式微，医美机构找不到特别好的获客渠道，这时，第三方平台应运而生。

除非这个电商平台自带流量，而医美只是作为其中一项服务，它还可以维持相当长的时间，但是如果依靠购买流量来支撑，事实证明，肯定走不下去。这方面做得比较好的是美团点评，因为它有天然的吃喝流量，而阿里健康和京东健康涉足医美，就始终做不起来，因为阿里健康的逻辑是吸医美机构的流量。

流量红利的减少，让流量的购买费用越来越高，而医美机构是无法承受第三方平台变成渠道医美的分账比例的，所以，这种模式注定走不通。当初在流量红利期崛起的医美平台，必须尽快转型或迭代，例如新氧。这种模式的阿喀琉斯之踵是购买流量。

二、医美业合法合规的宣传推广方式还有什么？

1. 个人IP与科普信息

医生个人IP或许是未来最大的营销手段，除了与消费者在社交群里沟通，还需要做大量的面对不确定人群的科普教育。中国消费医疗的消费者教育十分薄弱，有赖于医生们去完成，这里面会有相当的流量红利。

2. 口碑与人际传播

通过良好的医疗服务获得患者的口碑，以此形成的有效传播，既可形成良性的消费循环，也可以形成老客带新客的局面。这部分忠实的顾客群体，是消费医疗机构赖以生存与发展的票仓。无论是高频项目还是低频项目，这个道理都适用。

3. 第三方合作

由于资源合理配置的需要，与第三方进行合作，将蔚然成风，虽然时下的第三方合作还处于早期阶段，但是这种方式符合行业发展的底层逻辑。围绕医美中游的机构端，其下游与消费者对接的各种平台都有自己的发展机会，包括但不限于第三方电商平台，如保险、医生经纪、地面推广，以及大集团公司的员工福利。

三、医美业新的投资机会

新的投资机会仍然从这个新兴产业的基本商业模式推演而来，或许短时间内看不到大的变现场景，但是它们代表行业发展的明天。

1. 独立的第三方集采平台

小而美的诊所是消费医疗未来的主要场景，大中型连锁机构肯定是品牌优势的占有者，但是它们无法在人口如此众多的中国这样的发展中国家形成垄断。大量的医生自主创业机构会涌现，它们需要被某种链条整合，无限趋近于资源配置的帕累托最优，该链条首选集采平台。公立医院的集采已经成为医疗产业的必然趋势，作为大健康产业的一个分支，医美同样会遵循同一个路线，只不过它是以独立的方式存在而已。无论是低值易耗品，还是高值产品或设备，都可以在这条生态链中找到自己合适的位置。

依据纳什均衡的原理，当过于分散的医美机构，有可能借助第三方集采平台完成利益的重新规划时，没有人会拒绝这样的好事。我们从新氧的战略调整里，似乎能够看到端倪，它从一家纯粹的电商平台，在向贯穿上中下游的生态链发展。

2. 真正的医美互联网医院

医美行业发展了三四十年，互联网医疗早已遍地开花，但是，仍然没有出现一家真正意义上的医美互联网医院。现有的几乎都是电商平台，因为它们着急变现，挣快钱，是资本市场和投资人的心愿，很少有人能够洞察这个行业长远的需求。

让医美潜在就医者在互联网医院平台直接与医生沟通，是未来肯定要发生的消费场景，而不是机构或电商平台在向消费者兜售医美项目。医美的前期诊断或咨询，不太需要借助化验室或影像检查，完全可以在线上完成初步诊断。消费者可以在线上找到适合自己的医生，医生也可以选择适合自己的患者。

医美互联网医院不仅可以进行诊疗撮合，还可以有支付、保险、电子病历、分润等综合功能。但是至今没有出现这样的平台，令人困惑。

3. 独立的电子病历系统

欧美国家有不少专业的电子病历公司，同样可以获得很高的估值。它为医疗的规范化提供了有力的武器，不但解放了医生们的生产力，而且让医疗文书变得规范，同时拥有法律效力。

从消费医疗的医患双方来看，生成一份不可更改的电子病历，其实是双方的共同需要，因为在这个过程中可完成对各自利益的保护。医生需要知道患者的消费医疗过程，以便做出正确的诊疗；患者需要知道自己消费的历程，让每一位医生都能根据以往的病历做出最优方案。它可以从根本上解决医疗规范性的问题，并且让行业乱象得到根本性的整治。在国家的整个医疗卫生系统都开始重视电子病历的时候，消费医疗应该走在前面，因为这样更加市场化。

信息安全的问题，可以通过区块链技术加以解决；电子签章已经成熟了，公共电子病历系统的形成不再有技术上的瓶颈，所以，它将是一个很好的投资机会，因为它有行业发展的需求与广大的市场空间。那些中小型的消费医疗机构，可以在第三方电子病历平台上，变得规范化起来。

4. 医美共享医疗

2020—2021年的两年间，全国医美机构关停并转加速。很多人把这个现象的原因归结为"新冠"疫情，实际情况不尽然，可能"新冠"疫情只是"压死骆驼的最后一根稻草"。为什么这样说呢？因为中小医美机构在开办成本、运营成本、管理成本、营销成本四座大山的压迫下，生存空间早已变小。

可以预期，未来美容外科手术分级制度将导致一个现象：美容手术向规模较大、级别高、医疗基础设施完善的医院聚集，诊所和门诊部能做的手术将大幅度减少，这对很多希望在自己的诊所做大部分美容手术的医生提出了新的要求：如何在新的制度框架与合规体系内做自己擅长的手术，而不是仅仅有一级、二级手术。

医美共享医疗是目前最好的解决方案。

共享医疗，包括共享医院、共享手术室、Doctor Mall、Medical Mall、共享医疗网络平台等，都是国际上已经走通的消费医疗商业模式。美国有7000多家共享医疗中心，可供医生们选用。这些共享医疗中心为医生们提供了高效率、低成本、专业程度高、配套完善、合规管理到位的医疗基础设施。这样的模式同样适用于中国医美。

医美作为商业化和市场化最充分的消费医疗业态，对共享医疗天然亲近，"新冠"疫情的巨大影响，大量小微型医美机构生存困境与医生创业的不可阻挡趋势，都需要共享医疗提供全业务、全专业、全术式、全项目的医疗基础设施软硬件服务；即便疫情结束，我们也不能忽视未来可能出现的其他公共卫生突发情况的影响，因此共享医疗方案设计，可以充分考虑各种极端情况下的成本控制与极限抗压能力。

本章总结

从观念入手，是解决所有问题的根本途径。对于一个尚处于早期的行业与缺乏规则的市场，底层逻辑的研究必不可少。消费医疗的二律背反，常常让从业者陷入苦恼，并步入诸多的认知误区。本章对普遍存在的误区进行了初步探讨，希望能够对大家有益。我们始终相信，医美的理想国正在向我们招手，而前提是，我们找到了正确的发展路径与商业模式。

PART I

行业篇

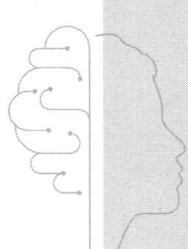

第二章

医美市场面临的种种挑战

本章导读

1990年，医美在作家杨沫先生眼里，是一个美好的行业。但是后来变味了。到今天，这个行业要面对许多挑战：首先是观念的挑战；其次是合规化的挑战以及相应的成本重构，如果我们对合规时代的成本重构没有充分的认知与准备，则很有可能成为牺牲者；最后，便是行业的生态化转型，因为我们已经实质上进入了"无广告时代"，旧有的营销模式必然被新模式取代，尽管我们深知，对于消费医疗来说，营销至关重要，关键是怎样营销才是健康正确的方式。欧美国家的经验可以借鉴，但我国的医美业，注定是独一无二的。

第一节　从野蛮走向文明：观念的挑战

一、曾经的美好印象

如果把中国第一家美容外科医院的诞生作为这个行业的发端，那么到2024年，我国的医美业就走过了整整40年。这家医院就是北京黄寺美容外科医院[①]，它成立于1984年。

1994年，医疗美容被正式确认为医疗机构的一级科目；2002年，我国第一部医美行业的规范化文件出台，它是《医疗美容服务管理办法》，到2022年，已经整整20年。

2021年2月2日，《人民日报》刊登了一篇文章《理性看待、依法规范"医疗美容热"》[②]。文章希望人们对医美消费持谨慎态度，同时指出，当下的医美行业，行业乱象亟待遏制，行业发展需要规范，非法医美必须打击。

30多年前，著名作家杨沫在《人民日报》上发表过一篇文章，名为"美的创造者"，谈的是医疗美容，刊登时间是1990年1月10日。这一年，北京黄寺美容外科医院已经成立了6年，并为8万多名求美者进行了整形美容治疗。

在文章中，杨沫先生对新生的医美行业给予了极高的评价。满篇文字都是热情洋溢的赞美，她说："美能给人幸福，给人欢乐，能激励人们为崇高的理想而奋斗。美是世界上的一盏明灯，它照耀着每个黑暗的角落，给人扑向光明的勇气。"

杨沫先生起初也是心存疑虑的："过去我对美容手术的效果有过怀疑，不知它是否真能改变人的容貌。还以为，美容是不是一种资产阶级的生活方式呢？可是，当我亲眼见到许多男女老少，变年轻了，变漂亮了，欢天喜地地离开这里时，我不禁生出一种内疚的感情：人民生活改善了，追求形体美是一种自然、合理的愿望。这种愿望不仅是一个人的形象美不美的问题，它更是关系到亿万个家庭幸福的社会问题。"

[①] 北京黄寺美容外科医院建于1984年，是全国最早从事医学美容的专科医院。中国整形美容权威期刊《中华医学美容杂志》的编审工作主要由这家医院的医生负责。

[②] http://health.people.com.cn/n1/2021/0202/c14739-32019837.html.

这是杨沫先生在30多年前对医美行业的看法。

她在文章的最后说道：我怀着崇敬的心情访问了北京黄寺美容外科医院方彰林[①]院长和丁芷林[②]副院长。世界上又多了一种美的创造者，他们把幸福和甘露洒向人间。我爱美好的事物，于是我讴歌美，讴歌许多像方彰林、丁芷林这样的美的创造者。

在杨沫先生文章发表31年后，《人民日报》又发文，对这个行业以及它的消费者加以警告。《人民日报》这两篇时间跨度长达30余年的文章，应该让这个行业的每一个人深思：将近40年了，这个行业是它应该拥有的模样吗？

几十年来，医美行业的技术在飞速发展，产品极大丰富，新概念层出不穷，对于医美消费，虽非刚需，却也快速地走进寻常百姓的生活，人们已经不再把医美消费当作隐私。然而，这个行业的从业者们，无论在思想境界、伦理道德、法律意识上，还是在社会责任感方面，与当年这个行业的先行者们相比，不但一点进步也没有，甚至可以说大大地退步了。

《人民日报》新发表的这篇文章，已经不再像当年杨沫先生那样赞美这个行业是"美的创造者"，而是说"整形外科手术就像魔法一样"，许多消费者被广告吸引到医美机构，却分不清合法机构与非法机构，分不清医疗行为与美容行为；这一切，给人民群众的生命健康带来无数安全隐患。文章指出：除整形外科适应证之外，不妨立法禁止未成年人消费医疗美容项目，明确规定医疗美容广告不允许向未成年人投放。

由此可见，当今涉及医疗美容行业的立法，还有许多亟待完善与补充的部分。一个行业的规范，首先就是有法可依，其次才能做到执法必严。从立法入手，才是彻底整治行业乱象的根本之道。

网络上流传着一句鲁迅先生的语录："痛苦在于不能向前再走一步，只能看着肉体衰老，精神涣散。不改变即是迷茫彷徨，改变可能意味着死亡和新生。"[③]虽然这句话怎么看都不像是鲁迅的原话，不过这没关系，完全可以用这句话来描述时代的变迁向新医美提出的挑战。

"新冠"疫情似乎是个分水岭，全球经济乃至各行各业，都经历着下行的考验；恰巧在这个时期，国家的行业管理政策开始调整，实施了严格的管控和治理整顿，甚至

---

① 方彰林（1942—2004），我国医学美容创始人之一、全军医学美容中心主任、北京黄寺美容外科医院院长。
② 丁芷林，主任医师，毕业于第三军医大学，北京黄寺美容外科医院创始人。
③ 这段话在鲁迅全集里没有查到，但是在互联网上流传和引用较广。

对某些领域给予"精准打击",将医美行业从躁动期拖入冷静期。医美业将逐步从追求短期效益,向追求长期价值转变。

2022年之后的医美行业,注定要进入"新医美"时代。

从旧到新,最重要的特征就是转变。经过了转变,旧的东西,要么被打破,被新的替代,要么被迭代升级,完成自我革命。所以,要理解"新医美",关键是"观念转变"。新观念包括新服务观、新信息观、新营销观和新供应链观。

二、"新服务观"的三重内涵

新服务观包括许多层面,首先,我们可以理解为非手术的轻医美将逐渐成为行业发展引擎,带来新的服务理念和形式。

其次,新服务观不是简单的医美服务模式转变,从对标合规化的角度看,似乎更贴切。众所周知,2021年到2022年间,医美相关的法律法规与政府文件发布超过20部,从清理医美贷,到重拳整治医美广告乱象,再到规范产品与仪器,最后是税收治理。医美业正从野蛮生长步入合规化的时代,这确实是一个巨大的转变。

最后,最终的结果,必然落到医生责任制上。医美真正回归医疗,应该是"医生责任制"的落地实施。新服务观之下,医生做治疗将承担责任,医疗机构将很难为了盈利而强迫医生过度医疗。

三、"新信息观"更像一场革命

新氧的创始人金星在接受采访时说:过去的医美,赚的是信息不对称的钱;今后,要赚信息对称的钱。医美消费者与医美机构之间的信息差将被消灭,保持信息的透明化,让消费者明明白白地消费,让从业者明明白白地赚钱。

这是机遇,更是挑战。多年来,医美行业利用信息不对称赚钱,已成习惯动作,改起来并不容易,甚至可以说,要让医美从业者自觉地修正这种长期养成的习惯,简直难于登天。

香农[①]的信息论说:信息是用来消除不确定性的东西。无论是第三方平台,还是医

---

① 克劳德·艾尔伍德·香农(1916—2001)是美国数学家、信息论的创始人。1936年获得密歇根大学学士学位,1940年在麻省理工学院获得硕士和博士学位,1941年进入贝尔实验室。他被称为"信息论之父",通常将他于1948年10月发表于《贝尔系统技术学报》上的论文"A Mathematical Theory of Communication"(通信的数学理论)作为现代信息论研究的开端。

美机构，最终都要走向用信息消除行业不确定性的道路。所谓信息对称，就是消除信息熵；所谓减少信息差，就是消除不确定性。大家常说的各种焦虑，都来源于不确定性。新的信息观，如果向着这个方向来，就是一场革命。

所谓透明化，就是消费者对自己即将接受的医美项目的信息，包括适应证、医疗方情况、技术特点、风险与并发症、价格构成、支付方式、服务参与方等，都了如指掌。如果说"信息透明化"对于直客医美机构①是一种改良的话，对于完全依赖信息不透明来盈利的渠道医美，则是颠覆性的，因此可以说，"信息透明化"更是对渠道医美的挑战书。

"信息透明化"的第一个重任就是消费者教育，这是一项艰苦而长期的工作，要投入大量的物力财力和时间成本，而中国的医美业，最缺失的，正是消费者教育。

四、"新营销观"让众多医美人陷入茫然

频繁的行业整顿与越来越多、日益收紧的行业监管政策，让传统的营销方式不能延续了。那么，新的营销方式准备好了没有？

用"技术驱动"代替"营销驱动"才可能是一种行业性的转变。医美行业会在新的生存方式下获得另一个飞速上升的时期吗？答案是肯定的。

营销拉动的时代，要做到盈利，所有人都知道应该怎么做，比如从第三方平台获取有偿流量，从渠道接收信息完全不透明的冤大头客户，用百度竞价配合电网获客。这些方式或早或晚将成为历史，所以，医美正确的生存方式，将伴随医疗的回归来到真正的口碑时代。

强大的政策管控让营销驱动的机构变得步履维艰，人们哀叹市场的回落，其实是对广告新政的不适应。当行业适应过来之后，便会顺理成章地进入技术驱动的时代。

五、"新供应链"的数字化难题

从行业发展的角度看，"新供应链"的提法，用"数字化"来取代比较合适。医美行业的数字化程度是非常低的，和当代的其他朝阳产业唯一的不同，就是它"数字化

---

① 指通过自主市场营销和提供持续医疗服务，获得患者或者顾客的医疗机构，类似ToC（To Customer）的业务模式；对应的是"渠道机构"，通过承接第三方经过市场营销获得的患者或者顾客获得营业收入，类似ToB（To Business）的业务模式。

程度过低"。但是在各种新政的强压之下,医美营销将向存量客户深度展开,数字化工具将是企业在这一轮竞争中胜出的法宝,哪一家能够在数字化转型难题上率先上岸,哪一家便会在未来的医美市场占有一席之地。

第二节 合规①化之下的成本重构

世界上至少有两种游戏,一种可称为有限游戏,另一种称为无限游戏。有限游戏以取胜为目的,而无限游戏以延续游戏为目的②。

"新医美"带来的另一个重大改变是所有参与者都将面对全新的成本结构③。这一点,恐怕还没有多少医美人意识到。在"新医美"时代的新成本模式之中,还沿用旧时代的成本结构的机构,会突然发现要想实现盈利,似乎是相当困难的。

比如政府有关部门一旦启动对医疗产品和器械的适应证整顿,那么所有的品项成本都和以往截然不同,依靠流行概念去启动市场、获取利润将被新的适应证治疗取代,医生们不得不用完全合规的方式进行治疗。

新规频出,以往只要在客流上胜利就意味着医美胜利的时代已经过去。行业的成本结构在变化,而且这个变化如此之大之多,会让从业者手里所有对冲成本的"武器"失灵。

随着金税工程四期④的逐步落地,那些只要高薪而不管税收成本的医生,必须考虑全额纳税带来的成本重构。这不仅仅是投资人与职业经理人的问题,医生们要重新审视个人收入的成本结构,有多少是必须按税法上缴税费的,他们需要建立税前收入的认知,并接受实际到手薪酬的降低。

许多医美人感叹合规成本太高了,机构生存越来越难。其实这是一个伪命题。在普遍不太合规的时代,机构为了竞争,会穷尽所有的手段,而最先砍掉的就是合规成

---

① 合规由两层含义组成,一层是意识形态中的道德意识,公司是否树立有自己的正向核心价值,员工是否秉承此核心价值下的商业道德行为准则;另一层是具体执行原则,公司是否在经营环境中符合适应的法律法规,符合合作方的合作标准以及符合自我经营时的内部管理规范。
② 源自詹姆斯·卡斯(美国宗教与历史学者)所著《有限与无限的游戏》。
③ 成本结构是工商业产品和服务的成本中各个成本项目的数额占全部成本数额的比重,即产品(劳务或作业)成本的构成情况。
④ 金税工程四期,金税工程是国家税务总局部署实施的系统税务改革工程,运用高科技手段结合我国增值税管理实际设计的高科技管理系统。

本,比如"节税";同时,对行业法规采取藐视的态度,以为"顶多是罚点款而已",然后该怎么干还怎么干,久而久之,人们似乎忘记了合规的那些必要支出,进而机构的成本拼图里,根本就没有合规的影子。整个行业的成本结构的"范本",就是这样形成的。

也就是说,人们已将非合规模式视为理所当然,在考虑成本结构时,根本就没有将合规成本算进去。

随着行业整顿和法规趋严,合规化的问题已摆在全行业面前,如果不进行成本重构,机构生存将面临生死考验。所以,全行业的成本重构,将是我们必须面对的挑战。

这场成本重构,可能会让一部分机构关门大吉,它可以是休克式疗法,也可以是渐进式改良,这取决于机构存量客户的资源,以及投资者的决心。当然,也会有一批机构经此一役,涅槃重生,否极泰来。

一、成本重构的两种假设

默沙东的创始人老默克说过:"药品本不是为了利润而存在的,而是为了病人,是给人治病而存在的;如果你越是为了病人,反而利润也会越来越多。"这句话十分有意思,利润不是目的,但是没有利润也是不行的。药品尚且如此,何况消费型医疗呢?

1. 第一种假设:膨胀法,现有成本不变,价格上升

在所有市场要素不变的情况下,直接提高价格是极其困难的。

医美高速增长的20多年里,受益于全球经济增长红利,医美靠膨胀法混到了如今的市场规模。大家以为这是"天经地义"的增长模式,不用操心成本,因此就有了给渠道商50%~80%分账的"奇观",有人觉得营销成本占营收50%以上是"常识"。

一旦失去了膨胀法的增长魔术,医美机构只能采取差异化经营的模式,其竞争优势在于独特的技术和专有的客群。独特的技术关键在于能否找有独特技术的医生,专有客户群体在于医美机构的运营模式。否则,涨价在这个信息透明的大数据时代等于自取灭亡。独特技术可能对美容外科类机构更有意义,凡是技术驱动的机构,比较容易找到差异化。

对于逐步趋向于标准化的轻医美,尤其是严重依赖产品概念的机构,强调技术性更加困难。上游供应商当然不会眼睁睁看着中游机构都活不下去,它们发起了产品驱动,会联合中游医美机构共同面对这个问题。

膨胀法驱动的"无限游戏"，变成了"有限游戏"。玩无限游戏时，大力扩张，只要饼子摊得大，成本问题自然消失；改玩有限游戏，互相伤害，严重内卷，成本是首当其冲的大问题，拼的是谁的成本结构好。当然，初期的劣币驱逐良币现象也在所难免。

2. 第二种假设：收缩法，价格不变，削减现有成本

"开源节流"的开源是膨胀法，节流就是收缩法。

这种假设，需要医美机构的管理层采取成本优先的战略，通过价值链分析，对进货、诊疗、市场营销以及医后服务中成本高的环节进行降本增效。除了压低供应链成本之外，能够削减的是人力成本和营销成本。

被迫削减成本或许会导致一部分业务实行共享或外包。共享方式会实现成本的相对降低，外包方式会实现成本的绝对降低。但每种方式都会有不同的适用条件，如医生共享、营销共享或外包，其风险是品质不容易长期保证。

医生成本的降低，最粗暴的方式是减少工资或保底，这对机构来说有风险；理想化的做法是提高医生工作效率，充分发挥其技术价值，实现相对的成本降低。在整个医美的价值链中，医生的成本（基本是固定成本）基本占全部人工成本的40%以上，全部人工成本占总成本费用的30%以上，如果能让医美医生充分发挥其价值，会相对摊薄人工成本。

营销成本的降低，既包括营销人员的成本，又包括对外营销的获客成本，在医美机构的价值链中，也占总成本的40%以上。它的降低，既可以通过相对降低，也可以通过绝对降低来实现。相对降低是营销团队共享（这个方法好像只有医美集团才适合），在目前的医美集团投资的医疗机构中，基本是每一个医美机构都有一个相对独立的营销团队，如果能将其整合，充分发挥其优势，不仅营销成本可以降低，也可提高营销的精准度；对那些单个医美机构，如诊所门诊部或医院，或许通过营销外包的方式，可以省去人员开支。如果找到合适的外包营销团队，在收入不变的情况下，既可以降低营销成本，还可以相对降低营销风险。

提高医疗基础设施使用效率，是重构医美机构成本的第一要务。基于医疗基础设施的成本重构是一种有限游戏，判定胜负的标准是能否达到足够的利用率。无论医生、市场营销、行业合作者，都要通过医疗基础设施发挥作用。

二、成本重构在营业收入上的体现

收入核算的合规成本在于收入没有按照税务的规定分为应税收入和非应税收入,以及没有将应税收入中适用不同税种的收入分开核算。

从2009年开始,根据修改后营业税条例,对营利性的医疗机构的医疗收入减免营业税,在2015年营业税全面改为增值税后,民营医疗机构依然延续了营业税的税费精神,对符合国家政策的营利性医疗机构的医疗收入免征增值税,但对于非医疗收入(如医美机构中的生活美容收入、销售化妆品的收入等)需要征收增值税。这就要求医美机构需要将收入分为医疗收入和非医疗收入,非医疗收入还要进一步分为服务收入和销售收入,否则国家会按照税率从高的原则征收增值税。

三、成本重构在机构固定成本中的体现

由于医美业务需要线下完成,固定成本往往决定了服务能力,也就是说固定成本决定了业务的产能。它的刚性很强,如果成本重构对此无计可施,便会带来竞争力的下降。

比如,房租是固定成本,如果房屋租赁费占营业额的比率不能降到10%以下,盈利的可能性很小。

目前很多机构的经营用房是从自然人那里租来的,一般要求租赁费涉及的税费由承租方承担,因此很多医美机构为了节约经营成本,选择房租不开发票,或签阴阳合同,30万元的房租合同,签上3万元的合同,按照3万元去开发票。如果按照合规要求,房租涉及的税费为房租的12%(例如北京有优惠政策),有的地方最高达30%以上,其中有5%的增值税,12%的房产税,还有20%的个人所得税(收入超4000元的减除20%费用后)。

装修费是摊销费用,合规成本的增加主要体现在装修费没有发票上,它涉及的增值税税率为装修费金额的9%。

如果医美机构在支付装修费和房租时,不仅没有发票,而且支付通过个人账户进行,将会直接在后期多交25%的企业所得税。

四、成本重构在人力资源上的体现

人力资源支出由两部分构成,一部分为"显性"支出,即人员工资与绩效奖金,

它是所有员工眼前看得见的收入；另一部分是全员社保支出，这部分费用是"隐性"的，意思是说大部分员工对此无感，甚至不愿意承认这是他个人收入的一部分，于是机构便在这类支出上想方设法削减开支。

一旦要求完全合规，而且税务部门加大督查力度，机构无法再像以前那样偷漏税费成本，对所有医美机构来说，都将是生死大考。

医美机构在合规情况下，人工成本至少增加30%。一般情况下，医美机构职工薪酬及社保支出占收入的比重达到35%时，是盈亏平衡，只有降低才可能盈利；如果职工薪酬合规成本增加30%后，职工薪酬占收入的比重达到45.5%，那么这家机构是必死无疑了。

重构人力资源成本，可以参考齐普夫结构设计法则，齐普夫定律来自自然语言的词频统计，后来发现可以用于很多领域的"最优"统计结论，能够用于骨干员工的薪资比例关系设定：排名第二序列员工的薪资是排名第一的二分之一，排名第三的是排名第一的三分之一，以此类推到五或六。这样一个小业务团队的薪资水平才算稳定而有活力。

五、成本重构在营销上的体现

医美机构在营销上的成本重构源于营销方式的改变，许多传统的医美营销方式在政策重拳之下，基本已是穷途末路。剩下可行的常规营销方式，只有第三方平台获客、自媒体科普的间接转化，以及老客户复购及老带新；当然，渠道模式也会成为众多机构的主流获客方法。

自媒体科普的转化，严重依赖内容输出，所以，花钱获得优质内容，将成为医美营销的主要开支。以前，有些机构会为了吸引眼球，不知不觉中侵犯了他人肖像权，或者为了精准营销不惜违规，把罚款当成营销成本。这些苟且的做法，以后越来越没有出路。

渠道费可能是许多医美机构的营销成本，因为客户来源依赖渠道介绍，这里的渠道不包括像大众点评、新氧等合规的第三方平台，主要是指个人渠道、生美渠道、第三方的网络自媒体渠道等。这种渠道的操作方式是：客户的消费价格由渠道定价，要求按照收款的一定比例分成（30%~60%），或超过院内定价部分金额都要分给渠道，但渠道收到分成后，一般不会给医美机构开任何发票；假定获客渠道的营销成本完全合规，涉及的合规成本体现如下：

1. 个人所得税

按照税法要求支付个人的渠道费属于劳务所得，适用个税税率在20%~40%。

2. 增值税

个人劳务需要到税务机关代开增值税劳务发票，还会涉及3%的增值税。

3. 所得税

如果没有代开发票，支付渠道费会涉及25%的企业所得税，还可能面临没有代开代缴个税，受到税务机关的处罚。

假设营销成本占收入的25%左右，如果要合规，营销成本至少增加20%，营销成本达到收入的30%以上。

六、成本重构在供应链上的体现

供应链方面的不合规行为主要体现在设备和医疗耗材的采购上，包括三个方面。

一是在采购设备和耗材时，为了节约采购成本，不要发票，逃掉一些税费；进货之后不入账，或两本账，进而逃掉所得税；这种进出都不入账的做法，表面上看是安全的，一旦出现纠纷，就有可能露馅儿。

二是采购缺少合规资质的医疗设备和耗材，例如将"械二"产品当作"械三"产品使用，有些注射类产品确实存在一种产品两种证书的情况，一旦被发现，就可能被卫健委等部门罚款甚至查封。

三是干脆使用非正规产品为求美者治疗，被求美者发现或出现医疗纠纷，对于医疗机构来说是绝对的硬伤。

材料成本，特别是注射类材料成本，从财务角度分析，不应超过总营业额的20%，一旦超过，机构很难获得财务利润。将非手术项目作为机构的导流项目，在完全合规化的背景下，越来越行不通。

七、成本重构在筹资成本上的体现

这里的筹资成本是指机会成本，一般医美机构投资者不太会关注这种成本。

大多医美机构注册资金一般比实际投资都少很多，有的机构甚至在财务账上不体现借的款项,就更谈不上签订借款合同了,这就是不合规的做法。如果按照合规化处理,借入机构的资金应与出借人签订借款协议,规定借款利息,这个借款利息在国家规定的利率范围内是可以递减25%的企业所得税的,否则就可能带来成本损失。

八、成本重构在利润分配中的体现

不少医美机构投资的利润分配,并不通过税后利润进行分配,基本是通过税前虚开发票转移利润,或是永久性借款不还,以及截留收入不入账等方式来实现利润分配,甚至有的投资者,直接将求美者的预交款当作利润分了。为什么会这么处理呢?原因还是想逃税。如果要合规化处理,医美机构的投资者将少分配45%的收入,其中25%为企业所得税,20%为个人红利所得税。

九、关于成本重构的三个主要思路

通过上述成本重构前后的比较,可以很明显看出,如果不进行售价或成本结构的调整,医美机构完全合规后,将无法生存。

形势严峻!那么该如何进行医美机构的成本重构呢?

首先,成本管理的思维转变:从不合规成本管理向合规成本管理转变;从经营成本控制向规划性控制转变;从医疗成本管理向机构整体成本管理转变;从静态成本管理向动态成本管理转变。

我们需要弄清楚自己是在玩有限游戏还是无限游戏。这两种模式的目标不同,成本也不同。整体而言,如果只是为了输赢,玩有限游戏,那么合规化将是巨大的挑战;如果是长期主义者,玩无限游戏,那么就要追求最优化。医美的商业模式已经过了"百家争鸣"的历史阶段,而是最终收敛到合规、高效、低能耗、高信息效率[1]这几个指标,而医疗本质仅仅是出发点和基础。

其次,走医疗基础设施[2](硬件)与商业模式(软件)紧密绑定的道路。基础设施有固定的输出能力,是支撑,要做有限游戏,效率第一;商业模式有拓展边界能力,是发展,要做无限游戏。

---

[1] 吴军.全球科技通史[M].中信出版集团,2019.
[2] 医疗基础设施,英文世界经常采用的方法,英文 Medical Facilities。

最后，在边缘处创新[①]，突破行业既定的业务边界和逻辑边界，给成本找到对冲和代偿机制。其实医美对生美的20多年拉锯战中，医美已经取得了战略性胜利，在合规的大环境下，医美的发展离不开生美的代偿。医美机构的成本结构会不断"硬核化"，重构和优化可能会走不同的道路。重构往往是模式创新，优化往往是技术创新。因此医美机构的成本重构最常见的道路也有两条：模式创新与技术创新。

十、一个医美机构成本重构的例子

某500平方米医美诊所，总投资700万元（其中注册资金200万元，500万元向股东借款），房租每月75000元（不开票），开业筹办期费用累计180万元（其中房租90万元；人工费60万元，没申报个税，也没上社保；其他杂费30万元），装修费150万元（没票），购置设备240万元（其中120万元没票）。

假设开业后业绩稳定，每月收入150万元（每月入账收入50万元），其中100万元为医疗收入，40万元为生美收入，10万元为销售产品收入；人工费每月45万元（总共30人，其中总经理、院长、营销总监各1人，医生3人，每人每月3.5万元，其他人每月1万元），没有人交个税，社保只有15人按每月5000元基数缴纳，每月单位负担社保2.25万元，材料费每月18万元，拓客营销成本40万元，其他费用15万元。

根据不合规利润、报税利润、合规利润三种方式计算结果如表3：[②]

表3

单位：万元

项目	年实际发生额	年报税金额	合规年净增的成本	合规后年金额
一、收入	1800.00	600.00		1759.02
1.医疗收入	1200.00	400.00		1200.00
2.生美收入	480.00	160.00		452.83
3.销售产品收入	120.00	40.00		106.19
二、成本费用	1647.00	603.00	257.51	1904.51
1.人工成本	567.00	207.00	189.00	756.00
2.材料成本	216.00	72.00	18.72	234.72
3.营销成本	480.00	180.00	18.00	498.00

---

① [美]凯文·凯利.失控——全人类的最终命运和结局[M].北京：新星出版社，2010.
② 示例数据，非真实情形。

续表

项目	年实际发生额	年报税金额	合规年净增的成本	合规后年金额
4.其他付现成本	180.00	120.00	1.80	181.80
5.设备折旧	48.00	24.00	6.24	54.24
6.房租	90.00	0.00	10.80	100.80
7.装修摊销	30.00	0.00	2.70	32.70
8.开办费摊销	36.00		7.38	43.38
9.税费	0.00	0.00	2.87	2.87
三、利润总额	153.00	-3.00		-145.48

说明：在所有数据不变的前提下，不合规时，赚了153万元；合规以后，亏损了145万多元。

第三节　医美行业的生态化[①]转型

2020—2022年三年特殊时期，医美业哀鸿遍野，但是即便没有特殊情况，在旧的产业格局下，情况又能好到哪里去？

行业长期内卷加上野蛮生长带来的社会差评，大口吞噬着医美机构本就微薄的利润。很长时间，乐观的投资人并未意识到无序竞争会带来成本反噬，而过于分散的中小型机构也对行业利润的结构性失衡无能为力。

医美业传统的生存方式正在面临挑战。看看我们周围吧，数字化、大数据、元宇宙、人工智能的兴起，正深刻地改变着全社会的经济结构、刷新着商业模式，如果医美人仅仅将这些看成可使用的新技术就犯了工具主义错误，因为它们带来的是结构性、系统性的改变。

令人欣喜的是，在如此动荡的经济大环境下，一批富有远见卓识的企业家及公司仍然在做着划时代的有益尝试，他们试图改变行业固有的窠臼，用新的底层逻辑来诠释医美产业的未来。

这个未来就是医美业生态型组织的构建与发展。

---

① 生态化系统，指在自然界的一定的空间内，生物与环境构成的统一整体，在这个统一整体中，生物与环境之间相互影响、相互制约，并在一定时期处于相对稳定的动态平衡状态。因为生态化系统仅需要与系统外保持能量和信息交换就可以维持自稳态平衡，所以在工商业界以生态化作为系统建设目标。

一、何为生态型产业结构?

生态型是指同一物种长期生长在不同的环境产生的适应性异化,慢慢成为有差异性的、能够适应不同生态环境的类群。这一概念由瑞典遗传生态学家杜尔松于1921年提出。

讨论生态型,先要解释一下生态系统。生态系统往大了说,整个地球就是一个生态圈,被称为盖亚圈;往小了说,人体的一个细胞就是一个生态圈;电商平台售卖的"微生态景观",大多是一个封闭的玻璃瓶子,里面有水、空气、菌类、植物、动物,在里面形成一个生态系统。这样的小系统仅仅需要有阳光就可以自我维持生态循环,具有很强的稳定性,一旦有机会复制和放大,立刻就可以构建超级生态系统。

生态型概念被管理学借鉴并赋予了更广阔的应用。生态型组织,追求的是高度的市场适应性和协同共生,是在有效的系统支持下,能够自适应、自调节、自组织、自驱动、自进化的新型组织形态。当然,这指的是一个企业的内部结构,如果将其放大到行业层面,仍然可以解释一个大型的生态系统是如何运作的,它除了产权关系自主之外,所有的协作与输出都是为了实现一个大目标,即让一个行业彻底实现进化与繁荣,同时每个成员得到自己的利益与发展空间。在现代社会,已经没有哪一个企业能够将一个项目从头到尾做全做完,协同共生是所有企业面临的课题。

二、什么是生态型组织

医美生态型组织就是打破传统的上中下游供应链的线性关系,上中下游之间变得边界模糊,它们演变成了有机的利益统一体,并形成矩阵式、有机性的新型合作关系。

生态型的产业组织充满弹性与灵活性,一家企业与其发生生态连接的其他企业之间的关系充满了积极的变化,它可以是某一结构的主角,但是在另一个结构中变为配角;即每一个企业都可以是某个业务板块的领导者,同样也可能在另一个业务模块中成为追随者。如果觉得这么说过于拗口,我们可举一个人体的例子:网球是单侧手臂的运动,挥拍的时候,手臂是核心,全身其他部位积极配合;而这个人去踢足球的时候,脚成了主角,身体的其他部位则成为配角,手臂只是起着平衡的作用。

在一家企业变成生态型组织之后,其最大的特点就是分权式管理,比如阿米巴模式,特战小组式的工作结构,流动性大,规则很少,机动灵活,能够让资源得到更合理的配置,而且可以快速响应市场的需求与变化。而当这些小组成为一家家独立企业之后，企业之间构成更大的生态模型，则更加市场化、更加灵活，完全靠共同的价值观与利益结构共同构建为生态型产业组合。

矩阵式生态产业组织的另一大特点是去中心化，支持分布式决策，就像"二战"中盟军在各自的战场可以各自决策，但是有共同的敌人和一致的目标，在共同的价值观之下，追求共同的利益。

互联网技术已经进入Web3.0和AI时代，去中心化与NFT在争议中快速发展，这些潮流还没有直接影响到医美行业，但是讨论生态型发展需要对此有所了解。Web2.0时代，创新来自去中心化策略，用简单的规则操控超级复杂的系统。这些理论和工程技术已经取得令人瞩目的成功，就像凯文·凯利在《失控》中指出的：用生态解决复杂，用简单推动创新，用系统应对非线性。协作、自决策、自组织、边界处创新是生态型医美新产业模型也应当具备的特征。

三、中国医美生态型组织的早期特征

令人高兴的是，医美行业已经出现了一些生态型组织的先行者，例如艾尔建、新氧、美沃斯和锦波生物。这些先行者有益的尝试都带有早期生态的特征，或许并没有十分清晰的理论认知，但是出于对产业最终趋向于纳什均衡的考量，以及对帕累托最优的追求，基于对未来市场格局的洞察而自觉自愿地迈出了探索的脚步。在产业生态的大型构架之中，企业之间已不存在零和博弈的状态，靠碾压同行或踩踏竞争对手而取胜的丛林式竞争，已是明日黄花。

医生的自由流动也是加速医美生态化的引擎之一，医生成为行业共享的稀缺资源。慢慢地，人们发现医生专属于某一机构的时代结束了，投资人不再为此焦虑，尽管公立医院的医生多点执业会遭到院长的拼命拦截，但是收效甚微。

模式创新、技术创新、产品创新以及理念创新每天都在发生，单一的创新是无法促成生态型系统的，如果将这些创新纳入生态体系，便可以爆发核裂变般的威力。

医美市场日益呈现如下几个特征：第一是整体的不确定性在提高，无论在政策层面还是消费者层面，以及机构内部的稳定性与成本的比率等，都是如此，尤其在经济下行的时期，这种特征更加明显；第二是产品技术及规则的更新迭代速度加快，每隔三五年，便会有新的技术与产品出现；第三是消费者越来越苛刻，医美消费者的自我教育在快速加强。

为了应对市场环境的变化，医美生态型组织必定应运而生。

生态型系统内的所有成员，可能来自不同的领域，但却拥有相同的价值观，在共同利益之下能够充分享有自己的利益。而这种利益的获取需要其他成员的协同，包括应对变化的知识；相对独立的成员之间思想碰撞的结果是产生大量新的信息与知识，这些成果可以被所有成员吸纳，并迅速转化成生产力。

如同身体各部位在运动时分工协作一样，每一个成员都可以成为生态型组织的领导者，矩阵式的结构使成员之间的连接不再是线性关系，而是网状互联，每个充当领导的角色都可以调动或激发其他的合作伙伴，这样的网络集群在创新、交付与支持医美项目的解决方案上，比单一组织更加有效率。最理想的状态是每个成员都不单是从自己企业内部获得收益，而是从整个生态型系统受益。

生态型系统战略具有高度的灵活性，各个成员都可以根据市场环境变化而调整自己的策略，而每一次调整都不再是机构间的竞争行为，而是为了应对变化的组织优化。这一点很像中国的围棋，每一步落子都可能带来新的变化，虽然每个子都是独立的个体，但是它们共同构成有机的整体。当然，如果一片棋子没活，就只能是一盘散沙，被淘汰出局。

生态结构不仅能够为所有参与者带来利益，还能为整个产业发展贡献新的知识和灵感。

我们没有理由不为这个充满机会与挑战的时代而欣喜若狂，也一定会有新型的商业模式和优秀企业脱颖而出。

第四节 医美业实质上进入了"无广告时代"

"如果有举报，现在所有的医美广告，都是违规的。"一位市场监管人员这样说道。当然，所谓"医美广告"，是指那些被认定为广告的东西。

一、假如没了医美广告

消费医疗在中国从来都是靠广告活着，医美更是如此。早期，从事医美投资的人，不知道除了打广告，医美机构还能怎样生存。现在，做广告的水平可以全面反映一个医美机构的运营管理水平。一个广告做得好的医美机构往往有着完整的运营团队和高效的管理班子，如果再有良好的医疗水平和合规管理水平，那么大概率是一家好机构。反之，则不一定。

民营医院五花八门的医疗广告带来的弊端及危害，确实是罄竹难书，这里不再赘述。但是消费医疗离开广告宣传便生存困难，也是不争的事实。

全面停止医疗广告，难受的恐怕不仅仅是民营医院，还有为数众多的媒体。它们的生存严重依赖广告，停止了医疗广告这个大户，等于断了各类媒体的一大财路。以高度渗透到生活方方面面的腾讯为例，其总部在深圳，如果深圳禁止了医疗广告，腾讯的相关广告业务怎么算？想起来，这项举措就是一个大工程。无广告政策的真正落地实施，有一个较长的过渡期，但是深圳乃至全国的消费医疗市场，最终走向无广告时代，应该是大概率事件。

停了医疗广告之后，民营机构需要生存，必然会想尽一切办法；到那时，饱受诟病的渠道医美恐怕就要独孤求败了，说不定会迎来渠道的另一个春天；传统拉人头式的地推模式，估计也会卷土重来，当然这种模式也可能根本就没退场，只是转为地下工作模式，这种营销方式一支变成了微商，一支变成了传销。

当然，这些问题不是没有办法解决。比如，美国的联邦法律、各州法律，甚至设置议会的各级行政单位都可以有自己的法律。美国医疗广告管理相关法律就在联邦贸易委员会之下，各州、各行政单位则有所不同①。结果是虽然导致了医疗合规的复杂程度增加，推高了医疗服务的成本，同时能在联邦制度系统下运行。但是，美国本身就是联邦制，他们习惯了换一个地方就适应当地的法律，即使带来不便和效率降低，也可以接受。我国的医疗卫生相关法规采用的是地方政府有较少的制定"办法"的权力，不能违背上位法。而广告管理基本是全国一盘棋，一部法律到处适用。两国在医疗广告管理法规上的这些具体差别，在执行过程中，会有巨大的不同。

二、他山之石，可以攻玉

据有限的资料，只有法国是全面禁止美容外科医疗广告的。关于中西在医疗广告上的立法思路对比，本书在第四章有比较详细的讨论。

---

① 康奈尔法学院网站给出的关于联邦贸易法案与医疗广告有关的规定，https://www.law.cornell.edu/regulations/florida/Fla-Admin-Code-r-64B8-11-001。

如果杜绝医疗广告是全国一盘棋，中国境内一律禁止，无广告政策才可能真正奏效。然而，消费医疗属于特殊形态的医疗服务，本身同时具备医疗属性和消费属性。消费医疗该不该做广告，历来有争议。我国在2005年就出现过由当时的卫生部牵头，工商总局支持的提倡禁止医疗广告的运程，但是始终没有落地。

现行的《医疗广告管理办法（修订稿）》于2015年9月1日正式施行，与国际通行的管理办法相对比，在医疗广告的审批程序与内容审核上，基本上做到了与国际接轨。

1. 美国的医美广告规范

消费医疗确实面临着一些伦理问题，西方国家同样如此。美国的消费医疗在20世纪80年代之前，医疗广告饱受伦理制约和道德指责；1982年之后，美国的整形外科再度商业化。

我们举一个热玛吉广告软文的例子，看看美国的医美广告是如何管理的。这篇文章由一位自由作家撰写，相当于一位时尚达人，类似国内小红书或抖音上的内容博主，文章发表在著名的医美门户网站"真我"①上，有些类似于中国的新氧。文章在推广热玛吉项目的时候，必须遵守如下规定：

首先，文章的后面有一位医学博士为本文做出医疗综述（Medical review），这是美国医疗广告监管的特点，涉及医疗的推广文章，要有一位本专业的合规医生为该文的内容负责。

我国的医疗广告责任人都是机构，广告批文也是发给机构的，而美国的医疗广告责任人是具体的医生。文章可以不是医生写的，但医生要为广告背书，还要为此承担责任。这是一个显著的区别。

其次，推广文章不但要说明热玛吉是什么，还必须指出这个项目的优势和劣势，让读者有完整的知情权，这也是广告监管的硬性要求。标准是一份多达14项的清单，每一项都要老老实实地陈述，不能包含虚假信息，或只披露部分事实，不能让消费者产生虚假或不合理的期望值。

最后，软文中一定要指出这个治疗的适应证人群，同时要说明哪些人是不适合这个项目的。这些话都由医生来负责，而且要签上大名。必须明示风险，将所有可能的风险都列出来，这也是广告监管的要求。此处，还要给出同类项目的替代治疗方案。

---

① https://www.realself.com.

2. 关于渠道

美国的法律对代理人、转诊、推荐服务、会员转移等情况，均有清晰的规定，基本形成了闭环，没有明显的漏洞可以利用。无论哪一种渠道，都要有医生本人为其负责，而且必须讲清楚，也就是说，要表明这些转诊服务是针对哪一位医生而言的；中介方收取的费用只能是非医疗的周边服务费，不得超过通常或惯常的专业服务费用；美国法律对于直接收取医疗中介费用是禁止的，这种行为被界定为商业贿赂。在我国，渠道的中介费用可以达到50%~80%，这在美国是不可想象的事。

3. 关于监管

以美国为主的大部分西方国家并不禁止医疗广告，但是管理得非常细。我们能想到的，人家都想到了，并且都做出了明确的规定。美国的医疗广告表现出明确的"后监管"色彩，只要符合规定，大家都可以发布广告；一旦出现问题，监管部门会及时发出警告，要求整改，并可能会问责。如果消费者因此索赔，美国的天价医疗赔偿，肯定会让广告主记忆深刻。

2020年12月16日，美国加州湾区一家名为"点亮整形"的医美机构，因为通过社交媒体吹嘘自己的门诊可以采用提高免疫力的方法帮助就医者预防"新冠"感染，收到了美国联邦贸易委员会的警告函："冠状病毒的产品和服务都没有足够的研究和证实，没有可靠的科学证据。任何预防或者治疗冠状病毒感染的产品和服务，必须有充分的研究、证实，并且在宣传的时间内是有效的。你必须立刻消除这些声明，并在48小时内用电子邮件告知处理情况。"

从这个例子可以看出，一刀切地禁止医疗广告，或许并不是十分明智的办法。随着时代的变迁，医美广告与互联网、社交媒体混合在一起，注定会出现很多新形式、新情况，全世界都面临着同样的问题。

具体情况具体分析，积极主动地研究，采用科学的方法，拿出行之有效的管控措施，应该是我们面对新的医美市场所应该具有的态度。

本章总结

"新医美"的概念绝不仅仅是一句口号,它预示着新的时代来临时,没有完成观念转变的人,将经历一个难以想象的痛苦过程。这一点,并不仅仅针对投资人或经营管理人员,而是全员的观念转变,特别是作为核心生产力的医生群体。有的时候,医生们的观念转变比行业内的其他人更难一些,比如让医生们将全部收入都依法纳税。

合规化带来的成本重构,不是说说那么简单,因为医美业内的许多从业者从开始就没有将合规化所应支付的成本考虑进去。这将造成转型期的机构泥足深陷、步履维艰,甚至会让许多机构关门大吉。

医美行业的生态化转型,现在看来多少有些理想化的色彩,但是已经曙光初现,谁能把握时代的机遇,谁就拥有更加美好的未来。这需要全新的颠覆性的思维方式,因为行业已经实质上进入了"无广告时代"。

第三章

变化中的求美者

本章导读

　　本章的内容讨论医美的目标客户。第一节的内容讲述为消费者画像的基本原理，是方法论的范畴，我们并不试图为求美者做具体的画像，因为这是一个难以达成的选题，只要掌握了方法论，便可以在某一具体的细分市场找到属于自己的消费群体。第二节的话题似乎有些敏感，涉及"容貌焦虑"的问题，它既是一种客观存在，又是医美消费的主要动因。第三节主要讲述一个特殊的现象，即中国的医美消费者"宁信网红，不信医生"，这就是现状，它反映了医美消费者在行业合规化进程中呈现的不正常状态，原因是值得深思的。第四节则是对上一章的呼应，医美消费者需要自我管理，这是一种理想状态。要想进入这个状态，则需要了解最后一节的内容，中国医美消费者教育几乎一片空白，它可能是造成市场乱象的一个深层次原因，全行业应该为此而努力，找到解决方案。

第一节　为医美消费者画像：从入门到应用

一、怎样理解消费者画像？

消费者画像可能与互联网早期BBS上的User Profile[①]（用户配置文件）有关，因为User Profile就有用户画像的意思。为什么不用User Information（用户信息）来集合所有用户资料呢？因为用户资料的维度越来越多，越来越动态化，所以更精准的Profile被用了起来，随后演变为User Portrait（用户画像[②]）与User Profile并用。汉语世界直接翻译成用户画像，后来演变成消费者画像。

随着商业需求的推动，计算机算力提升、算法能力加强，在互联网逐渐步入大数据和人工智能时代后，不可避免地给企业及消费者行为带来一系列改变与重塑。其中最大的变化莫过于消费者的一切行为在企业面前似乎都是"可视化"的。随着大数据技术的深入研究与应用，企业的专注点日益聚焦于怎样利用大数据来为精准营销服务，进而深入挖掘潜在的商业价值。于是，"用户画像"的概念也就应运而生。值此，消费者画像、用户画像具有了全新的意义。

用户画像作为大数据的根基，可以完美地抽象出一个用户的信息全貌，为进一步精准、快速地分析用户的行为习惯、消费习惯等重要信息，提供了足够的数据基础。

用户画像在医美业务的应用中，往往被简单地理解为用户信息标签化，就是医美机构通过收集与分析消费者社会属性、生活习惯、消费行为等主要信息的数据之后，抽象出一个用户的可视化全貌，作为大数据技术的信息基础。从业者以为这样的用户画像为机构提供了足够的信息基础，能够帮助机构快速找到精准用户群体以及用户需求等更为广泛的反馈信息。其实，医美消费者画像的工作内容还远远不止这种事后跟

[①] 网络专业词汇，意思是用户配置文件，即用户在登录时定义系统加载所需环境的设置与文件的集合。也可以翻译为用户描述文件、用户描述、使用者设定档、用户档案以及用户文档等。

[②] 用户画像：包括用户信息标签化，收集用户的社会属性、消费习惯、偏好特征等各个维度的数据；进而对用户或者产品特征进行刻画，以及相应的分析、统计、挖掘潜在价值信息，从而抽象出用户的信息全貌。

踪式的数据分析，它还包括事先的市场调研、目标客户抓取、潜在目标客户定位与分析等更多的内容。

消费者画像作为一种商业智能的展现，其可视化和工具化的组成部分，在医美界已经常被挂在嘴边，并成为医美机构数字化的重要工作内容。我们经常看到的标签云图片就是一种消费者画像。比如图2为一个年轻女性的轮廓图，里面填满了类似"白领""高收入""轻熟""金融业""爱旅游""结婚三年""玻尿酸""肉毒素""上海""东京"等这样的标签，标签有不同的颜色、大小、频度、字体等。

图2 消费者画像

有些医美机构已经开始部署BI（商业智能系统）。BI系统最主要的特点是将商业数据制作成图表，组合成看板，并编织成Data Stories（数据故事），用于展示、会议、查阅、决策、吸引投资、触达市场等诸多用途。企业管理的软件系统主要包括两个部分，一是数据与管理，二是报表。商业智能可以视为可视化的报表。有些医美机构的老板已经开始在大屏幕和投影上查阅自己机构的各项数据。这些数据不仅仅是展示，还可以挖掘、钻取、鸟瞰、总结、互动。比如要查看一个用户画像，管理者可以在BI触摸屏上选择某家机构，然后找到这个客户，选择用BI的数据故事形式展现，那么他将可以看到这个客户的Summary图表，展示了这个客户的姓名、联系方式、年龄、照片等基础信息；还可以通过查阅消费记录看到各种可视化的图形，展示客户的消费趋势、消费习惯、消费取向、服务人员；能够通过查阅CRM互动数据深入每次机构与客户的对话和电话录音；还可以看到这个客户的各个维度的标签组合，如同上图展示的那样，用不同的图示元素表示不同的特征和含义；甚至可以预期这个用户未来的留存率、消费数额、带客户数量，等等。

这就是一个单个客户的用户画像。一个医生的所有客户、一家机构的所有客户、一个地区或者城市的所有客户、一个商圈所有25~45岁女性客户，如此等等，都可以成为医美用户画像，也称为医美消费者画像。

二、一个例子：充满新人类烟火气的Z世代消费者画像

Z世代，通常指1995年到2009年这15年间出生的一代人，他们又被称为"网生代""二次元世代""数媒土著"，我们在做消费者分析的时候，"Z世代"则一般是指"90后"和"00后"中已开始步入社会的这一大拨年轻人，他们一出生，便与网络信息无缝对接，成长过程受手机影响极大。

截至2022年，中国Z世代人数接近3.5亿，约占总人口的23%，逐渐成为消费市场的中坚力量。

按照许纪霖[①]先生的说法，"50~60后"是启蒙的一代，"70~80后"是过渡的一代，而"90~00后"则是世俗的一代。那么，我们如何理解"世俗"的含义呢？Z世代出生于中国不断崛起的年代，是世俗与网络时代的产物，"代际更替速度加快的最重要因素是不断迭代更新的媒体。今天的世界正处于巨大的网络革命之中，上一次的媒体革命是印刷术对整个世界和人类的革命性改变。从20世纪90年代开始，我们正处于一场新的网络革命之中，'90后''00后'高度依赖社交媒体，在今天这样一个'后真相'[②]时代，他们所接受的资讯密度太大，使他们处在一个信息爆炸的时代，信息密集到了让人无

---

① 许纪霖，华东师范大学中国现代思想文化研究所研究员、历史系教授。主要研究方向为20世纪中国思想史与知识分子研究。

② 后真相（post-truth），网络流行语，用来描绘"客观事实在形成舆论方面影响较小，而诉诸情感和个人信仰会产生更大影响"的情形。其中，"post"表示的是"超越"，也就是"真相"不再那么重要。牛津词典把"后真相"评选为2016年度词汇，把"后真相"定义为"诉诸情感及个人信念，较客观事实更能影响民意"。"后真相"的"后"，是因为真实与否已经降低到了次要位置，不同的人群只选择相信符合他们各自偏好的信息。

从选择的程度。"①

在许纪霖先生看来,在"后真相"时代,Z世代相信中国已经超过了世界上大多数国家,但是他们对世界、国家层面的宏大叙事兴趣不大,反而关心环保之类的小叙事,而且因对个人前途无从把握而焦虑,他们为了实现小目标而生活,他们非常理性化地将人生理解成由一连串小目标组成,他们的"诗和远方"是网络建构的虚拟世界,这也是他们精神上的避风港。这也印证了他们身上存在的"后物质主义②"的时代特征。

Z世代的人容易被网红或偶像引导,追星不过是另一种实现自我的方式。他们的消费心理也与老一代人不同,更在乎精神层面的体验和享受。比如他们喜欢打卡,则是对自我身份的某种认同。因此,在他们中间,慢慢形成了体验性的消费主义。

Z世代的年轻人在医美消费上的观念,已经完全不同于他们的父辈,对于医美治疗不再遮遮掩掩,将其视为一种生活方式,并且呈现趋向于中性化的特征。他们更注重个人体验,而并不在乎其他人的目光;他们甚至愿意分享自己的经历。

三、怎样为医美消费者画像

我们可以用四步法获得医美消费者画像,这里以"标签法"为消费者画像为例。很多医美机构虽然强调要给用户打标签,可效果并不好,因为没什么实际用途,画像也不精准。我们每一个在互联网上购物、浏览信息、接受信息流推送的人,在电商和互联网巨头的用户画像数据仓库里,可能有上万个,甚至几十万个标签。相比之下,医美机构给自己消费者打的那几个有限的标签,其实没有太大意义。

我们可以先看看互联网电商或者消费者画像打标签的四步法标准流程。

1. 战略解读

机构构建用户画像平台,有很多信息化软件服务商可以提供用户画像服务,比如腾讯云、华为云、百度云、阿里云等。机构可以实现不同的战略目的,如提升产品服务质量、精准营销等。根据战略目的的不同,用户画像的构建也有所区别。因此,首先需要明确用户画像平台的战略意义、平台建设目标和效果预期,进而有针对性地开展具体的实施工作。我们建议医美机构不要上来就针对销售做用户画像,因为那样的

---

① 《新一代年轻人依然有自己的人性展现,只是被赋予了新的时代特色》,作者许纪霖,文章来源于斯文在线。
② "后物质主义"概念由美国政治及社会科学家罗纳德·英格尔哈特(Ronald Inglehart)于20世纪70年代在他的著作《静悄悄的革命》里提出。其理论的主要假设是个体对多项目标的追求,依从一个循序的等级。个体首先会追求基本生活需求的保证;一旦基本生活所需保证了,关注的焦点会转移到非物质的需求。

做法成功案例很少，属于典型的目的很好但结果很差的操作。为什么呢？因为医美销售最终要落到单个消费者的画像上，我们自己掌握的数据很少，用在一个消费者身上，会出现"欠拟合"现象，得到的画像结果不是不准，就是一个笑话。医美机构应当首先将用户画像用在改变机构产品线、分析和服务重点客户、制定企业战略上。因为这些数据的颗粒度可以"糙"一些，医美机构自己的数据和公共数据可以达到这个目的。

2. 建模体系

对用户画像进行数据建模，结合客户实际的需求，找出相关的数据实体，以数据实体为中心规约数据维度的类型和关联关系，形成符合客户实际情况的建模体系。虽然很多信息化软件服务商提供了建模工具，但是这些工具用途不大。因为用户画像首先需要对数据进行取舍和规范，在大数据领域叫作"数据清洗"，意思是将那些不符合规范，或者对画像结果是"噪声"的数据清洗掉。然后按照画像目的来确定"模型"。比如，某家新建机构希望通过覆盖的商圈为用户画像，为自己未来产品和服务定位提供决策指导，那么建模就应该针对大用户群的医美消费习惯、支付习惯等来着手。

3. 维度分解

以用户、服务和商品、渠道三类数据实体为中心，进行数据维度分解和枚举。根据相关性原则，选取和战略目的相关的数据维度，避免产生过多无用数据干扰分析过程。有过理工科教育经历的人大多还记得"正交"法，这是科学实验为了避免干扰、提高效率的常用方法。消费者画像的维度分解同样采取类似方法，维度分解的最理想状态是正交的维度，这样效率高、准确度也高。大数据时代，因为有了超级维度向量的计算方法，依赖强大的算力和算法，维度分解越来越精细，即使很小的向量夹角也能对计算有帮助。在医美消费者画像方面，它体现在尽可能多地收集用户信息，做好维度分解，设计好算法，交给计算机完成画像。

4. 应用流程

针对不同角色人员的需求（如产品与品项设计、销售与客户开发、服务研发等），设计各类角色的工作人员在用户画像工具中的使用功能和应用或操作流程。消费者画像之所以来源于BI（商业智能），就在于消费者画像要用于全业务流程。医美的消费者画像往往偏重于实现短期销售和当期营业收入的目的。实际上，消费者画像能做的事情很多，可以理解为做医美或消费医疗全业务线的可视化工具和数据工具。

四、消费者画像的应用

以德勤与艾尔建美学联合发布的行业研究报告为例[①]，将消费者画像总结为：

（1）医美消费步入"全龄化"时代，成熟医美用户中"Z世代"医美消费者占比超半数。

（2）成熟医美用户注重高品质与个性化需求，医美消费支出在收入中的占比不断提升。

（3）男性医美消费者消费群体快速崛起，主动求美意愿凸显，消费潜力逐渐释放。

（4）男性医美消费者医美消费意愿与消费能力逐步接近女性医美消费者，"男颜经济"已成为新医美掘金点。

（5）中国医美机构目前普遍聚焦年龄30岁以上医美消费者客群，视作核心消费主力。

（6）30岁以下的年轻医美消费者数量巨大，活跃度不断提高，未来将成为消费主力，是新医美机构重点布局的客群。

（7）一线与新一线城市医美消费者是目前医美市场的消费主力，下沉市场的拓展空间仍然巨大。

（8）下沉市场医美消费者和机构端呈现医美渗透率低、行业人才欠缺、熟人社交、价格敏感等特征。

上述8条内容是这份报告给出的消费者画像的标题。每个标题下面是图表与解读。这种类型的消费者画像是宏观的，用于给行业投资者、管理者、运营者、医生等从业者提供宏观的数据、信息、知识与智慧。

图3是消费者画像最基本的应用：从数据提炼信息，从信息获得知识，进而可以从知识得到智慧。

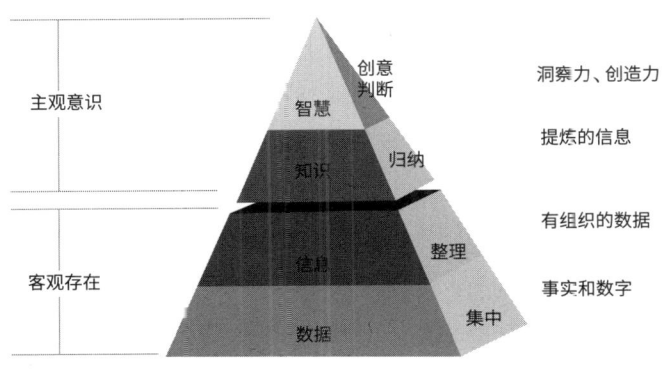

图3　消费者画像最基本的应用

[①] 德勤与艾尔建美学联合发布的《踵事增华，应运顺势——中国医美行业2022年度洞悉报告》。

因此，消费者画像应用也具有四个层面。

首先，将消费者数据集中，这里是客观数据，剔除主观色彩，只记录事实和数字，比如消费频次、消费项目、媒体偏好、观察到的个人信息等。消费者画像首先要基于客观存在，其次才是主观意识。而数据是最扎实的客观存在。

其次，从数据提取信息，这是数据整理的过程，按照一定的组织形式整理数据。比如将用户的消费数据向量化。大数据领域的机器学习、分类器等属于数据整理获得信息的过程。医美机构的消费者画像往往在这里遇到阻碍，其主要原因是：过早进入主观意识阶段，脱离了数据和信息的客观属性。

再次，从数据和信息，主要是从提炼与归纳信息中获得知识，这里进入了主观意识，不可避免地带有主观色彩。给用户赋予标签就是偏主观的知识获取过程。此时消费者画像的应用应当允许足够的主观介入。

最后，从知识进行创意和判断，得到具有洞察力和创造力的智慧，这个阶段主观意识居于主导地位。电商和网络平台会更多依赖人工智能完成知识和智慧阶段的工作，医美机构应当更多依赖人的主动工作完成。因为医美消费具有非常强的随机性，属于人文属性强于科学属性的"消费决策"，不能因为有了消费者画像就试图放弃人的工作。

第二节
医美消费者：永远不可能清零的"容貌焦虑"

我能抵抗一切，除了诱惑。——奥斯卡·王尔德[①]

一、何为"容貌焦虑"？

人类自从有了自我意识，便生出分别心，也就是比较心，便有了容貌焦虑。

从生物学演化的角度看，容貌关乎生死，关乎基因。远古时代，好看性感的女性，意味着生育能力强；英俊健壮的男性，意味着食物获取能力强。那个时候，这些容貌优势意味着获得更多的食物及交配机会，生存的概率更高。因此，容貌焦虑是一种内

---

① 奥斯卡·王尔德（1854—1900），出生于爱尔兰都柏林，19世纪英国伟大的作家与艺术家，以其剧作、诗歌、童话和小说闻名，唯美主义代表人物，是19世纪80年代美学运动的主力和90年代颓废派运动的先驱。

驱力,这是生命进化的必然选择,承载着人们"要活"的基本需求。

随着文明的发展,容貌焦虑虽然不再与生存相关,但是它影响人的心情和生活质量,于是从"要活"进阶成"要赢"的问题。"容貌焦虑"作为一种亚健康的心理现象,人们开始与之蔓延缠斗。于是,催生了时装业、美妆业、健身业、美容业,还有医美业。

人类试图对抗容貌焦虑的困扰,文学艺术成了代偿工具。人们书写美好的东西,描绘美丽的神与人;也求救于每一门学问,例如心理学,心理医生试图帮助人们走出焦虑怪圈儿;还出现一些社会攻治运动,例如女权主义对"制造美丽"的反抗,她们说女性爱美是男权社会的产物。

政府也尽其所能限制消费社会里商家恶意利用容貌焦虑。中国政府就规定医美机构不得制造、利用、放大、渲染容貌焦虑,不得将之与自己的生意发生关联,并写进了法律。

只要有社会生活,容貌就极其重要。容貌焦虑是人的一种生存本能,是客观存在,不可消除,只可管理。医美从业者应该意识到,我们承担着不放大容貌焦虑的责任,也有着恰当引导和疏解容貌焦虑的义务,因为它会一直存在,永远不会清零,就像病毒一样。

二、容貌焦虑是怎么产生的?

叔本华[①]说:人的面孔要比人的嘴巴说出来的东西更多,更有趣。因为嘴巴说出来的是思想,面孔说出来的是思想的本质。

人类只要存在竞争,就必然存在容貌焦虑,它是普遍存在于人内心的一种意识,除非人类社会进入编号的机器人时代,彼此之间可通过编号进行身份辨识。

人有生老病死,成住坏空,衰老是人生最大的拐点。1949年新中国成立前,中国人的平均预期寿命只有不到39岁,那时候经济萧条,民不聊生,很多人尚没衰老就已经死去;2018年中国女性平均预期寿命超过78岁,所有人都要面对和处理"衰老"的问题。

衰老无情地表现在颜面与身形上。面对脱发、皱纹、肥胖、下垂、松弛、斑点……请问谁会为之欣喜?

容貌焦虑并不专属于相貌平常的人,可能越漂亮的人,越容易受到容貌焦虑的困

[①] 阿图尔·叔本华(1788—1860),德国哲学家,唯意志论的创始人和主要代表之一。代表作品有《作为意志和表象的世界》《附录与补遗》。

扰。漂亮的人将面对更多的竞争，甚至是暗算，她们一方面为此愤愤不平，一方面也深深地担心自己在外表上被比下去，或者会提前衰老。所以，越漂亮的人越爱打扮，就是这个道理；她们并不总是快乐的，更容易陷入焦虑情绪。好看的人做医美的概率要高于长相平平的人。

千人千面，人们利用面貌差异进行身份辨识，各有各美，各有各烦。然而在差异化的辨识标准里，产生了美与丑，产生了不公平的社会因素。当人们为了消除这种不公平而利用医美或其他一切方式人工制造美丽时，又会陷入审美的平庸化，也就是同质化，进而就会有新的方式制造更好的差异美。

这是非常经典而朴素的"正反合"辩证法，也是马克思唯物主义辩证法的螺旋式上升的典范，是事物发展的必然规律，不能因为被贴上"容貌焦虑"的标签，就否定其客观性。正确的态度应该是研究其发展规律，发扬其优势，抑制其劣势，服务于人民群众对美好生活的向往。

人在出生6~18个月这个阶段，就会产生自我意识，通过"镜像"自我认知，会逐渐地认识自己的身体，并通过与周围的人进行对比，获得自己的评分。人在逐渐长大后，通过与"他人"和"外界"的比较升级自我认知，伴随成长慢慢地接受自己，并确认自己在人群中的位置。我们意识到了自己外表的缺点与不足，知道它的存在，并且想方设法地去掩饰缺陷，这种心理过程与生命的过程接近。当有些不足让我们产生烦恼的时候，也就是容貌焦虑光临的时候。

容貌焦虑不专属于某些人，也不一直伴随某些人，它是因人、因时、因地而变化的。

女性从青春期开始，自我形象意识爆发增长，她们开始特别在意自己的形象，如果这个时候长了些痘，立刻便会陷入焦虑状态，哪怕只有一颗，也足以捣毁一个小女生的自信。大部分时候，女性生活的世界会更加自我，更加依赖各种"镜像"来认识自己，处理自己与世界的关系。

弗洛伊德[①]精神分析理论将人格分为本我、自我和他我。自我是真实的我，他我是他人眼中的我。自我从属于我，是为了生活；他我从属于他，是为了生存。两个"我"的平衡，便是我存在的意义。在竞争社会，他我有时会变成面具，当他我与自我严重割裂时，焦虑就会产生。而在出现"假想我"的时候，那趋近于完美的假设，有可能给我们带来快乐，但更多的时候带来的可能是痛苦和焦虑。当两者接近合二为一时，

---

① 西格蒙德·弗洛伊德（1856—1939），奥地利精神病医师、心理学家、精神分析学派创始人。

则会产生自恋。"三个人"共同存在于一个躯体里，三人交战，哪一个占上风，便会成为某一种状态，然后采取相应的措施。社会流行审美观念也会对人的意识产生影响，因此焦虑源头也会发生变化。

在两性之中，社会的主导力量仍然是男性，女性多为家庭的主角，于是女性则更多地关注自己，镜像自我出现了，遗憾的是，大多数时间女性只关注镜像自我的缺点。所以，女性更容易和女性去进行外表的比较，她们的焦虑多半是从比较中产生的，例如其他人对自己容貌的议论。这种情况一般从青春期开始。

容貌焦虑是客观的，是演化生物学的自然推论，也是个人成长的内驱力，还是社会交往和社会生产的重要媒介。

三、容貌焦虑能够被消除吗？

容貌焦虑不可消除，但可以控制和有效利用，变消极为积极。每个女人都是她自己的美容专家，无论掉过多少坑，她们永远乐此不疲。她们在对抗容貌焦虑的问题上，花费最多的项目是医美。所以，医美可以在某种程度上缓解焦虑。其他的项目还包括健身、美妆、美容、服饰等。

然而医美的能力是有限的。

医美可以说是人类目前在已经获得的知识与技术基础上，能够改变自身形态的终极手段。但是它的作用终究有限，要依赖医学、美学、心理学和行为学的恰当综合才能取得"最优解"，遗憾的是，现实中，许多医美成果都不是最优解，甚至会起相反的作用。

在社会关系里，人们对美丑的评价会加上情感的因素，比如中国古语说的：情人眼里出西施。所以，良好的社会关系，能够让人更多地肯定自己。因此，对于容貌焦虑而言，忘记它，可能是最好的办法。

焦虑心理总是与欲望相伴而生。

消除各种焦虑，就像《金刚经》所提的"降伏其心"[①]。人们有可能借助一些手段克服一个焦虑，但是很可能另一个焦虑马上又会冒出来。念头起起伏伏，永不停歇，佛家讲究"观"法应对。所谓观法就是对不可消除之物采取类似于旁观的态度。因为人的欲望没有止境，就像购物体验，当你买到一件心爱之物，兴奋总是那么短暂，之后

---

① 《金刚经》原文："善男子，善女人，发阿耨多罗三藐三菩提心，应如是住，如是降伏其心。"本师释迦牟尼佛告诉众生要依止发愿，上求佛道，下化众生，如是安住菩提心，且这种心要能恒常久住，这样才能降伏妄想的心，就不会再受外物的侵扰。

便会有另一件心爱之物在柜台里等着你。

每个人的一生中,都会出现这样那样的焦虑情绪,它是我们生活的一部分。就像病毒不可能完全清零一样,焦虑也不会离开我们。所谓容貌焦虑本身就属于一种心灵进阶的阶段,反复的容貌焦虑就是个人不断成长的过程。

有些疾病可能会伴随我们的余生,没有办法根治,需要学会适应它,与它和平相处,并且使用一些办法来缓解症状。正如精神科医生所说,享受疼痛有时也是一种满足,这种病态心理,可能有轻微的自虐倾向。所以,人是多么复杂而奇妙的动物。

四、医美当了背锅侠吗?

大部分医美业的营销人员不是背锅侠,他们在人类与容貌焦虑斗争的过程中,时常充当"奸商"的角色。

医美事实上成了"制造容貌焦虑"的密切相关者。就好像"公鸡因为叫了后太阳就升起来,所以公鸡以为自己把太阳叫起来"的逻辑一样,本来不是因果关系,但是在相关性里面,医美处于那个C位,那么不是你也是你了。

医美这个工具,如果使用好了,就是缓解容貌焦虑的利器;使用不当,也可以成为容貌焦虑的催化剂。

但是,容貌焦虑并不是医美营销体系创造的东西,它是一种客观存在,并且会永远存在。医美营销体系只是不恰当地利用了人们的容貌焦虑,将医美与这种焦虑进行了不当关联。将容貌焦虑归罪于医美同样不合适。

人们通常的认知是:医美是由对自己的容貌不满意的女性支撑起来的行业,它90%左右的消费者是女性,因为性别文化对女性外貌有严格的要求,中国自古讲究"郎才女貌",就是一个明证。医美业的存在,引起了女性广泛的容貌焦虑,因为她们本来就处于容貌焦虑之中,此时,只需要稍微推波助澜,便可起到四两拨千斤的作用,将女性推入医美之坑而不能自拔。

从事医美行业的人都清楚一点,巧妙地利用人们的容貌焦虑,有助于市场营销,甚至可以说这是医美营销的不二套路,不这么做,就不会有太多生意上门。从广告学的通理上看,哪个行业的营销不是利用人们的焦虑心理做文章呢?

从社会普遍接受的价值观来看,利用人们的容貌焦虑做生意,的确有些不道德,它会产生过度医疗或不恰当的医疗消费。从道德层面入法,可以说是中国政府有关部门的一个有益尝试。

第三节 信用的缺失：宁信网红，不信医生

如何快速激怒一个医生？很简单，只要说几次，"这个病，不是你讲的那样，百度上这么说……"

王冀耕教授分享了一对母女的故事。母女俩找他面诊，看诊过程中，王冀耕的观点经常被母女俩否定，说的话也时不时遭到打断，她们不停地表示："小红书上不是你这么说的。"面诊过程极度不顺。王冀耕最后用哀求的口吻对母女俩说："你们俩能不能相信一下我这本'老红书'，为什么你们宁信网红，也不信医生？"

哀求有用吗？

一、医美默认的消费属性与网红的力量

如果你询问身边的朋友：在你们眼里，搞医疗美容的人，算什么行业的？答案一定是五花八门。

早些年，几乎没人认为医美是医疗，他们基本上认为医美和美容院一样，都是做美容的；那些黑工作室在他们眼里也没什么大不了，做一样的事，黑工作室还便宜些。虽然近些年，情况似乎发生了一些改变，大家嘴上开始承认医美也是医疗，但是医美和看病，在人们眼里还是有所不同。

凡是去做医美的，无论哪个层次的就医者，都会砍价，要求打折，他们哪怕托关系走后门，也要打个折。在一般的医美就医者眼里，做医美和在自由市场买东西差不多，都是生意。

医疗价值在医美行业一直被低估、被轻视，尽管业内人士并不愿意承认。

人们对医美的风险认知，还停留在十分原始的水平，过去是这样，现在还是。

既然是生意，就得遵循生意的法则。网络时代，付费者的消费心智中，有很大一块领地被网红KOL（关键意见领袖）、KOC（关键意见消费者）们占领，他们在消费者中具有极大的影响力。

特别是对于信息不对称的行业，当消费者对某种服务带有知识盲区时，他们宁愿

听意见领袖的话,也不愿意听桌子对面的医生或咨询师的话。因为在消费者的内心认知里,双方处于利益的对立面,你们是要做我的生意,我当然不能只听你的。

因此表现的结果就是,网红的意见往往比医生更有影响力,更能左右医美就医者的行为。

二、为什么网红的影响力如此巨大?

站在医美行业立场,探究网红影响力,很有必要。

无论是医生,还是经理,搞清楚这件事,起码知道在影响力方面,我们输在了哪里,以及今后我们应该怎么做。

1. 网民从被动接受信息,变为主动选择性接受信息

在互联网还不是那么发达的年代,受众总是被动地接受信息;医生们在诊疗活动中掌握话语权,早已习惯了高高在上地发表专业意见,他们认为就医者在医学上是没有发言权的,医疗决策权在医生的手里。

这种习惯性心理,让医生们在表达方式上忽略了就医者的心理感受;而就医者判定医生意见的权威性程度时,会根据信息平衡度(哪怕是他们自认为的平衡度)而做出调整,也就是说,当他们以为自己已经很明白了的时候,或者有一个他们更相信的人表达了不一样的意见时,他们对医生的意见便怀有抵触情绪。

所谓信息平衡度,也就是某种认知在受者心目中的自信程度:当信息完全不对称的时候,信息接受者内心同时是极度不自信的,这个时候,依从性就越高;当信息接受平衡的时候,受者心中形成了明确的认知,自信心提升,依从度降低。

病越重,依从度越大;病越轻,依从度越小;没病找病的医美,几乎没有自然依从度。

就医者选择权越大,对医方的依从度越低;医美这种消费医疗的选择权完全在就医者手上,所以,依从度也是极低的。

罗马帝国的恺撒说过一句名言:人们看到的,都是他们想看到的东西。所以,换言之,人们只相信他们愿意相信的东西。

网红之所以成为网红,是因为他们正是"粉丝"想看到的人,他们说的也是"粉丝"想听的话。

2. 网红之所以红，是把握或迎合了受众心理

网红及其团队能够红起来的最重要原因就是对受众心理的精准把握，他们知道受众需要什么，并极大地满足受众的心理需求。

网民普遍拥有猎奇心理、代偿心理、平权心理和从众心理，在这些心理驱使之下，许多网民将自己变成了一些网红的"粉丝"，将网红视同自己生活中的一部分，尽管是虚拟的现实，但是不耽误"粉丝"按照网红的意见行事。这是个先迎合、后驱使的心理过程。

好奇心是所有网民的共性，也是互联网社交最基本的心理基础。对新生事物产生关注、疑问、探究的心理倾向，促使人们在线下互动。医美项目正是许多网民，特别是女性网民关注的话题，因为缺乏了解，所以最初的接触都从好奇开始。网红的个人经历常常是勾起"粉丝"猎奇心理的最初的话题制造者。

代偿心理，直白的解释就是当自己达不到某种目的时，看别人是如何达到的，这种心理活动被看成寻找自己欲望满足的替代者，以变相满足自己的需求。那些对医美感兴趣但自己尚无勇气尝试的网民，对网红的医美经历肯定是兴趣盎然的，而且许多就医者也是在网红的引领下建立了医美消费的认知。

平权心理源于互联网包容开放的匿名环境，人们可以畅所欲言，可以口无遮拦，人与人之间绝对平等，网红与"粉丝"之间也是平等的，完全不像高高在上的医生专家。网民在内心的价值判断上，视网红与自己是同一战线的同伴，而医美机构则是坐在桌子对面的谈判对手。

从众心理是人们受到同类群体的影响而采取行动的心理态势，多数人的趋同表现了在别人的行为中寻找安全感的需求。明星、名人、网红、KOL、KOC们能做的事情，自己也能做，这是大多数人的心理。这些人往往会将解决问题的人，或视为群体的救星，或视为群体的对立面。

3. 网红与"粉丝"立场一致

网红演化20年，与互联网发展如影随形。网红是网络社交传播的关键节点，是互联网造出来的星，是互联网生态链中不可或缺的重要成员。根据网络传播模型，网红与社交网络是相互依存的，这是客观规律。

网红与网络社交伴生，虽然强调多元发展，但网红的基因决定了网红们必须与网民立场一致，并且能起到引领网民行为的作用，否则，就会失去社交网络传播模型里

的关键节点地位，必然被网络生态抛弃。

虽然网红表达的出发点在于自我呈现，但是这种呈现逐渐演变为自我印象管理，并要求内容的一致性。凡是成为其"粉丝"的群体，必然与之在大部分观点上产生共鸣，因此，网红能够影响的人，也是与其立场基本相同的人；网红的"魅力人格体"一定要得到网民的深层次认同，才能保持长久的关注。

在高度开放与自由的网络世界，"粉丝"与网红始终保持着一种弱关系，双方基本没有相互的绑定。因此从网民的角度说，他们与网红之间既没有利害冲突，也相对平等，这样的关系反而让人产生信任感，这与医患关系完全不同。

网红虽然是特定领域的小明星，但是又不同于一般的明星，他们大多数来自草根，更贴近受众。网红给予普通人影响的同时，受众也容易对这些相同出身的人给予更多的认同，并且给普通人树立了成功的样板，迎合了平民逆袭的渴望，成为"粉丝"模仿的对象。

三、美容医生在消费者眼里是什么角色？

医生当然也可以成为网红，但是他们成为网红的路径往往和自己的专业无关，或者说其身份只是作为背书，在内容输出上，完全突破了自己专业的局限，在更广阔的领域与"粉丝"互动。例如急诊科女超人于莺、烧伤超人阿宝等，他们产出的内容，在自己专业的背景下，面向更辽阔的社会空间。

医美医生在网上聊科普和聊专业，"粉丝"量一定是数量级的差别。

消费医疗是个特殊的医疗门类。不要指望政府会为消费医疗单独设定管理模式，它将一直是医疗的一部分，是同一个范畴。

中国医美社会声望不太高，完全是咎由自取。你把医疗当纯粹的生意做，消费者自然就不把你当纯粹的医生看，或者将你与三甲医院里的医生区别对待，人人心里都有杆秤。而从事医美的医生们，大都出身于公立医院，对自己的身份是很敏感的，于是不免与消费者的认知发生冲突。

在观念里，人们对医美与医疗的关系，似乎并不像业内人士想象的那般紧密。责任在谁？当然在医美行业自己。至于医美消费者或求美就医者在心中怎样定位医美医生，目前尚无定论。总之，医生一旦踏入医美，便和从前给人看病时，不一样了。

有没有解决之道，应该是有的。医生要么自己成为网红，要么与网红合作。

尽管会遇到诸多困难，但医美的话语权，还是应该掌握在医生自己手里。有巨大影响力的非医疗背景的网红，对于医美行业的影响并不总是正面的，它会给业内人士带来困扰，特别是那些被带偏的就医者。

医生自己要争当意见领袖。这是行业赋予医生们的历史使命，因为这个角色无可替代。只是网红出现了20来年，在医美界却始终没有产生有全国影响力的网红医生。

小的网红医生不少，他们可以为自己带来很好的经济效益，却无法起到对消费端的引领作用。希望能够有这样的意见领袖，从众多的小网红医生中脱颖而出。

更多的医生或机构选择与网红合作，这确实是个好办法。只是现阶段，因为合作方式局限于带货模式，医生、机构、平台与网红之间的分账方法不尽合理，低价导流的主流思路，限制了各方合作的发展。网红医美直播，不免虎头蛇尾、昙花一现。

分众原则是医生进行IP传播时应该注意的。所谓"分众"，就是把受众加以划分并区别对待，找对自己的定位之后，还需要找对受众，并针对不同的受众，推送不同的内容。

最后，就是调整立场，尽量让自己站在就医者的角度看待问题，当求美者认为你没有站在对立面，而是与其持有相同立场的时候，心理戒备便会消减，交流才可能顺畅。当然，做到这一点相当困难，让就医者发自内心地认同医生的立场，还有待于整体行业形象的提升。

第四节　医美消费者自我管理的时代

30年前，王冀耕教授接待过一位前来隆胸的患者，那个时候，隆胸假体用的是盐水袋，待王冀耕介绍完盐水假体之后，那位尚未生育的求美者问了一个问题："大夫，装了这个盐水假体，将来孩子吃奶的时候，会不会口感太咸？"

王冀耕差点把嘴里的茶水喷出来。他意识到消费者对医美常识的缺乏可能完全超乎业内人士的想象。

几十年过去了，医美消费者的知识储备已经不可同日而语，但是要让医患双方处于信息完全对称的状态，还是很困难的，甚至可能永远也无法实现。

但无论如何，医美就医者的自我保护意识已经觉醒了，他们需要掌握自己医美治疗的全部信息。

一、医美赛道的新机会：就医者自我管理平台

越来越多的医美消费者意识到，掌握自己的全部医美治疗信息，是特别重要的事。这些信息除了自己的病历，还有相关的医生和机构的信息。

曾经有数名做过医美消费的人说过：要是能有个平台，可以随时查阅自己以前做过的所有病历就好了。我希望给我治疗的下一位医生看看，让他能够知道我以前都做过些什么。

医生端也有同样的烦恼。王冀耕就不止一次地经历过这种事，当他打开患者的腔隙，里面的填充物让他目瞪口呆，从来没有见过，问患者本人，也是一问三不知。

医美消费不可能一次性完成，它可能要伴随消费者走过几十年的人生。不同的年龄会有不同的需求，始终由同一个医生为自己诊疗是极其罕见的；因为医生擅长项目的不同，以及受时空因素影响，一个医美消费者可能会接受过许多个机构和医生的服务。

医美消费者自己管理医美消费过程的需求，势必随着行业的发展而凸显。人们需要知道都是哪些医生为自己做过哪些治疗，用的都是哪些药品和器械，用量是多少，在诊疗过程中的反应和存在的风险。这些资料应该是具备法律效力的，并且不可更改。

这些信息绝不仅仅是诉讼的时候有用，更大的用途是让下一位医生了解情况，制定更合理的诊疗方案，也让治疗更加安全。

这样的信息管理平台，不仅仅消费端需要，医生端同样需要。医生接待一位求美者，向其上一家机构索要病历是不可想象的事，唯一能够解决问题的只有就医者自己。医美机构随时会关门、易主，但是存在云端的病历资料不会灭失。

医美是医患共同合作的过程，双方都掌握了过往治疗史之后，医生可以在更有把握的前提下，在就医者身体上通过医疗手段实现美学价值。

这个过程，不仅仅是医疗过程，还是一个美学过程。医患双方在美学上，必须沟通一致，这是诊疗成功的前提之一。所以，医美诊疗行为，患者方的参与度比疾病医疗更高，而且决定权更大。

二、医美市场的进化，有必要实行医生终身责任制

现在连无证的设备厂家都已经开始教育消费者进行自我保护，例如无证的五代热玛吉号召就医者在设备上扫码。虽然这不过是商家的营销技巧，但是它建立在消费者

维权意识提升的基础上，无疑对医美市场净化有一定的积极作用。

在上游厂商、合规机构和意见领袖的共同努力下，医美消费者的自我保护意识正在日益提升。

然而，解决这一问题的根本方案，还是责任人的终身追责。

电影《教父》里，有个场景堪称经典。唐和女儿萝塞共进晚餐之后，喃喃自语道："每个人都要为自己的所作所为负责。"这是一个连黑社会老大都明白的道理。

社会上已经有一些行业，采取终身追责制了，比如法官。法官断案影响人的一生，特别是冤假错案一旦实锤，当事人在法庭面前极度弱势，想平反昭雪，不但经年累月，而且希望渺茫。所以断案大意不得，必须让法官秉公执法，并且终身追责。

欧美国家普遍采用医生责任制。因为病患在医生面前，往往如同在法庭上听宣。医生的诊疗行为，也会决定就医者的未来生活，而且存在不易监管的特点。哪怕是个医美小白写的科普文章，拿去发表，已需要医生签章背书承担责任，所以欧美国家的科普文章也不能瞎写。

欧美国家的假体植入，手术医生是终身追责的，因为假体植入体内，如果不出意外，离开身体起码要10年以上，所以马虎不得。

有不止一位患者，在做完假体隆胸术10多年后，因各种原因取出假体，竟然发现假体并不是当初医美机构销售并保证过的进口高端假体，而是廉价的国产品牌，有的甚至根本就没有品牌。这种狸猫换太子的把戏，在医美行业并非个案。当年那些医美机构，如今不是关门易主，就是物是人非，根本就不会认账，而消费者自己也拿不出证据。这些现象，只有在我们国家这个推行机构责任制的行业，才可能出现。

当初做这种偷梁换柱勾当的医生，一定还活跃在医美战线，只是没有医生终身追责制度，就是找到了他，你也不能怎么样。况且，当初他很可能是被老板强迫着做的。

假定医美行业实行了医生终身责任制，老板再威逼利诱，恐怕医生们也不会冒这种风险。

只要实施了医生终身责任制，行业乱象治理立刻会见效，事半功倍。可惜，懂这个浅显道理的人不多。

在没有推行医生责任制度之前，消费者只能自己保护自己，这个目标似乎更好实现。因此我相信，医美消费者自我管理平台，一定是个极佳的投资赛道。

三、电子病历平台，或许是有效的患者自我管理工具

建立医美患者自我管理机制，是杜绝行业乱象的根本措施之一。

前文说过，医美消费者不但有必要，而且有权利要求掌握自己所接受的医美服务的全部信息，并对其进行适当的管理，以保护自己的合法权益，少走弯路少进坑，让医美过程更加安全，并能获得最佳效果。

就医者可以随时查阅调用的、不可更改的、将所有医美治疗汇总的、具有法律效力的、存放于云端的电子病历，将是实现这一目标的有效工具。

区块链技术支撑的电子病历，可以实现有效追溯，找不到当初的那家机构，但是可以找到有法律效力的医生，因为每次治疗，都会有医生在病历上的电子签章。

医美治疗相比疾病治疗，有它的复杂多样性。它是在相当长的一段时间，由多家机构、多个医生相继进行的具有消费性的医疗过程，在区块链技术产生之前，想要将它们整合，是不可想象的事。

医美治疗中使用的药品、产品与器械，也具有多样性与复杂性的特点。这些东西随着技术的发展、概念的迭代，会不停更换，但是每一次治疗，都永远作用于同一个人体。所以，每一次治疗开始之前，医生都应该知道，这位患者以前都经历了什么。

标准化的电子病历书写流程，在某种程度上实现了医美的标准化。医生们按照固定格式与内容要求，可以快捷地书写病历，并在自由发挥的空间记载自己为患者所进行的诊疗。

行业监管因为标准化电子病历的存在，而变得相对容易。监管部门只要定期检查平台的电子病历，就可以实现对行业的深度监管。这让定向检查也变得简单而容易实现。

随着行业的发展，社会对医美的接受度日益提高，上游厂商、医美机构、医生、相关行业，甚至黑医美，都在对消费端发起信息攻势，试图影响消费者的选择。这可能带来另一种后果，医美消费者获得的信息，以及产生的相应认知，可能是错的，更多的情况是：其认知并不一定符合自己的条件。

医美消费的自主性，决定了就医者的高参与程度，医生们有时不得不勉为其难地迎合就医者的主观意愿。携带错误信息的就医者可能让医生十分头疼，这些人表现得不懂装懂，时常让医生们处于左右为难的境地。电子病历的普及，让医生们找到就医者自主意愿的出处，并找到相应的解决方案，他们可以有针对性地对就医者进行必要的科普教育，并纠正他们那些并不一定正确的认知。

第五节　中国医美行业的一大空白：消费者教育

一、何为消费者教育

消费者教育最早出现于1928年的美国，这一年美国人成立了一家"消费者研究所"，它是世界最早的消费者教育机构。后来，消费者教育演变成一种社会性国民运动，目的在于引导消费者进行正确的、健康的消费。它一般有两个层次，一个层次是政府、社会团体、行业组织承担的消费者教育活动，另一个层次是企业组织实施的消费者教育。

世界上消费者教育做得好的另一个国家是日本，日本人推出了消费者教育三阶段理论。

第一个阶段是"聪明的消费者"，主要是通过对消费者进行启蒙教育，让其提高自我保护能力，大多数医美消费者，从来就没有脱离第一阶段；第二个阶段是"自立的消费者"，消费者在消费关系中成为主体，具有合理的判断能力，一部分消费过医美的消费者或许具备了这样的能力；第三个阶段是"自觉的消费者"，这是消费者教育的本质，即消费者能够站在社会经济活动参与者的角度，考虑自己的消费决策，并且产生左右企业行为的能量，甚至影响行业的发展。

医美消费的理想状态是实现"有限的理性"，绝对理性几乎是不可能达到的理论状态。它要求两个必要条件：一是消费者占有足够的信息，二是具备完整的逻辑；这两个条件，无论是组织还是个人，都无法完全满足。

二、最需要消费者教育的医美行业，恰恰是空白

中国的医美业发展了近30年的时间，从来没有一个组织曾经做过或打算做消费者教育，包括前述两个层次中的所有行业参与者。为什么？因为消费者教育不直接赚钱，这导致人们对医美行业的认知水平，还处于初级阶段。

面对无知的消费者，销售真的是更容易达成的吗？

让人高兴的是，Z世代已经成为医美当然的消费者，而那些身处时尚最前沿的中年人也开始对医美感兴趣，他们亲身体验，然后乐于分享，这不能不说是社会的进步，这说明医美市场处在快速变化之中。另一个现象是，即使是高知阶层的人，对医美的

了解也仍然十分粗浅；他们不知道正规医美机构与非正规医美机构的区别，不知道医美机构必须是医疗机构，不知道给他们进行治疗的人应该是医生，不知道自己真正适合做什么项目……

一位做医美SAAS的女老板说：三四线以下的城市，80%都还是渠道医美；面对这么多的渠道医美机构，我们无法去追求什么价值观，抓住每一次赚钱的机会，哪怕明知道它是错的，哪怕是最后的狂欢。

渠道医美的出现恰恰是因为医美行业缺乏诚信及消费者教育，以及信息高度不对称，导致人们只愿意听熟人的介绍，于是出现了"渠道"这个物种。有意思的是，欺骗这些消费者的，正好就是那些被无知的消费者误认为可以托付的人。所以，这是一个转圈骗钱的游戏。曾经有人质疑这种对"渠道医美"的论断，难道渠道就没有好人吗？其实也可以反过来问：渠道敢把自己怎么和医疗机构分账的内幕告诉消费者吗？敢说的，才有可能是好人。

三、谁是医美消费者教育的主体？

从人类经济社会的发展历史来看，消费者教育的程度，决定了市场的成熟度；消费者对某一行业的知识掌握得越多，行业的发展便越健康，才可能获得市场的真正繁荣。

谁应该是医美消费者教育的主体责任人？政府部门、媒体、行业组织、机构、个人，都是。

1. 政府部门

政府部门如果联起手进行医美市场的消费者教育，可能是最有效率的，尤其在中国这样的举国体制之下，老百姓有极强的组织纪律性，政府的威望与公信力极高。与其进行一轮又一轮的行业整顿，不如让广大医美消费者尽快变成聪明、自立乃至自主的消费者。消费者的眼睛亮了，那些不规范的机构就会自然变得规范，那些黑医美就没有生存空间。

2. 媒体

公共媒体本身就肩负着教育大众的责任，但是中国的媒体只会盯着医美行业的负面消息看，或者只对明星的医美八卦感兴趣；如果早把医美消费者教育当成社会主义精神文明建设的一部分，就不会出现这么多乱象。当然，曝光负面也是消费者教育的一种方式，只是媒体的兴趣点并不是消费者教育，而是弱传播理论之下的负面消息。只有揭露负面与正面引导相结合，大力进行科普宣传教育，消费者才能快速成长。

3. 行业组织

中国医美是行业组织最多的行业，拥有全世界数量最多的协会、学会、分会，但是迄今为止，除了开会发牌子，没有做过太多消费者教育的动作，因为不知道谁出经费。但行业组织的使命之一恰恰是消费者教育。大家也在做"教育"，但都是面向行业内部的，所以各种培训班此起彼伏，让人目不暇接，因为可以从学员身上收费。

4. 企业

虽然成绩乏善可陈，但是中国的消费者教育做得最多的，还是医美机构和上游厂商。只不过这些科普信息其实质是软性宣传，所以，人们看过之后，充满警惕，教育效果打了很大折扣。医美机构整天忙于残酷的市场竞争，确实没有心情去做什么单纯的消费者教育。其实，做纯粹的消费者教育，可以带来长远的利益，包括良好的品牌形象，只是机构们困于过高的获客成本，根本无暇顾及。

5. 个人

目前来看，对医美消费者做科普教育最多的，是个人的微信公众号。它们可能是医生的，也可能是KOL、KOC、KOS[①]的，他们会为了让自己的形象更具公信力和吸引更多的流量，尽可能地做一些力所能及的消费者教育。只是有这份心的人，还不是太多，毕竟个人的力量还是有限的。可喜的是，有些网红已知道应爱惜自己的羽毛，希望通过消费者教育，让自己的色彩变得丰富。

---

① KOS，英文全称为"Key Opinion Sales"。

本章总结

医美人有时会抱怨说：现在的就医者越来越精了，成大单的机会不像以前那么多。大单的事，这里就不多说了，但有一点是可以肯定的，如果消费者教育做得充分，还会有"大单"，只不过此大单非彼大单也。

时代在变化，价值观和行为方式也要改变。网红不是我们抱怨的对象，也不是让我们无可奈何的竞争者，我们希望的是医美人中的一部分也应当成为网红。医生个人IP，可以理解为网红医生（KOL in Doctors）的另外一种表达。医生们最大的问题是没有意识到这样做的可能性和巨大的好处。为什么会出现消费者"宁信网红"的现象？这不能简单归因于网络的"暴力传播"，也不能寄希望于政策管制而回到过去。就像20世纪80年代人们说"电视毁了一代人"，90年代说"武侠小说毁了一代人"，21世纪初10年说"互联网毁了一代人"，其后10年说"网络游戏毁了一代人"……

这些说法，是杞人忧天了，网红也不会毁了一代人，而是会成为我们生活的一部分。如果医生自己放弃了"网络传播阵地"，那么就会有别人来占领。

医美消费者的自我管理，是行业发展到一定程度时的必然产物。区块链技术的发展，为就医者的自我管理提供了条件，自然也是解决行业乱象的有效手段。医美消费者自我管理平台的建设，不仅是一个十分有前景的投资赛道，而且必将成为整个行业健康发展的基础设施。

医美业的难题有不少，消费者教育是其中最大的难题。因为做消费者教育不能直接产生经济效益，所以没有人愿意做；因此，中国的医美消费者，基本是被"销售"出来的，而不是被"教育"出来的。所有的信息，无一不是围绕"销售"这个终极目标，鲜有单纯为了传播知识而做的各种"号"，包括那些KOL（关键意见领袖）也只是为了"带货"。中国的医美消费者，对医美知识的积累，基本从自身经历而来，每次从坑里爬出，或许就多了一次领悟，学习到很多真真假假的知识；而那些尚未成为医美就医者的人群，基本上是小白。所以，要想让中国的医美消费者向理想的状态变化，就只能从教育开始。

第四章

行业政策的完善与立法思路的发展

本章导读

法律法规不断完善的脚步在加快，所以本章用了较长的篇幅来讨论行业监管部门的立法思路，试图探寻行业监管未来将走向何处。为此，我们挑选了几部重要的法规文件进行分析。

对医美行业整顿的重点，一是税收，二是广告，它们是最直接的抓手。

在税收方面，本章重点解读"金税工程四期"的内容，以及它带给行业的影响。

在广告方面，从"容貌焦虑"开始，主要关注《医疗美容广告执法指南》和《医疗美容行业虚假宣传和价格违法行为治理工作指引》。之后，我们用一节的内容，简单对比了中西方在相关立法思路上的异同，由此或许能够看到行业发展的些许动向。

打击网络不正当竞争是未来行业治理的重点，为此国家市场监督管理总局下发了《禁止网络不正当竞争行为规定（征求意见稿）》，对这部文件的解读，对医美行业营销的规范化意义重大。与之相配合的是国家卫健委的《互联网诊疗监管细则（征求意见稿）》，文件的落地为互联网诊疗监管划定了具体细节。

对于广大美容医生群体来说，新的《医师法》让消费医疗领域有了新的规制，预示着医生将逐渐成为行业的主体与责任承担者。与此同时，另一份文件也值得关注，就是九部委联合下发的《关于印发2022年纠正医药购销领域和医疗服务中不正之风工作要点的通知》，主要涉及医美直播的相关规范。直播无疑是医美科普的重要手段，也是医生们树立个人IP的主要途径，这个重要的通知，为正确的网络直播指明了方向。

深圳是我国改革开放的前沿，深圳人大通过的《深圳经济特区医疗条例（修订稿）》，展示了勇于探索的立法精神，这或许对其他地区的行业监管政策有参考价值。为此，我们单独进行了解读。

第一节　税政风暴，无处可逃

有人说：打败诺基亚的不是手机厂商，而是一个做电脑的。曾经发生在韩国医美界的税政风暴，打得韩国医美行业鸡飞狗跳。在大数据系统之下，涉税问题将很难蒙混过关。富兰克林曾经说过这样一句名言："在这个世界上，只有死亡和税是逃不掉的。"

我国医美行业重新洗牌进入一个新的发展阶段，推动它的也许不是来自行业内部的力量，而是代表着二次分配、三次分配的税收管理的力量。可以说，金税工程四期上线，就像投入平静水面的一块巨石，水波和涟漪已开始扩散，虽然很多机构还没有感受到，但终将会被波及。

税收是调控宏观经济有力的武器之一。对医美行业来讲，金税工程四期的全面实施，带来的也许是冰火两重天，它有望让医美行业变得更加公平。行业最大的不公平是合规的机构成本高昂，不合规的机构成本低廉，如同赋予不合规机构以"税收豁免权"。这个权利曾经是一项被动的权利，只要有人敢于冒险在税款上做文章，就会有所收获。而且多年不被追究的侥幸，甚至让很多医美人根本就没有纳税意识，用个人账号收款隐匿收入是常用的手法。但是金税工程四期让各种"税收豁免权"失效，所有机构在涉税成本上站在了同一高度，平权带来更加公平的竞争环境。

"以数治税"的做法说明在涉税问题上将打破"大家都知道他有问题，却谁也不去查他"的旧局面。据知情人透露，现在税务稽查部门拥有了越来越多的"发现"稽查线索的自动化"算法"，如果某些涉税线索被发现，将有一套严格的程序分发下去稽查，并且有足够的证据去落实线索。2022年1月1日生效的第一个法令，就是取消个人独资、合伙企业个人所得税的核定征收。

一、金税工程四期是什么？

2021年9月15日，在金砖国家税务局长视频会议中，国家税务总局局长王军在会议上发言：我国正向"以数治税"时期迈进，税务工作将进入一个新的时代，金税工程四期建设已正式启动实施。金税工程四期从名称上可以看出，是金税工程三期的升级版，它同时搭建了各部委、人民银行以及参与机构之间信息共享和核查的通道，实现企业相关人员手机号码、企业纳税状态、企业登记注册信息核查三大功能。

金税工程四期上线后，对资金的监控将会更严格：特别是个人卡交易，个人名下一张银行卡涉案，5年内不能开新户；禁用手机支付，包括微信和支付宝，买个菜都只能给现金，所有业务都得去柜台办理；同时计入征信。

二、对合规医美利好在何处？

金税工程四期虽然会导致医美机构的税收管理成本短期内提高，但是长期看，它挤压了非合规医美的成本优势，因此对合规医美是利好。金税工程四期对合规医美的第二个好处，是某些虚假繁荣被剥去了外衣。"以数治税"的分类精准监管，让那些拿医美生意当幌子去洗钱之类的行为，难以为继。

三、对医美业绩的短期影响

1. 企业涉税管理成本提高

这对本来就正规的医美机构影响不大，仅仅是财务与合规部门短期内工作量增加；但是对合规性较差的机构将带来巨大压力，甚至会产生决定性影响，机构自查后不要掉以轻心。以金税工程前三期的进度和实效看，金税工程四期的效果值得期待。

2. 企业合规性快速提升

货币是所有生意的最终尺度。从税收的视角看医美机构的经营，将无比清晰。进销背离、税负异常、零申报、大量现金交易、往来挂账过大、法人户籍非本地却法人设立异常集中、大量无证据链关键词的费用、社保费用等问题将一览无余。要解决这些问题，唯有提高企业合规性，做好基础制度建设。

3. 成本结构变化与营销方式改变

营销成本的结构变化，让营销方式也随之改变。医美机构面对金税工程四期时会面临同样的问题：产品和品项设计里的成本考量将更加严格，因为像大量采购软组织填充剂却没有足够的营业收入之类等"异常情况"均受到监控。营销方式里面的刷单游戏将受到更严格的约束，营销方式自然将因此改变。

四、对医美业的长期影响

金税工程四期及后续涉税改革和监管的加强,将给医美带来长期影响。

1. 利好合规机构和品牌

大的整顿都会催生医美的头部大品牌,使其更具全国影响力。因为加持了严格税收管理的合规医美一旦脱颖而出,将会获得更广阔的发展空间。这好比那些过不了税务严格合规关的机构,被封闭在一个天花板下,而过了这一关的机构和品牌将突破天花板,有更广阔的发展空间。这是从自由增长到合规增长的一个分界,也许医美的未来大鳄将因此而产生。

2. 利好行业总体发展

医美已经走过了野蛮生长的阶段,进入规范有序、可持续发展的新阶段,标志是2019年底的"新冠"疫情,而金税工程四期上线则是真正的分水岭。这个阶段对那些投机分子和靠打擦边球取胜的一批人,将非常残酷,是一个快速清洗的过程。有人说,国家要考虑税基,因此不会让大量机构出局,我们还可以继续混下去。错了!税基是纳税的基数,如果100家机构可纳税300亿元,税务部门就不会喜欢10000家机构只纳税100亿元;同时税务征收也有成本,哪个成本低,哪个收税高,税务部门就会更倾向于哪一个方案或者状态。

第二节 医美广告与营销推广的治理思路

一、《医疗美容广告执法指南(征求意见稿)》的规范对象

1. 医美广告被精准定义

2021年8月27日,国家市场监督管理总局发布《医疗美容广告执法指南(征求意见稿)》[1](以下简称《指南》)。"本《指南》所称医疗美容广告,是指通过一定媒介或者形式直接或间接介绍医疗美容机构或医疗美容服务的广告。"[2] 医疗美容广告属于医疗广

---

[1] 正式版《医疗美容广告执法指南》已经于2021年11月1日发布,市场监管总局公告2021年第37号,http://www.gov.cn/zhengce/zhengceku/2021-11/04/content_5648772.htm。
[2] 见《医疗美容广告执法指南(征求意见稿)》第二条第二段。

告,发布时需要遵守医疗广告的发布规定。

《医疗广告管理办法》第3条规定:医疗机构发布医疗广告,应当在发布前申请医疗广告审查。未取得"医疗广告审查证明",不得发布医疗广告。医美广告有"广而告之"的特征,受众明确,受众对广告的意图有清晰的感知。

《指南》仍然没有将消费医疗与疾病医疗的广告加以区分,尽管在消费者心目中更强调医美的消费属性,但是法规并不接受,医疗属性仍是唯一的标准。医美广告的定义虽然语言精简,但是基本涵盖了所有的情况,包括直接和间接的介绍,包括机构和项目。

2.《指南》的规范对象到底是谁?

《指南》针对的是医美广告吗?是,而且不仅仅是传统意义上的"八准八不准"的医疗美容广告,还包括以各种形式出现的可以被认定为医疗美容广告的内容。也就是说,以前所谓的模糊地带、广告软文,也都被加以明确。假定医美软文需要事先审批,那么实际上等于不允许写医美软文,因为每一篇软文都拿去送审,是不可想象的事。

广告软文只能事后审查,如果涉嫌违法,就要被处罚。软文包括科普软文、商业信息软文,当然,还包括广告软文。

《指南》第5条意在指导各级市监部门如何重点打击10种广告乱象,前9条说得十分具体,有三个关键词对于解读这个问题非常重要。

第一个关键词:重点打击

立法者要对违法行为进行惩罚,其前提是惩罚对象的言行对特定或不特定对象造成了实质性损害。法律作为最低限度的道德规范,意思是言行已经突破了道德的底线。这是有史以来首次对广告结果进行打击。

显然,制造"容貌焦虑"在《指南》里已被列为违法行为。尽管它的界定是困难的。

争论:贩卖容貌焦虑,是不是应该被定性为违法行为?有专家认为:贩卖容貌焦虑属于价值观范畴,不涉及违法。良好的社会风尚是应该被提倡的,但是唱反调就一定违法吗?

所以,需要看第二个关键词。

第二个关键词:不当关联

一是将容貌不佳与负面情况做不当关联,二是将容貌出众与积极评价做不当关联;两个不当关联,可能会带来损害性的后果,比如过度医疗、价格欺诈、毁容等不良后果。所以，重点打击的对象是"不当关联"。

这是不是意味着，夸谁长得好看是可以的，但是不要和宣传推广的内容有不当关联。那么何为"不当"？我们的理解是可能造成不良后果的关系，为不当关联。接下来要讨论的是：单凭一篇软文，就一定能引起不良后果吗？不一定，因为不良后果不是文章带来的，而是人，是医疗机构的人。因此，单从软文的层面，只能靠推断，这里给执法者留下了足够广阔的空间来自由裁量。

第三个关键词：容貌焦虑

容貌焦虑是一种社会现象，它客观存在。从这个角度说，医美将不太好看的人，变得好看一点，将不再年轻的人，变得年轻一点，不就是在消除"容貌焦虑"吗？所以，医美的存在，仍然有它的社会价值。只要你不人为地制造"容貌焦虑"，而且不要进行有可能导致不良后果的"不当关联"。

《指南》所说的"容貌焦虑"，并没有给出具体的定义，也不涉及概念的逻辑范畴。我们可以理解为由不当关联造成的焦虑和可能引起不良后果的焦虑。这种"焦虑"是被人为制造的。

比较困难的是"度"的问题，这对执法者将是一个巨大考验。规范过于模糊，带来的两个可能后果是，要么没人管，要么一刀切。用《指南》的形式，倡导正确的人生价值观，对有悖于良好社会风尚的言行给予打击，这在以往的广告管理规定中十分罕见。

3. 不是什么人都可以称为"专家"

《指南》第8条专门谈了谈广告中的"角色"。这一条很有意思。医疗美容广告中涉及"医生""专家"的，市场监管部门应注意以下情形：（不是说医疗广告中根本就不能出现医生吗？看来新的规定试图对违法行为做尽可能详细的描述。）

第一小条说的是广告中出现了医务人员、科研人员的，可以认定为违法代言。

第二小条说的是如果用了假冒医务人员做广告的，可以认定为虚假广告。非医务人员穿白大褂的问题由来已久，咨询师以后就别再穿白大褂了，更别随便拍照，否则有可能涉嫌非法行医。

第三小条说的是人物专访类文章，不能出现医疗机构的地址和联系方式，否则可认定为变相发布医美广告。这里的意思是说，接受专访是可以的，只要没有联系方式和地址就可以。

最要命的一条是第8条。这一条很简单，话少事大。发布医美广告，有可能涉嫌犯罪。

进入2023年，国家市场监督管理总局对医疗美容广告管理逐步进入国际化轨道。可以预见：未来中国医疗美容广告将发生系统性变化，这将产生深远影响。

二、应该怎样理解立法者的真正用意？

我们所理解的立法用意是：自媒体也不是法外之地。在自媒体时代，也就是草根媒体的时代，开创了人类前所未有的传播自由，但这种自由不应该是无度的。

著名传播学者麦克·卢汉在《理解媒介》里提出"媒介即信息"的论断，在自媒体时代再次被验证。媒介本身才是对社会变迁带来深刻变化的主体。媒介是什么，信息就是什么。只要看自媒体，就意味着主动吸收焦虑。

对自媒体而言，由于受众有限，流量先天稀缺。怎样才能吸引流量呢？贩卖焦虑非常有效。自媒体传播的一大特征，就是制造"焦虑"。

制造焦虑并不是医美界的专利，许多领域都在通过这种方式获取流量。比如卖药的通过制造"健康焦虑"扩大生意；培训的通过制造"升学焦虑"扩大生源；甚至有的写作团队制造"社会焦虑"仅仅是为了扩大流量来承接广告。

新规之下，颜值经济还存在吗？当然存在，而且会永远存在。如果承认"爱美之心，人皆有之"，那么就必然推导出容貌焦虑的存在。《指南》没有说不能承认颜值焦虑的存在，也没有号召彻底消除容貌焦虑，而是要避免与容貌焦虑的过度关联。

多元化的社会，人们的审美也必然呈现多元化的状态。但是，从人的容貌上来说，美丑还是有相当一致的共识，无论在世界的哪一个角落，也无论涉及哪一个民族，好看就是好看，不好看就是不好看。所以，歌颂美、赞扬美，没有错；美，是人类的共同追求。

漂亮有标准吗？没有，要是有的话，就没有"情人眼里出西施"这码事了。同样，丑也没有绝对标准。就根本而言，这是个心理问题。有问题，就应该解决，医美是帮助人解决问题的，而不是制造问题。

一个概念有多种解释，又各自成立。中国传统就是这样，兼收并蓄，所有社会学科都是以学以致用为主。我国的法律兼具大陆法系和海洋法系两种法学源流，但又不拘泥于某个法学框架。

《指南》中出现的"容貌焦虑"就被法律人士热烈讨论过，大家在争执与讨论司法、行政部门到底怎么确定"容貌焦虑"。把它列入《指南》是不是太过于偏向价值判断，反而脱离了以事实判断为主的法学精神？这样的讨论在大陆法系和海洋法系里都具有现实意义，但在中国历史传统和社会环境下意义不大。

"容貌焦虑"指向自我认知的本心，又受社会和习俗、经济和文化的多重影响，是典型的自指加嵌套的复杂关系，无法做出黑白分明的划界。那么，最终的边界划分在哪里，还要放到社会实践中去检验。

三、有必要区分"广告"与"信息"

如何界定医美广告是一个长时间困扰业界的难题，而且从目前的立法构架来看，基本无解，它将自由裁量权完全交给了具体的执法机构。问题的焦点由此围绕着医美广告的认定而展开。

1. "科普宣传"或"信息发布"可以接受

"医疗美容服务单位依据卫生健康行政部门规定的内容、形式和途径主动公开医疗美容服务信息，不具有商业目的，一般不视为商业广告行为。"这一条特别重要！它正式承认了不具有商业目的的服务信息不是商业广告。不具有商业目的的服务信息，就是科普信息、公益信息和新闻消息。关键是怎样认识"商业目的"。

医美信息发布是指发布直接反映医美商品、服务交易过程的特征和变化等情况的各种消息、情报、资料及科普教育的活动。其活动特点是多变性、零散性、实用性、及时性、准确性和经济性。医美信息更多的时候以新闻或科普的形式出现。

医美直播活动可能包括科普、推销与视频咨询面诊，它的内容往往不确定，具有多变性、零散性、即时发挥性等特点，无法事先进行内容审批，所以，无法用《广告法》和《医疗广告管理办法》进行规制，而是应该由《反不正当竞争法》《消费者权益保护法》《产品质量法》《网络交易管理办法》进行规制，其重点是《反不正当竞争法》。

堂内悬挂诊疗信息或价目表是可以的，包括线上；医生及博主写科普文章是可以的，只要你不带有"商业目的"。不过也有一个要点，就是"一般不视为"里的"一般"。它为执法者的自由裁量权留出了余地。

因此如何区分"医美广告"与"科普信息"就变得十分重要。《医疗广告管理办法》第16条规定，禁止利用新闻形式、医疗资讯服务类专题节（栏）目发布或变相发布医疗广告。有关医疗机构的人物专访、专题报道等宣传内容，可以出现医疗机构名称，但不得出现有关医疗机构的地址、联系方式等医疗广告内容；同时不得在同一媒介的同一时段或者版面发布该医疗机构的广告。

基于第16条，《医疗广告管理办法》等于承认了医疗信息发布的存在，并指明了其与医疗广告的区别，但是并没有对医疗信息发布的具体内容做出详细的规定。我们是否可以根据立法者的意图推论出发布医美信息时，只要不出现除了机构名称之外的其他七项内容，便可以信息发布来对待。这七项内容是：地址、所有制、机构类别、诊疗科目、床位数、接诊时间、电话；在网络时代，其实只要出现了机构名称，剩下的这七项信息出现与否并不重要。

2. 当框架式法规遇到具体问题

广告法对医疗的严苛可以理解，因为医疗须严肃且谨慎，夸大和承诺效果一是不符合医疗的逻辑，二是容易误导不明真相的广大群众。所以对医疗广告有事先审查制度，有八准八不准的红线。

"商业广告"和"商业信息"是一回事吗？进而，"医美广告"和"科普信息"是一回事吗？所有医美人都想知道，执法人员也在踌躇。有些执法人员认为这件事情不需要讨论，因为没有定论；有些执法人员偏向于只要触碰条例，一律处罚，无论是广告还是信息，从严从重，肯定没错。

无论是广告还是信息，只要虚假不实，就应该被处罚，这种观点是对的，但问题是：虚假广告与虚假信息的认定标准是什么？是各依各法，还是只依《广告法》？这个问题由来已久，2015年新的医疗广告管理办法解决了很多问题，给很多模糊的问题确定了边界。同时我们注意到修订版的医疗广告管理办法还是针对"大医疗"系统的，而医美作为兼具医疗属性和消费属性的医疗服务，在完全套用2015版《医疗广告管理办法（修订稿）》的时候，总是容易按下葫芦起来瓢。这是因为我们还需要根据更多维度进行划线、结合实际问题给出更多细节和可执行、可落地、无歧义、大家共同遵守的医美广告方法指导和营销指南。如何做医美宣传，才能不担心受到处罚，不面对未知而不确定的合规风险，做到"合规、体面、诚恳、真实"呢？

3. "商业广告"与"商业宣传"的概念异同

有专家曾在网上发文讨论这两个概念的区分，认为"商业广告"应归属《广告法》规制，而"商业宣传"应归属《反不正当竞争法》规制。

"商业宣传"与"商业广告"本是两个不对等的概念。"商业宣传"是带有明显商业倾向的宣传行为，它包括常规的商业广告、新闻与信息发布。所以，"商业广告"应该是包含在"商业宣传"之内的一个子概念。"商业广告"是广告主为了推销其产品、服务或观念，在付费的基础上，通过媒体传播，向不特定的对象进行的信息传播活动。目标受众并不是特定人群，而是广告主主观设定的传播对象。它的特点是格式固定，付费传播。商业广告受制于《广告法》。

那么，与"商业广告"平等的非广告活动的概念是什么呢？应该是"信息发布"。通常大家讨论的"商业宣传"，实际上指向的就是"信息发布"。商业信息发布是指发布那些能够反映商业经济情况，与商品交换和管理有关的各种消息、数据、情报和资料的活动。它受制于《反不正当竞争法》。

新《反不正当竞争法》第8条规定：禁止经营者对其商品作"虚假或者引人误解的商业宣传，欺骗、误导消费者"，并未明确宣传方式。第20条规定："经营者违反本法第八条规定，属于发布虚假广告的，依照《中华人民共和国广告法》的规定处罚。"所以，我们可以看出，商业宣传与商业广告虽然在概念上有重复之处，但是在执法实务中存在《反不正当竞争法》与《广告法》的法律竞合问题，即在处罚时各依各法。

4. 区分"医美广告"与"医美信息"

(1) 将"医美广告"与"科普信息"区别对待，让医美从业者有法可依

治理医美乱象要从治理虚假宣传入手，一棍子打死的治理方式只能让市场更加混乱，因为人们无法掌握怎么做是对的，因为怎么做可能都是不对的，于是从业者与执法者的博弈从依法办事变成了猫捉老鼠的游戏。

对医美科普信息发布活动加以定义并制定相关的法规，便可以让正规的信息得以顺利发布，虚假信息得以彻底整治，让从业者真正做到有法可依。

(2) 执法者有法可依

执法者对医疗广告的认定常持扩大化的态度，往往将所有的商业信息统统按广告来认定。很多时候我们不能抱怨执法者不能严格区分，做不到既能精准打击非法广告，又能维护合法合规的广告宣传和市场营销活动。因为执法者能够依据的东西不多。

将广告与信息区别开来加以对待对执法者来说更为重要，因为执法者向来须有严格的条文进行比对才能认定什么是违法违规的，什么是合法的，当他们有了明确清晰的认知时，处罚才更合理，更有针对性。

（3）对医美线上直播活动的规范化管理有积极意义

直播活动越来越流行，它包括的内容非常复杂，更需要严格的规范化管理。但是依照现行的法规，显然已无法应对日益复杂的医美直播活动，其构成可能会有科普直播、营销直播、线上面诊，都需要不同的规范加以规制。这类内容另文讨论。

（4）让消费医疗的市场竞争更加公平

消费医疗是否被法规认可，目前仍然在讨论中，这涉及医疗行业的第二次分类问题。但现实状况是"消费医疗"已经成为医疗行业的一个重要的组成部分，而且对促进经济内循环有积极意义。

医疗美容是消费医疗的重要组成部分，只有真正意义上的惩恶扬善，才能让市场竞争更加公平，这一切，可以从消费医疗商业宣传的法规细分上开始。

四、强调诚信与美容医学伦理的进展

2022年10月13日，国家市场监管总局价格监督检查和反不正当竞争局依据《反不正当竞争法》《价格法》等法律、法规、规章和国家有关规定，制定并发布了《医疗美容行业虚假宣传和价格违法行为治理工作指引》（以下简称《工作指引》）。

1.《工作指引》的总体精神

《工作指引》属于政府机关公开的工作指引文件，既是监管部门的工作参考，也是医疗美容行业的行为规范。内容聚焦在两个方面，一是传播与宣传，二是定价与收费。其中"防范医疗美容服务虚假宣传行为规范"共有8条，针对传播全链条，基本上从传播的信息源、传播媒介、受众、反馈机制这四个传播学和广告学理论上的链条，进行了全部覆盖；"医疗美容服务价格行为规范"共有6条，有静态规则上的，也有动态机制上的，总体看来基本上堵住了医疗美容行业主要的定价漏洞。

这份文件的关键词只有两个："诚信宣传"与"明码标价"，核心词只有一个："诚信。"这个文件展示了美容医疗伦理学在立法思路中如何被体现与强调。

在广告宣传推广中必须遵守诚信原则，在实际经营中保持价格的公开透明，这其实是所有行业的伦理基础，无可置疑。但是今天的政府文件要将这两个词涵盖的所有可能发生的场景——罗列出来，足见医美市场的混乱程度已经到了不这么做就无法达到治理整顿的目的。

2. 医美机构应该如何面对《工作指引》？

有人说《工作指引》将医美传播链条掐断了，什么都不能说了，是利好公立医美机构。其实不然，在《工作指引》罗列的场景里，真实的信息照样可以说，只是说的每一项内容，都需要有证据支持。

所谓证据支持，即给医美机构和医生颁发荣誉、证书之类的机构，具有颁发这类荣誉或证书的资格，也就是那些悬挂在机构墙上和网页上的宣传内容，应具有合法合规性。因此，上游厂商所颁发的那些认证，基本上可能都要作废了。

还有那些各类组织的头衔，以及各种自发性的民间组织，包括那些经不起推敲的荣誉称号，如"泰斗""大师""巨匠""首席"等尊称，除非有证据，最好别用了。

但是有根据、有证据、有正确出处的信息，完全可以正常说。如果有人说从此没法干了，那只能说明这个人以前一直在用假话做营销。至于医生们正常的科普推广，该怎么做，以后还可以照样怎么做。

明码标价这件事，似乎也没什么好说的，现在正规的医美机构都在比着降价；而价格虚高的都是渠道，不是医疗机构。

3. 未来立法将会越来越细

如果我们觉得这次的宣传8条和定价6条很严厉，大家还没有为此做好准备。那么，你就想一想，未来的立法可能更加严格，更加细致，这是国际医疗监管的总体趋势。我国行业监管部门的立法思路日益与国际接轨。

由俭入奢易，由奢返俭难。医美宣传和定价不但涉及诚信问题，更与医疗伦理和复杂的合规系统深度绑定。中国民营医美，从2002年算起至今，也就是20年的时间，从业者们几乎都是"先上车、后买票"这一路走下来，随着列车从春天走到夏天，进入秋天，风景已大不同，后来上车的人可能更适应一些，从首发站上车或者上车早的人可能不太适应。但趋势就是趋势，我们觉得自己不习惯时，扭头看看别家的火车，其实人家早就来回跑了好多趟，经过见过，开了眼界，也就可以从容应对了。

《工作指引》体现了理性务实的立法精神，紧紧抓住了"诚信"这个要点。从实务上看，法律规范的颗粒度越细，越具有可操作性。而且，这应该仅仅是开始。

第三节　中西方医疗广告立法思路的对比

中国医疗美容广告里，不可出现医生个人形象，这已是行业共识，也是管理部门整顿医疗广告的主要抓手和依据。总之，医生不可以在广告里成为任何产品与服务的任何形式的形象代言人。

相比之下，在医疗美容行业早于中国发展起来的欧美国家，其立法思路和管理范式却与我们大相径庭。他们的规定是医疗美容广告或医疗广告必须有医生出面背书，否则可信度低，甚至有可能被认为是违法广告。

一个有意思的问题是：为什么中国与欧美国家医疗广告的立法思路截然相反？

一、中国对医疗广告的立法思路

我国《广告法》明确禁止医疗广告中出现利用广告代言人进行推荐和证明的情形。《医疗广告管理办法》禁止医疗广告中利用患者、卫生技术人员、医学教育机构及人员以及其他社团、组织的名义、形象作证明。《医疗机构从业人员行为规范》规定：医疗机构从业人员应严格自律，不利用执业之便谋取不正当利益；不违规参与医疗广告宣传和药品、医疗器械促销。

《药品广告审查办法》规定：药品、医疗器械、保健食品和特殊医学用途配方食品广告不得使用医药科研单位、学术机构、行业组织、医疗机构或者专家、医生、患者的名义和形象。

根据《医疗美容广告执法指南》，对卫生技术人员、医疗教育科研人员的专访、专题报道中出现有关医疗美容机构的地址和联系方式等内容的，应认定为以介绍健康、养生知识、人物专访、新闻报道等形式变相发布医疗美容广告。

国家原工商总局、卫生部发布的《医疗广告管理办法》第6条，明确指出医疗广告内容仅限于8个项目：医疗机构第一名称、医疗机构地址、所有制形式、医疗机构类别、诊疗科目、床位数、接诊时间、联系电话。因此，合法的医疗美容广告也只能包括这8项内容。

尽管法律法规定得很死，可违法广告却屡禁不止，所以光有法规是不够的，还要时不时地进行严打。

当然，这也和中国的消费医疗发展历程密切相关，早期的消费医疗，特别是民营医疗，没能给行业带来诚信的传统。在野蛮生长的阶段，为了生存及盈利，它们不择手段，用营销拉动医疗，是全行业的通行做法。所以，无论是政府部门，还是广大消费者，对消费医疗怀疑多于信任。总体而言，是不信任决定了我国医疗广告监管思路。

1. 医生从广告中可能会有不当得利

在社会价值观体系里，医生是不应该收取这类非医疗带来的额外收入的，这有悖于职业道德。

2. 用医生做代言，可能会被不良商家利用

专业形象更具欺骗性，受害的是就医者或消费者；因为利用医生形象做广告的，大部分是不怀好意的商人，商人重利，甚至可能会为了利益而侵害消费者、就医者的权益。

3. 媒体对民营医疗是不信任的

广告策略似乎与政策永远是博弈关系，这与中国自古重农轻商的传统有血脉关系，在观念上，商人在中国的社会语境中，就应该被怀疑。比如，消费医疗的负责人在接受媒体采访时，其身份最好不是某机构负责人，因为只要提了，就有做广告的嫌疑，所以民营医疗的负责人都需要弄个社会职务；但是公立医院的医生也好，负责人也好，就不会有这种嫌疑，接受采访时，说什么都可以，怎么说都没问题。

4. 社会评价体系对医疗机构是不信任的

社会普遍认为医生应该是"白衣天使"形象，不能参与商业推广，因为消费者与医疗机构经营者存在信息不对称性，消费者会对医务人员产生盲目信任，医疗广告可能会对消费者产生误导。

医生在中国的医疗市场，一般不太会为自己的医疗行为负责，即便负责也不是第一责任人，不承担类似法人的责任，因为对社会承担医疗责任的主体，是医疗机构，而非医生本人；医生们代表医疗机构行使职务行为，一般出现医疗纠纷，由机构出面解决；发生处罚的时候，直接责任主体是机构，而不是医生，所以，医生们普遍对自己的形象或身份被使用，也没那么敏感。因为医生通常不需为医疗行为的诚实信用承担责任。这样做的结果是，大众传媒报道过的医美事故案例，人们能记住的是哪家机构，却不怎么在意是哪个医生或者团队造成的。

二、英美法系对医疗广告的相关规定与立法思路

英美法系下的法条+指南模式具有针对实务、严格划线、详细约定、明确共识的特点，有一定参考价值。

1. 英国对医疗广告与营销进行区别对待

英国ASA（广告标准局）与CAP（广告实践委员会）给出了明确的"手术和非手术美容手术的市场指导"（Guidance on the marketing of surgical and non-surgical cosmetic procedures[①]）。在英文世界，他们习惯把医美市场宣传活动分成广告（Advertising）和市场营销（Marketing）两个部分。用关键词"Medical cosmetics advertising""Plastic surgery advertising""Plastic surgery marketing""Guidance of non-surgical advertising""Medical advertising compliance"搜索英文网页，可以找到百万级别的网页，专门讨论怎样合法合规地在广播媒体、非广播媒体、脸书和推特这样的社交媒体、Instagram[②]这样的图片分享网站做广告和营销。这些信息的发布者主要是政府、行业组织、政府授权或者认证的标准化企业机构、律师事务所、行业协会、广告行业组织等。

首先是这份文件封面的脚注写着"Legal, decent, honest and truthful"，对应的汉语大概是"合规、体面、诚恳和真实"。

法条摘录是CAP、BCAP、ASA开展广告监管相关业务的法律依据。其中，细致地约定了外科医生和非手术操作技师的资格认证。规定很细致，基本没有歧义，并且详细规定了手术和非手术项目如何描述，以及技术应用如何在广告中得以把握。

关于对比照片使用，指导文件中的第27条到第31条的规定很具体，其中第30条甚至专门提到因为肉毒素类药物是处方药，而不能在照片中使用，也不能在广告中出现。

涉及责任的规定共有6条，集中于第32条到第37条，其中第32条强调了广告必须对消费者和社会都尽到责任；第36条甚至规定隆胸手术和腹壁整形的口语化表达，不能用于降低广告受众对该手术"严肃性"的认知。

关于患者背书和客户感言也有约定，从第40条到第42条，甚至援引了3个法条。这几条反复表述：禁止背书人和用户发表感言时淡化美容手术的严肃性。

第43条到第47条规定了对于诊所，也就是医疗机构的规范。我们熟悉的"领先的"

---

① https://www.asa.org.uk/asset/06D92630-75DE-4D0C-81F365D94E7BA21C/.
② 一个英文世界的图片分享网站。

之类的字样如果出现在宣传和广告中用于营销活动，必须出具能证明确实"领先"的证据，否则不被允许，而且必须是在有限范围才可以使用。

处方药的规定是从第48条到第55条，占据了8条之多。英美法系国家对处方药的管理非常严格，因此在医美广告领域也是重头戏。对A型肉毒杆菌注射的规定是第56条到第61条，专门说明作为有毒药品和处方药的A型肉毒杆菌，在广告和市场营销活动中受到严格限制。其中第61条这样描述：网站上的任何价目表不应包含产品宣传或鼓励受众根据价格选择肉毒杆菌毒素注射剂[①]。

2. 医生可以为自己的医疗服务做广告，那是医生的权利

根据美国《联邦贸易委员会法案[②]》（FTC ACT），只要医生做广告不是"虚假、欺骗和误导"，那么所有广告都是合法的。虽然美国各州关于医疗服务、药品和医疗器械的广告法规不同，但是这条原则普适。因此我们看到美国的执业医生不论在哪里执业，都可以为自己的医疗服务做广告。

3. 医生必须为自己的言论负责，法律条款比较详尽

医生拥有做医疗服务广告的权利，并且为自己负责。美国宪法第一修正案（The First Amendment）保护商业言论，同时，各州可以监管欺诈广告。

医生做广告，除了受到联邦贸易委员会法案等联邦法律约束，还受所在州法律约束。美国每个州都有自己的法律，以加利福尼亚州为例，相关法规是《商业与职业法[③]》，该法规第651条不仅禁止医生，还禁止任何根据该条目第2部分获得许可的人员（例如针灸师、牙医、护士、脊椎按摩师、心理学家、社会工作者等）做广告时出现虚假、欺诈、有误导性或欺骗性的陈述、声明或图像。

例如，下列广告内容都是不被认可的：

（1）对事实的歪曲陈述。

（2）可能因未披露重要事实而产生的误导或欺骗。

（3）一些结果的描述会让受众产生虚假或不合理的预期。

（4）使用模特照片或其他图像，而未在显眼位置以易于阅读的字体清楚说明图像

---

① Any price lists included on a website should not include product claims or encourage viewers to choose botulinum toxin injections based on the price.
② https://www.ftc.gov/legal-library/browse/statutes/federal-trade-commission-act.
③ https://leginfo.legislature.ca.gov/faces/codesTOCSelected.xhtml?tocCode=BPC&tocTitle=+Business+and+Professions+Code+-+BPC.

是模特的事实……

（5）使用患者照片或图像来描绘治疗的结果，或对比图像，但未在显眼位置以易于阅读的字体指定哪些程序是对该患者进行的操作。

（6）费用，除了标准的咨询费或特定服务费之外，没有完全和具体地披露所有变量和其他因素。

（7）陈述或暗示，在合理的可能性下会导致普通谨慎的人误解或被欺骗。

（8）声称具有专业优势或以更好的方式提供服务，除非该声称与服务有科学证据。

（9）做出无法被可靠的同行评审的、已发表的科学研究证实的科学主张。

（10）因未能披露重要事实而可能误导或欺骗的任何陈述、背书或证明。

以上是不被认可的广告内容，只是举了10个例子，相关的法律规定还有很多，也很详细。如果违规，可能被判轻罪。

以下是可以在医疗广告中出现的内容：

（1）医生毕业的学校名称。

（2）使用自己的真实姓名。医生如果用了虚构的名称或者昵称做广告，也被视为不专业的行为。在某些州，当地医疗委员会可能对医生使用的商号和名称有其他监管要求。

（3）医生给自己贴头衔，或者声称自己有什么专业经历和资格，必须提供有关医学组织的认证。医生可以声称自己已获得某委员会或行业协会（包括多学科委员会或协会）的认证，前提是该委员会或协会在白名单中。

（4）医生可以根据自己在医疗委员会档案中确定的执业专长做广告，但该信息必须可以通过Breeze在线查询证实，或通过当地医学协会（如果医生是会员）来获得证实。

（5）可以做价格广告，价格广告是不包括诱饵、折扣、赠品、礼物或任何类似性质的声明的广告。

4. 医生是医疗广告的责任主体

在美国的大多数州，医疗委员会要求医生在参与广告时避免虚假、误导或不真实的陈述。不这样做可能构成"不专业的行为"，并使医生受到纪律处分。此外，还有州消费者保护法，禁止虚假或欺骗性的医生广告，并且根据《联邦贸易委员会（FTC）法案》，FTC有权对传播虚假或欺骗性广告的医生提起诉讼并处以罚款。各州的检察官可以对非法医疗广告提出起诉。

尽管医生在他们的广告中应该诚实，但并不总是清楚哪些可能被视为虚假、欺骗或误导。FTC制定了所有州应普遍遵循的规则：

（1）广告应准确无误，不得包含明示或暗示的虚假声明或对重要事实的虚假陈述。

（2）医生应该能够证实广告中的重大声明和个人陈述。因此，我们在美国的医美分享网站真我（realself.com）上看到的很多文章，如果是医生写的，会附有"Medical Review"的标志，后面是医生签名。这代表这个医生对此文内容负责。对于访客，如果没有"Medical Review"标志的文章，大家不太拿它当回事。

5. 美国的医疗广告禁止打折促销

（1）值得注意的是，医疗服务的"折扣"通常被视为回扣，不仅会违反联邦法律，还会违反州法律。任何人提供、交付或接受任何回扣、退款、佣金、优惠、惠顾红利、折扣或其他对价，都是非法行为。

（2）将患者或客户转介绍给其他医生，不得收取居间费用，无论是金钱或是其他形式，都是非法的。所以，美国的医美没有渠道这一说。

6. 药械广告只能由药械厂商发布

药械厂商做自己产品的广告，而不是由医生或者医疗机构代劳。如果医生发布了涉及药械的广告，必须有自己的名字出现，这样可以申请药械厂商的补贴，但是联邦贸易法案和各州法律对此管理很严格。因此，在美国很少出现医生隐去自己的名字而为药械厂商的产品和项目做广告的。以肉毒素为例，因为属于处方药也是毒麻药品，所以管理非常严格，医生基本上对有关可能提及类似药品的广告非常慎重，甚至不提。美国可以为处方药做广告，制药商不得宣传阿片类止疼药。美国FDA对药品和医疗器械广告有很多文件和指南。

7. 医疗机构是广告的次要角色

美国的医疗机构只能根据有什么医生做什么宣传，围绕着医生做市场。医疗机构反倒是医疗广告中不重要的角色。

美国医疗机构也属于拥有"商业自由权"的主体，也可以为自己做广告，但是医疗机构的广告很像我们这边的八准八不准规定下的产物。因为医疗机构做广告只能取所有医生诊疗科目的最大公约数。如果一家医疗机构在广告中宣称有"ASPS认证的鼻整形专家坐诊"，即便这是真的，那这家医疗机构也有麻烦了，因为这属于把一个医生的资质戴在整个机构头上，构成了不准确描述，属于非专业行为，具有误导嫌疑。一旦被就医者投诉，那就是很大的麻烦。

三、中美医疗广告立法思路的比较

1. 基本思路的差异

我国涉及消费医疗的广告立法，基本思路的出发点是对行业从业者的不信任，也就是基于"有罪推论"的思想基础，遵从"人之初，性本恶"的思路。虽然我国的司法体系早就开始推行"无罪推定"的观念，而且，我国是世界上为数不多的从公安侦查、检察院起诉阶段，就要求按照"无罪推定"的原则行事，但是在立法思想上，仍然无法摆脱"有罪推定"的传统观念。

美国是英美法系的重要成员，"无罪推定"是其立法的底层逻辑。如果医疗广告出了问题，美国的做法是医生组织协会对医生做出处罚，各州的检察官会对某些案件起诉，联邦贸易委员会可能会做出进一步处罚，甚至追究刑事责任。

2. 立法的"颗粒度"还不是一个量级

我国的《医美广告执法指南》让业内人士觉得管理得很细致，其实与美国相类比，还远远不够。比如，美国市场行销协会[①]（AMA）提供了关于医生广告的指导，并声明医生可以通过提供的任何商业宣传或其他形式的公共传播（包括任何报纸、杂志、电话簿、广播、电视、直邮或其他广告），只是进行宣传沟通，不能具有误导性。

我们从美国各州立法的整体思路以及所举例证可以看出，其法规的颗粒度十分细致，这可能与其长期的判例法的发展有关。我国的消费医疗发展时间不长，法规的颗粒度比较粗，这与行业发展的时间较短有关。

3. 我国的强管控制与美国的指导制

美国的消费医疗行业在立法时，无论对医方还是患方，都以指导式的思路出发。

AMA特别警告公众可能会因使用难以理解的医学术语或插图而受到欺骗，因此医生应以易于理解的方式设计广告形式。如果攻击性的、高压的广告和宣传会产生不合理的医疗期望或伴随着欺骗性的声明，则应避免。

我们举一些具体的美国指导制的例子，这是写给广告主、广告代理商、广告发布

---

① https://www.ama.org/.

者的 Guideline①（指南）：

（1）如果使用代言和图片，发送的是什么信息？图片是否传达了普通患者获得的益处？他们会误导患者的期望吗？

（2）在对"治疗过程中没有痛苦"做出任何陈述时，要特别小心。如果所宣传的服务是侵入性的，每个患者的疼痛都是主观的，并且各不相同。

（3）如果要说明医疗服务安全性或有效性，确保引用科学实证来支持，而不要简单地使用诸如"安全"之类的短语。没有任何治疗是绝对安全的，患者应该意识到风险总是存在的。

（4）避免在没有解释的情况下使用"治愈"一词。患者需要了解他们真正的改善前景，以免期待无法提供的东西。

（5）在宣传医师资格时，避免使用"专家"等词语。患者很容易获得医生可能没有或可能受到质疑的技能和名声的印象。此外，如果声称医生是"委员会认证的"，请确保说明认证委员会，并按姓名确定委员会认证的医生。

（6）有许多具有欺骗性和误导性的广告方法，即使无意这样做，医生也会参与其中。因此，要确保宣传材料由律师审查，如果广告通过互联网或跨州发布则要考虑更多。

4. 不同的责任主体

在美国，医生责任制从医疗行业的诞生那天，就开始推行了，医生必须为自己的诊疗行为和言论承担责任。而我国，责任主体不同，承担责任的是医院，而不是个人。

美国医生被赋予了商业言论权，但是受到法规的严格限制，要对自己的言论负责。中国医生被剥夺了做医疗广告的权利，这个权利属于医疗机构，甚至医生连形象在广告中出现都是被禁止的。这是管理思路的差异。

5. 审批制与监管制

中国采用严格的事前审批的方式管理医疗广告，先管谁有资格发布医疗广告，这个资格授予了机构或者企业，没有授予医生。然后规定内容、规定传播方式。广告发布后还有监管，违规会做出处置或者处罚，而责任主体是广告主、广告代理或广告发布商。

美国对医生发布医疗广告，总体上是事后监管的模式，但是对药械广告管理更严格。

---

① 欧美国家主要是英语国家常见的广告服务模式，监管部门或者行业协会、商业服务机构定期更新广告发布指南，为医生和医疗机构提供合规法律服务。

6. 在不允许患者推荐上是一致的

AMA警告：不要利用患者就医生技能或医生专业服务质量进行推荐，因为此类推荐可能具有欺骗性。在美国某些州禁止推荐。

这一点，中美两国是一致的。但在中国，大量的美丽日记，或者网红直播，都是站在消费者角度直接推荐医美机构。当然，现在强管控来了，只是还没有具体的管控细节。在中国，强管控的最常用办法就是"一刀切"。从中国消费医疗市场的现状来看，"一刀切"的方式可能是最直接有效的方式。

为了做好医美广告和医美信息发布，我们或许应当采用"清单式"的管理方法，针对具体实务，采用二分法，严格划线规定哪些能做、哪些不能做；根据角色和需要详细约定细节，给出操作方法和具体指南，然后在企业建立内容知识库，达成企业共识，然后大家一起推动成为行业共识。

第四节　打击网络不正当竞争对医美业的影响

2021年8月17日，国家市场监督管理总局发布了《禁止网络不正当竞争行为规定（公开征求意见稿）》（以下简称《规定》）。虽然只是部门规章，且尚处于征求意见阶段，但是其意义重大，表明了政府相关部门大力整顿网络营销环境的决心。

《规定》明确了网络不正当竞争的责任主体，以及网络竞争的一般行为规范，明令禁止利用技术手段实施对其他网络的不正当竞争行为。这是一部非常有力度的法规，与上位法紧密衔接，操作性极强。

网络营销已经成为医美机构市场营销的主要手段，也是医美第三方平台获取流量的主要方式。因此，如《规定》按照本次征求意见的版本发布，对医美行业的影响将是深远的，甚至可能改变行业运行的轨迹。

医美机构应当从本机构的广告、营销现状以及顾客管理等诸多方面一一对照。公平、公正、公开的市场规则非常重要，我们应该将此视为一个行业重新整合的机会，主动适应，做好准备，力争取得竞争优势。对合规经营的医美机构来说，有规则的游戏肯定好于没有规则的游戏。

一、约束医美机构的市场竞争行为

1. 禁止以技术手段从事不正当竞争

医美机构是"经营者",会直接受《规定》的规制。医美机构通过网络从事生产经营活动,应当遵循自愿、平等、公平、诚信的原则(第1条)。《规定》后续条款基本堵住了过往有些医美机构参与网络营销和市场活动时可大肆利用的各种漏洞,如:假途灭虢、李代桃僵、暗度陈仓式的"马甲和白手套";带节奏的舆论造势,以抬高自己,抹黑打压竞争对手;通过刷单伪造数据;伙同有大数据能力的机构,利用技术手段获客,等等。上述行为,均在《规定》的第二章、第三章、第四章有明确定性,并给出了监督检查办法(第五章)和法律责任(第六章)。

2. 改变现有的医美营销和广告格局

在美团点评等平台做营销的医美机构,能感受到这类平台非常密集地修改管理政策和策略,这让做网络运营的团队陷入紧张和繁忙之中。其实与这个规定的内容相比,各平台做得还远远不够。如果《规定》落地实施,不但医美第三方平台,整个医美的营销和广告格局都会发生巨大变化。

以往许多不正当竞争的动作,同行们看在眼里,即便拿到了证据,也很难进入快捷有效的维权程序。现在不同了,根据《规定》第5条、第6条,发现医美机构不正当竞争行为后,可以向"县级以上人民政府履行市场监督管理职责的部门"举报,"市场监管部门接到举报后应当依法及时处理";平台经营者对平台内经营者(比如大众点评对某家入驻的机构)违规行为提供修正的指导意见,发现问题后要采取必要措施,问题严重的要向政府报告。

按照《规定》,网红医美直播将很难延续。店播也要认真研究《规定》,提前做好直播脚本的合规检查,以免违反《规定》。

3. 医美机构的网络营销内容需要重组

《规定》第7条、第8条、第9条、第10条非常关键。虽然对现行的网络内容营销没有触及更具体的细节,但是已经覆盖了所有环节,很难找到漏洞。因此,医美机构应当重新梳理自己的内容营销,建议做一个最小化版本,虽然保守了一点,但是可以在《规定》颁布后,还能够继续网络营销;还可以再做一个边缘版本,基本满足《规定》要求,确保不在同行对比中丧失应有地位。

二、营销和广告渠道

《规定》对医美平台不是利好消息。无论哪一家做医美业务的平台，都需要大规模调整业务内容和流程。甚至有些平台就此陨落也不是不可能。

广告渠道被进一步压缩。以"经营者"身份出现的广告商、营销服务商、渠道商都面临着业务边界重新划定的大问题。典型的问题如：刷单、视频植入、做数据、搞网络优化、利用技术手段上位或者截留从业者，不胜枚举。

个人在朋友圈和社交平台以个人名义做广告和营销相关活动的，是否受到重大影响，尚未明晰，但这个规定对此明显有所考虑，如何处理，全在监管部门的一念之间。毕竟谁受益谁负责的执法思路是清晰的，也被人们广为接受，找到网络不正当竞争行为的背后受益者也不是什么难事。

三、网络营销的竞争态势

竞争态势将被不断刷新，直至完全重写。经营者可能会被重新分类和定义，或许会有新的"马甲和手套"形态出现，但是越来越难隐藏。《规定》第二章对AB关系、ABC三角关系的互相借壳做广告、搞营销都有明确约定。

在文案上动手脚可能失灵。通过在大广告下面加标注的形式，抬高自己商品等级和服务品级的做法被限制。第8条规定"经营者不得采取下列方式，对经营者自身或者其商品的性能、功能、质量、曾获荣誉、资格资质等作虚假或者引人误解的商业宣传，欺骗、误导消费者或者相关公众"，网络上的广告宣传和市场营销，也许比线下传统的广告和营销，面临着更加严格的管理。

对垄断行为设置了专门条款。《规定》的第38条：经营者滥用市场支配地位，实施网络竞争行为排除、限制竞争的，依据《中华人民共和国反垄断法》处理。平台利用垄断优势，霸凌平台内经营者的状况，有了新的法律出口。

四、消费者行为与社会监督

消费者行为受到约束。第12条规定，"自媒体、跟帖评论服务的提供者或使用者、网络水军等组织或个人，不得帮助其他经营者实施前款行为"，这里的前款行为是"损害竞争对手的商业信誉、商品声誉"。饱受恶意差评的，可以仔细研读一下第12条。

《规定》第5条："鼓励、支持和保护一切组织和个人对网络不正当竞争行为进行社会监督。对涉嫌网络不正当竞争的行为，任何单位和个人有权向市场监管部门举报，市场监管部门接到举报后应当依法及时处理。"这相当于向消费者、个人和社会的监督授权，鼓励举报网络不正当竞争行为，而且市场监督管理部门要依法及时处理。

《规定》在第五章专门规定了监督检查的机制，明确了网络不正当竞争归市场监督管理部门管理，网站建立者或者管理者住所地、经营者实际经营地、违法结果发生地的市场监管部门先行发现违法线索或者收到相关举报的，也可以进行管辖。同时明确了案件办理过程中，可以委托第三方专业机构进行辅助的机制。

第五节　互联网医疗是医美的方向吗？

2021年10月26日，国家卫生健康委发布了关于《互联网诊疗监管细则（征求意见稿）》（以下简称《监管细则》）公开征求意见的公告，它的落地给互联网诊疗监管划定了具体细节。

新冠疫情让互联网医疗价值得到了监管层、医疗机构和患者等多方认可，互联网医疗随之驶入快速发展通道，鼓励、规范互联网医疗发展的政策也密集出台。据国家卫健委数据，截至2021年6月，全国互联网医院已达1600余家。医美机构积极申办互联网医疗的也不在少数。

90%的医美需求与社交分享有关。人们的医美消费大多数是社交原因驱动的，所谓"颜值焦虑"也是社交驱动的力量过了头的结果。互联网诊疗是信息时代医疗的大趋势，因为医美的市场规模将由互联网催生。

很多老的医美人经常抱怨自己机构的顾客越来越少，一直是那一批"70后""80后"的求美者，却对吸引更年轻的人来就诊没有太好的办法。这是典型的虽把互联网当工具，却又在信息时代流浪的医美人。信息时代的医美，属于对信息有足够理解的人。互联网诊疗也许是医美高速发展的最后一个赛道。

一、基于现有的法律规范对互联网诊疗进行监管

《监管细则》第1条明确指出，它是根据《基本医疗卫生与健康促进法》《医师法》

《传染病防治法》《医疗机构管理条例》《护士条例》《互联网诊疗管理办法（试行）》《互联网医院管理办法（试行）》等法律法规和规定制定。《监管细则》对医疗机构监管、人员监管、业务监管、质量安全监管、监管责任五项具体监管内容，都落到了现有法规上。

而现有法规，是基于疾病医疗和基本健康保障构建的系统，对医美、健康体检等消费医疗而言，过去的问题依旧存在。

二、电子病历[①]系统是互联网诊疗标配

《监管细则》医疗机构监管部分第6条规定：医疗机构应当使用电子病历管理制度、信息系统使用管理制度等。从医疗机构的制度层面，要求必须有电子病历管理制度。

业务监管部分第19条专门规定了电子病历[②]的内容：医疗机构开展互联网诊疗过程中所产生的电子病历信息，应当与依托的实体医疗机构电子病历系统共享，由依托的实体医疗机构开展线上线下一体化质控。互联网诊疗病历记录按照门诊电子病历的有关规定进行管理，诊疗过程中的图文对话、音视频资料等应当全程留痕、可追溯，并向省级监管平台开放数据接口，保存时间不得少于15年。

要求互联网诊疗产生的电子病历信息，要与实体机构电子病历系统共享，开展线上线下一体化质控。这将推动医疗机构普遍采用电子病历，因为只要参与了互联网诊疗，就必须有电子病历系统，如果线上采用了电子病历，线下没有对应的数据共享，不但工作量大到难以操作，而且不符合监管要求。线下功能一键打印即可完成，也大大降低了医生的工作量。

本条规定的第二款，要求图文对话、音视频资料应当全程留痕、可追溯。这里的留痕可能并不意味着要全部保存，但是要达到可追溯，在目前信息存储价格越来越低的情况下，应当是全部保存最恰当。并且要求向省级监管平台开放数据接口，这意味

---

① 中华人民共和国于2018年4月1日起施行《电子病历应用管理规范（试行）》，规范电子病历的书写、存储、使用和封存等。规范中要求，由医疗机构保管的门（急）诊电子病历，保存时间自患者最后一次就诊之日起不少于15年；住院电子病历则自患者最后一次出院之日起不少于30年。
② 电子病历是病历的一种，可以包含过去、现在或未来、生理与心理的病患状况记录，是由电子化方式撷取、传送、接受、储存、取回、连接与处理的多媒体资料，电子病历主要的用途为协助医疗或其相关服务。电子病历包括病患的个人资料，problems - SOAP［主、客观陈诉及病况评估、处置计划，含医嘱（医令）］记录，病程记录，护理计划、记录，生命征象记录，药物使用记录，相关的医疗实验室检验资料与报告，相关的检查资料与报告（含影像诊断学报告），过去病史，家族史，预防接种等，凡是与病情相关的必要资讯，如旅游史相对于疫情，则亦可作为病历的一环而成为电子病历的内容。

着电子病历数据向省级监管平台是敞开的，随时接受监管。随时接受监管，也就意味着医美机构在这方面不用再担心突击检查了，将结果管理变成过程控制，这既是对医美机构的保护，也是提升监管机关工作效率的有效手段。

业务监管部分第25条规定：省级卫生健康主管部门应当按照"最少可用原则"采集医疗机构的相关数据，重点采集电子病历、电子处方、用药情况、满意度评价、患者投诉、患者安全不良事件等信息。这是《监管细则》第五次提到电子病历，规定了"最少可用原则"的采集数据策略。但如何约定什么是"最少可用原则"，是要根据实际情况和监管需要确定的。

这对电子病历供应商是一个好消息，对医美机构实际上也是一个好消息。如果医美机构未来需要在互联网上揽客，是不是可以持续目前通过平台获客的模式，暂时不予讨论，单单说有计划开办互联网诊疗服务的医美机构，电子病历应是标配。

三、医美机构应该加入互联网诊疗

近年的各项鼓励性政策，尤其是在新冠疫情之下，更促进了各地大力开展互联网医院建设。根据弗若斯特沙利文的报告，2019年国内整体互联网医疗市场规模有望达到270亿元，到2026年有望达到1980亿元，2019—2026年的复合年均增长率达到32.93%。目前，拥有主要医疗资源的公立医院是互联网医院建设的主力军，不过，也存在大量机会，各类企业均可借助政策红利、行业发展趋势，通过各种创新发展方式，横向拓展业务，纵向提升专业度。

过去几年互联网诊疗复合年均增长率达到32.93%，已经超过了医美上一个黄金周期2015—2019年的25.31%。这意味着，医美如果离开了互联网诊疗的加持，缺席这个赛道，将不再是医疗健康领域的增长领头羊。

医美服务大多在线下完成，所以很多从业者、投资者、医生对互联网诊疗并不在意，只在意如何从互联网获客。从《监管细则》及《互联网诊疗管理办法（试行）》等法律文件可以看出，线上诊疗将成为行业未来热点。这种模式一旦成功，将成为连锁医美机构和大型医美品牌的增长利器。

医美增长与互联网成长相伴而生。医美发展离不开互联网，因为客户关注度、需求、传播途径、营销工具都在互联网上，医美本身就自带互联网基因，这决定了医美必须加入互联网诊疗。

四、对美容医生的利好消息

《监管细则》在人员监管部分的第13条提出：医师接诊前需进行实名认证，确保由本人接诊。其他人员、人工智能软件等不得冒用、替代医师本人接诊。各级卫生健康主管部门应当负责对在该医疗机构开展互联网诊疗的人员进行监管。

本条规定对咨询师也许会产生巨大影响，对人工智能客服也将有一定影响。在整个互联网诊疗业务环节，美容医生的重要性将大大增加。

五、信息安全和隐私保护

《监管细则》在质量安全监管部分第26条、第28条、第31条规定了网络安全、个人信息保护、数据使用的要求，并提出"医疗机构用于互联网诊疗平台应当实施第三级及以上信息安全等级保护"。

个人隐私保护伴随着大量互联网应用的出现而备受关注，民众接受程度越来越高，特别是区块链技术，让个人隐私保护得到了大众的认可。互联网医疗在这个大环境下快速落地，可以借助大形势加以发展，也享受了社会信息安全和实践的基础教育成果。

第六节
新《医师法》将给医美业带来哪些变化？

2022年3月1日，我国实行了新的《中华人民共和国医师法》（以下简称《医师法》）。《医师法》是对《执业医师法》实施20年的总结、完善与补充，尽可能地堵上了旧法的一些漏洞。在新的形势下，该法做了大量修订，总体而言达到了保障医师权益、规范执业行为、赋予医师更多的诊疗自主权的目的。

作为消费医疗的从业者，我们也应该看到，《医师法》是基于疾病医疗管理范式的产物，并没有对消费医疗的医师做出明确区分与定义，所以，消费医疗领域的从业医师，只能套用这部《医师法》。

根据《医师法》的精神，未来的消费医疗领域，医师将逐渐成为诊疗的责任主体，以前许多医师可屏蔽的某些诊疗环节，在《医师法》规范里成为医师的责任与义务，比如医疗文书、情况报告、患者知情等，从过去的规范变成了现在的强制性要求。

一、医师是否可以在合理的前提下扩大药械适应证[①]？

本法进一步规范了医师的执业行为，以确保诊疗质量与安全；同时，在循证医学指导下，赋予医师更多的诊疗自主权。这是否意味着，我国今后的医疗责任，将由机构主体向医生主体转移？

对医美医生来说，这应该是一条好消息。《医师法》第29条规定：在尚无有效或者更好治疗手段等特殊情况下，医师取得患者明确知情同意后，可以采用药品说明书中未明确但具有循证医学证据的药品用法实施治疗，医疗机构应当建立管理制度，对医师处方、用药医嘱的适宜性进行审核，严格规范医师用药行为。

医疗器械的使用是否可以参照这一条，尚有待论证，但是对医美业来说，这十分要命，玻尿酸的适应证是个什么情况，大家心里都有数。

医美医生在使用医美药械时，超适应证使用是比较普遍的，但是《医师法》似乎为此开了一个口子，只要征得就医者同意，并且在双方不可更改的病历上留下证据，那么针剂超适应证使用，似乎就找到了法律依据。

但是在《医师法》第28条中，麻醉药品和毒性药品被单独提了出来，规定说：除按照规范用于诊断治疗外，不得使用麻醉药品、医疗用毒性药品、精神药品、放射性药品等。

肉毒素显然是这一类毒性药品，是否可以按照《医师法》第29条规定，扩大适应证，目前尚无定论，期待进一步的司法解释。《医师法》第29条规定并没有指明该条不适用于毒性药品。

二、是否在为实施电子病历做立法准备？

《医师法》第24条，增加了不得篡改病历等医学文书及有关资料的描述，明确地对事后修改病历做了立法禁止。医美行业修改病历的现状如何，大家心中有数，现在不得修改病历明确入法，再改可就是违法行为了。

电子病历采用类区块链技术支持，医患双方一旦签章生效便不可更改，所以，有

[①] 医生按照执业资格和级别评定，在有限的范围突破适应证用药、用械，采用超常诊疗路径，一般由医学专业组织制定规范。但在消费医疗领域，实际执行中受到诸多限制。

专家认为这是为全面实施电子病历做立法准备。的确，从目前情况看，电子病历是解决一旦生成即不可更改的最有效手段。

对医美行业来说，医患双方都对电子病历有所需求。医方以前事后对病历比较敷衍，主要原因是懒，而一旦出现纠纷，便会马上重写或者修改病历；电子病历操作起来十分省时省力，而且比较全面；而就医者一方也需要自我管理，这是行业成熟的标志。

本条同时增加了"医师不得出具虚假医学证明文件"的描述，这一点可视为对同行相轻的制约。

三、替代方案是否将成为医疗文书的必选项？

《医师法》第25条对医生该如何向患者介绍病情做出了重大调整，值得重视的是：需要实施手术、特殊检查、特殊治疗的，医师应当及时向患者具体说明医疗风险、替代医疗方案等情况。

在《医师法》实施之前，上述内容大多以规定、规范、共识等形式存在，现在可是明确入法，所以，在医疗文书中缺失了这两项内容，便是不合法的诊疗行为。

医美项目中的同质化项目、可替代项目、可选择项目可能是医疗门类里最多的，销售导向的机构只愿意向就医者推荐最贵的项目，而且多半会为了成交而隐瞒风险，以后恐怕不能再这么做了，做了便是违法行为。

四、是否在立法上为多点执业打开了大门？

多点执业问题虽然我国早已有相关规定，但目前的实际情况还是局限于民营医疗范围，公立医院的院长们则把大门关得死死的。

《医师法》规定医师去某家医疗机构多点执业，只要是与自己专业相符的科室就可以去。

医师参加规培、进修、对口支援、会诊、突发事件医疗救援、慈善或者其他公益性医疗、义诊，承担国家任务或政府活动，在医疗联合体内的医疗机构执业，可以不办理相关变更注册手续。这是多点执业的另一种方式，或许在连锁机构的不同医疗单位里执业，连变更手续都免了。

更有意义的是另一个新增内容，即医师经过培训和考核，可以增加执业范围。这是我国医师管理制度的一次重大突破。

医美医师的来源是广泛的，几乎所有临床科室的医生都有改行做医美的，《医师法》的这一规定，为医美业的医师来源提供了更大的可能性。也就是说，其他科室的医生只要经过培训与考核，在不改变原专业的情况下，也可以通过增加执业范围的方式，从事医美诊疗。

还有一个亮点：有医师资格的中医师经培训和考核合格者，在执业活动中可以采用与其专业相关的西医药技术方法；西医反过来也可以。

众所周知，大多数医美医院的中医美容科都是摆设。现在，中医师只要培训与考核合格，也可以堂堂正正地做医美了，不光是皮肤医美，开刀也可以。

五、医生在互联网医院接诊，是否可以成为新的营销出口？

《医师法》明确支持医生参与互联网医疗。

第13条规定，医师"可以通过互联网等信息技术提供部分常见病、慢性病复诊等适宜的医疗卫生服务"。

医美项目应该可以划入"常见病"一类，当然，说成"慢性病"似乎也可以。总之，医美接诊并不需要化验或影像检查，大多集中在体表，在互联网上进行接诊，大大节约了社会成本，降低了纠纷率，可以让就医者找到最适合自己的医生。

这项规定最乐观的解释是，在医美广告营销被严管的未来，医生利用互联网医院或平台进行个人IP推广，应该可以成为今后医美行业营销的主要出口。

六、对医生执业的违规行为是否升格成违法行为？处罚力度是否更大？

终身禁业，第一次入法。以前，医生哪怕进了监狱，出来以后还可以重新注册行医。

《医师法》对医疗资质取得和使用的要求更加严格，明确了执业活动中最重要的诊疗规范、知情告知、法定报告责任、医疗事故责任等，并在第56条对泄露患者信息、出具虚假医学证明、隐匿伪造篡改医疗文书、违规使用毒麻药品、索要财物和贿赂、违反诊疗规范、开展禁止类医疗技术临床应用等，都提出了明确罚则；第57条医师未按注册的执业地点、执业类别、执业范围执业的，也属于违法行为；第58条对严重违反医师职业道德、医学伦理规范，造成恶劣社会影响的医师，提出了可能被终身禁止行医的处罚。

乱登患者对比照片、修改病历、违规使用毒麻药品、超范围执业等这些从前属于违规行为，今后属于违法行为。尽管处罚力度仍然比较温和，但最高限是吊销医师执业证书，也颇具威力。

《医师法》明令禁止医师出租出借执业证书，这个事应该引起医美业医师的特别关注。

这几条关于医师责任的法条，透露出立法者的整体思路，即医疗机构实施的一些做法，一旦触犯本法，医生也要承担具体责任，今后，担责的已不仅仅是医疗机构。

七、医闹是不是有的治了？

《医师法》新增了整整一章的"保障措施"，部分内容是原法的升级修订，大部分是新增内容。

医疗纠纷的预防和处理，被纳入社会治安综合治理体系，禁止任何组织与个人阻碍医师依法执业、干扰医师正常工作和生活，禁止通过侮辱、诽谤、威胁、殴打等方式，侵犯医师的人格尊严、人身安全。

《医师法》实施后，医美医生如果再遭遇网络暴力，就可以报警了。当然，证据要保存、固定好。如果有医闹，并且有证据认定为医闹者，可以请治安警察出面处理。

八、医美保险的春天来了吗？

强制性的保险条款正式入法。《医师法》第52条规定：建立完善医疗风险分担机制，医疗机构应该参加医疗责任保险，或者建立、参加医疗风险基金，鼓励患者参加医疗意外保险。

《医师法》对医生个人参加医疗责任保险尚未涉及，这与我国医疗责任归属的管理体系有关。如果医生与机构进行双重投保，医疗责任风险管理应该能更加到位。

九、对新闻媒体提出了新的要求？

新闻媒体总是盯着医疗行业的负面信息，特别是对消费性医疗机构，各类媒体都以报道负面新闻为己任。当然，充分发挥舆论监督作用，对治理医美行业乱象有好处，但许多媒体不问青红皂白，不敢深入调研，夸大、抹黑的情况也很常见。

《医师法》对新闻媒体报道医疗新闻提出了规范性要求，第53条规定：新闻媒体应当开展医疗卫生法律法规和医疗卫生知识的公益宣传，宣传医师先进事迹，引导公众尊重医师，理性对待医疗卫生风险。

这是第一次以立法的方式，要求新闻媒体在报道医疗行业新闻时，应该保持起码的理性、公正和客观。值得注意的是，这一条是出现在"保障措施"这一章节。

十、过度医疗的新规是否可能带来更多的医患纠纷？

《医师法》对"过度医疗"概念进行了界定，要求医师在执业活动中，应该使用适宜的技术和药物，合理诊疗，因病施治，不得对患者实施不必要的检查和治疗。如果医师对患者实施了不必要的检查和治疗，造成不良后果的，《医师法》规定了相应的法律责任，情节严重的，会责令医师暂停6个月以上1年以下执业活动，直至吊销执业医师证书。

十一、医美业的"过度医疗"[①]如何界定？

带有消费属性的医疗美容，就医者本来是具有极大的自主选择性，医师在适应证的掌握上也面临更多的选择范围，很难说求美与造美，适宜的技术与药物的范围是什么，所以，对于医美业的"过度医疗"，可能还需要更加具体的司法解释。

2020年颁布的《基本医疗与卫生健康促进法》对"过度医疗"进行了首次定义：一是这种诊疗对于该疾病是多余的、不必要的，甚至是有害的；二是过度医疗是一种行为或过程，不是还未成为实践的诊疗计划或设想。

可是，在疾病医疗领域的"过度医疗"都没有讨论清楚之前，让消费医疗领域的医师准确掌握"过度医疗"的尺度，确实是困难的。因为机构也好，医生也好，都有创收的压力和动力。

即使有的医院有自己的伦理委员会，在创收压力面前，大多也是形同虚设。

在具体的司法解释或医美诊疗规范出台之前，医师们只能凭经验与良心行事，因此要警惕由此引发医疗纠纷的可能性。

---

① 过度医疗的定义和明确区分在世界范围都是难题，因此在医疗伦理学中备受重视。

第七节　医美直播：从独木桥上阳关道

互联网改变了人们的交互方式。信息传递效率最高、互动性最强、叫卖效果最好的各类直播，成为商品与服务的最佳推广途径。

一、火爆的直播再临新规

2022年5月9日，国家卫健委、公安部、工信部、商务部、市监总局、财政部、税务总局、医保局、中医药管理局，九个部委联合发布《关于印发2022年纠正医药购销领域和医疗服务中不正之风工作要点的通知》，文中规定：严肃查处医疗机构工作人员利用职务、身份之便直播带货。

医美医生利用科普直播销售医美产品及商品化项目的做法，被列为违法行为。注意重点是"医疗机构工作人员"，他们是严肃查处的行为主体。

皮肤或皮肤美容医生为化妆品、护肤品直播带货已十分普遍，公立医院的医生带货的也不在少数，有的还开起了视频号小橱窗直接卖货。新规之下，这种行为估计都不能做了，因为禁止带货的"货"，并无特指是药械，只要是利用职务与身份之便，卖柴鸡蛋和有机西红柿恐怕也不行。

医美正常科普直播可以照做，但是医生不得再参与促销或为厂家背书、站台及代言。如果医生和其他主播共同在场，那么主播也不得做相应的带货内容，包括引导促单之类的变相带货行为。

对于医生做科普直播，机构与医生的信任关系将面临极大的挑战，机构担心医生有了流量便与机构分庭抗礼。而医生是否真的愿意投入大量时间和精力做科普，也是个问题；同时，做有品质的直播没有机构的资金与资源扶持，也很困难；换成MCN（多频道网络）公司，情况也是一样。

平台对于医美破价直播这块巨大的"蛋糕"不会轻易放手，会变着花样地"割韭菜"。机构的长期主义，在别人的大体量成交面前，是否能收得住功利心？特别是在当今严峻的市场环境下，能抗得住诱惑吗？

有人建议，如果需要医生到场讲解，让医生先介绍，然后离开直播间，再做相关的营销宣传。这种抖机灵的做法，如果被举报，依然是变相带货。

医美信息传播似乎只剩下了科普这一条路。

对于营销来说，它像是座独木桥，但是对长远的品牌营销来说，也许是康庄大道。在当前市场环境，《医师法》和执法指南并未改变医学知识科普传播的内容与形式。

虽然医美圈对新市场环境，如何通过科普传播来辅助营销充满疑惑和不确定感，但是这不过是医美业的内卷焦虑，更像是对新环境不知所措的应激反应。

政策治理的是虚假宣传、虚假案例、过度营销包装及假话满天飞。营销推广的乱象导致整个医美市场显得乱象丛生，美誉度极差。如同传播学的塔西佗陷阱，因为美誉度不佳，失去了大众传媒的公信力，所以你说什么大家都怀疑，都不相信。我们面临的问题不是医学科普不行了，而是说什么都面临应激反应式的质疑。

二、医美直播的路在何方？

其实这个一刀切政策，切得好！不破不立。

这一刀切下来，就像切开"赌石"，里面有没有真材实料，一眼可见。假的没了，真的才会被看到，才能让愿意做真科普的医生看到希望。

当然，老板们也不能一直花钱做公益，主要是也做不起；即便公立医院的医生做科普，也不是做公益，那是在培养个人 IP。

传播学并没有因为互联网的高速发展而改变其内核。每一个人都是信息网络的节点，我们要做的是如何有效触达和连接，并与之发生互动。信息交互形式主要有图文、短视频、音频，最主要的就是目前最火的直播。

值得注意的是，《医疗美容服务管理办法》提到：非医生人员不得从事医疗美容诊疗工作，不得发布虚假信息，不得诱导患者过度医疗。那么，如果非医疗人员发布的是真实信息呢？按照法无禁止即可为的原则，发布医美信息应该是可以的，只要不是虚假信息，不被界定为变相医疗广告即可。

在直播中，考虑多数用户对医美还处于有兴趣的迟疑中，主播要做的就是用通俗易懂、抽丝剥茧、直接快速的方式进行科普，消除用户的怀疑，建立信任，化解用户对医美的刻板形象。

进入价格内卷的医美项目，如果不进行干预，这些项目就进入了"死亡下降之螺旋通道"，难以生存，上直播也没用。这时候机构不妨先通过优秀的直播内容来拓客，这需要长期坚持，成功总是青睐长期主义者，尤其是没有客户积累的情况，耐心就是最好的朋友。当然这在现下的市场环境，极度困难。

在科普直播中，作为正规军的医生们一直在忙着辟谣、纠错、答疑。辟谣就是消除一些医疗谣言，纠错就是纠正用户的错误认知，答疑则有利于用户正确应对需求。非正规军们则在继续忽悠，所以宏观上看，大家在做无用功，可以说是内容的"内卷化"。

通过科普辟谣纠偏是长期工作，同时可以向消费者输出正确的医疗观念和治疗方法，这不但可以缓解医疗资源紧缺的局面，同时也从另外一个角度提高行业美誉度。内容的输出要持续、规律，否则就不能连续激发需求。

因此做科普内容，要有备而来，方案与流程齐备，执行和迭代齐飞，才能保证内容营销转化达标，客户裂变才能持续。

首先，科普内容面向医美效果，并要通俗易懂。要讲究形式与内容匹配，以效果分析、案例或病例分析等为主，用形象生动的效果诠释项目，才能为打开变现的大门留下可能。

其次，要利用好矩阵，自媒体短视频内容分享的传播矩阵化，根据不同平台的属性，对同样内容做相应调整，形成矩阵传播优势，因为IP号的打造从来不是一个独立账号能完成的。最近很火的张琦，两周迅速增长1000万"粉丝"，并快速实现变现。她是怎么做到的？是不是医美人可以借鉴的呢？张琦团队快速制作了1460多条内容，在抖音开了10多个账户、视频号开了9个账户、小红书开了5个账户，形成矩阵。内容除了以商业为主外，还涉及市场营销学、女性情感等，蹭了一波又一波的市场热点，让大众可以通过这些热点关注到她。

过去一段时间，大家都在试错。自媒体性质的医美内容生产被迫净化，谁投入的精力多，认真打磨内容，琢磨用户喜欢的内容，谁就能获取到更多的流量。

优秀的医生IP就像一个大漏斗，应开口宽广而且多元化。医生只是一个身份"标签"，流量中的个体虽然能够看到你，但由于需求和喜好的不同，未必能关注你、跟随你、推荐你、选择你，因为别人不了解你，毕竟你输出的专业内容也不是独家的。那么，是不是可以通过专业以外的属性更广泛地匹配流量呢？这就是漏斗开口要足够大的原因。

三、直播形式的合规分析

医生做直播不但直观，而且互动性和趣味性都很强。医患之间通过直播交流的优势明显。最新修订的《医师法》已于2022年3月1日正式实施，《医师法》对医生在网络自媒体上的行为做出了明确要求和限制。医生通过网络直播科普医学健康知识应得到支持和提倡，但前提是必须符合医生执业规范的要求，对于科普与在线问诊应区别对待。

医生不能带货之后，谁也无法再为医美机构直接带货了，唯一的出路是医疗或非医疗人员做科普或传播商业信息，只要不出现机构地址和联系方式，便可以躲过广告的认定。要知道，直播要想拿到广告批文，基本不可能，它本身是个悖论。

所以医生们在直播时，也要学会"趋利避害"，不仅不能带货，即使科普，对于自己不熟悉的领域，也不可妄下定论；此外，不随意诊断病情，不将治疗方式方法随意上传等，也是要注意的问题，毕竟每个人的身体状况不尽相同。

第八节　探讨深圳医疗新政，意味深长

2022年6月23日，深圳人大通过了《深圳经济特区医疗条例（修订稿）》（以下简称《条例》），2023年1月1日起施行。这是全国第一部地方性医疗条例。

这部条例有诸多亮点，而且都是全国首创，属于制度创新。它细化了医疗机构的分类管理，并建立了创新专业技术能力评价制度，建构医疗服务的全面监管机制，最引人关注的是患者的生前预嘱，但是这些和消费医疗关系不大。其中和消费医疗相关的共有10条。

至于《条例》和医美业有多大关系，目前尚不得知，我们只能根据其立法精神，加以探讨。

一、中西医执业的自由穿越

《条例》第73条规定：取得临床和中医类别医师资格证书的医师，可以申请注册临床和中医两个执业类别。医师经市级以上卫生健康主管部门组织的培训并考核合格的，可以申请增加注册相应专业作为执业范围。

这条规定意义之大超乎人们想象。从文本上看：允许医师注册两个执业类别，变通了《执业医师法》《医师执业注册管理办法》的相关规定，允许取得临床和中医类别

医师资格证书的医师，申请注册临床和中医两个执业类别。

2019年，中国医师协会整形与美容医师分会的执业医生注册会员是13000多人。2021年到2022年，有行业新闻提及医疗美容行业"主诊"加"主任"级别的医生只有6000多人，作为对比，全国医疗美容机构超过30000家。或许，这几个数据的统计口径有所不同，但其中暗示着医美医生严重不足的现状是确切无疑的。

新规意味着美容中医专业同美容外科和皮肤科这两个专业之间可以互通，给出的是"可以申请注册临床和中医两个执业类别"的精确而肯定的描述。以后，中医从事医美的时候，不用费尽心思琢磨自己的"合法身份"了。深圳的这个条例如果能实施成功且向全国推广，中医与西医临床之间的壁垒将被拆除，这意味着美容医生有了一个更大的蓄水池：大批中医专业的执业医生将光明正大地进入轻医美，甚至美容外科，此举缓解了绵延20年的美容医生供给不足的问题，是行业全链条的巨大利好。

二、民营医疗可与公立医院合作

《条例》第62条规定：支持非公立医疗机构与公立医疗机构通过人才交流、技术支援、资源共享等方式，依法建立合作或协作关系。

这一条规定可谓历史性突破，此前的二三十年，我国所有省市都限制公立医疗机构以各种名义和民营医疗机构进行法定的合作或协作关系。

若干年前，消费医疗领域曾经有过一次公私大融合，公立医院的科室被私人承包或变相承包了，后来被原卫生部明令禁止。此次深圳的政策调整，或许又能出现一次公私融合。该条规定没有指明合作或协作关系是单向或是双向，那么是否可以理解为：民营医疗的技术人员可以支援公立医院呢？如果答案是肯定的，那么民营医美的医生有望得到公立医院的执业身份；公立医院的消费医疗科室，也可能会再度向社会资本放开。2023年，深圳会出现公私合作办医的浪潮吗？我们可以对此充满期待，因为《条例》文本用了"支持"二字，这是一种积极的态度。

三、患者知情同意后，可以超范围治疗

《条例》第107条对"知情同意"进行了突破性的规定，只要取得了患者或其近亲属的明确同意，可以做超范围的治疗。

新颁布的《医师法》也有类似的立法精神，对医生超适应证用药给出了方法，但

是未涉及医疗器械。而深圳的《条例》则完美地解决了这一问题，"医疗措施"当然可以包括对医疗器械的使用。

医美机构长期以来苦于光电设备或注射用器械的注册范围过于狭窄，大大限制了医美治疗中的发挥和效果。《条例》第128条更进一步对"超说明书用药"进行了规定，需要有循证医学证据，也就是专家共识作为超范围用药的依据。

四、港澳资本投资医疗机构的特权

《条例》第130条"前沿药械使用"，赋予港资澳资医疗机构使用未在内地注册药械的特权：香港和澳门特别行政区服务提供者设立的医疗机构和其他符合条件的医疗机构，可以按照有关规定申请使用临床急需且已在香港、澳门特别行政区注册的药品和使用临床急需、香港或澳门公立医疗机构已采购使用、具有临床应用先进性的医疗器械。

这一条规定特别值得关注：港澳的"服务提供者"设立的医疗机构，还有"其他符合条件的医疗机构"，到底是什么意思呢？服务提供者可以指任何带有香港、澳门背景的人，"其他符合条件"的医疗机构可以是任何医疗机构。

最关键的是对"临床急需"的掌握，如何认定是不是临床急需？医美治疗中是否存在"临床急需"呢？按道理说是不存在的，但给管理人员的自由裁量权太大了。

这个规定还是延续着"同医不同权"的试验性和"特殊事情特殊处理"的改革味道，是国内医疗系统维持政策稳定的"金钟罩"。消费医疗其实期盼着更加自由的医疗边界，但是监管和立法部门考虑更多的似乎是一致性和特殊性处理。如果监管裁量宽松，那么意味着能够在深圳逐步放开前沿药械，让深圳也成为医美的"特区"。对比分析海南省的医疗改革条例，深圳特区的这份《条例》还是突显了毗邻港澳的优势。

总之，这一条规定，意味着深圳全境的医疗机构，有机会使用在港澳公立医院使用的、未在中国大陆注册的医疗器械。

五、民营医疗机构的手术资质问题有望通过专家论证得以解决

《条例》第122条规定了"论证制度"，医疗机构如果要开展超出其级别规定的高级别手术时，应当进行专家论证，论证通过后，便可以依法开展相应的医疗技术。比如二级医院拟开展四级手术；一级或未定级医院拟开展三、四级手术。

医疗技术临床管理规定和专家论证的具体办法，由主管部门另行规定。众所周知，

医美机构做超级别手术或治疗的行为，目前仍属于严厉整治的对象，项目超级别备案制曾经有过规定，但是很难落实。

深圳的医美机构今后如果需要从事超级别治疗，只要按照卫健委的相关规定，组织专家论证，通过后即可开展。

新增服务项目必须备案的相关规定，给医疗机构开设新项目留出了空间，意思是如果备案获得认可，那么医疗机构可以开展新的治疗项目。

本《条例》的亮点之一是，对开展新项目、超范围使用医械、超适应证用药等创新开拓型的行为，指出了合规的路径，显示了政策的灵活性；同时，对于违规行为，规定了相当详细的罚则，而且处罚力度相当大。

六、专科护士的处方权

《条例》在对待专科护士的做法上，又向欧美发达国家迈进了一步，即允许专科护士开出一定范围的处方，从此，深圳的专科护士将拥有一定的处方权。

表面上看，这个规定似乎与医美无关，因为专科护士的处方权仅限于"检查申请单、治疗申请单和外用类药品"。但是从此举的意义上看，又对以医美为代表的消费医疗具有前瞻性价值。护士可以参与一部分医生的工作，如何在医美等消费医疗领域实现，虽有待于政策的进一步解释，或出台相关的实施细则，但大门已经打开，医美医疗资源稀缺的痛点有望得到缓解。问题的关键是：医美是否可以有专科护士？他们的处方权如何能够得到体现？

结合《上海市医疗美容外科服务项目分级管理目录及手术管理细则》对护士执业范围适当放开的尝试，可以看出一线大城市医疗立法和医美行业组织修订行业基本制度的一致性。

七、港澳医生可以在深圳多点执业

《条例》第61条规定，经依法注册的港澳医疗专业技术人员，向市卫健部门备案后，可以在其主执业机构以外的本市医疗机构开展相应的执业活动。

今后，不知道会有多少港澳的医美医生跑到深圳来抢市场，这对市场繁荣与多样化来说，应该是好事；但是深圳的医生是不可以去港澳执业的，尽管都在我国的国土范围。对他们的考核，也是在累积执业超过3年才进行，这么规定不知道是为什么，3

年的时间,不会的也应该学会了,该闯的祸,也应该都发生过了。

八、可以开办互联网医院

在推进智慧医疗服务方面,《条例》可谓浓墨重彩,不仅要建立电子处方共享平台,还鼓励互联网医疗机构与境外医疗机构合作开展跨境远程医疗服务,运用移动通信技术、智能健康装备、大数据、人工智能等方式开展医疗服务。

根据《条例》第136条的精神,意味着在深圳已经可以开办互联网医院了,而医美业至今为止尚无一家真正的互联网医院。不知道真正意义上的医美互联网医院是否能尽快落户深圳?深圳有互联网与信息产业的完整产业链条,涉及医疗、健康、信息的专利数量和质量世界领先,如果《条例》落地实施,是否意味着互联网医院,尤其是医美的互联网医院可以打开一个全新的局面。互联网医院可以在时间和空间上扩大诊疗服务范围,通过互联网医院是否能让医美业降低成本并与大众建立更好互信的机制,让医美机构走出目前行业利益分配畸形的格局呢?

九、医责险向医生责任制靠拢

《条例》第156条规定,医疗机构应当按照有关规定购买医疗执业责任保险。鼓励医师购买医师执业保险。

医师个人购买医责险此次在政府《条例》中出现了,而之前尚不多见,它表明了医生在诊疗行为中的责任问题正在进一步明晰,虽只是用了"鼓励"二字,并非强制,但总算向国际通行做法又迈进了一步。保险公司们也许可以根据这些规定,找银保监会备案申请更多的保险产品,为医美行业主要风险点提供产品支持。

十、行业协会将大有可为,成为中国最有权力的协会

《条例》第163条"政府职能转移"和第164条"市医师协会"这两条,对协会的职能做了相当大的调整,赋予行业组织对医疗卫生人员进行资质管理的权力,负责起草服务规范与地方标准,进行行业评审、评价、评估等事务性工作以及医疗行为专业技术判定。

这些权力,其他省市的行业组织都还没有,这与欧美国家的行业管理模式非常接近。医疗行业监管离不开行业协会的自律自治。《条例》将这些内容明确规定,具有示

范作用和效果，医美业的很多行业自律自治基于同样的思路，在这点上医美业在形式上走在了前列，但内容上还需要优化和丰富。深圳的《条例》给出了更多的想象空间。

十一、深圳《条例》代表中国医美业的未来吗？

深圳经济特区的这份《条例》草案如果落地，影响扩散到全国，对整个医疗行业的监管系统影响巨大。

然而，从以往的经验来看，深圳作为经济特区，其医疗领域探索性的政策，真正推广到全国各地的先例，并不多见。如果深圳的医疗界甚至医美界因此而走在了全国的前面，而内地其他省份在政策上没有跟进的话，那么深圳的医美行业也将成为全国医美行业的特区，成为广大医生、创业者及职业经理人们向往和涌入的地方。

当然，这份《条例》仍然有一定的局限性，对民营医疗与公立医疗采取了区别对待和双重标准。我们更关心民营医疗什么时候能取得与非民营医疗一样的地位。其实，只有统一标准、取消所有制歧视，才能真正实现行业规范化管理，才是解决民营医疗乱象的长治久安之策。

本章总结

医疗美容行业监管，进而可以扩展到消费医疗的行业监管，呈现以下三个趋势，理解和顺应这些趋势将是从事医美等消费医疗的入场券。

第一，递弱代偿[①]趋势

医美自身属性和监管属性将越来越丰富，呈现"递弱"趋势，因此需要各种代偿措施补足。比如，药械超范围使用，医生自由执业等均呈现越分越细的趋势，医生的能力和药械使用灵活性"递弱"，要求从业机构和从业者找出各种"代偿"措施。因此，监管也跟着有"代偿"措施。

第二，国际化合规管理趋势

现代医疗系统是哲学科学大系统的子集，带有西方文化的诸多特点，也必定带有西方伦理和法学、社会学的特征。这反映在合规管理上，就必定导致合规管理系统也会带有国际化趋势，有融合中西方意识形态和法学、社会学、伦理学的趋势。

第三，专业化趋势

以往，做医美、搞消费医疗的合规管理，规则不多，操作简单，不需要专业人员参与。现在，医疗合规管理已经成为专业化领域。中国医美监管与合规管理发展趋势、国际上医疗监管与合规发展趋势都证明，专业化将是医疗美容行业监管的必经之路。

---

① 递弱代偿原理出自《物演通论》，作者王东岳。自由学者王东岳认为，万物演化的方向都是越来越弱，"生存度"越来越低。但是作为补偿，万物的属性越来越丰富，花样越来越繁多。人类文明同样被这个规律支配。貌似越来越强，但个体依赖性越来越大，总体生存度越来越低。医美监管过程也有这个特点。

第五章

新趋势：轻医美的崛起与美容外科的变化

本章导读

轻医美渐成医美行业发展的重要方向，也预示着行业将进一步细分。那么，轻医美就是非手术医美吗？还是说它应该有自己单独的定义？本章将单独对这个问题加以讨论。本章只有三节，在第一节，我们从轻医美崛起的市场机会入手，全面分析轻医美的生成逻辑，并试图对轻医美做出完整清晰的定义，以及提出做轻医美的若干原则。第二节，讨论作为新投资机会的轻医美赛道，它的基本条件是什么，以及应该如何发展轻医美业务。第三节，讨论美容外科的变化。美容外科真的衰落了吗？我们并不这样认为，未来，它只是向大型机构集中而已，这完全符合行业发展的逻辑。

第一节　轻医美的机会与挑战

几年前,很少有人会认为轻医美将坐大成医美新物种,这导致轻医美还没有被完整定义,所有描述和讨论都带有理想化主观色彩。在可预见的将来,市场将继续大量涌现纯粹的轻医美机构。

三年封控人员流动受限,虽让医美业面临严峻考验,但毕竟国人已经越过了生存贫困线[①],人们对美好生活的追求是不变的主题,轻医美顺势崛起。

一、人员流动受限与轻医美崛起

医美业用非手术项目为外科手术引流的做法,被证明是失败的。具体表现为非手术项目增长加快,而外科手术项目增速和绝对数量都在降低。

人员流动受限,对美容外科意味着灾难;非手术医美却能独善其身,呈现较好增长态势,它向社区化方向发展,服务半径缩短,一个消费趋势已然出现:价格亲民的轻医美。这很可能成为未来医美市场主流。

医美业态演化细分,从皮肤医美中分离的轻医美,才是真正的轻医美。

美容外科手术会向少数机构集中,掌握手术的机构可能逆势突围,即手术价格不降反升,起码会保持原来的水平;机构将更关注利润,手术数量可以减少,但是一定要有利润。

非手术医美价格将持续走低,其显著变化是轻医美从皮肤医美分离,真正推动价格合理化的是从美容皮肤科分离的轻医美。人们会把手里有限的资金,更多地投向日常养护型的轻医美。

很多人持有将非手术医美一律称为"轻医美"的观点。轻医美以皮肤美容为主,微整形为辅。按此逻辑,"轻医美,重技术"的说法没错。因为皮肤医美与皮肤科疾病

---

① [以色列]尤瓦尔·赫拉利.人类简史[M].北京:中信出版社,2014:21.

治疗交集很大。业内人士讨论轻医美，经常处心积虑地为轻医美寻找理论根据，但说来说去还是非手术的那一套，很少有人能说清楚轻医美底层逻辑。

这种想法的局限性在于轻医美"名不符实"。非手术医美的投资不轻、风险不轻、技术不轻，怎么可以冠之以"轻医美"之称呢？

皮肤美容机构，同样高度依赖医生的经验与技术特长，仍然重技术。如果轻医美变成皮肤医美或者皮肤病治疗，那还是医美吗？

是时候给"轻医美"下个比较完整的定义了。

二、轻医美，边界在哪里？

如果将非手术医疗美容界定为轻医美，会走进误区。

这是一个真实的案例。就医者接受大腿内侧热玛吉治疗，术后第二天即前往法国游玩，穿牛仔裤……回国的时候，已经发生感染，患者要求医生到家中治疗，理由是怕别人知道；医生竟欣然接受，到患者家中为其换药一月有余，结果从感染发展成溃烂，收拾不了了。然后，医生被迫辞职，客观上把锅甩给了医院，几十万元的赔偿是跑不了的。

这个事故最大的原因：医患双方都把治疗看得太简单了，以为这是一次"轻医美"治疗。两头都草率，后果很严重。医院赔几十万元固然冤枉，可年轻女子大腿内侧疤痕还要处理，承受各种难言的痛苦。

轻医美内涵丰富、外延模糊，是至今尚未被精准定义的概念。我们请教诸多业内人士，说法是五花八门，莫衷一是。一般人对轻医美的理解是指非手术的医美项目，包括光电治疗、注射微整形和线雕，以是否需要进手术室作为划分轻重的主要标准。大凡不必进手术室的项目，似乎都应该归入轻医美的范畴。

根据美国整形外科医师协会（ASPS）的观点，凡手术（Procedure）就是重医美，凡治疗（Treatment）就是轻医美，也就是我们通常所说的非手术项目便可统统归为轻医美。从2015年开始，北美地区的美容外科手术量大幅下降，非手术治疗量呈高速增长的势态。我国医美界大致也是这么分类的，只是至今尚无定论。

微整形弄不好，照样能要人命。肉毒素可以打出植物人；玻尿酸可以打成栓塞，有要命的，也有失明的；激光打不好，可以造成重度烧伤。但是这些治疗被冠以一个"轻"字，会让人误以为它们比手术风险小、痛苦小、动静小，轻敌往往就会冒进，最终导致严重后果。

所以，一个"轻"字，可能会让很多人误入歧途。其实，非手术的风险并不比手术低多少。有人说轻重是以"代价"大小作为标准的。"代价"是什么呢？无非是患者承受的痛苦、花费的时间或支出的金钱。

可是所谓"轻医美"，哪一种代价都不一定比手术小：在治疗时间上，看不到"轻"的意思，一次激光可能就要一两个小时，一次注射也可能需要几个小时，而许多小手术不到半个小时就解决了，只是术后恢复期可能比非手术治疗长。

在疼痛上，非手术可能比手术要疼上好几倍，脸上涂抹一些国产的没什么效果的表麻膏，对激光治疗或注射填充的疼痛感减轻有限；而手术麻醉无论是全麻还是局麻，效果都还不错。

钱的问题上，手术与非手术的价格早已分不清谁占优势。微整形的价格战，并没有便宜客户或患者多少，只是医疗机构没什么利润了，利润统统给了上游供应商。史上最贵的医美项目或案例，都是出在注射项目上。所以，价格上丝毫分不清轻与重。

如果以医疗消费的"轻决策"或"重决策"来划分呢？有人说"轻医美"的出栏，是因为消费者的消费决策比较"轻"，所以这类轻决策的医美项目，可以称为"轻医美"。这话听上去很有道理。这或许可以认为是"轻医美"概念产生的"消费决策说"。

"午餐医美"这个概念曾经风靡一时，说的是一些简单的护理型医美项目，完全可以在午餐时间解决，比如激光脱毛、光子嫩肤、水光针疗法等，消费者决策起来十分简单容易，不需要太多的心理建设。激光脱毛几乎已经成为当代女性的刚需，大部分人有需要，日本曾经出现过许多街边的脱毛店，只做脱毛这一个项目，可谓"轻医美"最极端的代表，但是没过多久便销声匿迹了。

虽然"消费决策说"有它的道理，但是市场没给微小型医美机构留出生存空间。而且在中国，单纯做简单项目的机构，恐怕连医疗机构的牌照都无法取得。既然取得了牌照，谁又能甘心只做些边边角角的配套项目？

以医美消费的高频或低频来划分呢？尽管高频与低频是相对的概念，但这的确是划分手术与非手术治疗最重要的标准，非手术治疗可以是高频的，手术治疗一定是低频的，除非给人家弄砸了，要不断地手术进行修改。低频项目与高频项目的差别是客观存在的，它带来了营销方式的不同，高频项目更注重老客户的复购，低频项目则关注新诊；而这个特点的区别恰恰与手术项目与非手术项目的差别大致吻合。

以供给侧技术的高门槛或低门槛来划分呢？如果认为应该从供给侧的技术高低来划分"轻医美"的话，可能会带来长期的隐患，有些投资人觉得轻医美的技术门槛低，对医生的依赖程度不高，可以降低人力成本，但事实证明这是对行业认知的误区。

究其根源，"轻医美"模式的出现，源于"弱医生化"的思路，不能说它不对，但这并不意味着不要求技术的高度与精纯。彻底抛弃医疗本质和原则的所谓"轻医美"概念，为大量的医疗事故埋下了隐患，也曾经为"黑医美"的盛行推波助澜。

"黑医美"一般不涉足手术项目，而是从事所谓的"轻医美"，误以为这样做既简单又没什么风险。曾经猖獗一时的"黑培训"，一周的课程便可以把一个毫无医疗背景的人培养成微整形的操作者，由此带来了井喷式的医疗事故，大批无知的求美者成为"轻医美"的受害者。这一点，恐怕是那些抱着"弱医生化"想法的投资人始料未及的。曾经有三甲医院的专家透露，一段时间，医院的病床上竟同时躺着七八位被"黑医美"打瞎眼睛的患者。

以产品的高依赖或低依赖来区分呢？有人曾以对产品的依赖程度来划分医美的轻重，这是另一个维度，投资人觉得对产品依赖程度高的医美项目，可以划归"轻医美"的行列，相比之下，对技术依赖程度高的医美项目，则是"重医美"。人们认为靠产品说话的医美项目不需要太多的技术，而且风险较低。这个误区的形成，可以说是上游供应商们的"功劳"，他们为了尽可能多地销售产品，对于医美界的这个认识误区，乐见其成。于是，医生们成为医美产品的售货员。不少就医者进门就要求注射某某品牌的玻尿酸，仿佛医生的医疗技术不值一提，医生们的作用只是把产品填充到就医者脸上指定的某个部位而已。

三、轻医美到底是什么？

从前我们说轻医美不轻，那指的是设备投资、医疗风险与技术依赖。

经过疫情的洗礼，我们似乎应该对轻医美有一个新的认知。因为市场已经发生了改变，从消费形态上看，轻医美已经到了应该被重新定义的时候。

轻医美的定位，应该与皮肤美容进行适当的分离。

未来，那些技术含量不高、风险很低、治疗手段相对简单、设备投入不大的医美项目，应该会有广阔的市场；消费者每次的消费金额不高，治疗项目与生活美容有一定交叉，医生培训相对容易，是轻医美的主要特点；而且这种医美项目的服务半径比较短，呈社区化、商场化的趋势。我想，以上这些，应该是轻医美的范畴。

轻医美的定义：利用成熟医美技术、产品与设备，为就医者提供安全化、标准化、简单化、合规化的以皮肤护理为主的重复性高、便捷性强的医美服务。

轻医美是相对于什么而言呢？是"重医美"吗？这样说未免太过形而上。有人建议叫"传统医美"，但并不准确；也有人建议叫"综合医美"，似乎也未能戳到痛点。大家再研究吧。总之，凡是技术难度大、风险高、依赖个性化诊疗的医美服务，都不应该是轻医美的范畴。

这类轻医美的核心指标是所有项目均可以标准化，其中最重要的标准化是技术与服务，模式复制容易，流程管理不复杂。它也可以当作其他科室医生转向医美的桥头堡，是医美的入门级项目。它的所有治疗，均与皮肤疾病类治疗无关，所以用不着投入高精尖的光电仪器。当然，医疗规范还是要严格遵守。

例如水光针项目，简单的肉毒素注射，以及护理型的皮肤医学养护，都将是轻医美的主项，它们的要求是对皮肤的损伤极小，甚至可以忽略；项目中使用的器械，甚至可能是由医护人员操作的家电类产品，不一定属于医疗器械。

中国医美发展的路径锁定并不严重，从美容外科和整形外科唱主角到非手术轻医美唱主角的过渡似乎自然而然，身处局外者根本没有感觉。但是这不意味着中国的轻医美就已经完全成熟。好在轻医美迭代并不需要从头探索，也不需要艰苦试错。因为他山之石可以攻玉，国外有一些品牌范例，可以参照实施。

轻医美连锁备受重视，体现在世界头部相关企业对其业务的实际参与。强生收购的日本"城野医生"医美诊所由城野亲德博士在东京创立，它为求美者提供先进的激光护理激光治疗、各种不同的抗衰老治疗以及皮肤病手术等，始终秉承着"OMOTENASHI一肌一会"的日式诊疗理念，为消费者提供定制化诊疗方案。"城野医生"在中国的第一家医美诊所已经在北京开业，其所代表的轻医美将从Z世代消费者需求出发，着眼医美领域的联合应用，开辟了国内医美商业的全新模式。

医美行业发展快速，这就是一个明证。本部分内容的撰写仅仅不到一年，那时候还在给"轻医美"下定义，而"城野医生"诊所的开业，就已经基本实现并证实了这些定义。

四、轻医美的若干原则

林语堂先生有过一个说法，"促进人类持续进步的动力就是人类的懒惰"。这说法背后的解释是，"人向往美好生活的内在动力在促进人类持续进步"。人们向往更加美好的生活，轻医美则正是人们这种诉求的体现之一。

凡是人们生活中普遍需要的，就是真正的机会。

1. 轻医美的五大最高原则

社区化、安全化、标准化、简单化、合规化是该项目的五大最高原则。

2. 关于社区化

为什么轻医美一定是成熟型的产品和技术，而非探索型的呢？因为在这种高度日常化、社区化的医疗服务里，只有使用完全成熟的技术与药械，才能确保项目的低风险甚至无风险；它的社区化特征，使其与生活美容十分接近，甚至将其形容为有医疗牌照的生活美容也不为过；与此同时，短到不能再短的服务半径，使得轻医美机构一旦出现恶性医疗事故或重大医患纠纷，会直接造成机构的覆灭，所以安全与合规是轻医美机构的重要指标。

3. 关于安全化

安全化表示所有项目选品须遵循无风险或低风险原则，执行非手术、无创或微创、后果可逆的底层选品逻辑。

4. 关于标准化

标准化体现在品牌、技术、品项、服务、病历、流程、培训、价格、系统、风控、集采、装修等各个方面。

技术：标准化绝不是放弃技术的高标准要求，它强调的是在统一标准之下的技术，所谓戴着脚镣跳舞，才有可能跳出最美的舞蹈。那些追求个性化诊疗和技术创新的医生，因为其探索的过程可能带来未知风险，所以并不适合这类轻医美机构。

品项：低风险的光电治疗项目、注射项目，无风险的皮肤护理项目，院装及家用产品销售。

服务：服务流程按照服务标准进行流程设计并执行，连锁成员无权擅自修改服务流程。

病历：使用自己开发或第三方开发的标准化的电子病历，实现数据的统一监管与治理。

流程：工作流程按照公司制定的方案执行，包括OA系统的申报与审批，以及与外界的沟通。

培训：所有人员，包括医护人员、服务人员与职员，都须经过统一的培训并考核合格后上岗。

风控：鉴于消费医疗机构出现医患纠纷在所难免，所以建立高效的风险控制体系是必要的，而且在本文中涉及的任何方面，轻医美机构都要遵循风控优先的原则。

集采：连锁机构使用的一切产品可以实现集采，单体轻医美机构则可以选择加入集采平台，实现成本控制。

5. 关于简单化

突出"轻治疗、重护理"的原则。

简单化体现在机构要学会做减法，能够舍弃那些高风险的项目，也只有简单的，才可能实现严格风控，并做到极致的服务。

简单化的另一层含义是克服什么钱都想挣的想法，这也是许多医美人迈不过去的坎儿，也是始终做不出真正轻医美的原因。

6. 关于合规化

合规化体现在产品、医械、广告、信息、资质、财务、税务、人资、医政等方面，完全符合中华人民共和国的相关政策与法规之规范。

五、传统医美与轻医美的文化比较

由于医美同"美和艺术"密切相关，那么我们完全可以从审美和艺术的角度来考察轻医美。我们面临的轻医美崛起，更像是从传统医美主干上分出了轻医美的枝条。两者从艺术和审美视角看，有显著的不同：

（1）传统医美或者经典医美是精英主义的医疗服务和美学共建；轻医美则以大众消费领域为主，代表着大众文化和大众生活。

（2）传统医美雅文化特征更多，轻医美俗文化特征更显著。

（3）传统医美，尤其是美容外科，更像是工业时代之前的依赖艺术家综合能力的艺术作品，如油画和雕塑，有着强烈的膜拜属性，与普通人有着足够的距离，美容手术的"艺术品"带有"灵韵[①]"；轻医美更像是工业时代来临后，那些不依赖艺术家综合能力的艺术作品，如电影拷贝或者短视频、网络发表的小说，具有明显的展览属性，

---

① 灵韵，来自20世纪初思想家本雅明的著作《机械复制时代的艺术作品》，指不用平常的感觉器官而能使精神互相交通，亦称远隔知觉；或指无意识中突然兴起的神妙能力；或指作家因情绪或景物所引起的创作情状。

与大众紧密相连；轻医美的"机械复制时代的艺术作品"似乎只有实用价值而没有了光晕。

（4）传统医美是发散的、开放的，一直在探索未知，努力提升医美的天花板；轻医美是收敛的、趋于闭合的，一直在迭代已知，努力夯实医美的地板。

六、轻医美概念的"家族相似性"[①]原理

因为轻医美概念具有典型的家族相似性，所以轻医美概念难以清晰定义。而且没有出现在诊疗科目清单中，而是一个集合，一个范畴。

家族相似性最直接的例子就是亲戚关系。很多人过春节时会见到一些自己根本不知道、不认识的亲戚，但是他们通过家族相似性关系确实是亲戚。轻医美就是这样依据相似关系，就像语言游戏[②]一样将概念铺开。

最终，轻医美可能会被监管部门或者学界严格定义，完成划线，那时候就有了明确的边界。在此之前，轻医美是动态的、发展的，无法确定其明确边界，这也是新生事物的共同特点。

第二节　轻医美的投资机会

轻医美是不是一个投资的赛道呢？

为什么医美行业发展了近40年，竟然没有出现一个轻医美的领导品牌？

一、轻医美是否具备在医美板块中保持相对独立的条件？

几乎所有医美机构，都设有轻医美项目，并且成为纳客的手段和收入的主要来源，这些项目价格混乱，良莠不齐。

黑医美集中于轻医美，是因为其风险相对较小，故事好编，对产品的依赖度高，

---

① 家族相似性，即用同一个字代表不同的事物或者状态。这些事物或者状态，虽然彼此之间不同，却如家族成员般从属于同一家庭，而具备某些相似的特征。这是维特根斯坦意义理论的一个概念。
② 语言游戏是英国哲学家维特根斯坦的用语。当"把语言与活动这两者交织而组成的整体"（《哲学研究》）。他认为语言是人们用来相互之间传递信息的手段，是一种活动，而且是人的全部活动中的一个重要组成部分。语言游戏本身就把语言的运用、活动包括在内，正如棋类活动这个概念本身已把棋子的走法包括在内一样。语言本身作为活动是一种生活形式，在一定语言中出现的语言游戏是人们的生活形式的表现，期望、意向、理解等也是通过语言活动而成为生活形式的。

对医生的依赖度低，流程不复杂，弄砸了逃跑也相对容易。

专门做非手术的医美连锁，目前国内成员最多的连锁机构也不超过15家诊所。原因是轻医美项目的投资并不低，而且取得牌照的难度与传统医美相同。

投资人对轻医美的热情与日俱增。他们一般特别看重标准化和复购率，当然，越轻的项目，复购率原则上越高。

轻医美面对的几个消费者要素，分别是品牌、设备、医生、价格。它们涉及消费端的决策排序。尽管我们倡导消费者的决策排序应该是医生、品牌、设备和价格，但是在相当长的一段时间，中国这些尚不成熟的消费端的决策程序并不以我们的意志为转移。

比较注重医疗的机构，这几个要素的排序是品牌、医生、设备、价格；更轻一些的，排序则变化为设备、品牌、医生、价格；如果是纯粹养护型的轻医美，排序又会变化为品牌、设备、价格、医生。总之，医美越轻，医生的要素排名越往后。当然，这个排序方法肯定是需要商榷的。

将医美业务进行进一步细分的市场已经逐步走向成熟，特色化、个性化、差异化是被业内人士普遍接受的观点；相反，标准化、安全化、同质化在理论上说也是可能的方向。一切交给市场是犯错率最低的选择，总之要看市场需求，甚至看时尚与潮流的影响。

二、科技促进标准化

轻医美最重要的特质是标准化和可复制性，这两点现在看来，实现的可能性很大。从业态上看，医美越轻，越容易标准化。这一点，正是开办连锁机构最想要的。装修风格或招牌什么的，标准化比较简单，这里就不赘述了。

随着医美设备的更新迭代，越来越多的"傻瓜机"相继出现，比如身体冷冻去脂的酷塑、无痛黑金光子浴的最新一代光子嫩肤仪、无痛的欧洲之星4D等，对治疗技术的要求不那么强，适合于偏重皮肤或身体养护型机构；已经上市的童颜针和胶原水光针，克服了玻尿酸针剂的栓塞和结节风险，因此，重度依赖设备和产品的机构，可以把酷塑、黑金无痛光子、欧洲之星、超皮秒、脱毛仪、水光作为标配，针剂方面可以上一款童颜针、水光针，以及少量的肉毒素。

医美行业每年都吸引大批其他专业的医生涌入，而且不光是退休医师，年轻医生也越来越多了。他们经过简单的培训即可进行轻医美的操作，加上进入门槛很低，人才供给不是太大的问题，年轻医生的依从性高，容易接受标准化的培训。

医护人员及相关人员的培训也可以相对地标准化，如果项目不多、流程简单的话，形成相对一致的服务流程和规范，也不是太难。

比较具有挑战性的是医生们是否愿意遵守项目的边界。让医生们在治疗上做到不越界是相当困难的，医学总是靠所谓的"破圈"获得发展和进步，但是养护型医美连锁的破圈，就意味着风险和对标准化的破坏。

三、轻医美连锁是蓝海[①]

从业态上看，目前市场尚没有成规模的轻医美连锁品牌。日本、韩国及我国台湾地区早就有了这类连锁机构，而且不止一家，这对投资人来说，是个很好的参照。

互联网平台对医美的深度介入，让线上统领线下的可能性增加，线上获客的新方法层出不穷，为大型轻医美获客问题的解决提供了极大的想象空间。当人们的数字化程度越来越高时，反而会对线下实体机构的体验标准要求更高，这正是线下医美机构发展的机会。医美机构是无法脱离线下场景的，这一点与商超模式完全不同。

四、不合规产品、设备与黑医美的围剿

诡异的是，市场比较流行的设备或产品，不少是无证产品或炒作擦边球概念，例如在胶原蛋白市场，2022年仅有一款人源化胶原蛋白针剂取得了三类医疗器械证书，其余产品均是二类医疗器械证以下的资质，它们不允许注射进入人体，然而许多机构仍在使用。它们是轻医美的热门货，尽管一经举报就被查，但如果想开办一家有市场竞争力的机构，完全不用这些处于灰色地带甚至直接违规的产品设备，那么机构很可能失去竞争力；如果用了，一家立志争当领导品牌的轻医美连锁机构，频繁违规被处罚的代价能够承受吗？

即使你不差钱，设备全买最好的，但是开了业就会知道，别人的报价都比你便宜，特别是黑医美，更便宜；消费者有时难以辨别真伪，特别是那些价格敏感型的消费者，

---

① 所谓蓝海，指的是未知的市场空间。企业要启动和保持获利性增长，就必须超越产业竞争，开创全新市场，其中一块是突破性增长业务（旧市场新产品或新模式），一块是战略性新业务开发（创造新市场、新细分行业甚至全新行业）。蓝海是指未知的市场空间，红海则是指已知的市场空间。

他们根本不在乎设备与产品的真假。正规机构被非法机构围剿，是常有的事。

2023年5月4日，国家市场监督管理总局牵头11个部委发布《关于进一步加强医疗美容行业监管工作的指导意见》，被业内视为对不合规设备、产品和黑医美的极限施压。我们期待行业风清气正。

五、市场准入与牌照

所有投资轻医美连锁机构的投资人有一个必须要面对的问题：拿牌照。取得牌照的过程都是一样的，和轻重没有关系。

中国的医美行业牌照管理并不是一个模式，每个省，每个省的每个城市，甚至每个城市的不同区，都可能有不太一样的牌照政策，比如，北京市、上海市、海南省各自的牌照管理政策就完全不一样；北京市的朝阳区、海淀区、东城区、西城区也不一样。有的审批权限在卫健委，有的权限则在区政府；有的地方需要工商、医疗两张牌照，有的则只需要一张。

总之，牌照的取得，绝对是个挑战。费了半天劲，拿下一张牌照，明明是什么医美项目都能干，硬是自己做减法，只做轻医美，这对人的意志和信念，也是个大挑战。随着诊所备案制逐渐推行落地，小机构尤其是轻医美诊所将迎来利好。

六、破解技术同质化[①]难题

同质化是标准化的基础，差异化是竞争的武器，轻医美连锁无疑要在同质化与差异化这两个问题上找到一个平衡的解决方案。可能的解决方案是将内实力与外实力加以区分，内实力指的是医美机构的技术实力，包括设备与诊疗水平，这方面无论在轻医美连锁机构内部还是在同行业之间，基本是同质化的，它注重的是技术的稳定性；外实力指的是服务流程与体验场景的差异化，以及形成的文化氛围，这些因素注重的是识别性。

七、资金投入的挑战

轻医美的投入并不轻。一家500平方米的轻医美机构，如果以设备产品概念为主，

---

① 同质化是指同一大类中不同品牌的商品在性能、外观甚至营销手段上相互模仿，以至逐渐趋同的现象，在商品同质化基础上的市场竞争行为称为"同质化竞争"，可指某个领域存在类型、制作手段、制作流程、传递内容大致相同的各类信息的现象。

那么，将时下流行的主力设备配齐最少也要500万元，加上装修和租金，以及人力资源和营销费用，1000万元投入如果能够操办下来，已经算是高手了。

千万别指望设备的融资租赁，那只能是暂时性的动作，否则就是给租赁商打工。也别抱着侥幸心理买假设备，我们谈的是规模化连锁机构；假冒伪劣的设备与产品一旦出了问题，那便是灭顶之灾，而且出问题是迟早的事。

拿出几千万是做不出轻医美连锁领导品牌的，靠自我循环、滚动发展的速度太慢，一般一家医美机构的投资回收期总要3年左右。如果只开了一两家机构就誓言要统治轻医美的天下，这些创业者有雄心壮志是好的，但还是要慎重。

我们不知道创办一家轻医美连锁的领导品牌要开办多少家才够，假定是100家，而且要一炮走红，一鸣惊人，那就最少需要10个亿。这或许就是为什么市场很难出现轻医美连锁品牌的独角兽。倒不是缺有钱的投资人，也不是缺有行业经验的团队，而缺的是这两拨儿人能够碰到一起，并搭好利益结构以实现双赢。

八、谁是轻医美的玩家？

大型医美机构是否存在转型的可能性？让大型机构放弃经营多年的美容外科、美容皮肤科的业务，不太现实，可行的方式是由大型机构另行投资，开办轻医美机构。

生活美容连锁向这个方向挺进也是可能的，轻医美将是医美机构与生美机构争夺的地盘。生美机构缺乏的是医疗技术与经验，包括对风险的控制；医美机构缺少的是生美机构的服务意识与水平，它们没有生美机构那么会黏客。当然，合规化可能是生美机构的难关。

创业医生能做轻医美吗？答案基本上是否定的，能够有勇气创业的医生都有技术特色，特别是外科出身的人，完全放弃自己的专长，转而去做缺少个性化诊疗的轻医美，大多数医生做不到。当然有例外，但是局限在小圈子，不具备普遍意义。

第三节　美容外科真的衰落了吗？

2022年下半年开始，越来越多的美容外科医生出来找工作，曾经稀缺的外科医生资源忽然就过剩了。

很多机构也在抱怨手术量下降；投资圈也把"轻医美"捧上天，却鲜有提及美容外科。美容外科已经失去了在医美圈的地位吗？美容外科真的衰落了吗？这是暂时性的阻滞，还是周期性的波动呢？

一、美容外科业绩下行的四个因素

美容外科业绩下行，并不代表美容外科衰落。

现在正是优化美容外科团队的好机会，因为外科医生从前被争抢，现在则有了更多和他们合作的机会。有创业追求的美容外科医生，正是进入创业的最佳时机。

1. 政策收紧带来的影响

政策收紧，特别是医美广告的严管，让往日依靠强营销获客的美容外科项目一时不知所措。政策迭代之后，美容外科也必然进入一个新时期，处于新旧模式交替之中，业绩下滑在所难免。

2. 疫情防控的影响

新冠疫情肆虐了3年，大大限制了人员的流动，也限制了美容外科客户的出行。相比于轻医美的就近消费模式，美容外科的服务半径大得多，自然受到的影响更大。

3. 经济下行的影响

中美贸易战及全球性的疫情，带来经济波动，消费萎靡，消费型医疗自然是首先被削减的家庭支出项。相对风险与支出都较低的非手术项目，却可能因"口红效应"而逆势上扬。

4. 美容外科过度营销的后遗症

过度营销与过度医疗叠加的负面效应，积累到一定程度，必然受外部事件的影响而触发。比如前几年过热的肋骨鼻，留下太多的修复病例和负面评价，手术量陡然减少是必然发生的事。

5. 暂时的疲软是对过往的代偿

如果说第一个因素是长期的，那么后面三个，则是短期或周期性的因素。

美容外科的需求始终存在，关键是看医美行业怎么做。而且非手术或轻医美，在治疗效果上，在许多医美项目上，根本无法取代外科手术。

唱衰美容外科的人，观察下来，有不少是对医美行业一知半解的金融分析师，他们的结论，多半是通过网上查查数据，打打咨询电话而得出的，不过属于简单调查罢了。

如果换一个角度思考，与其问美容外科为什么出现"衰落"，还不如问问非手术轻医美为什么能有比较大的优势。这个问题其实在医疗圈子有很多答案和先例。创伤小的治疗和手术逐渐取代创伤大的治疗和手术是不可逆转的趋势。

因此，美容外科的"衰落"不是因为单纯的外部因素，也是从业者主动选择的结果。

二、下一个周期，美容外科的发展趋势

1. 构成比例逐渐合理

欧美国家医美行业手术与非手术的比例大致是2∶8，亚洲的医美市场，二者的比例或许是3∶7或4∶6，当然，非手术的占比是多数。

最终的比例要待市场真正进入成熟期之后，才能获得比较准确的数据，这个结果是慢慢形成的。今天的外科业绩下滑，正是处于这个过程中，绝不代表美容外科的衰落。

2. 向大型机构或专业机构集中

行业的规范化与消费者维权意识的增强，让医生们变得更加谨慎了，因此，美容外科手术必然向大型或专业机构集中。

大型专业机构具有良好的手术条件、配合默契的技术团队、应对风险的能力和相应的医疗资质，所以，美容外科手术可这些地方集中顺理成章。

公立医院退出消费医疗是大势所趋，最起码它不是追求公益性的非营利医院的主流项目，所以，大型民营医院的机会还是非常多的，前景可期。

3. 分工越来越专业

美容外科医生的精细化分工是大势所趋。从世界各国的医美行业发展情况来看，基本是这样的方向。

专业化分工的结果是出现精品术式，同时能更好地管控风险。分工的模式可以在大型机构内实现，其中包括专业化的大型机构。越是大型机构，越要在风控上下功夫，否则就会出现爱尔眼科的黑天鹅事件，因为一个怎么也说不清楚的医疗纠纷，而让中国的医疗第一股被腰斩。

4. 倒逼医生成为主导

营销方式的管控，倒逼出医生成为主导的营销方式。新的《医师法》已经向这个

方向迈出了一大步。有些机构为了分担责任，逼着美容外科医生签承担50%赔偿责任的合同，这不能从根本上解决问题，只能是把医生逼走了事。

医生责任制是一个系统工程，不能仅仅从出了纠纷之后的赔偿下手，而要从医疗决策的前端开始，让医生们不仅仅是赚钱，而是彻底规范化，不能像炒菜的大厨，只顾颠勺，收拾厨房的活计都交给小工。例如实施电子病历的强制性推广，让医生们对就医者真正负责。

5. 机构间合作

不同专业机构之间的合作，将是美容外科未来的经营场景。只有让不同专长的专业机构产生合作关系，才能给医美消费者一个最满意的结果。

众所周知，站在消费者的角度，其消费过程不可能由同一个医生来完成，也很少能在同一家机构完成，那么，机构之间的合作，将是一个最节约的营销方式。这一点现在看来还有些困难，能做到不互相诋毁就不错了，但是将来一定能出现这个模式。

6. 真正重视风险控制

"外科风险大"是公众认知，无法短期内改变。"不开刀、不手术、三分钟祛眼袋"，这样的广告现在在北京居民小区的电梯里还有，这是抓住了外科的"风险"认知。虽然全行业都在开展消费者教育，告诉消费者美容外科的风险比交通事故还要低几个数量级，但是公众认知改变需要的时间和契机都不够，因此，外科风险必须有能说得出去的控制方式。

美容外科医生本人不愿意宣称自己购买了保险，尤其不想让消费者知道自己对技术不自信，从而购买了医师责任险。过去这样做的理由很充分，因为事关消费者的认知。现在保险意识已经在大城市被公众接受，美容外科医师如果不能有很好的风险预防和对冲措施，那么被非手术死死压住的局面很难改变。所以，再次重视保险，是外科给自己夯实基础的一个要点，需要再次重视起来。

一个好的美容外科医生的"供养"成本很高，有些机构甚至不惜逼迫医生签署上文提到的风险协议，也不考虑采用成熟的保险系统。一个好的美容外科医生，一年手术量换算成人民币，应该是七位数起步，八位数是常态，为了这么大的手术量和业务量，购买保险预防和对冲风险，是未来最好的风控手段。

三、未来美容外科营销应该怎么做？

做好美容外科是个渐进的过程。谁先起步，谁先受益，谁就能赢在未来。

1. 个人IP将成为不变的主题

医美广告新规之下，医生的个人IP将成为最具有效率的营销方式，不断出现的医生经纪人①团队和MCN公司，就是一个明证。

2. 技术组织型专家涌现

现在仍然是第一代美容外科专家们的天下，他们在各个领域掌握着话语权，但是他们普遍进入了55~65岁的年龄段，他们无法不担忧自己的职业生涯还有多远。年轻一代的新秀们，正虎视眈眈地觊觎着老专家们的各种位置。

但我以为这第一代的美容外科专家们不用着急，真正放下手术刀之后，还有相当长精彩的职业道路可以走，说不定比开刀的时候还要辉煌。

美容外科医生的第二春——成为技术组织型的专家。

有人会说，你不就是让医生们去当咨询师吗？为何要说得这么神乎其神？错了！首先，他们不是咨询，而是看诊；其次，他们的经验与学识，可不是年纪轻轻的咨询师们可以比的；再次，他们会为自己的方案负责，最容易取得就医者的信任；最后，他们与手术医生没有利益冲突，各赚各的钱。

主要精力不在一线手术和治疗，并不意味着老专家们的经验就没有用武之地了。恰恰相反，老专家成为诊疗带头人，一手托住医疗服务团队，一手托住求美者，就像大三甲医院中大科室里的主任，自己临床参与减少，却带动了科室建设。医美的外科和皮肤科越来越分离，并不是好趋势，求美者或者顾客需要的是消费医疗服务，他们不关心医疗分科怎么样。医美未来还是要走向"全科医美"，而做全科医美，依旧是美容外科出身的医生更有优势。

3. 把数字化服务做到极致

别以为复购率低的美容外科就可以不那么重视服务。数字化时代的到来，为医美服务提供了标准化的流程规范，所以，医美服务早已不再是服务态度或人文关怀那么简单表面，而是深入刚性规定的流程。这一切，应该由数字化系统来规制。比如有区块

---

① 将医生当成作家、演艺明星、体育明星一样，由经纪人负责医生的IP、推广、执业规划等事务，以节约医生时间。

链技术支撑的电子病历，客户在离开机构的48小时即可在手机上收到自己的电子病历。这难道不是一种全新的体验吗？

4. 对美容外科医生进行美学与心理学的培训

现在，所有的培训，除了技术的，就是营销的，罕有听说做美容医生的美学与心理学培训的。那么，机构的老板或创业医生应该重视这两个学科的培训，培训那些自以为是的医生们。以前，我们也总是会谈到医学、美学、心理学三足鼎立的结构是最稳定的，互相倚重。但是这些观点并没有得到重视，或许是时机尚不成熟吧。

5. 形成项目合作网

前文已经说过，机构之间的合作将是美容外科的未来模式。建立相对固定的、有信任关系的、利益分配机制合理的项目合作网，将是未来医美营销的重要方式，在某种业务生态里，形成服务闭环，营销成本被大大节约了。

本章总结

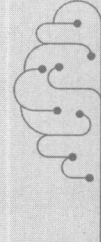

讨论轻医美兴起的话题，并不意味着美容外科的衰落，而是它将向大型医美机构集中。理性地看待轻医美的投资机会，有助于行业的健康发展。产品驱动的模式会持续相当长的时间，与之相应的轻医美，将迎来一个高速发展时期，它被认定为投资的蓝海，但是，如果不清楚它的定义，也不去遵守其底层逻辑来进行操作，结局同样会流于平庸。医美市场的发展，有其内在的规律，在中国医美从稚嫩走向成熟过程中，在逐渐合规化的历史进程中，"大而全"与"小而美"，都会找到自己合适的位置。

PART 2

资源篇

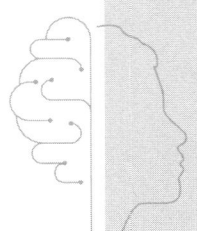

第六章

掌握关键资源

本章导读

很少有涉及医美产业的书籍谈到如何掌握这个行业关键资源在竞争中的决胜价值,以至于我们常常不知道成功者为何成功,失败者因何失败。

资源与关键资源并不是一回事。拥有了关键资源,如果缺少掌控并运用关键资源的能力,则无法让关键资源发挥效用。关键资源包括基础关键资源、专业关键资源、财务关键资源和发展关键资源。认知了这几大关键资源之后,我们还应该对关键资源与经济利润的关系加以认知,经济利润与会计利润是两个有区别的概念。

在上述几节内容的基础上,我们研究如何制定掌握医美关键资源的战略。最后的总结部分,则是从医美实操的另一个角度,分析在实际运作中,如何握住关键资源的钥匙。

第一节 资源与关键资源

资源[①]与关键资源不是一回事。两者的关系就像女人和美女的关系。

一、回到底层逻辑思考问题

在所有行业的发展过程中,谁掌握了关键资源,谁就有了生存与发展的希望,并且能够在竞争中胜出。医美业同样如此。过去几十年,全球化给世界带来了繁荣,但资源问题却越来越突出。不谈能源、碳排放、金融、信息、铁矿石这些传统资源,单说国际人才流动带来的人力资源管理,就是一个巨大而复杂的问题。我们国家的"千人计划"就成为被人觊觎和眼红的资源项目。由此可见,任何发展,底层逻辑都是资源的利用、规划、获取的竞争。医美行业的发展也不例外。

按照马克思在《1844年经济学哲学手稿》里提出的异化[②]观点,医美的底层逻辑包含重要的资源逻辑,底层的资源逻辑又会异化成表层的现象逻辑,它如同生产力与生产关系的相互作用,是互生的、缠绕的,弄好了是上升螺旋,弄不好就是下降螺旋。

二、资源与关键资源

资源是一个外来词汇。从词源上看,是英文Resource经日语"資源"变成简体汉语的"资源"。此处所谈关键资源指的是"社会资源"里对医美业绩发展起决定作用的那一部分,是具有独特性的资源,且具有奠基性、专业性、财务恰当性和发展支撑性,

---

① 资源是指任何一种有形或者无形、可利用性有限的物体,或者是任何有助于维持生计的事物。在大多数情况下,在商业上或者甚至出于道德规范方面的因素会要求通过资源管理来实现资源分配。资源分为自然资源和社会资源两大类。前者如阳光、空气、水、土地、森林、草原、动物、矿藏等;后者包括人力资源、信息资源以及经过劳动创造的各种物质财富等。

② 马克思描述的异化是指原本自然属或和谐的两物彼此分离,甚至互相对立。"异化"一词最重要的用法是表示人与其"类本质"的异化。马克思主张异化是资本主义的结果,他的立论基于路德维希·安德列斯·费尔巴哈在《基督教的本质》(1841年)中提出的理论,费尔巴哈在此书中力证"上帝"观念是人类特征的异化;麦克斯·施蒂纳则进一步主张"人性"观念是个人的异化,马克思与恩格斯在《德意志意识形态》(1845年)中反驳了他的观点。

也是企业拥有的对具体业务保持持续忄竞争优势的至关重要的基于能力的资源。资源只有与其能力相匹配时，才能达到预期的效果并有可能超水平发挥其盈利能力。

一种资源的数量指的是特定某种原材料的总量，而不是经济学上所说的储备量。在资源数量方面，可能会发生瓶颈问题，使一些资源无法获得，造成供应紧张。随着投机者提高资源的商品价值，或者有各种可能风险时，资源价格往往会出现上涨。资源价格被视为一个与资源供应的安全有关的影响因素。资源就是那些可以真正组合用于生产商品和服务的事物。

资源主要具有三种特性：实用性、数量（依据其可利用忄）以及在生产其他资源方面的用途。不过，有些人并不接受这种定义。例如，生态学家就认为它具有非人为要素而独立于人类的价值。甚至很多人类中心主义者和西方马克思主义者反对用"人力资源"这个词汇，因为他们认为将人资源化，就是将人物化，是把人当成了手段而不是目的。为了解决将人类自身也视为一种资源的道德伦理争论，并利用人能够将原材料转变为富有价值的资源的能力，人力资源被定义为：那些用于生产商品或提供服务的技巧、精力、才能、能力以及知识。这样剥离了具体的人，而变成了人的某种属性和方法。

关键资源按照工具属性还可以分成四类，分别是：基础关键资源，解决立足稳的问题；专业关键资源，解决抗风险的问题；财务关键资源，解决赚得多的问题；发展关键资源，解决能复制的问题。

其中基础关键资源是决定商业模式是否合理通畅、是否有闭环、是否能够自治的资源；专业关键资源是生产力和生产关系资源，包括医生团队、专业能力、产品和技术能力、产业链分利能力等；财务关铤资源是能否拿到更便宜的资本，能否获得超出"辛苦钱"水平的经济利润的资源与能力；发展关键资源是能否保持团队年轻化、思想年轻化、业务年轻化、模式年轻化的资源，也包括这些资源的获取能力和使用能力。

三、什么是关键资源能力？

关键资源包括有形资源、无形资源、财务资源、实物资源、时空资源等，即天时、地利、人和的共同作用。企业的资源只有与其能力相匹配时，才能达到预期的效果并有可能超水平发挥其盈利能力。

关键资源能力，是指让商业模式运转所需要的相对重要的、让关键资源发挥作用的能力。企业的各种资源能力的地位并不是均等的，不同的商业模式能够顺利运行所需要的资源与能力也不尽相同。

医美的关键资源就是业务发展的各个引擎是否能够同时发力，并保持协调与配合，核心生产力是否被激发，生产关系是否能调整到位。

第二节　基础关键资源

医美需要拥有足够的基础关键资源才能获得立足的根据地，拥有发展的动力和潜力，否则就会导致商业模式不完备，蕴藏巨大的风险。哪些资源可以成为医美业的基础关键资源呢？总结下来，应当有奠基性关键资源、启动关键资源、可持续发展关键资源三类。

一、奠基性关键资源：凭什么要做这个？

我们决定要做什么事情有两种驱动力。这两种驱动力被德国思想家马克斯·韦伯命名为价值理性[①]和工具理性。

我们往往从价值理性出发，得出做或者不做的结论，这是价值判断；做了价值判断之后，再从工具理性出发，找出该怎么做更好、更富效率、更有经济价值。

奠基性关键资源是可以直接推导出价值判断的那些资源。医疗服务不同于普通商业服务，除了考虑商业因素外，还要从伦理学出发考虑问题。不同的伦理维度融合、组合，又有相对主义、兼容论等多种样态。很多从事消费医疗的人做伦理思考和价值判断时，往往是在多个标准中游移和跳动，这种情况值得关注，甚至要警惕。因为不同的伦理出发点，就决定了方向和目标。医美等消费医疗发展到一定阶段会出现内部自洽问题，就是价值判断的基础发生了动摇。

关键资源除了物质形态的，还应该包括精神形态的。这是决定"凭什么"的内在力量。医疗行业一旦做进去了，单单凭借工具理性的计算，无法自洽，也无法走得更远。

[①] 价值理性也称实质理性，即"通过有意识地对一个特定的行为——伦理的、美学的、宗教的或作任何其他阐释的——无条件的固有价值的纯粹信仰，不管是否取得成就"。也就是说，人们只赋予选定的行为"绝对价值"，而不管它们是为了伦理的、美学的、宗教的，或者出于责任感、荣誉和忠诚等方面的目的。

二、启动关键资源：跑道够长吗？

当决定了要做消费医疗时，解决了价值判断的问题，工具理性就要起决定作用。消费医疗很难赚快钱，依靠传统方式不行，互联网加持后依旧不行。因为消费医疗需要启动的过程，其间需要的资源，就是启动的关键资源。

首先，要有能飞的飞机。这可以对应到医疗基础设施。医疗基础设施可以理解为医疗服务的硬件，剥离了"人的要素"的那部分，就是诊所、医院、影像中心、法律合规系统等基建的部分。

其次，要有足够的燃料。很多美容医生创业之初会高估自己的"流量"，就像人们照镜子容易高估自己的容貌一样高估自己的"个人魅力"。结果是开了机构却很快面临储备客户枯竭、流量不足的局面。这是"没有足够的燃料"。

最后，要有足够长的跑道。医疗服务的启动时间和动量积累的过程往往比预期的长。从大型医疗中心到医生独立开业的个人诊所都是如此。消费医疗因为比公立医疗有更多的支出和成本，能拿到的优惠政策更少，运营层面商业化程度更高，所以足够长的跑道也是重要资源。

消费医疗业务的启动过程，消耗的资源往往超过预期。就像很多人不知道大型民航客机一次起飞就需要数吨燃油一样，人们也不知道从事消费医疗，即便上了"赛道"，往往也没有资格进行一次起飞。

三、可持续发展关键资源：为什么投资或者精力不放到别处去？

医美等消费医疗增长过程商业模式的设计，是可持续发展的关键。发展就需要消耗资源，资源最终都会归属到能量和信息两个方面。哪些资源是可持续发展的关键呢？

比如，机构已经实现了现金平衡，这时候需要增加业务能力，招聘医生。什么样的医生算是"可持续发展"的关键资源呢？推荐一个简单的方法——增量分析定价法[①]用于识别可持续发展关键资源。采用增量分析定价法识别发展的关键资源时，就要认真考虑或详细测算，增加了这个人（部门、业务、营销措施、医疗合规管理等）之后，与以往相比是否带来了"增量"。这个增量不是1+1=2的简单线性增加，而是1+1>2的增量。这是扩张过程中识别可持续发展关键资源的要务。

---

① 增量分析定价法，经济学术语，主要是分析企业接受新任务之后有没有增量利润（贡献），如果增量利润为正值，说明新任务的价格是可以接受的，增量利润等于接受新任务引起的增量收入减增量成本。

另外一种可持续发展的关键资源是选择偏好。具体而言，就是让你选择医美而不是其他行业的那些资源是什么。很多医学家庭背景的人选择从事消费医疗，是因为自己有足够的选择偏好资源。把这些资源详细列出来，然后做减法。大多数情况下，拥有的关键资源列表清单最后剩不下几个，但是这些剩下的，就是发展的关键。

还有一个要点，就是发现画龙点睛式发展关键资源，厚积薄发大致是这个意思。医疗业务没有捷径，互联网医疗没有取得预期的蓬勃发展，就是因为医疗服务发展离不开对应的资源消耗，能量和信息两者都不可或缺。人工智能、大数据、互联网解决了部分信息问题，但是能量消耗问题，也就是资源消耗问题仍然存在。医疗业务发展有赖于技术跳跃式发展。就像当年发现青霉素，发现手术室做好消毒、外科医生术前洗手就能降低外科术后感染和死亡一样，医疗服务的跨越式发展需要技术进步。很多医疗技术进步就是画龙点睛式的跳跃发展。这种进步可以视为拥有关键资源得到的"意外奖励"。医疗服务的迷人之处也在于此，梦想与激情有时候突然涌现并合二为一。

第三节 专业关键资源

按照现在的医疗合规标准，《圣经》里的耶稣曾经无照行医[①]。为什么社会发展会出现历史上合理的情形，到了现代社会就需要在法律合规之下才能做呢？按照马克思主义的社会发展观点，社会分工导致专业化；社会分工越来越细，因此导致了各种"异化"现象。消费医疗也是如此，专业分工导致医疗体验原子化，但是分工也带来更多的收益。从事消费医疗投资和运营管理需要有足够的专业资源。

一、只有专业才能对抗风险

医疗卫生服务体系是具有结构性、功能性的完整系统，为了达到整体效率最优和系统均衡，需要对医疗服务内部进行合理分工，包括社会分工[②]，专业分工不但可以提高效率，同时可以预防风险、对冲风险。

消费医疗不同于疾病医疗之处是以改善型需求为主，具有极强的消费属性，不具

---

① 《圣经·四福音书》记载了耶稣的神迹，包括医病、驱魔等。
② 邹晓旭.基于社会分工论的我国分级医疗服务体系构建及其策略研究[D].武汉：华中科技大学，2014.

备保障型需求的刚性。在具体医疗服务列表里，要善于识别是消费型需求还是基本医疗需求。识别到位，业务风险大大降低。这需要很强的诊疗专业能力。这是专业化解与对抗风险的一个常见情形。

同时医疗合规系统渐趋复杂，以往一个不大的门诊部拥有一位有经验的医务主任便可以搞定一切，但是现在不同了，医疗合规已经不仅是医疗专业的环节，而是延展到市场监督、税务、金融、医疗监管等诸多领域，这也需要专业团队。医疗业务的收益与风险是并行的，所有红线都不能触碰。与此同时，要做到能够自如地开展业务，被医生们形容为"戴着镣铐跳舞"。这对专业水平和专业团队的要求极高。

因此，从事医美业务，需要具备"专业关键资源"。这个关键资源是人、制度、习惯和执行的集合。

二、医疗合规与流量压力的鲁棒性关键资源

鲁棒性[①]是指生物体、环境或者计算机等系统在受到干扰和破坏时的稳定性、健壮性。一般分为稳定鲁棒性和性能鲁棒性。医疗合规系统的健壮性和稳定性依赖于特定的关键资源。

成本效率恰当的医疗合规系统，能确保稳定性。经过压力测试的运营系统，能让我们知道"不好"的底线在哪里，能够预测和管理服务性能，如流量、质量、满意度等，这样才能控制风险。

医美机构很难实行完全的预约制服务。因为消费属性强，机构和医生很难拒绝在节假日涌来的顾客潮。医美机构往往需要在某些时间段面对2倍甚至5倍接待能力的客流冲击。此时，就像电商购物节和铁路部门春运期间电子商务系统的压力测试。一般医美机构很难具有充分的能力，主要是因为客流潮汐波动大，难以充分应付。这种情形如果处置不当，就会造成稳定性和性能问题。消费医疗的服务能力受限于医疗基础设施和医疗专业技术人员的规模和能力，这个资源限定无法突破。

不但需要对服务能力做压力测试，同时要对医疗合规做鲁棒性评估，不能在医疗风险的最坏结果不可知的情况下盲人摸象般碰运气。

---

① 鲁棒性，Robust 的音译，健壮和强壮的意思。它指在异常和危险情况下系统生存的能力。比如说，计算机软件在输入错误、磁盘故障、网络过载或有意攻击情况下，能否不死机、不崩溃，就是该软件的鲁棒性。所谓"鲁棒性"，也是指控制系统在一定（结构、大小）的参数摄动下，维持其他某些性能的特性。根据对性能的不同定义，可分为稳定鲁棒性和性能鲁棒性。

因为医疗合规系统存在，鲁棒性能力依赖相应的资源，而且这些资源是消耗性的。最常见的例子是医疗机构的急救和抢救预案及药械准备。因为医美等消费医疗大多是预约制的慢诊诊疗服务，理论上控制好了院感、检验、病人筛选，可以将出现抢救和急救的情形减少99%以上，但是相应的应急预案与其他医疗机构无异。这种消耗型资源非常重要，需要专业人才资源同物质资源与管理资源的紧密结合。

解决了基本鲁棒性资源配置，下一步就要考虑：错了怎么办？谁兜底？谁负责？进一步需要考虑：搞坏了怎么办？谁收拾？谁重启？

医疗风险有偶发的，比如因为管理不善或者基础设施故障、医疗专业人员责任事故；也有系统性的，比如某些过敏、突发医疗意外等。这些风险只能分散、对冲，而不能避免。为了对冲这些可能的风险，一般中小微机构需要关键资源。这些关键资源包括：保险措施、行业互助、应急管理、安全生产运营制度等。

三、控制医疗专业人员综合成本的关键资源

专业医疗人员非常稀缺。截至2020年，我国执业医生数量只有340万人；2019年在中国医师协会美容与整形医师分会注册的会员只有13000多人。医疗专业人员的稀缺性决定他们是关键资源。而且对消费医疗而言，好的医疗专业人员很贵。因此，专业医疗人员的综合成本控制既是能力，也需要足够的资源。

国内医生集团通常都拥有高度的技术自信，一般由具有行业影响力的明星医生率领，也有很多大咖、头部学者专家济济一堂的情形，非常有震撼力，让人看一眼顿觉信心百倍。此风一起，医生集团或者同一个医学院系、同一个师承关系、同一个培训访问团、同一个医院等"共同体"都组合而成立各种医生集团。也有些头部医生因为有着丰富的履历和个人能力，有自己的IP和团队，因此成为强医。医生集团和强医团队拥有了医疗专业人员，能输出更高的价值，同时会带来更高的用人成本。

强医团队虽好，但是控制不好综合成本，带来的往往不是美梦而是梦魇。2021年国内几家医美上市公司的数据显示，净利润率不足10%。部分非上市的头部医美机构的利润也大致是这个数字，甚至更低。这意味着，未来很长一段时间，管理好医疗专业人员综合成本将是风控的关键。因为医疗专业人员的综合成本弹性很大，控制得好，会增加额外利润，甚至带来经济利润增加，控制不好直接就吃掉了未来所有的利润空间。

因此，控制医疗专业人员综合成本的水平和能力取决于是否有对应的关键资源。

比如，有产学研多领域领衔专家，有高生产力但是价格不贵的临床医生队伍和培训梯队，有在产学研各领域充分的话语权。

第四节　财务关键资源

财务关键资源包括三类：更低的资金成本、更强的融资能力、恰当的资金杠杆。

一、用更"便宜"的钱

多年前，管理会计①刚刚开始在国内受到重视的时候，其业务就给多行业投资者和运营者带来重要的启示。资金有诸多属性和使用方法，恰当的策略和部署能让资金成本降低。

消费医疗融资有过一段较好的时期，资金成本很低，适合拿过来做发展。如果有更长的"发展管道"，那么就有更多的资金池可以连通，只要成本控制得好，就会获得更多的资金自由度。

随着融资环境的改变，消费医疗的融资成本也与诚信、信用日益深度绑定。财务方面的关键资源就是能找到更便宜的钱为己所用。

对于消费医疗而言，除非医生独立开业的小而美的执业形态，所有希望取得商业成功且具有现代企业架构的机构，如果计划快速发展，占领某些细分领域市场，依靠滚动的自驱式发展模式已经无法做到。因为任何细分领域一旦出现商业机会，有能够"复刻"的商业模式，都会吸引资本的注意，然后就会被占据。

消费医疗很难有不可复制的技术壁垒或者政策与合规的防火墙。所以消费医疗发展和布局本身就是资金的比拼。此时，融资能力就是财务的关键资源。这首先是认识上的问题，创业医生和对资本有负向评价的医生集团应当修正自己的观念。财务关键资源能力约等于融资能力。

---

① 管理会计，从传统会计中分离与财务会计并列的，着重为企业改善经营管理、提高经济效益服务的一个企业会计分支。

二、更大的资金"带宽[①]"

财务带宽=资金数量 × 流动速率。

医美等消费医疗长时间被认为是"资金流"或者"现金流"小能手。很多估值都是按照PV法做的，因为营收和现金流还可以，但是利润不好核算。这时候资金带宽就显得尤其重要。

带宽是一个信息论概念。用高速公路作比喻，带宽就是高速公路的通行能力，这个能力是由车道数量和最高车速两者决定的。资金带宽大是消费医疗的优势，体现在很多消费项目可以设计成合规的储值消费模式，同时顾客消费的频率可以较高，客单价可以很高。这样资金的流通量就会加大。一段时间即便没有确定的利润预期，但是更大的资金带宽也会推动机构估值的增加，估值高了，就有利于融资成本下降。

三、恰当的杠杆

银行可以通过信贷关系创造货币[②]的故事很多人都有耳闻。虽然普通商业机构没资格干中央银行和商业银行的活儿，但是资金杠杆不是洪水猛兽。农业社会的思想传承影响我们的很多观念，对金融工具的警惕和保持距离就是一例，绝大多数商业服务投资者和运营者对资金杠杆非常警惕。

在某些时候，资金杠杆是医美等消费医疗的关键财务资源。

第五节 发展关键资源

医美等消费医疗作为商业和企业的价值在于盈利预期和发展速度。工业化推动了标准化可复制的制造业和服务业的空前繁荣，甚至"可复制"成为一个商业模式的金标准，就像咒语一样占领着所有希望快速发展的商业投资者的心灵。发展需要消耗资源，获得高质量发展需要关键资源支撑。

[①] 带宽又叫频宽，是指在固定的时间可传输的资料数量，亦即在传输管道中可以传递数据的能力。在数字设备中，频宽通常以 bps 表示，即每秒可传输之位数。在模拟设备中，频宽通常以每秒传送周期或赫兹（Hz）来表示。
[②] 货币创造，也称作货币扩张，是中央银行、商业银行和非银行（机构或个人）透过信贷关系共同作用，使得在银行体系内流通货币量扩大的金融行为。

一、发展如何成为复制和粘贴

工业化增强了人们用标准化和流水线生产的信念。消费主义让人类社会从生产者社会转变成消费者社会。社会发展依靠消费驱动，产品和服务提供的目的不是满足人的基本需求，而是创造更多的需求。

大部分医美等消费医疗需求是被创造的。用标准化、可复制的方法创造需求是现代工业文明和当代消费社会的拿手好戏。

很多连锁品牌在复制粘贴式的发展道路上，收获了无数次成功。一个品牌或者业务的发展速度也可以用带宽的概念来计算：发展带宽=被复制的单体大小 × 复制速度。

轻医美备受各方重视，尤其是投资方的重视，根本原因是轻医美更容易标准化复制，具备复制粘贴式发展的可能。相比之下，需要做手术的医美就相对更复杂，因此失去了比较优势。

但是轻医美类容易标准化复制的业务，采用复制粘贴的方式发展也会遇到巨大的问题：医疗基础设施和医疗专业人员都不能复制和粘贴。医疗基础设施难以列入"轻资产"行业，即便轻医美所需要的医疗基础设施也不轻。医疗专业人员更是难以施行复制粘贴，而是需要漫长的成长管道。因此，从发展速度看，具备复制粘贴式快速发展能力的消费医疗品牌或者机构，算是拥有重要的发展关键资源。

发展速度还与发展的模式有关，串行发展模式是一个一个地来，需要更高的速度；并行发展模式是一批一批地来，需要更好的标准化，可以复制粘贴性要强。专业医疗人员驱动的消费医疗发展通常采用串行模式；医疗基础设施驱动的消费医疗发展通常采用并行模式。

因此，管理和准备发展关键资源，要分清楚自己是串行模式还是并行模式。

二、复制内容：独占或者独有关键资源

轻医美连锁本质上是将可以标准化、可复制的医美服务进行快速复制，同时需要有非同质化性，用来满足求美者的个性需求。这有点像是NFT[①]电子艺术品，要创造独特性和稀缺性。医美连锁尚未取得大面积可验证、可复制的成功。就是一个品牌很难实现在全国不同地域、不同城市、不同人群中用规整一致的方式取得类似的成功。

---

① NFT（Non-Fungible Token），汉译名称是非同质化代币，一种应用区块链技术验证的数字资产。它最容易理解的外号是数字艺术品。

那么，以发展关键资源视角，复制的内容需要有独占或者独有属性。这并不好解决，因为医美的医疗基础设施和专业医疗人员都不具备快速复制属性。那么只有给医美赋予电子艺术品的某种属性，用这种被赋予的独特性来对接人文与文化，获得审美体验。

NFT在服装鞋帽虚拟化、电子化艺术作品等领域取得了一定成功，但是依旧难以成为发展的关键资源。这是值得关注和探索的领域。

三、复制方法：高效率或者高壁垒

如果拥有了被复制对象，经过了可行性评估，那么如何开始复制呢？或者说，如何稳妥发展呢？有两种复制方式。

其一是工业化复制，特征是被复制单元标准化、讲究效率、注重边际效应。判断资源是否为关键资源的标志是在边际成本抵销边际收益之前，快速获得规模和收益。

其二是保护性复制，特征是有护城河与防火墙，被复制单元有足够不能被模仿的特性和排他属性，注重总收益而非复制效率，边际属性不强。判断资源是否为关键资源的标志是能否用于构建护城河与防火墙。

第六节 医美关键资源与经济利润

会计师在计算利润的时候，可运用公式：收入－显性成本＝利润，这就是会计利润。经济学家在计算利润的时候，可运用公式：收入－显性成本－隐性成本（隐性成本在这里也叫机会成本）＝利润，这就是经济利润。是否算上机会成本是区分会计利润与经济利润的关键。医美的会计利润可以与关键资源无关，但是经济利润离不开关键资源。

一、医美的经济利润

消费医疗的从业者，包括投资人、经营者、医疗专业人士、运营者都应该问问自己：我是在赚辛苦钱（会计利润），还是在赚经济利润？

以医美为例，顶着一个"暴利"的名声，其实只有不到10%的行业平均利润，而且这个利润是会计利润，与经济利润无关。如果考虑进入机会成本，绝大多数做医美的，都是赚个辛苦钱，甚至到不了社会平均回报率。对投资而言，如果持续亏损，盈利无望，那么就是不断增加机会成本，而且变成"不可赎回"的沉没成本[①]。

医美应该有多少经济利润才算是达标呢？这要通过关键资源的数量和种类、质量和回报预期来估算。这是论证从事医美、从事消费医疗可行性的要点。

二、经济利润来源于关键资源

以医美实操运营的可行性分析与研究视角，利润都应该来源于关键资源。

首先，高价值客户（分类为S级或者A级这样高级别的客户，比如VIP、VVIP客户等）带来利润。这些客户是关键客户资源，需要有谨慎的管理和维护策略，这些人应该给医美机构贡献5%以上的经济利润（按营收总额的计算比例）。

其次，流量客户（分类为B级、C级或者类似的客户）带来的是营收和门诊流量，这些客户是准关键客户资源，需要恰当的培养和维护，这些人可以给医美机构贡献1%~2%的经济利润（按营收总额的计算比例）。

最后，潜力客户和初级客户（分类靠后的客户）带来的是未来的预期和对前两类客户的补充，这些客户不是关键客户资源，要克制对其投入的各种资源，这些人往往不能带来经济利润。

腾讯公司提出了公域流量和私域流量[②]的客户管理概念后，私域流量被认为是"关键资源"。不过被认为是关键资源和实际成为关键资源是两回事。私域流量如果没有足够的产出，那么先不要认为它是关键资源。

判断关键资源的方法很简单：带来经济利润的那些资源和带来占较高比例会计利润的资源，以带来经济利润的为主。

从事消费医疗和医美行业，应当对自己持有和即将拥有的关键资源开列清单，然后计算这些资源能带来多少经济利润，务必在经济利润达到一定数值后再做或者确定其可行性之后再做。如果没有足够的关键资源支撑经济利润，那么要寻找和配置关键资源。

[①] 沉没成本，或称沉淀成本或既定成本，是经济学和商业决策概念，指已经发生且不可收回的成本。沉没成本与预期成本形成对比。预期成本是采取行动可以避免的未来成本。换句话说，沉没成本是过去支付的金额，与未来的决策无关。

[②] 私域流量是指从互联网公域、他域（平台、媒体渠道、合作伙伴等）引流到自己私域（企业网、客户名单），以及私域本身产生的流量（访客）。私域流量是可以进行二次以上链接、触达、发售等市场营销活动客户数据。私域流量和域名、商标、商誉一样属于企业私有的经营数字化资产。

三、资源效率与经济利润

资源效率与经济利润（Direct Profit Access）的关系决定了资源是否为关键资源。

医美等消费医疗实际的业务环境，客户的消费频次、消费单价、消费愿望等构成了客户资源效率评价。同理，医生等专业医疗团队的资源效率都有可见的上限，一个医生或者一个医生小组，能做的诊疗服务数量不可能无限增加，如果期望做得更多更好，那么只有增加更多的人或者团队单元。就像医院的规模用"床位数"做主要界定指标一样，医美的医生和医生团队每单位时间周期的业务输出能力是有限的，少数高产出医生和团队不能作为总体评价标准。

同样，手术室、医疗器械、填充材料、治疗药品等都没有太多的复用或者多用可能。一间手术室一天大约排十台手术，再多就要挑选术式或者加班才可以。一台治疗仪器，比如一台铒激光器，每次治疗和准备时间需要70分钟，这个时间可压缩空间很小，大致只能这么多；填充材料更是丁是丁卯是卯，没有"膨胀"的可能，否则不但不符合效果预期，更是违规行为，甚至有道德风险和违法风险。这是医美等消费医疗的关键资源易枯竭的原因。

缺少关键资源造成了从事医美等消费医疗特别容易形成同质化竞争。因为大家都缺乏足够多的关键资源，所以大家事实上在同一个台阶上各显其能；在市场增长期，大家一起享受增长的狂欢；而在市场不景气的时候，大家一起愁眉苦脸，比赛内卷。资源易枯竭型业务比较容易面临这样的情况。

医美的关键资源因此与经济利润直接连接，甚至二者具有某种等价关系，关键资源的持有和配置可以视为商业模式最简化的模型。

四、关键资源再生与循环利用

医美等消费医疗的关键资源大多不具备快速再生性，甚至没有再生性。

美容外科手术属于"低频"项目，很多项目"一生只做一次"，比如双眼皮、假体隆胸等。这样一来，客户资源就是一次性的，不具备再生性，也不能循环利用。为了解决这个问题，涌现了"轻医美"这个物种。轻医美在大的方向上等同于非手术，甚至在消费者看来与生活美容类同。轻医美具有"高频"属性，且需求可再生、可循环。因此，医美等消费医疗最重要的关键资源就是让手术和非手术成为可互相促进的关系。

甚至市场出现了完全放弃手术，专注做非手术的商业模式。这是瞄准了客户关键资源的再生与循环。

与关键客户资源同等重要的关键资源是医疗专业人员。本书习惯将医疗服务提供系统分成医疗基础设施（Medical Facilities）与医疗专业人员（Medical Professional）。前者包括土地、房屋、设施、信息化系统、法律监管框架等。医疗基础设施大多不能作为关键资源，因为其能力有明确的上限，不可再生且难以循环（医疗器械的耗材化在医美领域非常显著，且显然在向故意的方向发展）。那么只有医疗专业人员的能力可以通过培训、教育和系统性人才训练得以扩展，但是空间有限。

因为医疗服务难以工业化，更难以减少人的参与，所以消费医疗的关键资源再生和循环利用的空间很小，甚至不可能。这也造成了消费医疗的关键资源非常稀缺，一旦拥有这些资源，那么将带来更多的经济利润。

第七节　医美关键资源战略

近年来，以煤炭石油等能源，铁矿石、网络空间、碳排放等重要资源为核心的论题和话题，不但关系国际大事，甚至影响到普通人的生活。计划好、利用好资源，是任何组织发展成长的重要战略。医美也有关键资源战略需要考虑。因为战略是方向性问题，是对趋势的预测和提前布局。

一、资源战略与关键资源战略

对医美从业者而言，目光所及最重要的资源是客户。

行业发展之初，需求旺盛，客户成长快。对从业者而言，不用讲什么资源战略，直接从"公海"里获取客户即可。20年下来，大家开始强调私域流量了，这本质就是"公地悲剧[①]"发生后，大家开始把"自有"的资源更加有效地利用，并且要保护这些资源可以长期重复利用。

---

① 公地悲剧，也称公共资源悲剧问题，即哈定悲剧，是一种涉及个人利益与公共利益对资源分配有所冲突的社会陷阱。这个词起源于英国作家威廉·佛司特·洛伊在1833年讨论人口的著作中所使用的比喻。1968年时，美国生态学家加勒特·哈定在期刊《科学》将这个概念加以发表、延伸，称为"公地悲剧"。而这个理论本身就如亚里士多德所言："那由最大人数所共享的事物，却只得到最少的照顾。"

客户资源有一定再生能力，只要消费增长，客户资源就应当有对应增长，那么就要有对应的资源管理战略。客户资源管理，是首要的关键资源管理。

消费医疗面向居民消费和个人改善型生活需求，竞争的本质是资源的角逐。从业者从自身利益出发，必须参与资源竞争。虽然有少量技术高、客户基础足够的医生可以"佛系"一段时间，但一般一两年之后，还是要参与到资源竞争。

以非洲矿山开发为例，百年前西方因为资源掠夺和殖民的需要，曾经在世界各地开发各种自然资源和社会资源，包括非洲的各种矿山；后来我国也参与非洲资源开发，但是遭遇了各种阻力和困难。还有曾经成为大众舆论事件的澳洲铁矿石事件，高价购买资源，也会面临种种困境。这说明资源竞争的重要性。

世界上各种自然资源和社会资源实际上是人类的生存权。消费医疗的各种资源也是这个行业从业者甚至是消费者共同拥有的资源。根据熵增原理，不难得出资源有限的观点。医美等消费医疗的市场在中国大地是一体化的，在资源有限的情况下这个市场是一个半封闭的体系，而不是经济学假设的开放体系，中国医美等消费医疗市场还不具备足够的"外向型"特征和能力，因此本质上是资源消耗型的。把重要资源合理分类到关键资源里，对从业者个人、从业企业，甚至全行业都有重要意义。

关键资源就像"锦囊妙计"，是战略性资源，是在时机恰当时用于超越、在危机降临时用于"渡劫"的"法宝"，能够在天花板落下时有机会跳出去另辟发展空间的"虫洞"。

二、节能化趋势与信息化趋势

消费医疗有两条底层规律一直被忽视，其一是"节能化"，其二是"信息化"。

节能不要简单理解为"节能环保"的"节能"，而是更简单、更快速、更舒适、更容易接受、体验更好的"节能"，既包括传统的"物质能量"，也要包括"心灵能量"。

科学是工具理性[①]历史发展观的最大成果。因为现代医学属于科学系统，所以医学也具有浓厚的工具理性，也具备内在的"节能"需求。这经常因为医疗丰富的人文属性而被忽视，甚至被遮蔽。在关键资源战略里，要将此放到"关键"位置。

"日益攀升的医患纠纷、说不清的诊疗性骚扰、棘手的医疗事故、高额的医疗费、

---

① 工具理性，社会学家马克斯·韦伯提出的概念，与价值理性相对。又叫作效率理性、功用理性、目的理性、技术理性、科学理性，指的是通过实践的途径确认工具或者手段的有用性，为了达到事物的最大功效，以及实现人的某种功利目的而服务。工具理性是通过精确计算功利的方法最有效达至目的的理性，是一种以工具崇拜和技术主义为生存目标的价值观。

不平等的收入……医生的医术已经远远无法解决问题。"[①]

信息化不仅是各种医疗信息化系统，而且是一种对医疗服务非常重要的支持系统和决策系统。

医学需要更通畅的信息流动和知识分类，这是解决医学人文难题的一个重要途径。很多就医的患者，包括医美求美者，往往把医生的态度等同于人文关怀。我们在各个投诉平台和医患纠纷统计数据都可以看到，被指责最多的依旧是"服务态度"问题。这个老大难，有望通过信息化工具得到最大限度的缓解。因此，注重信息化趋势，并能将之用于提升医疗的人文关怀，将是一项非常伟大的创举，因为信息化、数字化是一种长期投资、反复使用的资源，所以信息化也势必成为关键资源能力。

三、扁平化趋势与去中心化趋势

流水线工业生产不是因为福特汽车而生，但是因为福特汽车而成为"工业趋势"。近现代社会，不但物质生产是工业化的，与流水线生产密不可分，甚至连文化生产都有了"文化工业"的称号。似乎可以工业化的都应该工业化。工业化带来的流水线作业，似乎并不担心流水线长，也不担心过长的流水线积累错误和问题，因为流水线有着中心化管理。

工业生产的成功让层级结构和中心化管理成为高效率和创造奇迹的共识。似乎组织大规模生产或者高效率生产和服务就应该设置层级流水线，就该有"中心化司令部"的管理。但是，这种"共识"天然正确吗？为什么在医疗领域，SOP流程并没有将希波克拉底誓言清除出去？为什么在文化都可以工业化的时代，医疗能保留一块人文的领地？

这是因为医疗毕竟一面是人文，一面是科学。科学的一面可以交给工业化，比如医药生产和医疗基础设施；人文的一面必须留给医生，留给医疗专业人员。医美的成功将属于非工业化、非中心化。这也是关键资源战略重要的环节之一。

先说说医疗业务扁平化，可以称为医生直通患者（Direct Client Access）或者患者直通医生（Direct Doctor Access）。我国的公立医院系统做得很好，基本上是医生面对患者，患者挂号找医生。比如到北京的阜外医院看血管外科，挂号的时候会落到医生头上，如果不具体指定某位医生，也会在挂号后有对应的医生。但是在医美行业，很多时候消费者并不知道自己看诊的医生是谁，甚至无权知道。这是扁平化被工业化流

---

① ［印度］阿图·葛文德.医生的精进[M].杭州：浙江人民出版社，2015.

程遮蔽的体现。如果医美等消费医疗有业务扁平化的支撑资源，比如恰当的医疗基础设施和专业医疗服务团队，那么这是关键资源，具有战略意义。

再说说管理扁平化。如果具有管理扁平化能力，那也是重要的战略资源。官僚制度不是贬义词，是中性词。官僚制度是现代科学的分科与专业化社会分工的必然结果。现代医院里病人看病如果与医院的行政部门打交道，那么就是在与一个"官僚系统"打交道。官僚系统是去人性化，讲究程序、制度和流程，唯独不重视人文。越官僚的制度层级越多，越具有人文属性的制度越扁平化。医美服务切忌管理官僚化。具有扁平化能力，是一种核心资源能力。

近年来，医美业涌现很多医生业务增长中心。一个医生加上少数（通常不超过10人）支持团队，能完成每年几千万元收费总额的手术量，有些非手术医生也能完成同样的收费总额，甚至有些非手术医生有超过手术医生的战绩。因为这些小团队给出了惊人的成绩单，它们提供的"打版"范本，是具有启示意义的关键资源。谁拥有了这些业务增长中心，谁就抢占了未来高地。一个医生小团队营收超过一家大医院，小中心如何打败大中心的案例越来越多，也让迷信层级结构和中心化管理的从业者纷纷侧目。

四、人文主义趋势

2018年，众多媒体报道：曾经是公众心目中"人工智能"代名词的IBM Watson，在近6年砸下几百亿美元的研发投入后，前景反而越发黯淡。多家医院终止了与Watson的肿瘤相关项目，医生抱怨Watson给出了错误判断。Watson真的能治病吗？

IBM的Watson作为人工智能医疗的代表，曾经给医疗专业和公众无数智能健康时代的憧憬，在全世界范围对AI医疗投入巨大热情和金钱后，大家纷纷质疑人工智能到底能走多远。

消费医疗为了解决医疗专业人员短缺问题，也热衷于用AI代替人的工作。医美领域比较常见的有辅助咨询，做成专家系统或者智能系统，不但能起到辅助作用，还能大大减少人在业务流程中的参与度。结果，多年下来，从业者的共同结论是，医疗的关键资源离不开人文主义，我们要警惕人文主义工具化最终走向医疗的反面。

医疗伦理专家们明确反对医疗去人文化。医美的客户大多是改善型需求，更加需要投入"人文体验"。过去20年医美的发展证明，有人文主义传统和能力的医美人和医美机构将拥有更多优势。如果将这种优势资源化，那么就是关键资源。

第八节　掌握医美业关键资源的钥匙

医美作为消费医疗的代表，虽然看似繁荣，实际上机会的大门越来越窄，甚至有锁闭的趋势。该如何利用关键资源这把钥匙呢？这是本章希望解决的问题，虽然林林总总说了不少，但是因为题目过于宏大，只能管中窥豹、走马观花。为了避免言不达意、言不尽意，这里再从医美机构实操的角度重新梳理一下，它可能是另一个维度。我们需要从如下五个方面着手，在实操中具体把握。

1. 拥有核心技术的医生团队

消费医疗本质上不属于纯消费行业，而是以医疗技术为基础的。医生，尤其是具有市场思维、服务思维、客户思维的医生数量非常少。这决定了拥有核心技术的医生团队是消费医疗最重要的核心资源。

医生对于消费医疗的重要性，就像人的身体对于人的生活的重要性。

人的身体是所有感受的主体，身体也是感受的客体，身体还是各种感受的发生地。拥有核心技术的医生团队对于消费医疗也是如此。医生是所有医疗行为的主体，同时也是医疗行为实施的第一评判者，几乎所有的关键动作都是由医生直接做出的。

拥有核心技术的医生团队是稀缺资源。不但数量少，而且这些医生团队容易水土不服。这表现为在一家机构品牌做得很好的医生团队，换了一家机构就"泯然众人"了，这样的情况很多，这就加剧了医生团队的稀缺性。较好的解决方式是下大力气从源头培养医生，从开始就有价值观磨合到位和定制化技术方向清晰的团队"流水线"。

2. 独特的技术与产品

现代医疗合规系统，已经将与医疗有关的"突飞猛进"关进了笼子，医疗技术和诊疗方式已经没有了跳跃式发展的机会。这时候消费医疗独特的技术和产品大多不是"发明"的，而是被"发现"的。

发现的方法是合规技术加上美学和人文，再加上大众传播和品牌塑造。互联网给大家带来了目不暇接的"成功"案例。但是本质上并没有增加因传播而火爆的可能性。从统计上看，医美等消费医疗排在第二位的关键资源是独特的技术和产品。而且这条路径越来越窄，越来越需要发现。

3. 更节能的模式、更通畅的信息流

著名畅销书作家、原谷歌与腾讯科学家吴军认为，"历史永远重演，科技永远向前"，"科技进步的两条主线是能量与信息"[①]。吴军博士认为："对企业和商业最重要的趋势在于：占住更节能的模式和更通畅的信息流。"这个观点应当也适合消费医疗行业，当然也包括医美。最显著的例子就是轻医美的崛起。轻医美看上去只是治疗方式、治疗体验上的变化，但其背后是更节能、更多信息交互的结果。

因此，消费医疗关键资源的考量离不开节能和信息效率这两把尺子。共享医疗和将医疗资源分成医疗基础设施和医疗专业人员的分类方法，不但可以提高医疗服务提供的效率，同时也是更节能的方式。信息化系统与医疗基础设施深度绑定，没有信息化系统的医疗服务，营销和管理无法想象。而且信息化的内涵远超我们的想象。医疗服务本身就是一个巨大的"分类器"，是人类知识的凝聚，是人类智慧的成果。关键资源清单里，如果有这两项——节能的模式和通畅的信息流，那么将是消费医疗的巨大本钱。

4. 更低成本、更高效的合规系统

合规管理和成本控制要达到"关键临界点"。主动合规起初成本高，被动合规起初成本低。但是随着合规程度的变化，主动合规成本将越来越低，被动合规成本会越来越高。如图4所示：

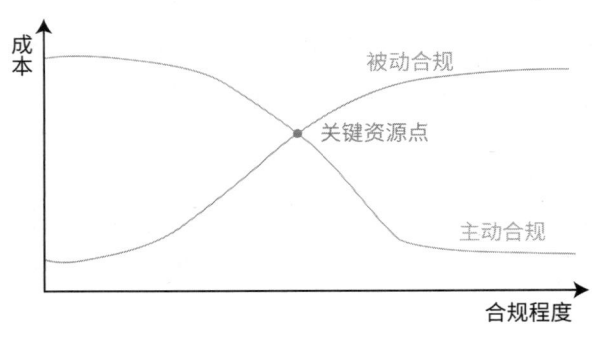

图4　成本与合规程度的关系

在成本与合规这对关系中，可以成为消费医疗关键资源的是这两条曲线交叉的关键资源点。这个资源点不是虚拟的，而是国际医疗合规与成本控制的经验总结。面对未来的消费医疗合规系统，这个点很重要。

---

① 吴军．全球科技通史[M]．北京：中信出版社，2019．

5.资本的力量

在有商业传统的社会，利用资本发展消费医疗（如医美）是一个中性事件。合作方根据需要选择即可。但是在儒家文化圈，具有知识分子传承的医生们往往对资本有"义利之辨"的警惕。同时因为近几十年的社会意识形态的影响，大家认为资本是偏贬义的词。这导致了对资本的力量认知不够。

如果将资本放在中性的位置，有充分且合理的资本可以利用，那么也等于掌握了非常重要的关键资源。

资源大多是消耗性的，而且获得资源都有代价。关键资源要在恰当的时候发挥正确的作用，才能体现其价值，同时要注重价值最大化和经济恰当性，这需要第一个关键契机：关键资源被激发的条件。古人常讲的"天时地利人和"就是这种思虑方式之翘楚。

就像"科学没有国界，但是科学家有祖国"所讲的一样，涉及人的问题都离不开一致的价值观和共识，资源也不例外。也要有各种价值观和理念的区隔。对资源的认定既是商业模式的出发点，也是商业模式的归宿。有资源型医美，也有技术型医美。靠拓客发展，或者大流量带来营收增长属于一般资源型，对资源的依赖很强，真正的关键资源却较少。近年经常被媒体报道和大众关注的资源枯竭型城市①的归宿，值得资源型医美警惕。靠技术和口碑，注重医疗传统和服务体验而获得持续发展的属于关键资源型，与关键资源形成共生关系，是一种更符合"小而美"架构的医美机构的资源模式。这是价值观和理念共识的问题，决定了未来的方向和属性。

如果关键资源包括"软性资源"，那么合理且持久的利益纽带是最关键资源。不同的利益方结成共同体，当然要有共同利益。不同的利益共同体的利益关系是不同的博弈关系。博弈关系最基本的模型是"零和博弈②"，在零和博弈的基础上增加收益，能够把饼做大，才能有基于增长的非零和博弈。那么，设计基于稳定内核且具有收益扩展性的利益纽带就是重中之重。

任何能量和信息系统都有平衡的"天花板"。当接近这个天花板时，就达到这个系

---

① 资源枯竭型城市是中国大陆范围矿产资源开发进入后期、晚期或末期阶段，其累计采出储量已达到可采储量的70%以上城市的统称。
② 零和博弈，又称零和游戏或零和赛局，与非零和博弈相对，是博弈论的一个概念，属非合作博弈。零和博弈表示所有博弈方的利益之和为零或一个常数，即一方有所得，其他方必有所失。在零和博弈中，博弈各方是不合作的。

统的稳态，达到这个稳态的系统，能长期健康发展，那么这个系统就是类生态系统。

医美机构或者消费医疗需要把生态型组织[①]的治理结构当作自己要长期维护和获得的关键资源。这样才能避免越过管理和业务"互害"的临界点，达成管理和业务的相互促进。

本章总结

拥有了关键资源，不一定能够成功；不掌握关键资源，成功的可能性极小。我们看待关键资源的时候可以有很多不同的视角，以及相应的不同层面的诠释，但是核心内容不会改变。要想取得创业的成功，无论是医生还是投资人，都应该首先对自己握有的资源进行分析，找出自己的长短板，并对资源进行合理配置。如果缺少重要的关键资源，那么创业时，就要慎重了。

并不是说一定要具备上述关键资源才可能开始创业，这不过是纸上谈兵，创业成功肯定不止一条路，商业模式也不尽相同。只是历史无法假设，时光也无法倒流，一味参照成功的案例，难免陷入幸存者偏差。我们的目的，只是想让从事医美事业的人，尽可能地少走弯路。

---

① 生态型组织是组织管理的"市场经济"阶段，生态组织希望的结果是快速响应外部市场需求、资源要素自由有效配置，内部利益交易、决策精准、创新不断涌现。而过去传统组织管理则是组织管理的"计划经济"阶段。

第七章

与优秀的美容医生合作

本章导读

医生们很难接受非医疗人士对他们的议论,但是成为从事消费医疗的医生之后,他们必须接受市场的考验,以及来自消费者、合作者、投资者的评价。本章内容试图探讨从事消费医疗的医生,应该满足哪些条件。第一节,从行业角色的角度,分析医生应该具备的条件,以及在日常运营中,如何让自己处于有利且合理的地位。第二节从心理能力分析医生的"整商""美商",它们和情商有关,单纯的技术优势并不足以获得商业上的成功。第三节讨论美容医生的修养,即医疗技术、人体美学与心理学并重,才能为就医者带来最满意的结果。第四节涉及医生们的自我推广问题,讨论一位美容医生优秀的线上表现与是否成为网红医生的关系。第五节则是医生个人IP和医美线上团队的风险与防控措施,它往往与真实的自我有所不同,涉及人在互联网时代的另一种维度。在互联网时代,人不仅存在于现实,也存在于虚拟世界,它同样对商业的成功起决定性作用。

第一节 消费医疗医生的行业角色分析

分析从事消费医疗的医生，意味着重新定义医生的行业角色，对比从事疾病医疗的医生，他们不但有本质上的不同，而且有更多的内涵与更广的外延。对此，医生要调整心态，适应角色变化，完善更新知识结构，学会参与更多的岗位协作。

一、重新认知身份

不是所有的医生都愿意从事消费医疗的工作。医疗圈子虽不大，但是各种鄙视链[①]事实上广泛存在，进入消费医疗对医生们来说不是需要勇气，就是需要机缘。

但凡选择了消费医疗，例如医美，谁要说自己不在乎收入的多少，没人会相信。做消费医疗的医生，收入肯定是很多的，那些走上创业道路的医生，都是冲着名利双收去的，这天经地义。他们的苦恼不是钱。

二、对比疾病医疗医生

相同之处，大家都是医生。

第一，疾病医疗以治病救人、救死扶伤为主，消费医疗以解决问题为主；疾病医疗有医保可以报销，消费医疗需自费；疾病医疗是刚需，消费医疗是弹性需求。这些差异，具有奠基性。

第二，疾病医疗的就医者是病患，这没有异议；消费医疗就医者的称呼，总也达不成共识，实际工作中总是称其为"客人"，但是专家们对此并不甘心，于是创造了许多名字：求美者、求美就医者、就医者、客患等，都不太顺口，始终叫不起来。他们

[①] "鄙视链"一词最早见于《南方都市报》2012年4月7日深圳杂志"城市周刊"专题，是当今网络社会反映的一种自我感觉良好而瞧不起他人的现象。鄙视像条食物链，是个绕不开的怪圈。在这个怪圈中，每一个人都在链条的最末端。

被称呼最多的，还是"客人"。按照儒家正名[①]的传统，消费医疗的就医者的这些名字本身就可以印证其"名不正言不顺"的困境。

原因是显而易见的。"医客"双方都不再把就医者当成患者，他们踏进医美机构的第一件事就是砍价[②]。看病的时候你见过谁和医生砍价吗？

第三，看病的医生只要把病看好就可以了。看病的医生也有当网红的，他们后来或多或少都做生意了。

消费医疗的医生要除了完成临床的事情，还有许多事情要做，他们要有销售的概念和动作，无论自己的机构里有没有咨询师，销售的工作是要有人做的，不是医生自己做，就是配合咨询师做。无论医生承认与否，行业的特性决定了消费医疗必须有销售这个重要环节。消费医疗业务更像是医疗与商务的结合，但是医疗合规系统又排斥其商务的成分。

除了销售，就是营销推广，消费医疗的医生，一半是医生，一半是商人。

第四，医美医生的使命是用医疗手段帮助就医者变得更美，所以，用单纯的技巧去解决问题是不够的，还必须懂得人体美学，要有自己的美学主张，并且能够在临床结果中体现自己的美学观点，否则，绝不可能成为一名优秀的医美医生。

医美医生在就医者身上实现的，不完全是自己的美学理想，而是双方在人体美学上的共识。所以，这是一个共建的过程，就医者参与其中的成分很多；如果仅仅体现医生的观点，对方并不接受，那么很可能会出现纠纷。

三、消费医疗的医生定位

在角色博弈中，医生们希望重新定义自己的医生角色，这是一个争夺的过程，对手是所有博弈参与者。

1. 在医患共建的过程中争取主导地位

临床能力强，拥有独立自洽的美学主张的医生，更容易在医患共建的过程中处于主导地位。

美学观点不同导致的医患纠纷多于医疗技术所导致的纠纷。大多数医美争议，并

[①] 正名，指对一个事物，采用正当合理的名称。正名一词源自儒家经典《论语》。子曰："名不正，则言不顺；言不顺，则事不成。"意思就是说，要做成一件事情，必须先有一个正当合理的名义和理由，这样事情才能讲得通，才有办法产生正面的号召，进而把事情做好。

[②] 医疗服务折扣、优惠、诱饵、打包等现象在很多国家是被禁止的。

不是医疗事故，也不是临床问题，而是不满意医美结果。因此，美容医生一定要构建自己的美学主张，在服务过程中占据支配地位。

有支配地位的医生，可以强化就医者的依从性，使其接受医生的医美观点，则更容易达到双方满意的结果。经验证明，因缺乏主见失去主导地位的医生，很难被广泛认可。

2. 营销参与权

完全不参与营销的医生很难取得可持续成功，如果营销与诊疗脱节，既浪费资金，也浪费其他资源，还会造成各方沟通障碍。

不让医生参与到营销过程的机构大量存在，这是完全以营销为导向的类型，医生团队不稳定，甚至没有固定医生。

主动放弃参与营销过程的医生也是有的，这样的医生无法形成个人IP，也就没什么更高的市场价值。

优秀的消费医疗医生都会主动参与营销活动，并在这个过程中不断争取话语权，他们希望在营销中处于主导地位。有些医生太忙，没有太多时间参与营销，但是也要抽空参与决策，以避免各种浪费。

3. 在销售过程中争取否决权

线上的医美销售，对医生而言路长且阻。目前线上销售项目居多，医生只是项目的实施者。

医生更多地参与线下销售，在机构现场完成，属于运营，销售的前端是咨询师，后端是医生。医生的权重，在不同的机构差别很大。营销主导的机构，医生权重小；医疗主导的机构，医生权重大。

因为医生少有否决权，自然无须承担责任，医疗纠纷的发生率可想而知；大多数医生不希望这样。

为什么要呼吁"回归医疗"？就是医生们希望拿回医疗决策权，最起码有个否决权，这样，医生在自雇型机构承担全部责任，在雇佣型机构承担部分责任。

4. 在诊疗服务过程中拥有决策权

进入诊疗服务过程后，按理说医生是拥有决策权的，他们不会答应由别人，包括就医者和非医疗营销人员，来指挥自己怎样开刀或怎样治疗；然而现实中，在别人指挥下做治疗的事情，却屡见不鲜。比如在渠道医院，手术可能是在渠道商的指挥下完成的。

剥夺医生在诊疗过程中的决策权，是对医生职业的羞辱，医生们的自尊心让他无法接受这样的模式，即使为了钱而委曲求全，那也是一时的事，不会长久。医生一旦放弃了理想和坚持，也许会赚更多的钱，但是永远不会成为"大医"。

第二节 美容医生的心理建设

凡是能做医生的人，智商都不会低。美容医生的情商[①]要求也是高标准的，因为在临床不是和单纯的病患打交道，而是消费者或客户，而且相当一部分医美就医者是有心理需求的，这就对医生的情商提出了更高的要求。情商被定义为表达、控制和感知情绪的能力，俗称"社交智慧"。

由情商的概念衍生很多专业概念，例如医美行业的"整商"及"美商"，应该都是情商一词的变种。

一、何为整商？

百度百科没有"整商"这个词条，只有模棱两可的简陋说法。这个词，应该是模仿"智商""情商"，随之演化而来的。

"整商"，或许就是指医生的整形美容技术能力、审美能力、沟通能力相结合的综合表达与实现能力。单有技术能力是不行的，要有审美能力，还要有将审美能力通过技术实现效果的能力；单有这些能力还是不够，还需要相应的表达能力与沟通能力，也就是心理学的功夫，让就医者充分理解并与医生达成共识，从而进入一种共同创造的过程；医美是医患双方共同创造的过程，医生要有能力调动就医者的主观能动性，积极、正面地参与到变美的过程中。

网上有不少女明星的"整商排行榜"，基本是胡编乱造博眼球的内容；但这反映了

[①] 情商（Emotional Intelligence, EI）一词首次出现于 20 世纪 90 年代。是使用较广泛的心理学术语之一，但其构成、发展和预测有效性确实一直存在争议。主流观点认为，情商是由一组情绪能力组成，包括识别自我和他人的情绪状态、使用情绪指导思想和行为、理解情绪如何塑造行为，以及调节情绪。澳大利亚昆士兰大学的心理学家 Neal Ashkanasy 认为，情商（不同于智商）最直接的科学证据来自美国南加州大学神经科学与心理学教授 Antonio Damásio 的研究，在 Damásio 的畅销书 Descartes' Error 中描述了"病人 Elliot"的案例，Elliot 遭受了脑部创伤，导致失去接纳自己情感的能力。尽管他智商极高，但对控制自己的情绪却无能为力。（中国生物技术网）

人们往往是把"整商"这个词用在了一般消费者的身上，指的是一个消费者对整形美容的理解力、把握力，经由个人审美与沟通能力，通过医生的技术来实现颜值提高的综合能力。整商应该是用理性思考替代感性决策来使自己变美的能力。

二、关于"美商"

对于一般消费者而言，把"美商"这个词汇用在自己身上，似乎更合适。"美商"在百度上比较容易查到。

"美商"全称是"美丽商数"（Beauty Quotient，BQ），并不是指一个人的漂亮程度，而是指一个人对自身形象的关注程度，对美学和美感的理解力。

医生端用"整商"，消费者端用"美商"，二者成为互相对应的概念，具有某种因果关系。这是否能够成立呢？毕竟，医生端是施与方，消费者端是接受方；医生通过诊疗行为让就医者受益，是一个"整"的过程，就医者经过与医生的沟通和对诊疗的配合，获得"美"的结果。

有位咨询师出身的医生经纪人，说起怎样选择医美医生，"要看这个医生能不能被培养出来"。他的解释是："我并不是说要培养医生的医疗技术，那是他们本就应该具备的；我指的是他的'整商'，说白了就是审美能力、设计能力、沟通能力。他见到客户，就能知道怎么做才能让她好看，才能让她满意。如果一个医生不具备这些，您说我怎么敢把我的客户给他？"

三、"整商"肯定不是包装出来的

"包装"这个词汇，医美界的相关人士都不会陌生。无论什么，在推向市场之前，都要包装，包装品相、包装人。

很多人天真地以为，医生的个人IP都是包装出来的。于是，每个医生的名下都有琳琅满目的头衔，都会被冠以种种溢美之词，当然，如果能够有与美或艺术相关的话题，包装起来便容易多了。

然而"整商"这东西，是无论如何也包装不出来的。因为它无时无刻不体现在医生的动作之中，是一种修养、一种观念、一种素质，是非常综合的概念；它决定了医生与就医者的沟通方式，决定了如何进行审美设计并付诸实施，决定了如何取舍，并为自己的行为划出边界。

许多医生都有自己的业余爱好，有些与艺术或美相关，比如说绘画、摄影、音乐、雕塑、装置，这些都会给医生们带来艺术方面的修为，但是能否传递到诊疗行为之中则不一定；比如说骑马、高尔夫、厨艺、打麻将、网球、旅游，这些看似与艺术不沾边儿，是不是就一定和"整商"无关？也不一定。

也有些医生，什么爱好都没有，但是做出来的手术就是漂亮，就是能让大多数就医者满意。他们不但诊疗技术高超，而且对于人体的审美有独特的见解，哪怕只打一针，就能让人在不知不觉之中变美，这应该就是"整商"高超吧。

所以，"整商"对于医美医生来说，可能和诊疗技术同等重要；而且，能够选择具有相当"美商"的就医者，对于医美诊疗的成功率来说至关重要。

四、当"整商"遇到"美商"

整商和美商双高的，或者双低的，往往会出现和谐的结果。不过双低的不长久，有隐患。一个美商低的求美者遇到一个整商低的医生，凑合着就都很满意。过去这样的情况很多。现在求美者已经向认真做功课的学霸方向发展了，双低的情况会越来越少。双高的那种会成为典范，代表着所有的美好。如果医生的整商和求美者的美商都能够越来越高，那么结果就是非常棒的。

如果这两个商数一高一低，就有些棘手了。不要以为整商高的遇到美商低的就能控场，不是的，业内高明的医生手术即使做得非常好，也有求美者不满意闹纠纷的。归根结底是这两个商数没配上。这也是我们经常说到的那种：做得太好，也不满意。

最糟糕的情况是：整商低的，遇到美商高的，还成交了。手术或者治疗完成后，结果如何完全看运气。

第三节　美容医生的修养

一、美容医生的三套车——医疗技术、人体美学、心理学并重的医生最有未来

前面说了整商和美商，下面说说美容医生的三个修养。

有位美容医生的收费很高，有些治疗本来助手也可以很成功地完成，但是仍然有些客户坚持支付更多的费用，请她来操作。她曾经好奇地问过客户，为什么要付更高的成本找自己来做非常普通的项目，那位客户是这样回答的：只要你的手一搭在我的皮肤上，就会让我感到踏实，心情一下子就平静下来，感觉一切变得从容了。

虽然这可以用心理作用解释，却是医生与客户共情的具体表现。最简单的情况：如果医生显得慌慌张张，那么客户就不可能从从容容。

对美容医生而言，医疗技术、美学修养、心理洞察三者齐头并进，才能快速精进。后两项对医美的重要性，并不亚于医疗技术。可惜，即使科班出身的美容医生，在医学院也很少接受到系统的美学与心理学的训练，这两项，只能在工作中完成自我教育。

对于美容医生而言，医疗技术、人体美学、心理学是做好医美的三套车，或者说是三驾马车[1]。对从事医美事业的非医疗人员而言，医疗技术充其量也就是熟悉熟悉，但是美学和心理学，是人人可自学精进的，而且掌握了这两项学问，会对日常工作有莫大的帮助。

二、医美，正在被重新定义

"医疗美容是采用医疗手段实现美学价值，以满足就医者个体的心理需求和社会心理预期。"[2]

不知道这个定义是否准确，它包括了医学、人体美学和心理学三个学科。医美从医学出发，走向了更高更远的地方。近几十年医美发展的历程，就是重新定义医美的过程。从业者、消费者、大众传媒，乃至整个社会，都参与了医美的重新定义。

社会发展有时是实然[3]与应然[4]分道扬镳的过程，医美也是如此。我们心中对医美"应该是什么"有我们自己的价值判断；现实中医美"实际是什么样"，是基于事实做出的判断。

---

[1] 三驾马车来源于俄语，俗称三套车，指在俄罗斯常见的长距离快速行驶的马具及马车编组。中国古代类似的说法是《道德经》第六十二章的"故立天子，置三公，虽有拱璧以先驷马，不如坐进此道"。
[2] 孟庆鹏医生在中国大众文化学会美容整形与艺术专业委员会2021年年会上总结的。
[3] 实然，事物现实存在的实际状态（样子），是对自然和社会现象的客观性描述。
[4] 应然，指的是事物应该的样子。与实然相对，实然指的是实际的样子。这两个词出自法学中两个学术流派，即自然法学派和分析法学派。应然还可解释为理性的演变，指的是暂时没有达到或是可能达到的状态，应然的方向应该是以理性为基础的。

1. 医美被重新定义的基础：医疗技术是永远的前提条件

医疗技术是医美的出发点，这一点没有讨论的必要。对于从业者和医疗机构，从业资格是入场券。对求美者来说，了解医疗技术和尊重医疗规律，决定了其能从医美收获多少好处。

美容医疗同时具备技术属性和科学属性。用于医美的手段必须是科学的，它比技术属性更加宽泛，因为太多的脱离常规的探索，并不适用于美容医疗，在其科学性上应基于保守主义的立场。这引发人们的思考，究竟怎样使用医疗技术，在美容医疗上才是科学的？

美容医疗的科学属性是指导思想，技术属性则是实现目的的手段。这个科学属性，并不仅是医学的，还有美学与心理学的介入，甚至包括其他门类的社会科学。

2. 美容医学的工具理性和价值理性

德国思想家马克斯·韦伯说过：人的理性可以分为两种不同的类型，一种是工具理性，另一种是价值理性。

工具理性是实现目的的手段，也就是说怎样做才是最佳的选择。例如，有人想做个隆鼻手术，经过计算与设计，医患双方会从综合隆鼻、肋软骨隆鼻、假体隆鼻、膨体隆鼻这几种术式中选择，当然还要考虑价格因素和康复时间，最后选择了综合隆鼻术，被认为是最合理的选择。这里运用的就是工具理性。

价值理性是什么呢？还是同一个例子，基于就医者的目的，到底是不是应该做隆鼻手术？如果目的是让自己变得更加好看和性感，通过隆鼻术能够实现这个目的吗？隆鼻手术是不是实现好看与性感目的的最佳途径？价值理性考虑的目的，是值不值得做这个手术，所以，价值理性要做的是价值判断，要比工具理性复杂得多。

在医疗美容中，单纯使用工具理性是不够的，价值理性可能更加重要。工具理性是前提和基础，价值理性则是目标与判断。价值理性涉及的面更宽、更广。

3. 从医学之悟到生命之思

只满足于当好手术匠的美容医生难成大家。单纯地完成一项手术并不难，难的是实现客户的美学价值与心理价值。对于医疗而言，存在二律背反。手术量同美学和心理价值并不一定成正比，最理想的状态是反比，手术代价越小越好，美学与心理价值越大越好；而现实中，消费医疗却是逐利的，行业的预期是做更多的手术，收取更多的钱；但是从长远看，只有为客户创造了更多的价值，才可能拥有更多的客户，从而获得更多的收益；从个案看，方式是减少收益，从整体看，方式是获得更多的客户，实现绝对值的扩大。

美容医生从对医学技术的追求，上升到对生命质量的思考，才有可能从纯粹的工具理性扩充到对价值理性的考量，是真正医学大家的成长之路。

三、美容医生必须研究人体美学

为什么最主观的审美一致性和标准会发展成为人体美学？这是每一位美容医生都应该思考的问题。

1. 人体美学为何变得如此重要？

"美学"和"哲学""科学"两个词一样，都是外来语。世界范围内，美学概念出现得比较晚。哲学、科学、美学都经历了漫长而有实无名的过程，最后出现的是美学。人体美学既确定又含混，确定的是它的特性，含混的是它的边界。狭义的人体美学起源于古希腊，成型于意大利的文艺复兴，发展于后现代时期。美学一直是哲学的附庸，唯独西方的人体美学，似乎脱离了哲学，与医学更近；东方的人体美学则与文学更近。人体美学完成了美学科学化的过程。虽然美学概念出现较晚，但是美学研究却非常兴旺，总结起来，有如下9种，供美容医生们参考。

（1）人体美学有历史研究方法，溯源历史，回到美的认知源头去考察人体美。

（2）比较研究，比如世界化的人体审美及不同国家与民族的人体审美。

（3）社会学的人体美学研究，与大众传媒和社会生活习俗有密切关系。

（4）实验方法的人体美学研究，有些医生喜欢将面部比例量化，做统计分析得出美学规律。

（5）心理美学研究用于人体美学，是视觉艺术化的审美，是与个人和群体认知审美相结合的产物。

（6）心理分析法用于人体美学研究。很多在微信朋友圈爆火的医美品宣文案，就是利用了心理分析的美学研究结论，成功地打动了消费者。

（7）用人类学方法研究人体美学。从原始状态，探求人类演化发展对人体美学的影响，比如是否有利于生殖后代。以女性有没有丰满的胸部和臀部来判别美丑，就是典型的人类学美学研究方法。

（8）符号学人体美学研究，最常见的是五官，比如眼睛、唇形、下颌缘的形状代表的寓意和含义，具有何种象征意义；比如老来孤苦或者人间晚晴这样的象征意义。

（9）信息论的美学研究，这是较新的方法，即大家看到的大数据的平均脸，给出不同民族、种群、国家的人的平均容貌特征，在此基础上做人体美学研究，制定医美方案。

大多数医生不受单一美学研究方法和方向的限制，同时结合几个不同的方向，综合多种方法用于人体美学设计，将设计结果作为医美手术和治疗的目标。

人们普遍认为，美容医生如果深入学习甚至精通某个艺术门类，会对人体审美有巨大帮助。在世界500强企业里，有很多家采用了贝蒂·爱德华的畅销书《像艺术家一样思考》[①]中的方法快速培养企业高管的艺术思维。从这个案例可以看出，艺术家的视角和艺术家的思考模式，对创造性工作和开创性思考非常重要。

2. 心理满足是医美评价的金标准

美容医生通过工具理性实现了医美的美学目标，但是并不一定能获得求美者的认同。怎样获得求美者的认同呢？要落在求美者的心理满足与主观评价上。求美者的心理满足与评价来源于两个方面：一是求美者本人，二是求美者的社交网络。

很多美容医生能够说服求美者喜欢自己给他们设计实施的手术或者治疗。但是往往第二天，或者没过多久求美者就觉得不满意了。这种情况大多是求美者受自己的社交环境影响而改变看法。人体审美是社会化评价的结果，与求美者个人评价相比，其他人的评价更重要。

给求美者设计一个"自然"的效果，采用更高级的"自然"的方法，同时有一定独特之处，这对美容医生来说，其实并不容易。这不单单是要求医疗技术，更要求美学认知一致，还有求美者个人及其社交圈子的心理满足问题。

四、与就医者美学沟通一致，是优秀医生的重要指标

在医患双方缺乏信任的时代，医美服务才有了"美学沟通一致"的前提。

1. 医美诊疗的美学沟通一致

医美诊疗的范围，不但包括医疗本身，还包括审美，所以诊疗内容更加复杂。早在2015年，医美诊疗的规范里，就已经规定医患双方于术前在美学认知、美学效果、美

[①] 贝蒂·爱德华.像艺术家一样思考[M].海口：海南出版社，2003.

学预期上，达到沟通一致。《临床技术操作规范·美容医学分册》[①]要求，"当确定将对美容就医者进行某一项美容外科手术后，医师应对手术的美学效果有较明确的预测，并与就医者进行必要的沟通"。但是，现在的医美病历里面，有多少个达到了这个要求？在就医者的知情同意书里，是否都列明了这一条：美学沟通一致？

医美行业，医患双方似乎都是在面对纠纷或诉讼的时候，才会意识到病历的重要性。而医美病历中"美学沟通一致"，可能会对司法鉴定和审判结果，产生重大影响。

实务中，鉴定机构往往认定医疗机构存在"病历中未见术前设计、计划等的沟通记录，并未做到术前医患沟通达到美学一致，存在沟通不充分，风险告知不充分"（摘录自一次著名的一审司法判例）的情形，做出医疗机构存在过错的鉴定结果。法院根据医疗机构存在过错而做出的判决，赔偿数额甚至超出了医患双方的协商预期。

美学沟通一致的另一个要求是，要告知就医者除了医生推荐的方案，还有哪些替代方案。

欧美国家的同行不但要求在病历中体现这一点，甚至在医美广告中，就要求广告发布者列出推荐方案之外的其他替代方案。这既是对就医者知情权的保护，也是对就医者选择权的尊重。

在列明替代方案之外，需要列出可能的并发症。让医美机构做到这一点是困难的，它们生怕吓跑了就医者，错失了到手的收入。报喜不报忧，是医美行业普遍存在的现象，特别是医美咨询师们，往往为了达到销售的目的，对并发症的风险只字不提，或者轻描淡写，避重就轻。

医美医患纠纷的大幅度增加，就说明了这一点。无论是法官还是媒体，会永远站在消费者的那一面，哪怕消费者也存在过错。

2. 美学一致的标准是什么

《临床技术操作规范·美容医学分册》要求，手术实施者要向美容就医者说明各种术式的优缺点，以及可能产生的术后并发症，包括预防处理的原则。取得美容就医者术后积极主动的配合，以使术后并发症的发生率降到最低程度，这也是审美能力的实施过程。

那么，如何有效规避上述法律风险呢？要按照操作规范的要求，完善病历文书。

---

① 中华医学会.临床技术操作规范·美容医学分册[M].北京：中华医学电子音像出版社，2004.

然而,"美学一致"是个没有标准的事,医患双方沟通的结果千差万别。如果说,具有标准与规范的临床过程是"规定动作",那么美学一致,就是"创意动作";前者考验的是临床技术、经验与学识,后者考验的则是美学修养、天分和灵感。

如果深入"美学"概念的定义,那么将面对更加复杂的情况。

3. 从美学定义到可以采取的措施

美学在欧洲又名感觉学、感性学。虽然美学研究历史很长,但是美学学科直到1750年才由德国学者鲍姆加登建立[①],美学是以对美的本质及其意义的研究为主题的学科,是哲学的一个分支。后来美学又发展到偏向价值判断的心理学范畴。判断美学价值需要审美主体使用感官能力,然而,审美又常常超越感官。美学造诣和品位的高低决定了观赏者诠释美的水平。美学是美的哲学概念,也是心理学的范畴,而个人的品位是通过教育习得的,是审美主体越过良莠不齐的大众文化所萃取的精英文化价值观。康德认为,美是主观的、普遍的,因此有些东西对每个人来说都是美丽的。基于此,才有了《临床技术操作规范·美容医学分册》里面对"美学一致"提出要求的理论依据。

朱光潜把美分类为自然美和艺术美[②]。所谓自然美就是常态,如拥有健全的身体,人们都称之为"美"。艺术美就是把自然加以艺术化,当中又可分为写实主义和理想主义。医美的美学可以归属为具有强烈个人价值判断属性的艺术美,同时具有相当的自然美特性。医生是依靠医学技术,采用改变组织形态和生理解剖结构的方法达到医美预期效果的,整个过程就像是写实主义美学家。而顾客或者患者本质上大多是理想主义者。多年来整形模拟软件一直发展不起来,不温不火的原因主要是,做出来的东西医生拿把写实的刀子切不出来,同时那个效果顾客或者患者根本不满意。还不如不用那个软件,沟通起来效率还高一些。

既然医美美学一致实际上是价值判断,那么价值判断所面临的主观性就难以避免。因此,如何给医美的美学一致作出规范,还是难以定论。所幸,影像记录技术还是给医生们提供了技术手段,也给美学要求比较苛刻的消费者提供了参考。因此,医美服务记录大量的音视频影像非常重要,而且未来的AR和VR技术都会在这个领域率先得到应用。

---

① 1750年出版的著作《美学》(Aesthetica),主张将美学作为一门独立学科对待,而非过往所指的官能感觉。其后,德国哲学家康德在其著作《判断力批判》中评论鲍姆加登独立于客观法则而有的美感,应加入主观的美感经验。
② 朱光潜. 谈美[M]. 北京:金城出版社,2006.

但是还有一个问题没有解决，就是出现了争议或者纠纷的时候，鉴定机构、裁判机构、调解机构会根据《临床技术操作规范·美容医学分册》要求，查看病案文书里是否有术前设计、计划等沟通记录，并做到术前医患沟通达到美学一致、沟通充分、风险告知充分等事项。未来的医美治疗，尤其是美容外科手术和整形外科手术（医美方向）应该增加术前沟通记录文件，并对上述项目载明记录，双方签字确认，并辅以多种影像记录以避免出现争议，或者在出现争议的时候有据可查。

五、美容医生的精进

美容医生从专业到出众，要走多久？很多医生只需要几年就成名了；有的则需要几十年，才能有所大成；有的却永远是一个平庸的医生。

医美圈子里技术天才因为医患关系出大问题而陨落的不是没有；特别懂审美却做不出来，最后被求美者指责的也很多；医疗技术和审美都很过硬，最后却败给不能理解求美者心理需求而功亏一篑的更多。原因是什么？就是医疗技术、人体美学和心理学三驾马车不齐备或者不平衡的结果。

美容医生精进的过程中，某一段时间可以专心致志地向一个方向深钻精研，但总体上，还是要三个方面平衡，才能成为行业大咖。从仁心仁术到追求卓越，中间需要跨越的不仅是医疗技术，还有人体审美和对人心的把握。

老子《道德经》第四十二章有言：道生一，一生二，二生三，三生万物。

平面几何学很有用的结论之一，就是"三角形是最稳定的结构"。美容医生精进的三套车，或者说三驾马车，就像这个最稳定的形状。

医学、美学、心理学这三根支撑美容医生精进的支柱，需要平衡和稳定，互相关联、互相限制、互相促进，才能获得中国审美文化的终极目标：中庸与和谐。

总之，让客户满意不是最终目的，让客户周围的人也满意，让客户获得更高的社会评价，才是杰出美容医生的最高境界。

第四节
是不是所有美容医生都愿意成为"网红"医生？

未来"网红"的定义将是"与消费者拥有高品质好关系的超专业人士"。

一、做网红医生是消费推广的捷径吗？

不少美容医生走的是"两耳不闻IP事，一心只想当网红"的弯路，毕竟，医美营销已经越来越依赖个人的推广与转化。

虽然网红经济编织了彩虹股美好的景象，但更像是可望而不可即的神话，难以复制。

理性看待"网红"医生现象，结合实际找到自己发展的合理路径，是医生在踏上通往成功的征途前，必须做好的热身动作。

有位网红说：线下的医美专家和线上的网红专家，可能根本就不是一回事。确切地说，线下的医美专家，可能不一定能够成为线上的网红专家；而时下线上正当红的网红专家，可能在线下名不见经传，但是他们在线上拥有数量庞大的粉丝群体，他们的治疗，有的已经约到了一年以后。

难道医术不精或初出茅庐的新手，也能成为网红医生吗？事实上确实如此。估计他们是先成为网红，然后再用网上约来的这些粉丝们练的技术，然后，他们中间有一些人最终还真有可能成为高手。只是这中间，要牺牲多少粉丝的美，就不知道了。或许，粉丝找网红医生做治疗，并不在意效果，或者宽容度比较高？

我也问了一些有名气的医生，他们的回答是，自己并不想成为网红医生。仔细分析，也有一定道理。线上网红医生的套路与线下专家医生的路数不完全一样，要想在线上红起来，需要完成一些特殊的动作。因为做得好而红，需要漫长的时间积累和琐碎持续的努力。

二、有些知名的网红医生博主，与专业无关

你可以成为网红，但是不一定能带来业绩，或者说不一定和自己的专业有关系。能够成为网红的医生，都有三个特质：第一，本人高度参与，甚至完全是单打独斗，都有相当出色的镜头表现；第二，内容高度原创，甚至有非常真实的使用和治疗体验；

第三，项目高度垂直并且紧跟潮流。

有些网红医生把医美专业当成了工具，吸引关注、点赞和粉丝的认可，然后通过关联业务获得收益。

大多数网红医生的成长之路，都是靠自己，起码自己的内在因素占百分之六七十以上，借助外力，也只是借势而已。完全借助外力，是否可以成为网红医生呢？当然也是有可能的。可以借助专业的第三方医生经纪人公司，也有MCN公司，当然还有医美机构等，这些外力将医生的个人IP打磨出来，经过长时间的积累，也可以成为网红医生。因为今天的医美市场，顾客不是上帝，而是粉丝。

三、美容医生要警惕"网红陷阱"吗？

时常有人问："网红医生"是褒义还是贬义？有名有利的网红充满诱惑，有名无利的网红却是陷阱。

1. 成为网红医生是美容医生的理想选择吗？

对于大多数美容医生来说，成为网红是一个理想的选择吗？或者说这是一个正确的努力方向吗？对于大多数人来说，不是不想，而是不能。

MCN公司找到合适的医生，会忽悠美容医生向网红努力。营销人员也热衷建议医生们向网红发力，他们认为"包装"医生的新形式和目标都是打造网红医生。的确有不少美容医生在营销人员的鼓励下，向网红进军，但是经过一段时间之后，医生们会发现：只靠做科普内容，短时间成不了网红，必须找到新定位、新突破口。

预先定位十分重要，意味着从哪里出发，向哪里行进。一旦成为网红，其盈利模式很可能与医生的本专业没有直接关系，或只是有一部分交叉。这有些像冰山的水面部分和水下部分的关系，网红美容医生取得的成果是冰山水面以上可见的部分，可是支撑这部分的是水面下巨大的"基础"。

人们会逐渐发现，美容医生们真正需要的只是个人IP，是从个人IP出发的科普推广。而专业化的科普推广，见效慢、周期长；不是所有医生都能在这条路上走稳当、走长远。对医生和营销团队来说，需要长期坚持的耐心。

2. 成为网红医生，是一条不归路吗？

所有成功的路上都熙熙攘攘。见到有人成为网红医生，就会有无数人走在成为网红医生的路上。这条路并不比别的成功路更平坦易行，虽然不至于是一条开弓没有回头箭的单程"不归路"，但起码也是一条难归的路。

即便具备成为网红医生的基本条件和先天素质，接下来也是要好好想想，自己是否有极其强烈的主观愿望。当网红医生，必须自己特别愿意才行，自己没有主观愿望，完全靠别人去"包装"，是包装不出网红的。

3. 极有可能背离初心

有不少挤上网红赛道的选手，走着走着，便远离了初心，甚至忘记了当初出发时候的目标，随波逐流，已经不以自己的意志为转移。

网红医生尤其如此，虽然从自己的专业出发，但是发展方向日渐多元，美容医生除了医美专业，还可以关注美学、心理学，可以关注化妆品和生活美容，甚至可以成为社会评论家或时尚博主。

网红是俗文化，医疗偏高雅。没有点雅俗共赏的真功夫，做不来网红医生。因为初心发愿不对，越往后走越容易有撕裂感。背离初心会带来什么？这个问题有着终极的意义。

4. 有可能告别原专业

没有变现能力的网红都是假网红，有变现能力的网红往往偏离本专业。

任何人成了网红，就要考虑盈利变现，而盈利模式决定了内容走向，内容走向取决于如何能够覆盖更多的人群，如此一来，内容便有可能偏离原本的专业，变成了另外一番模样。

5. 很有可能被资本绑架

李子柒的IP系列影响巨大，硬生生造出来一个中国乡村生活桃花源式的美好意象，但是李子柒本人与投资方交恶的例子打碎了所有唯美的想象。

网红医生需要资本助力，医生群体又具有"独立之精神、自由之思想"的传承，最不愿意被资本绑架，他们希望在内容上有自主性，不想做那些与自己抱持的价值观不一致的事情，所以，事先要做好思想准备。

6. 极不可能保有私人时间和空间

李嘉伦医生是个特例，成名极早、精力充沛，而且没有什么生活负担。他就像张爱玲说的那句"出名要趁早"的断言，但是对大多数人来说，能出名就不错了，难以控制何时出名。

大多数医生出道都不会像他那么早，成名的路上，还得背负着家庭的负担，以及科室的日常工作，一天十几个小时的超负荷运转，不是所有人都能承受的。成为网红每天面对的，不仅仅是生产内容，还要面对不同的平台，虽然有主次之分，但是多平台联动传播是网红的日常。

成为公众人物可以为自己带来诸多好处，但是也失去了许多属于个人的生活空间，一切都置于公众的眼皮底下。这是我们想要的吗？在私人和公众之间做网红，意味着用私人的筹码换取公众的关注。

7. 绝大多数美容医生做的只是网络推广

医生个人IP与网红医生是不是一回事？笔者想，绝大多数医生做的，不过是个人业务的网络推广，所以，在定位上先要弄明白，然后再下手，避免走很多弯路，浪费资源与成本。

四、美容医生成长为"线上医美专家"的自我策略

线上诊疗必然是医美医患互动的重要方式，它可以解决许多原本存在的流程问题，国家有关的线上诊疗规范，也正在朝这个方向努力。

成为线上医美专家后，医生是继续做临床，还是只作为一个线上品牌或流量明星，这个选择和医学生填报志愿时，是选择临床还是基础研究是一个道理。

1. 专业IP与网红的区别：网红就是强IP吗？

这两者差别显著，虽然很像，却不是一回事。网红是基于大人群的过滤逻辑，医生个人IP却是基于精准人群渗透效率的逻辑。

专业IP紧密围绕专业，强调精准转化，而网红则不一定。强个人IP的定位需要十分精准，一旦定位出现偏移，则极有可能陷入叫好不叫座的窘境，也就是我们通常说的转化不良。

有些医生的粉丝群体并不大，但是目标精准，转化率很高。有些医生以为弄些与专业无关的内容，可以增加人气，让自己的形象在受众心目中更加丰满，于是在这些与专业无关的内容上耗费许多精力，也许走着走着，发现自己已经进入了另一个领域。

中国人口多，网络受众大，造就了中国网红的独特"规模思维"，任何人想成为网

红，先考虑受众基数大，然后套用多重漏斗过滤，只要基数大，过滤层次多一些也没关系，最后剩下的还是足够多。这是网红的"大开口"模式。

医美医生做强IP是"小开口"模式，目标明确，开口虽小，但是强IP树立，流量可观。

2. 网红自身的盈利模式要求尽量覆盖尽可能多的人群，靠量取胜，广种薄收

专业人士涉足一般化的网红行列，就要按照一般网红的运作规律办事，有些看似歪打正着的内容可能会带来收益，于是，作为一般网红的专业人士，便不得不转移枪口。而衡量网红经济盈利模式优劣的标准，就是看能否覆盖更多的人群。它与专业IP的区别是，以粉丝为转移，而不是以专业为转移。

3. 和医生经纪公司合作

如果医生或机构自己的能力不足，完全可以找新兴的医生经纪公司合作。因为线上世界似乎与我们过往的认知完全不同，那些懂得线上传播的团队和这些MCN出身的经纪人，能够"点石成金"把一个原来技术一般的医生变身为"网红专家"。那么，他们为什么不直接经营线下已经知名的、技术熟练的专家呢？

经纪人的答案和那些不愿意成为网红医生的专家的想法不谋而合，不是所有的线下专家，都能够成为网红专家的。医生经纪团队在审视一位医生是否能在网上走红的时候，他们有自己的判断。

第五节　美容医生IP人设的风险与防控

美容医生个人或职业经理人都可以有很好的个人IP，拥有个人IP并不一定意味着成为网红，网红也不一定有很强的个人IP，这两句话有相通之处，但也有很大的不同。

一、人设，人物设定也

人设[①]这个网络词汇最早从日本传入，已成为网络时代的标签化认知模式的基础概念。自媒体时代，个人IP的形成离不开人设；而个人IP越高大鲜明，人设的风险也就越大。

---

① 日本动漫用词，为作品中的人物形象、性格特征做出预先的设计。

二、水能载舟，亦能覆舟

团队中总会有代表性人物，他的网络人设以及IP的形成过程，可谓艰苦卓绝，但绝不是一个人在战斗，团队人人要参与其中，同时，个人IP要仰仗众粉丝的参与；一旦出现人设危机，也要经受所有吃瓜群众的围殴，人人喊打。最典型的技术细节就是现在MCN网络传播时代，用户产生内容（UGC）具有巨大的说服力。比如，大众点评成为最大的消费分享平台和消费入口，就是因为"点评"，点评就是用户生产内容。现在很多的"刷单"、"刷评论"、直播间刷销量，都是伪造UGC，以期牟利。

三、身居网络高位，同样高处不胜寒

个人IP的人设确定之后，很难改动。

选择了当名人，就是选择了寂寞，随心所欲可使不得，正所谓"高处不胜寒"。

自律，是维护个人IP价值的唯一办法。如果放在20年前，那时候自媒体还不怎么发达，相信航天资本的董事长，对两位院士拳打脚踢致人伤残之后，或许还是有办法控制住舆情的，即使最后因为故意伤害锒铛入狱，也不一定会闹得像当下这般沸沸扬扬。现在的时代不同了，人人是媒体，名人一旦有了IP人设，对其维护的成本远远高于创建成本，而且必须本人高度参与，因为它不仅仅是营销团队的事。

王弼本《道德经》第七十八章有言：天下莫柔弱于水，而攻坚强者莫之能胜，以其无以易之。弱之胜强，柔之胜刚，天下莫不知，莫能行。是以圣人云：受国之垢，是谓社稷主；受国不祥，是为天下王。正言若反。

大道理人人懂，就是不去做；而后面的"受国之垢，是谓社稷主；受国不祥，是为天下王"，堪称对现代个人IP和人设打造的提前2000多年的预言。越是高级、越是商业价值巨大的人设和个人IP，越是需要有"高处不胜寒"的觉悟，也要有"起舞弄清影"的坚持。

四、我自横刀向天笑，笑向苍穹人不知

人设通常由三个部分构成：我是什么人？我最擅长什么？我有什么兴趣爱好？医美医生的IP人设，必须遵循同样的道理。一旦人设崩塌，哪怕你还能"我自横刀向天笑"，也只能"笑向苍穹人不知"了。

这是一个医生个人超级IP崩塌的故事。当年有位医生，因为强大的专业背景，一度成为中国整形美容行业的代言人，在那个自媒体尚不十分发达的年代，他频频出现在央视及各大新闻媒体，记者们凡是涉及这个行业的，都会找这个医生采访，可以说是医美行业的超级大IP。然而，一次手术的不慎，以及术后纠纷处理得糊涂，不但闹上了法庭，还引起了社会轰动。从此，他绝迹江湖；而且，曾经是其靠山的大机构，一点情面也没给，可谓墙倒众人推。名医之星坠落得如此猝不及防。

大医生的人设，可能会关系一家医院的兴衰，甚至可能影响一个行业的发展。有的时候，私人生活的不堪，会让一个团队跟着蒙羞，再掩饰也没用。明星医生在这方面和明星演员的境遇十分类似。演艺公司给艺人个人IP的投资越多，投入的资源越大，自身承担的风险也随之增加。医美机构与医生联合打造个人IP，面临着与演艺明星相类似的IP管理与风险控制。

演员出了问题，拍好的片子，可以一帧一帧地换头；医生出了问题，一点办法也没有，每个医生都是不同的，咱们总不能给新来的医生换手吧？

首先，我是谁，很重要，这是出发点，是人设的核心。其核心应当简单、明晰、概念具体且延展性好。

其次，我最擅长什么很关键，这决定"你对别人有什么用"，是人设的工具属性。美容医生往往在这里犯迷糊，觉得自己啥都行，得了选择困难症，一耽误好几年的大有人在。

最后，我有什么兴趣爱好，要富有黏性，这是对人设的变化和丰富，给受众带来趣味性和温度，为出圈儿所必需。很文艺的医生做起来比较容易，只要有艺术标签扎扎实实贴在脑门上，坚持做下去就可以了；没啥兴趣爱好的医生也不用犯愁，能展示高超的手术技能也是一种兴趣爱好，甚至临时培养一个爱好也不是不可以。

医生人设一旦打造成功，个人IP具有了商业价值，就需要团队进行维护，不但应当处处符合人设，还要谨言慎行。如果人设就是自己的本真映象，符合自己的个性，本色演出最好。

五、医美团队怎样控制个人IP的风险？

1. IP投资投的是人

个人IP投资，本身也是一种投资行为，对机构来讲，需要先把人看准了。不光要看技术，要看人品，还要看他的生活以及生活方式。

如果不是医生自己带来的人设，而是与机构联合打造的人设，那么这就是机构和医生的资产，需要做好资产管理，要签好合同，目的是做好医生的个人IP价值管理。任何医生的个人IP，都会经历从野生到定向培养的过程，在这个过程中，要主动防范人设风险。

2. 差异化定位：少即是多

可以肯定地说，医美的未来，是医生个人IP的天下。医生IP的设定，最好是精准而不贪多，并且在日常的行为规范中，不触及合规边界和伦理底线。曾经有不少非常优秀的医生，因为涉足了假肉毒素而稀里糊涂地进了监狱，给自己的职业生涯带来挥之不去的梦魇；他们都是高人，却因为对法律的漠视而身陷囹圄。

因为医生个人IP和人设运营会极其复杂，所以要引入产品管理的概念和方法：不要给个人IP和人设赋予过多的特性，就像不要让产品线过于复杂一样。一个人身上贴的标签再多，人们能记住的也就一两个。历史上很多天才的科学家都是跨很多学科，但是如果不去翻他们的生平和网络百科，人们知道的他们的头衔还是传播最广的那一两个。比如牛顿，大家都知道他是物理学家、伟大的数学家，但知道他是英国皇家造币局的局长，还是一个超级小心眼儿的人就不多了。

一个美容医生，给自己贴的标签都是在医美这个大圈子里画小圈子，把自己的小圈子地位夯实后，再谋求出圈儿。

3. 个人要求：慎独修德

医生也好，艺人也罢，一旦成了与公司和机构深度绑定的人设符号，具有了个人IP资产价值，就应该自觉"慎独修德"。人，生而自由，机构和公司不能对个人工作时间以外的生活做过多干涉，虽然有些艺人的经纪公司会采用合约的方式干涉艺人的个人生活，但效果似乎没有想得那么好，该出问题还是出问题。现实生活中，德艺双馨的艺人和医生是主流，这些典范都是"慎独修德"的结果。

4. 言行边界与舆情管理

要规劝医生不要点评娱乐或时政事件，特别是在自己的自媒体账号里，过多地发表社会热点话题的言论是有风险的。个人IP账户是机构或个人投入很多资金、时间、资源、精力的营销工具，如果发表了不当言论而被封号，带来的损失可能不可估量。

机构有必要为医生做好个人IP的舆情管理，实时监测负面舆情，一旦出现紧急情况，要及时通报相关机构与合作伙伴，假如真的出了严重的负面消息，或者遭到别有用心群体的围攻，处理起来最好干脆利落，不能拖泥带水。

5. 理解"弱传播"时代的特征

厦门大学邹振东博士曾出版一本书《弱传播》，本节部分观点取自该书。这是一本可以帮助我们理解当代网络社会传播规律的图书，于我们正在做、将要做、想要做医生人设、打造个人IP，创造商业价值的同行来讲，是理解"弱传播"时代的最佳文本。

网络时代，弱者变强。医美机构里，那些辛辛苦苦做关键词推广、兢兢业业维护大众点评的媒体运营者，都有过被一个只消费了几十块钱的差评搞得几个月KPI很难看，让机构差点一蹶不振的经历。这具有典型的弱者变强的传播特点，已是不争的客观事实。

情感代入力量大。因为全社会已经实现小康，告别了物资匮乏，大多数消费行为是改善型的，所以在产品和服务品质趋同的时候，搞情感传播最有力量。网络情绪非常感性，理性空间不大。能火起来的医生IP和人设，都是有强烈情感代入的。可惜，大多数医生还是喜欢讲道理。

轻者为重。以出圈儿大火的短视频为例，基本上是轻松的段子，并富有一定寓意。商业目的都是在轻松中植入的。美容医生的人设和IP打造，也要遵循同样的原则，没有跨越10万粉丝阈值，还是需要做传播内容而不是商业内容。

次者为主。后现代主义的一个特征就是反主流；互联网传播时代需要新鲜的内容和话题。这两者不谋而合，导致主流的声音往往被当成背景音而被忽略，反倒是那些具有新奇视角和认知的观点因为"次要"而"主要"。注意，不是反主流，而是有那么一点点逆主流，就像大河里的浪花。这样才能在"弱传播"时代获得自己C位出道的机会。舆论世界的规则，很多与现实世界相反。我们只有理解了舆论世界的运行底层机制，才能更好地理解医生人设和个人IP打造的方方面面。

本章总结

　　医生是医疗产业的核心生产力,这句话对医美产业投资人而言意义重大,它有助于企业树立正确的价值观与经营理念,并有望收获长期价值;然而对于创业医生来说则有更多的含义,即需要具备商业成功的潜质,用中医的话说,叫阴阳平衡,如同白酒,外形如水,性格如火,但水火交融。所谓达则兼济天下,穷则未必能够独善其身,因为身处市场经济的大潮,既要符合医学伦理,又要遵从市场规律,好的技术,要让别人知道,既要创造医学价值,也要创造美学价值和市场价值。

第八章

拥有合格的职业经理人团队

本章导读

优秀、高效、稳定、团结的经营管理团队，是医美机构走向成功的关键资源之一。除了有统一的价值观与强大的能力，还需要有不断学习的动力。本章讨论的话题是消费医疗成功的另一个核心条件：拥有合格高效的经营管理团队。

第一节内容是对新消费时代医美机构经营院长提出的要求，也可以说是对《经营院长》一书的延伸讨论。第二节，扩展至整个经营团队，他们的任务就是在医美这个充满不确定性的业务中寻找确定性，经营的确定性越强，成功的把握就越大。第三节探讨适合医美经营团队的动作模式，主要推荐阿米巴与"特战小组"的经验。第四节讨论一家优秀医美机构的经营团队是如何构成的，并对未来的咨询销售环节作了一些假设，比如将咨询师换成老专家，因为咨询师的存在，始终是美容医学伦理上的困扰，同时存在相当的不确定性。第五节，谈论与第三方独立咨询师的合作问题，即经营团队必须具备跨行业、跨机构的资源组织能力，自由咨询师这个群体，将在未来的医美市场享有一定的份额。本节内容的用意，在于经营团队需要有汇集社会资源的能力。

第一节　新时代的医美经营院长

下一年总是充满想象。如果《经营院长》①这套书，是2020年以前的经验总结，那么本书就是根据2020年以来的变化，对医美机构经营管理人员提出的新要求。

每一年，医美市场都会有许多新的变化，有些是显性的，有些是隐性的。营销方式因时而变；产业结构的改变带来的影响，隐性而缓慢，如果缺少洞察，发现自己掉队时，往往已经失速②来不及了。

医美行业最大的变化，是行业监管政策的演进，速度超乎想象，政策迭代对经营管理提出空前挑战，考验着团队的应变能力与真才实学。

相对新的市场格局，经营院长无论在认识论还是方法论上，都应该与时俱进。对经营院长的要求有以下几个方面：

1. 明确机构性质，找好定位

首先要对自己经管的机构进行分析，弄清楚机构性质，除了基本属性（所有制、生命周期、股权性质、规模、市场地位），还要分析核心竞争力，找到特色与差异化，其中关键是医生团队的水平和稳定性（生产力要素、算数的运算元），要分析到每一位医生，包括其技术特点与IP价值。

特色化的项目比较容易找到蓝海；如果没有，也能找到适合的利基市场③。

如果在某个区域市场，都是同质化的项目，营销比重加大，容易导致价格战，那么，就要想清楚：自家的营销怎么做？有没有打价格战的本钱？

只有对自己有充分的了解，并且能够解决好存在的问题，才可能制定出合理的营销方案和年度预算。这是经营院长的入门功夫。

---

① 李滨.中国医疗美容机构经营院长[M]上下册.北京：中国经济出版社，2020.
② 流体动力学术语，指飞机的飞行姿态和速度已经无法维持在空中的正常飞行，会导致难以纠正的坠毁或迫降。
③ 利基市场，英文是niche market，汉语意思是那些高度专门化的需求市场。Niche来源于法语。法国人信奉天主教，在建造房屋时，常常在外墙上凿出一个不大的神龛，以供奉圣母玛利亚。它虽然小，但边界清晰，洞里乾坤，因而后来被用作形容大市场中的缝隙市场。

2. 做好成本分析，发现盈利模式

看不到财务报表，或者根本看不懂财务报表的经营院长，不是真正的经营院长，充其量是个运营主管。第一步经营院长必须关注财务报表，不能只拉车不看路，更不能只注重营业额而不关心利润。

在完成了第一步工作之后，就要为机构寻找盈利模式，思考一下，怎样做才能赚钱。第二步是计算一下要达到盈利目标，需要先花掉多少钱。这就是预算报告。假如产能计算出来仍然达不到预期，那么就要看成本控制得怎么样了，开源和节流，两个方向都可以带来利润。第三步是看你的方案是否可以落地，把方案落地执行到位，是考验经营院长水平的试金石。

3. 完成规定动作，找营销突破口

经营院长的主要职责就是帮助机构获客，营销的规定动作做得好，基本就是个合格的经营院长；如果规定动作完成的质量高，就是个优秀的院长；假如做成功了一两个创意动作，那就是个天才。

规定动作包括：机构定位与策略制定、年度预算报告、服务好医生团队、常规网络营销、营销内容规划与制作、成本控制、协调一系列相关辅助工作。上述内容，在《经营院长》一书有详细介绍，不再赘述。

寻找营销突破口：机构所在的城市，什么样的营销方式是最有效的？自己所在的机构，具备什么样的营销实力？在自己具备的营销实力中，哪些项目的效果最好？在效果最好的项目中，自己最擅长、最有把握的那一个是什么？最后这一个，就是突破口。

规定动作完成好了，哪怕没有创意动作出现，也不耽误你成为一名优秀的经营院长。规定动作是决定做得对的关键[①]。

4. 寻找创意动作，调动一切资源

创意动作可遇而不可求，它考验人的创意天分、策划能力和把握机会的能力，当然还有一定的运气成分。

好的经营院长懂得如何借用外脑来获得创意，而且他们知道谁是真正的外脑。许多公关公司在转型做外脑业务，经营院长要从中分辨哪些是行活儿，哪些是真正有价值的创意。

---

① 营销行为分成客观行为和主观行为。客观行为要做对，主观行为争取做好。

创意动作是做得好的关键。

第二节
医美经营团队的使命——在不确定性中寻找确定性

医美营销的中轴线就是确定性[①]。

对于经营院长来说，这意味着要关注自己营销的内容是不是确定的。

确定的内容可从以下几方面进行思考：你的医生是不是确定的？医生的技术是不是确定的？服务流程和标准是不是确定的？你的客户群体性是不是确定的？

我们处于一个乌卡时代（VUCA）[②]，随着技术的进步与社会元素的重构，我们周围的一切变得不稳定（Volatile）、不确定（Uncertain）、复杂（Complex）、模糊（Ambiguous），而营销就是要从这四个时代象限中，分离出稳定的、确定的、简单的和清晰的内容，对此我们可用"确定性"来做统一的表达。谁完成得好，谁就会在激烈的竞争中胜出，并且事半功倍。

一、确定性越高，营销越简单

如果你的医美机构有很多个"确定"：确定的医生团队、确定的技术特色、确定的目标客户，那么你的营销会变得简单。

你拥有好的医生，你只需要告诉你的目标客户，你有好医生，这就OK了。

产品公司也是一样。比如艾尔建，它清楚地知道自己系列产品的行业地位，品质的确定性、价格的确定性、品牌的确定性，公司的议价能力大大增强，它可以挑选客户。这个阶段，它也可以走向公益，比如举办医美经理人学院，而且学员不必担心艾尔建会在培训班上兜售产品，因为它已经不屑于这样做。公益目的越是纯粹，品牌的溢出效益越大，它一边专心致志地做公益，一边展示着自己的强大。

艾尔建公司是一家在产品推出方面稍显保守的公司。在2023年5月5日杭州的一个

[①] 确保做得对，就是这个确定性。
[②] 乌卡时代（VUCA），是Volatile、Uncertain、Complex、Ambiguous的缩写。四个单词分别是易变不稳定、不确定、复杂和模糊的意思。乌卡时代是一个具有现代概念的词，是指我们正处于一个易变性、不确定性、复杂性、模糊性的世界。这个概念在20世纪90年代由美国军方提出。

行业论坛上，艾尔建中国的丘汉华先生针对艾尔建对再生医美产品的"迟钝"做了回应：艾尔建有自己的再生产品，我们并没有想好何时推出、怎么推出这些产品。艾尔建有自己的战略，周期长达十年，每年虽有微调，但基本保持稳定。我们并没有因为再生材料的市场趋势良好，就急于参与这个市场爆品。在我们看来，爆品属于消费市场，医美需要长期主义，没有爆品这个驱动力。

艾尔建这是在营造一种内生的"确定性"。这家公司因此而稳健有力。

二、确定性低的后果是什么？

1. 产品同质化，导致价格竞争

所有同质化的产品最终只能走向价格战。医美是相对低频的医疗服务，价格战是一条死路。

没有差异化的医美机构或医生个人，都可能由于缺乏竞争力而不得不降低价格，从此进入恶性循环。

有些机构在刻意遮蔽医生的个人IP，只以机构品牌示人，让本来可以有的确定性变得模糊。医美机构的品牌离不开人的因素，脱离人这个相对确定因素的后果是过高的广告费投入，单靠钱堆出来的机构品牌抗风险能力欠佳。

2. 机构空壳化，导致虚假宣传

跨界打劫搞医美的人最容易单纯为房子投资，办一个没有医生的机构。他们以为，招聘医生并不是一件太难的事。美容院老板娘办的医美机构，也爱这样做。这是跨界投资者经常犯的一个错误，另一个错误就是对医美医生缺乏了解，而且好像也不太愿意去了解他们，当然也就分不太清医生的水平高低。

喜欢拿韩国或我国台湾地区的医生讲故事的机构更是以空巢为多，这些多半把良心寄存在家乡的跨境游医，不太可能常驻一地，所以空巢机构的确定性也便无从谈起。连确定的医生团队都没有的机构，只好编故事。

有些美容院线兴办的医美机构活得不错，因为它们有大量的生活美容客户群，这是此类医院的确定性因素。不愿意自己办机构的老板娘会把这些长期积累的客户送到其他医美机构去，从中收取50%以上的隐性分成，她们之所以如此强势，完全是因为她们手里的客户群是非常确定的。

3. 虚构技术，依赖渠道

医美行业不仅跨界的投资人多，跨界的医生也多。中国尚未开展医美医生专科培养制度，所以其他专业的医生转行医美，几乎没有任何门槛。

大量的滥竽，在鱼龙混杂的医美丛林中充数，要改变这个现状，需要行业进化迭代。这些没有技术确定性的机构，只能妄想式地虚构医美技术，它们将捏造称为"包装"。这类机构因为技术的不确定性，很难获得直客，所以对渠道商深度依赖，同时毫无议价能力，以至于被渠道拿走的流水可以高达90%，完全疯魔。

有人说渠道医院活得有滋有味，你没看见吗？的确如此，但这绝不是做渠道的医院活得好，而是渠道商活得好；医美机构不过是渠道商的提款机，提款机自己基本上都瘦得皮包骨。

三、高确定性机构有什么特征？

1. 强大的品牌力

拥有三个以上确定性因素的机构都成功了，只有一个确定性因素的机构，运气好的话，也能存活。只要有一个确定性因素，做品牌就相对容易。

从长远看，市场竞争终究是品牌竞争，无论对机构还是对医生都是如此。医美机构围绕自己的确定性因素打造品牌，不是无源之水，这样的机构非常清楚自己的优势在哪里。

2. 强大的议价能力

确定性因素越多，议价能力越强。心里没底的时候，是不具有谈判能力的，无论面对渠道商、供应商，还是广告商。

3. 稳定的盈利能力

拥有上述两大优势的医美机构，绝不会被成本绑架，盈利是机构生存的前提。医美机构的确定性因素越多，盈利能力就越强。确定性与成本成反比，所以它也是成本趋向合理化的前提。

从另一个角度看，确定性和稳定性相关，说白了就是发横财的机会比较少，很难在短时间内获取暴利。有的时候人们对不确定的事物抱有幻想，说不定能给自己带来惊喜，就像特朗普，人们对他的好奇来自他似乎总是处于不确定的状态。

4. 参与规则制定

确定性和话语权相关，有话语权的一方能够成为游戏规则的制定者；在行业中也是如此，有些产业的行业标准，就是由这个行业的头部企业制定的[①]。

四、优秀的经营团队由确定性强的人组成

确定性强的经营院长、团队特点鲜明，稳重、心中有数。所以，确定性是衡量一位经营院长或管理者营销水平的试金石；一个团队里确定性强的成员所占比例，决定着团队的工作能力。

有一位优秀的项目经理说，她最初做项目经理时是蒙的，对于营销数据不敢有任何预期，在营销的规定动作完成以后，就看运气了，让最后的结果成为检验规定动作完成质量的尺子。但是两年后，她获得了确定性，下个月、下个季度，甚至下半年的数据都会自动出现在心里，医生的技术是确定的，有多少客户是确定的，这些就医者什么时候上门是确定的，大致能够产生多少效益也是确定的。这样的人才，是医美行业所需要的，她的职业前景不言而喻。

今天的经营团队面对着乌卡时代互联网的丛林，各种角色交织，是一个充满着不稳定、不确定、复杂而模糊的世界。能否从中找到确定性因素，并且将它们从不确定的混沌关系中分离出来，这本身既是考验，也是修炼的过程，就看谁能脱颖而出了。

认识论达到了之后，算是解决了形而上的问题，然后方法论也要跟得上，才能解决好形而下的问题。我们认为寻找确定性是有规定动作的，规定动作达标后，便可以有创意动作或自选动作，就像冰上芭蕾。只做好规定动作，可以成为优秀运动员。创意动作做得好，就有机会成为巨星。

第三节　适合医美经营团队的模式

一、阿米巴与特战小组

阿米巴模式特别适合消费医疗机构中的经营管理团队，或者说，就是用"特种兵

[①] 企业培训和 MBA 教育流行的说法：一流企业做标准、二流企业做品牌、三流企业做产品。

战法"做医美，以各个项目小组的领导为核心，成员各自制订其计划，并依靠全体成员的智慧和努力完成目标。

科技的进步让人类的战争方式不断演进，从古代的冷兵器，到现代的科层制军队，最后来到了特种兵的天下。

无论是古代中国还是古罗马，正规的战争都是排着队进行，有的还要打鼓奏乐，非常有仪式感。这种打仗的方法一直延续到火药的使用。

德国人发明了科层制军队，分陆海空三军，班排连营团师军，一路排上去，几个军组成军团。军队是结构严密的组织，最高指挥官下达命令，层层执行，绝对服从命令。

当代战争的演变，以美国海军陆战队和海豹突击队、陆军三角洲部队为代表，进入特种兵战法的时代。最典型的是美国总统小布什发动的第一次阿富汗战争，只派出了一个连，120来人，3个人一个特战小组，一个管战术、一个管武器、一个负责通信。这是迄今最高效的战斗小组，人员精简到极致。正如任正非所说：未来的战争，是班长的战争。

特种部队+军事基地，是特种兵小组取得胜利的主流模式。小组战斗力强悍，灵活机动，目标清晰，分工明确，配合默契，能够调动强大的军事资源。所有这些，都仰仗高科技的后台支持，小组一分钟也离不开基地的支持，他们不会让自己中断与基地后台的联系。特种兵小组生存的前提是空气、水、食物和基地。

特种兵小组就像阿里天猫上的那些店铺，它们在平台上发展，不像老街上的店铺，只能做半条街的生意；天猫店可以利用平台的资源，做跨国生意，市场没有疆界。

特种兵小组也很像大企业平台上的"自组织"，例如，海尔的那些项目小组，华为更是如此，项目小组如果发展得好，便可以独立成局；没做好的话，随时重新组合，效率高、成本低。

常规组织的式微，可能是未来企业发展的主流模式，代之以类似特种兵式的项目小组，无数个项目小组在大平台上既竞争，又协作。

二、建议使用"特种兵战法"做医美的理由

历来有许多研究企业的理论家，试图将军事理论引入企业管理指导商战，这不无道理。

对于医院而言，科层制是医院管理的主流方式，有些特别追求技术引擎的科室，

慢慢出现了科主任或学术带头人说了算的格局，这很像美军中的特种兵。这方面，民营医疗反而不如公立医院。

大型医美机构多数是老板说了算，最后形成严密的科层制，层层汇报，机构臃肿。中小型医美机构虽然规模受限，但仍是科层制的管理思路，弄得成本高昂，效率低下。

特种兵战法，已经在一些领先的医美机构牛刀小试，初见成效。有些连锁集团链条上的单科机构，本身就是特种兵的结构，不乏佼佼者。这种做法在大型机构被称为"项目小组制"，它存在的问题是：老板不敢放弃科层制的思维，往往两种方式并存，相互制约掣肘，反而增加了成本与内耗，完全是革命不彻底的表现，更主要的还在于管理者尚未真正想通，所以频现管理的乱局。小型机构很容易形成特种兵小组的样子，但往往是假象，因为没有强大的后台支持，这样的小组生命力和战斗力都不太强，充其量是散兵游勇，与真正的特种兵相比，虽有气，但无力。

现在是市场充分细分化的时代，也是万物互联时代，人们的社交方式改变了，获取信息的方式也日新月异。自媒体的爆炸，使营销不得不面对碎片化的，甚至是碎末化的传播方式，因此，科层制的统一行动，越来越丧失其效率，直至颗粒无收。医美营销应该顺势而为，借鉴当代军事理论，走特种兵的道路。

三、项目小组的工作指标

1. 精干是项目小组的第一要素

把医美机构的洋葱一层层剥开，核心部分的功能无外乎有三个：一是医疗，二是营销，三是运营。医疗团队永远是核心，营销的功能是获客，运营的功能是转化与服务。

这个项目小组可以压缩到3个人，一个医生，一个推广专员，一个咨询师。如果这3个人的能力足够强大，可独当一面，那么，最极致的战斗小组，有这样3个人，便足够了。

当某一个人无法独立完成任务时，我们会顺理成章地再加一个人，就这么滚雪球一般，不知不觉已经100多人了。

项目小组制度很难滥竽充数，是骡子是马，拉出来遛遛，最后项目小组剩下的，只能是精英，这才是项目小组的意义所在。如果把项目小组也弄成科层制的，那就事与愿违了。

项目小组规模要严格控制，一般小组人数增多会带来产出增加，但是超过某个临界点时，就会降低产出。这个临界点往往不是最佳小组规模控制点。最佳控制点在哪里呢？用导数算趋势。方法是每增加一个人，对比支出带来的收益是比前一个人增加了还是降低了，如果增加了，那么可以继续加人，如果降低了，就停止加人。在停止加人的前一个点就是最佳控制点。这是一阶导数计算法[①]，看的是加速度。

2. 使命高度聚焦

项目小组就像深入敌后的特种兵小队一样，每个成员都有高度聚焦的使命，当这种使命变成信仰时，这个人才能说拥有了"使命感"。

拥有使命感的日常表现就是目标明确，成员清楚地知道自己在干什么，自己想要什么，其他人也和自己有同样的目标。就像那个在自媒体圈里火起来的深圳女孩，她的目标坚定不移：搞钱！这个词的迅速流行，说明了这一点：目标很重要。

几乎所有电影里的小分队，都是冲着一个目标去的，比如《夺宝奇兵》，假如其中一个不是为了寻宝，而是为了考古，或者文艺青年想体验生活，那么这个团队一定长不了。

3. 对市场环境的不确定性因素保持敏感

特种兵小组来到战场，第一个任务是活下来，然后才是干掉对手，所以必须保持高度警觉，对陌生环境要观察入微。项目小组也是如此，在充满不确定性因素的市场，你需要对市场因素、竞争对手、营销机会、业务陷阱、行情变化、流行趋势等，保持高度敏感，随时捕捉信息，一出手就抓住机会。

4. 小组织的生命力来自大后台

美军的特种兵小组之所以战斗力强悍，完全离不开功能完备、技术精良的军事基地，这个后台，无时无刻不与派出的小队保持联系，并随时提供任何需要的支援。现当代战争离不开后台，当代商业同样如此，项目小组的生命力，取决于你的后台是不是够硬。人们常说：后台硬的人不好惹，其实就是后台决定了前端的竞争力，如此而已。

"后台"往往以大型机构、连锁集团、三方平台等名义出现，为项目小组提供数据、系统、保障、供应、保护、公关等的全方位服务与支持，项目小组不过是露在水面的一角冰山。

[①] 计算趋势的常用方法。比如物理学加速度，就是在单位时间行进的距离增加的量与上一单位时间行进的距离增加的量相比，如果是正数，那么就是正向加速度；如果是负数，那么就是负向加速度。

如何充分利用好平台的资源，决定了项目小组的效率和效益。

5. 船小好调头
精致的特战小组最大的优势是灵活，一旦发现方向不对，可以随时调整，而不必有太多的顾虑，担心成本损失。

6. 合作越紧密，成本越低
对项目小组的成员而言，彼此的了解与信任至关重要，就像海豹突击队员之间的那样，可以把后背放心交给对方。没有内耗的团队，工作成本可以降到最低。信任感的培养有赖于长期稳定的关系，新人之间从磨合到建立信任，平均需要6个月。

合理分工是让团队结构稳定的重要因素，尽量不要让两个人做相同的工作，否则必然带来内耗。

合作紧密同有效的沟通和信息交换有关。合作就是完善的内部通信与沟通。这不仅是邮件、公文、OA、微信等即时通信工具和电话、开会等能解决的。要建立有效的沟通，且不以牺牲效率为代价。医疗合规管理复杂，特别容易搞成，为了合规而设置复杂的程序，结果把机构办成了首先为了合规而开办，其次不注重医疗和运营。

7. 小团队与大共享
单一功能的小团队遵循单点突破的战术，那么与友军建立联盟会让自己的利益最大化，同时有助于自己的团队更加专注其所擅长之事。例如，把不属于自己的项目分发给合作联盟中的其他团队，大家分享合约利益。

联盟化的另一个好处是共享资源，其中最重要的是信息分享。真实的信息分享，通常只能发生在联盟成员之间，有的时候，把竞争对手变成联盟者，可能会得到更好的结果。

四、如何组建医美"特种兵小组"？

1. 建立人的结构：高度一致的业务铁三角
医疗、营销和运营，是医美业务的铁三角，其中医疗是核心，另外两个方面也不能偏废。

所谓人的结构，除了能力之外，性格因素也需要考虑，毕竟合作舒服是最重要的，如果不考虑存在利益分歧的话。利益结构的设计，是最底层的逻辑问题，大型机构的项目小组，利益问题可能不那么明显，但也只是表现方式的不同而已。利益结构的合理性，关系到结构的稳定性。

2. 做好平台或找到好平台

如果一家大型医美机构或连锁机构，决定采用项目小组的方法，那么，建立一个功能强大的后台，就是这种战法成功的保障。

好的平台能够给特种兵小组提供其所需要的一切支持，没有相应支持，就很难指望特种兵小组能听话或高效工作。

更高级的支持是为小组赋能，在平台的作用下，让项目小组自身变得更强。项目小组自身也要具备能够被赋能的能力，这与成长性和学习能力相关。

项目小组发现后台无法满足自己的需求时，应该出去寻找更强大的平台，找到好平台，是小组成功的重要保障。

3. 优化利益链条

经常地对相关利益链条给予优化特别重要，让利益分配结构保持合理性是保持团队稳定、战斗力强悍的秘诀。许多合作关系的崩溃，究其深层次原因，都会追踪到利益链条上。

4. 独立核算，责权利清晰

要赋予特种兵小组充分的自主权，而且要独立核算，这要求小组成员必须有成本意识。我们见过太多不计成本的项目小组，最终都归于失败，有的是难以为继，有的则被迫解散。

清晰的成本意识，有利于项目小组保持精干，用最好的人、最少的人，做最多的事、最正确的事。

对于大型机构来说，如果划分出若干个项目小组，就意味着全成本核算。此时最好不要采取科层制与小组制混搭的做法，因为有时，两种方式混用的结果，反而会加大成本，让机构整体不堪重负。

第四节 医美内部运营团队构成要求

有人把医美的产业升级，定义为从经营产品向经营客户的转移，也就是说，从向就医者销售，变成为就医者创造价值。这种提升，是医美业迭代后的场景。只是，产业升级后，就一定要取缔咨询销售环节吗？咨询师难道不能为客户创造价值？

一、消费医疗确实存在销售环节

一个不争的事实是，消费医疗当然应该允许存在销售行为，而且医疗行业做市场营销和广告在全世界都普遍存在[①]，有的人愿意将其称为转化。问题的关键是医美的销售动作是如何进行的，具体说就是以谁为导向，即医疗机构的整体运行是以医疗为导向，还是以销售为导向。这一点上的共识，决定了一家医疗机构运营管理团队的核心价值观。

疾病医疗同样靠货币支付，那是政府规定或保险公司认可的医药费；消费医疗支付的则是对医疗服务的购买，与疾病医疗支付的区别在于：一个是被动支付，一个是主动支付；一个是强制性支付，一个是协议性支付；疾病医疗不以营利为目的，消费医疗以营利为目的。所以，消费医疗可以存在议价的过程。

二、内运营团队的构成

内运营团队的使命是什么，这是一个很大的话题。人们会在"服务"与"转化"这两个核心使命之间争论不休，其实它们的目的只有一个，就是最大限度地满足就医者的需求，获得良好体验，实现变美的价值，然后机构实现良好的营收。所以，核心使命只有一个，就是销售。

只是业内人士似乎不太在意内运营团队构成的人员身份，这个问题始终没有定论，只要能干，谁做运营都可以。这种实用主义的路线走了几十年，众多医美机构的运营品质却没有能够得到提升，一个重要原因是机构的负责人并没有仔细研究过这个问题：运营团队应该由哪些人组成？

不同的出身，包括所受教育程度、所学专业以及工作经历，都可能对其从事医美机构内部运营工作带来影响。这种影响可谓根深蒂固、难以改变。将不对的人放在重要岗位的结果是可怕的，要么把事情搞得一团糟，要么企业要付出巨大的成本，包括

---

① 新加坡医疗管理结合了普通法、大陆法和儒家传统社会治理的多种基因，这里是该国对美容医生做广告的政府指南：https://www.moh.gov.sg/licensing-and-regulation/regulations-guidelines-and-circulars/details/guidelines-on-aesthetic-practices-for-doctors。

培训成本、试错成本,以及效益低下带来的损失。

有一个政策动向值得留意。2020年的时候,重庆市曾经针对医疗机构的义诊活动,出台了一系列规定[①],并且将这些规定视为不可触碰的红线。其中一条是这样的:不可聘请、雇用非医务人员提供医疗、预防、保健咨询的活动。显然,重庆市有关部门已经意识到,医疗机构的义诊活动,可以归入营销活动的范畴,在医疗机构的营销过程中,不得出现非医疗人员,哪怕只是咨询也不行。

会不会有一天,这种思路会在其他医疗活动中被推行,或者成为一种行业政策。如果真有这一天,那便意味着:医美行业的咨询师必须是拥有医疗背景与资质的医务人员。

一些优秀的护理人员出身的咨询师,未来会保留,或许会成为出色的医生助理,完全可以代表合作医生进行前期接诊或线上咨询;有些医生在离开手术台之后,也可以从事咨询师的工作,就像出专家门诊一样。相信以后的医美机构,一定会有经验丰富的老专家专门从事门诊接待、咨询问诊,由他们来为就医者组织医疗资源,做治疗的,可能就是自己的学生来完成,满意度可想而知;这个场景,才是医美业应该有的。

没有医疗背景的咨询师,因为长期浸润在医美机构,熟悉全部业务,并和就医者有广泛的接触,他们转向营销方向,会是个不错的选择;他们最可能的工作就是协助医生进行自媒体推广,成为打造医生个人IP的左膀右臂。

一些优秀的咨询师可能成为经营院长,这方面的例子有很多,他们在管理中小型医美机构时,得心应手,这源于他们对医美流程的熟知。联合丽格有很多医生创业的机构,经营院长就是曾经的咨询师。

三、假如把医美咨询师换成老专家

这是一个大胆的构想,尽管在短时间内并不会为大多数医美机构所接受,但是未来的某一天,政府主管部门会出台相应的规定,严格规范医美接诊流程,也未可知。

1. 老专家接诊,或许不亚于优秀咨询师

20世纪50年代末到70年代初出生的美容医生,多半已成为行业的专家或学科带头人,他们现在仍然活跃于手术台上,和时间赛跑。他们是中国医美的开拓者,年纪偏

[①] 重庆市卫生健康委员会,关于进一步加强义诊管理工作的通知,https://wsjkw.cq.gov.cn/zwgk_242/fdzdgknr/zcwj/gfxwj/xzgfxwj/202004/t20200402_6950970.html。

大一些的，多半出身整形外科，医美兴起之时，他们已然中年。

这一批50岁以上70岁以下的医美专家，是行业的宝贵财富，有一半以上已接近退休年龄。正所谓，少年子弟江湖老，红粉佳人两鬓斑。人，总有老的那一天，让医美老专家们刚过退休年龄就离开职业舞台，既不应该，也不值得，这是资源的浪费。

如果让他们去接诊，就可以将其职业生涯再延长10年，甚至更长。这将会是怎样的情景？临床教学两不误，现身说法传帮带：他们可以一边接诊，一边带教学生，真正做到学以致用，他们带来鲜活的案例摆在众人面前，生动而实际，他们不但可以赚一份看诊的咨询费，甚至可以收取专家诊费，和进行手术或治疗的医生，各赚各的钱。

2. 医美接诊的处方

患者看诊要有处方，这是常识。但是传统上的咨询师大多不是医生，没有处方权和接诊权，只能以咨询和客服的名义搞实质上的销售。

治疗型医美项目，处方较少涉及药品，较多涉及治疗方案和器械。通常医美处方主要指医美设计方案。

医美咨询主要有两个路径：一是项目销售，二是为了达到某种医美的目的而做的设计方案。

从程序上看，医美合规之所以问题多多，是从接诊开始就以咨询师的自由发挥代替了医生的严谨决策。医疗合规系统，是用程序实现"正义"的典范，程序不对，就会出问题。医美合规管理的底子这么薄弱，一个重要的源头是从接诊开始的第一步就走得歪歪扭扭。如果老专家们带着全程合规的接诊新风，接管医美诊疗服务的起点，那么拥有处方权的老专家，与后端的医疗服务完美对接，将带来多大的改变，提高多少效率，不可想象，非常值得期待。

3. 专家接诊的技术隐喻

专家意味着技术高超、经验丰富、值得信任。虽然专家充满技术隐喻，但是消费者对专家仍保持警惕。因为当下医美行业专家太多，含金量降低；但是"一家由二十年医美临床出身的有高级职称的老专家接诊的医美门诊，挂号费就1000元起步，而且不一定能约上"的评价，会意味着什么？这是技术组织型医美运营的新方案。

一旦这种技术组织型的医美运营模型获得成功，单纯以销售为目标的术前咨询模式就可以升级迭代，转换成以客户诉求为核心的美学设计模式。这不但可以提高满意率，还能降低事故率，更可以大大提升医美行业的整体美誉度。

中国医美市场的渗透率还有很大的提升空间，但是眼下的行业现状与社会评价水平，渗透率的提升并不乐观。

必须承认，上面所说的这些，多少带些理想主义色彩。虽然历史不能假设，但是可以反思；未来不能梦想，但是可以设想。

4. 医美运营从销售回到医疗，有哪些好处？

从医美最初与就医者接触的纯销售，回到医疗属性更强的专家接诊，就是建立更好的第一印象，从关系发展之初，就摆脱"销售与反销售"的二元对立模式。这有哪些好处呢？

好处之一，成交率更高。老专家应该不会像年轻咨询师那样完全掉到钱眼儿里，怎么也得顾及自己行医多年的名声，所以，他们给出方案的可信度应该更高，因而带来更高的成交率。哪怕老专家们的设计方案比较谨慎，更高的成交率或许能带来更高的营业额。而且自带黏性，降低营销成本。

好处之二，降低纠纷率。老专家见多识广，他们的方案可能会更加注意医疗安全，恰如其分。他们在选择医生的时候，由于和这些实操的医生不存在竞争关系，会秉持相对客观公正的态度，站在客户的角度想问题。

好处之三，提高服务品质。老专家和单纯的咨询师开单的不同之处在于，他们开方时会在诊疗的全程予以细心关照，随时纠正发现的问题，无形中提升了医疗服务品质。

好处之四，提高品牌竞争力。从源头抓起的医美医疗流程，很快就能培养出与众不同的品牌，并且因为较好的口碑而获得较强的品牌竞争力。说不定，这种模式建立后，那些眼花手抖的老专家会成为医美机构争抢的稀缺资源。

好处之五，培养年轻医生。老专家看诊的时候，可以同时进行年轻医生的带教，这是一个培养年轻医生的好办法，他们可以非常直观地学到许多临床知识，特别是那些跟了全过程的医生，有希望迅速地成长。

5. 专家看诊并非要取消咨询师

医美咨询师大量存在，不可或缺。专家看诊是为了开辟一条新路线，而不是与医美咨询师争地盘。

提倡专家看诊，并不是取消咨询师，而是让初诊环节变得更丰富、更高级、更接近医疗本质。

有些刚入行的年轻医生，也可以先从接诊开始，然后再上手术台当医助，最后轮转到术后管理，这样的轮转，不失为美容医生养成的好方式。

实行专家看诊和咨询师咨询双轨制的医美机构，那些年轻的咨询师在老专家身边耳濡目染，就能学到更多的本领，快速地提升自己的业务水平。

第五节　与医美"独立咨询师"合作

一、什么是医美独立咨询师？

1. "独立"与"自由"

"独立咨询师"又可称为"自由咨询师"，他是完全独立、自由、客观的存在，不代表任何机构、平台或者医生，为医美就医者提供咨询服务，并赚取合理的咨询费用；费用支付方可以是就医者，也可以是机构、平台或医生，费用比例或收取标准是公开透明的。

2. 站在消费端的立场[①]

独立咨询师的立场是最容易让人怀疑的。他们与医美机构、医美医生、第三方平台建立利益勾连再容易不过，毕竟多数情况下，佣金需要这些利益关联方来支付。

从道理上讲，独立咨询师应该完全站在消费端的立场，为就医者设计方案并匹配医疗资源，帮助就医者做好攻略并规划他们的支出，引导他们尽量避免进坑。

3. 独立咨询师的来源

在线下医美机构担任过咨询师的人可能会成为独立咨询师，这些人对业务比较熟悉，清楚咨询套路；再有就是离开临床的医生，虽然年事已高，但是经验丰富，并且拥有相对可靠的医生资源。

渠道医美出现独立咨询师的可能性也是有的，这些人在组织与调动客户的能力方面极强。他们拥有客源，并且知道怎样找到客源。

网红主播中可能会出现独立咨询师，特别是热衷于医美直播的网红，他们的优势

---

① 独立咨询师的工作类似居间服务人员，适用《民法典》关于居间服务人员的权利、义务条款。

是拥有大量的线上粉丝群体，作为意见领袖，他们的意见很有号召力。

有些传统医美机构的咨询师或资深从业人员，离开供职的机构后，会带走一批客户，他们将这批老客户变成了自己的客户，为这些客户安排医美治疗行程，带有一定的独立咨询师性质。他们能否生存并持续发展，要看客户群体的大小，以及个人是否有意识地向独立咨询师发展。

4. 成为独立咨询师的三个条件

做独立咨询师，需要具备三个属于个人的前提条件：

第一个条件，拥有客户资源，并且在这些客户中建立信任关系。

第二个条件，拥有医生资源，与机构或医生只是合作关系，而没有隶属关系。

第三个条件，拥有丰富的医美知识，保持学习能力和持续的知识更新。

三个条件都具备，能不能成为杰出的医美独立咨询师，就看人品了。只具备两个条件，成为独立咨询师的可能性存在，但是需要付出努力；如果只具备一个条件，可能性比较渺茫。

二、独立咨询师都做些什么

1. 为求美者做好医美规划

能够为客户做出适合的医美规划，没有丰富的医美知识不行，但是光有医学知识还远远不够，还需要有美学修养。能够将医学和美学结合的人，才能成为真正的医美咨询师，当然，如果再有心理学知识的配合，就更好了。很难说到底是谁才能成为优秀的医美独立咨询师，尽管许多人不同意笔者的观点，但笔者还是固执地认为从医生中产生的可能性最大。

2. 找到最适合的医生

这是个技术组织型的专家，他特别了解长期合作的医生们各自的专长，并且能够将他们调动并整合，为自己的患者服务；这是个系统工程，绝不仅仅是认识几个人那么简单。

有长期合作关系的人之间配合默契，但也容易出现选择的惰性，这对独立咨询师并不是好事。

3. 为结果负责

一般而言，医疗后果由医疗机构或医生来承担，传统的咨询师只是机构的雇员或医生的助手，作为一个配合型的岗位，自然不用为结果承担太多的责任。当独立咨询师成了整体利益链条的一个独立合作方，他还能像以前那样不用为结果担责吗？

独立咨询师为结果承担一定的责任，可能是作为一个独立角色需要面对的事实，只是怎样分担责任，目前尚无定论。

4. 为客户做好攻略

为什么要将这一条拿出来单独说一下，因为其中有一个小小的悖论：为客户做好攻略，让客户更加省钱，应该是独立咨询师的职责，但佣金是从就医者消费金额中按比例提取的，只有消费金额越多，佣金才可能越多；所以，独立咨询师的立场与赚钱方式便出现了悖论。或许，这也是很难出现真正意义上的独立咨询师的原因。

三、独立咨询师存在的前提

1. 是否存在市场需求？

信息不对称是医美行业的显著特点，各大互联网平台在努力让信息对称，让过程变得尽可能透明化，但这很可能是个梦想，因为医美项目永远不可能标准化。不同的医生、不同的患者、不同的项目与产品，这几个因素加起来，医美治疗永远是个性化的，轻医美同样如此。只要存在不对称的信息，就存在对咨询师的市场需求。

2. 归属与认可

获得求美者的认可，是这个职业存在的潜前提；认可的标志是对独立咨询师获取佣金的认可，如果咨询师代表医疗机构或医生，那么这个问题就可以忽略，如果是代表就医者的立场，那么合法获取一定比例的佣金，就必须公开化。在此之前，不少拿过分佣的人都是非公开的，哪怕是成规模的渠道医美，分佣始终是个秘密。

监管部门的认可，未来也是一个可能面对的问题。医美独立咨询师应该被谁监管呢？他是自由职业者，还是个体工商户？这个群体将被划入哪一个社会职业？是否需要形成一定的规范？

3. 形成行规

这里所说的"行规"，不是独立咨询师的"行规"，而是要在医美行业对独立咨询师形成共识，并逐步形成人们普遍接受的规矩。只有这样，这个新的角色，才可能被尊重并健康发展。

4. 存在获客平台

独立咨询师最合理的存在方式应该是O2O模式，线上获客是必不可少的环节，之后的线下咨询也是必不可少的；没有线上获客来源，独立咨询师很难生存，没有线下服务，求美者无法获得适合的方案。而且在线上，很难在两个素昧平生的陌生人之间建立强信任关系。

获客平台要足够大，被医美消费者普遍认同，它本身就该有流量，而不是去购买流量。凡购买来的流量，平台一定要急于变现，这与独立咨询师的执业宗旨不搭。

从原理上看，对于低频、重决策、高佣金的行业都很适合这种模式，也很符合医美行业的特点。

新氧有可能成为这样的平台吗？理论上有这个可能，而且它已经这么做了。新氧的网站页面上，对独立咨询师的解释是：有10年医美经验，经过层层筛选考核而出；客观中立，不隶属任何医美机构；全面了解客户诉求，定制多份方案供挑选；从资历、审美、技术等多维度优选医生。在笔者登录其网站的时候，独立咨询服务已有8824名求美者得到了免费的定制方案，每天有超过500人选择独立咨询师。

新氧能够成为广大求美者自动选择的医美平台吗？能够成为体量像贝壳那样足够大的流量平台吗？让我们拭目以待。

四、独立咨询师是怎样炼成的？

1. 建立强大的个人IP

独立咨询师可能比医生还需要强大的个人IP，因为其需要获得就医者的信任感。

2. 医学与美学的专业背景

让自己掌握全面的医疗美容知识是非常必要的，所以学习的过程将在职业生涯一直持续；同时，对美学知识的掌握，可能是更大的一个挑战；如果将独立咨询师看成专业人士，那么它的职业要求还是很高的，所需要的知识量很大。

3. 建立人脉资源

优秀的咨询师都应该是跨行业的技术组织者，需要不断地与医生交流，并发现优秀的医生以及他们的特长;与医生的合作关系,绝不是一天两天就可以建立的。

独立咨询师未来可能形成规模,变成医美居间服务代理,可以阳光收费,也有明确的义务[①]。

> **本章总结**
>
>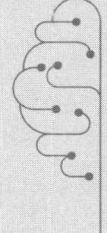
>
> 营销和运营,是消费医疗经营管理团队的主要工作,尽管这两项工作对任何一家消费型医疗机构都至关重要,但仍然是辅助性的工作。我们始终认为医疗工作是任何一家医疗机构的核心,而且经营管理团队不应该过多地干涉医疗团队的事务,甚至让医疗团队听命于经营管理团队,否则就是违背医疗行业底层逻辑与核心价值观的事情。营销与运营为医疗服务,是消费医疗基业长青的观念基石。
>
> 我们常常见到的场景是,要么医疗团队围着经营团队转,要么各行其是,变成两张皮,互相不买账。这两种现象都会带来不良后果,不是太多的纠纷与事故,就是抬高沟通成本。好的经营管理团队是善于沟通的团队,并且能够摆正在机构的位置,心甘情愿为医疗服务;反过来,医护团队也会尊重经营管理团队的意见,大家形成合力。
>
> 不间断的学习能力是对整个团队的基本要求,上述所有这些都考验着团队的学习能力,以及学以致用的表现,尤其是在不断收紧的行业新规之下,如何将营销与运营的动作做得精彩,因为所有营销运营都要以合规化为前提。对医美机构经营院长而言,这个时代充满挑战和机会,我们会目睹这个产业的迭代与变革,并有幸参与其中。新的产业结构已经出现了,新的营销方式也要随之而演进,经营院长必须迅速更新知识结构,跟上时代的步伐。
>
> 自媒体时代的医美经营,参照特战小组的方式,化整为零,单点突破,往往会收到意想不到的惊喜。大机构中派生的"自组织",发展得好,便可以独立成局,所以,这种让人耳目一新的组织形式,也能成为优质项目的孵化器。阿米巴模式延伸到机构之外,便是经营团队与社会上独立咨询师群体的合作,它展现的是团队具有打破固有边界、不断向外整合资源的能力。当然,跨行业、跨部门的组织能力,并不局限于销售环节。

---

① 根据《民法典》,居间服务人的义务包括:报告订约的义务、忠实和尽力的义务、隐名和保密义务、介入义务等。

第九章

创业者同资本的合作与博弈

本章导读

创业者与投资人之间的关系，向来是一个有趣的话题。本章的内容，我们将创业者定义为创业医生或医生集团，当然，投身消费医疗创业的非医生人士，也可以作相应的类比。本章共有四节。第一节，我们对投资人的类型做简单的介绍，以及投资与估值的基本逻辑。第二节，讨论什么样的医生适合自主创业，以及医生在创业过程中可能会遇到的问题。第三节是比较特殊的，即讨论医生个人IP问题，这个方面很少有人论及，比较具有探索性。第四节，讨论创业医生如何与合伙人相处，当然，也可以扩大到创业者如何与投资人合作，双方的关系中，既有合作，也有博弈。

第一节
撩开资本的面纱——医美机构的创业者将面对哪些投资人？

创业的医美机构或美容医生，在面对投资人时，心态各异。如果创业者对资本市场有所企图，并且愿意在经营的过程中合规化，那么吸引投资人，无疑是将事业做大做强的捷径。借助资本的力量，会让企业规模在短时间内实现增长。

一、投资人的类型

投资人有不同的类型，按照阶段划分，有做一级市场的，这种投资人医美机构比较常见；还有专门做二级市场的。按投资人本身的资源禀赋划分，通常可以划分为产业投资人和财务投资人。

1. 产业投资人

产业投资人大多为在线上或线下拥有较多资源，是已在行业内有所布局的大型企业，比较有代表性的包括龙头互联网公司、地产公司、综合性集团等；中小型医美机构可能面对的产业投资人是业内的大型连锁集团，或希望借机"入圈"或"转型"的跨行业集团。

2. 财务投资人

这类投资人比较多，通常为专业的基金，按投资的阶段划分，通常可分为：天使投资、风险投资（VC）、私募股权投资（PE）。还有二级市场投资者，包括各类公募基金、私募基金、散户等。

二、各类投资人对于消费医疗的投资逻辑

1. 通用的逻辑

（1）消费医疗在投资人眼里，比传统的疾病医疗（严肃医疗）具有一定的优势

消费医疗培育期短，可较快时间内在医疗效果方面形成市场信任；业务可复制性强，单体业务的体量、难度均相对较低；民生关联度低，目前被医保、集采等政策影响较小。

（2）与其他消费行业相比，消费医疗也有一些优势

消费医疗市场规模大，相较欧美、日韩等地区，渗透率、消费频次仍有较大提升空间；市场分散，部分品牌可称为"区域龙头"，尚未出现全国化龙头的航母品牌；有一定技术和合规门槛，市场玩家需具有必要的专业性和基础素质；差异化竞争仍未到来，目前大部分竞争仍是跑马圈地，未来差异化特色可能升级；数字化、信息化水平较低，未来有望在数字化升级的新一轮发展中迎来新机会。

（3）医美是医疗和消费的双属性结合体：医疗属性服务于消费属性

好的消费医疗公司（尤其是做实际医疗服务的公司）要在医疗和消费两个领域均有较强的建树，才有机会最终脱颖而出。其中，医疗属性主要解决两个问题：一是合规划线，明确哪些事情可以做，以及需要怎么做；二是建立护城河，医疗水平越高，护城河越宽，门槛效应越强。消费属性方面，主要是解决商业模式问题，可复制、多复购、迭代快等都是典型的消费行业需考虑的问题。

从资本市场的角度，医疗属性最终还是服务于消费属性，更宽的护城河也是为了更好地获得消费者的认可，从而解决商业目的，创造更大价值。

2. 对企业各阶段的差异化考虑

（1）天使投资

投资人：个人投资者主导居多，或者是已经对创始人有了解和信任的投资机构。

资金来源：富有的个体投资者、家族型投资者、合伙人投资者等。

投资逻辑：通过对创始人的认知和投资，希望可以帮助创始人将公司做大，如能完成上市，通常回报倍数从几十倍起，即便不上市，也可以在后续轮次的融资中陆续退出。但对于专注天使投资的基金而言，其投资组合中可以存活至上市的项目数也会

是极少数的。

投资理念：最看重创始人团队和业务模式。其中，创始人团队需要对相关医疗服务有深入了解，同时需具备应有的商业判断力和执行力；而商业模式应在复制、复购、迭代、盈利方面有充分的想象空间。

估值方式：因公司尚没有足够的数据支持严谨的估值测算，通常由标的公司和投资人友好协商所需的资金规模及股权比例。资金规模通常在几百万至几千万元的数量级，而股权比例方面，较为常见的股权出让比例为10%~20%（再高会导致后期融资稀释压力较大）。

退出方式：通常部分（或全部）投资额会在标的公司的后续融资过程中售出，可保留一部分至公司上市，并寻找机会在二级市场退出。

(2) 风险投资（VC）

投资人：以专业的风险投资机构为主，在消费医疗领域，通常包括综合类基金（generalists）和专注于医疗领域的专业类基金（specialists）。

资金来源：通过非公开方式面向少数机构投资者或个人募集，但由于风险高、周期长的特点，部分对本金安全要求较高的资方无法大规模参与这类投资（如养老金等）。

投资理念：属于高风险高回报的投资行为，因为标的公司均处于初创阶段，未来是否可发展壮大并完成上市具有较大的不确定性，如果未能如愿，则投资资金有风险无法退出，因此，也会有机构选择在标的公司上市前的后续融资中，提前出售老股实现退出。

投资特点：相较"选公司"，诸多VC投资人更看重"选赛道"。在选赛道方面，潜在用户基数、市场渗透率、客单价、消费频次均是重要的关注指标；而对于选公司，VC在投资过程中一方面要关注单店的营收及盈利模型，另一方面更要关注业务的可复制性和复制过程中的标准化经营管理水平。

在消费医疗的行业，体检类机构整体价位较低，检查频次相对固定，渗透率也已较高；在价格的另一个极端的是辅助生殖机构，价格高，但频次更低，因此这类机构在资本市场的活跃程度相对较低。而价格跨度大、复购或复诊频次高的医美、眼科、齿科则更受资本市场的青睐。诸多风投机构如果对消费医疗市场有兴趣，则会选择自己可接触到的标的进行布局。

估值方式：基于投资人对标的公司的预期，通常按照收入或盈利的一定倍数，结合可比上市公司股票在二级市场的表现给予一定折扣,从而综合确认估值。

估值调整机制(对赌措施):通常对经营指标增长、营收增长、盈利增长、盈利能力等指标做考核,在未能达成指标时,会反向调整投资人的进入估值,公司予以补偿(财务补偿或股份补偿);如果达到指标,则可要求投资人追加投资。在实操过程中,将根据标的公司的状况确定话语权,也就是只有单向调整或是双向调整。

退出方式:同天使投资一样,可出售给后期其他投资人,或在上市后寻找退出机会。

(3)私募股权投资(PE)

投资人:既包括综合类基金,也包括资金实力较强的产业类投资人。

资金来源:通过非公开方式面向少数机构投资者或个人募集,包括保险公司、证券公司、养老金、企业资金、高净值个人等。

投资理念:主要投资于上市前景相对明朗的公司,协助标的公司上市,并进一步整合资源帮助公司创造价值,随后逐步退出。

投资特点:相较VC阶段,PE投资的可选标的已相对较少,一些未能证明发展能力或盈利能力的公司已退出市场,或被并购进其他公司,剩下的可选标的已获得一定的市场份额,并且阶段性地证明了管理团队的能力。

这一轮融资除了需要获得资金,也希望获得业务相关的各类战略协同资源,使公司可以除了变得更大,还可以变得更强、更好。因此,PE投资人通常会努力使得标的企业与自己可控范围的公司产生化学反应,对于产业投资人,这可能是他已经布局的业务板块,对于传统财务投资人,这可能是他投资组合中其他被投公司,这些形成了股东协同效应的公司群体,也常被称为XX系。

因为产业类投资人可能获益更加直接,且财务回报不是他们的唯一追求,所以有时产业类投资人可以接受相对较高的估值溢价。消费医疗的实际治疗在线下,而诸多营销及客户沟通在线上,因此,资金充沛的地产公司、互联网公司、有复合业务的集团类公司,以及医疗产业链上的头部企业均活跃在产业投资的赛道上。

对于消费医疗赛道,通常在这个阶段已经成为区域龙头,估值已累积到几十亿元甚至更高,融资额通常在数亿元,下一步需要通过更多的资金走向全国市场,同时会将一部分资金用于完善IT基础设施,以及运营、财务、人力等管理机制,为可持续发展夯实基础。

估值方式:基于标的公司的行业地位和发展前景,按照收入或盈利的一定倍数予以估值。在上市前的半年到一年左右，有些标的公司会进行pre-IPO或交叉轮（crossover）融资，以达到帮公司完成上市前最后一轮估值的目的，该轮定价通常依然会在可比上市公司二级市场估值的基础上有一定折扣。

估值调整机制（对赌措施）：除与VC相同的各类调整机制外，通常会设置对于上市时间的要求，即如果标的公司未能在约定好的时间完成上市，也需要对投资方进行补偿（因为相较VC投资人，PE投资人进入的成本较高、资金量较大，如果无法退出，损失也会更大）。

退出方式：以企业上市后在二级市场寻找退出机会为主。

（4）二级市场投资

投资人：既包括公募基金和私募基金，也包括诸多个人投资人。

投资特点：估值由公开市场决定，而非标的公司和特定的投资人，主要决定因素包括国家对行业的政策支持力度、公司个体的发展战略、公司的财务数据是否达到之前向市场发出的预测等。

由于二级市场的股票可随时交易流通，公司股价可能由于各类新闻或业绩而出现快速的价格波动。

投资者本质上是需要选择投资增长潜力大的公司，通过扩大营收和利润规模带动市值增长，实现"资本利得"（capital gain），或是选择盈利和分红相对稳健的公司，目标是获得长期稳定、高于银行利率的分红收益（income）。

由于行业发展阶段和疫情持续影响，投资人更关注盈利能力好的上游龙头企业，主要系因上市的上游龙头数量有限，其议价能力可自然形成较好的增长和盈利；而中游机构分散，受制于经营难度和营销推广压力，在增长和盈利方面的表现均难与上游匹配。

第二节　美容医生自主创业是大方向

医生多点执业政策，打开了自由执业的大门。作为稀缺资源，医生的技术得到了更多价值实现机会，为医生群体带来更多财富。

我们相信国家鼓励社会资本办医的政策不会改变，相信消费医疗在中国会有更美好的明天①。

一、什么样的医生适合自主创业？

医生在创业过程中，与在执业过程中一样，时刻面对着比"电车难题"②更复杂、更没有标准答案的合法合规与医疗伦理等问题的考验。国内的商业文明并不成熟，表现在媒体端，对商业的过度解读，导致具有传媒热点属性的医生或者医生集团也成为被注视的对象。一个有利好、利空、趋势、里程碑特征的医疗商业决策或者动作，都会被解读得过于充分。

1. 创业的种种模式：医生集团、医生诊所与自由执业

医生创业的模式多种多样，完全可以根据自己的情况与志向做出选择。不同的定位，模式不同，结果自然也不尽相同；志向不同，对成功与否的定义也不尽相同。对于医美这类纯消费医疗项目而言，更是如此。

第一种模式：企业家模式。有的医生走上创业之路后，慢慢脱离临床，变身成为纯粹的企业家或投资人，他们创办的机构可能会做得很大，例如深圳阳光的创始人王小泸医生、湖南爱思特的创始人万贤德医生，他们最后都成了企业家。

第二种模式：医生+企业家模式。医生创业后，一边当企业家，一边还在自己的机构里当医生，没有完全脱离临床，最典型的要数深圳鹏爱集团创始人周鹏武医生，还有小忠丽格的赵小忠医生，他们做起了品牌化的连锁机构，自己则兼有两种不同的身份，既是医生，也是投资人。

第三种模式：医生集团模式。曾经风起云涌的医生集团，如今剩下的已经不多，张强医生集团可谓是其中的凤毛麟角。医生集团有不同的类型，可以是张强医生集团那样的轻资产结构，利用差异化的技术优势与平台化共享医疗机构合作；也可以是曹谊林教授组建的谊林医生集团的重资产模式，与投资方进行股权合作，开办由医生集团管理的专科医院。

---

① 中央人民政府网站，关于印发促进社会办医持续健康规范发展意见的通知，2019年6月12日，http://www.gov.cn/xinwen/2019-06/12/content_5399740.htm。

② "电车难题"是伦理学领域知名的思想实验之一，其内容大致是：一个疯子把五个无辜的人绑在电车轨道上。一辆失控的电车朝他们驶来，并且片刻后就要碾压到他们。幸运的是，你可以拉一个拉杆，让电车开到另一条轨道上。然而问题在于，那个疯子在另一条电车轨道上也绑了一个人。电车难题最早是由哲学家菲利帕·福特（Philippa Foot）于1967年发表的《堕胎问题和教条双重影响》论文中提出来的，用来批判伦理哲学中的主要理论，特别是功利主义。功利主义提出的观点是，大部分道德决策是根据"为最多的人提供最大的利益"的原则做出的。

第四种模式：全职医生+个体诊所模式。如果创业医生并不想当企业家，只是想办一家属于自己的诊所，也没什么不好，医美圈这样的小机构太多了，而且做的也都不错，小富即安，夫妻店也可以。这样的小机构说不定抗风险能力还更强。

第五种模式：全职医生+连锁成员模式。创业医生选择一家连锁平台，以连锁成员的模式进行自主创业，自雇式经营。联合丽格的复合品牌机构，多半是这种情况。连锁成员式机构既有医生创业的自由性，同时要接受平台化连锁集团的规范化管理。

第六种模式：兼职医生+个体诊所模式。张强的意思是：如果医生想创业，必须离开事业单位，破釜沉舟，一往无前。其实也要具体问题具体分析，欧美国家有许多这种方式的创业医生，他们一部分时间在公立医院上班，一部分时间在自己的诊所看诊，主要是用支付方式的不同或价格差异来区分患者。我国在政策上也鼓励医生以这种方式开办诊所，多点执业，但是由于在患者区分上存在比较多的盲区，落地执行不容易。如果兼职医生的诊所与就职医院的患者无法进行差异区分，确实很难保证公立医院的病源不流失。所以，这种模式仍然处于探索之中。

第七种模式：自由医生+共享平台模式。创业医生不想办自己的诊所，去共享医院租间办公室，雇几个营销人员当助手，从线上或渠道获客，在共享医院实施治疗，这种模式和张强医生集团的合作模式差不多，只不过不是以医生集团的名义而已。联合丽格与新氧合办的医美共享医院平台上，便有不少以这种方式创业的医生。

或许还有其他的创业模式。总之，模式很多，只要适合自己，就是最好的选择。

2. 医生创业的底层逻辑是正确的

我国在医疗监管的政策上，正在向国际化靠拢，比如医生诊所必须由创业医生担任法定代表人及医疗负责人，证明我国已开始注重医疗责任承担者的身份问题。

从底层逻辑上分析，医生创业符合医学伦理的若干要求，所以，成功的可能性很大。

伦理冲突是中国民营医疗在底层逻辑上最大的bug，这也是整顿来整顿去，总也整不明白的症结所在。要想让民营医疗真正走上正轨，应该从底层逻辑入手。

现代医疗起源于西方哲科体系，现代商业同样源于西方，因此，西方发达国家医生创业的过去和现在值得我们关注和参考。在医生创业的底层逻辑上，我们不难看到以医为本是主流趋势，而且非常稳定。虽然我们走的路径注定与西方不会完全相同，但是他山之石可以攻玉的古训也言犹在耳。欧美国家年轻人选择从医，大多数人的目标是做独立开业或者加盟医生集团的医生。我们国家年轻人选择从医，却是以进入大三甲医院系统，进入公立医疗共同体为首选，但是这种差别正在逐渐消弭，当然，这还要等待我们的营商与创业环境得到真正的改善。

二、医生自主创业存在的问题

1. 幸存者偏差[①]的心理误区

有个创业医生发微信朋友圈感叹：自从创业之后，大好的年华被"毁"，从此没了生活、没了朋友、没了健康、没了爱好、没了心情……

庄子曰：鹏之徙于南冥也，水击三千里，抟扶摇而上者九万里，去以六月息者也。野马也，尘埃也，生物之以息相吹也。天之苍苍，其正色邪？其远而无所至极邪？其视下也，亦若是则已矣[②]。这段话用于描述医生创业的心路历程，再合适不过了。创业之初，雄心万丈，有水击三千里扶摇直上九万里的美好想象；创业之后，才发现真正的历程不是乘着六月的云气升腾而起，只是状如野马般的雾气、飞扬的浮尘与人间的红尘俗事，远空湛蓝的天色可望而不可即。创业之初，登高望远，想象中的图画还在眼前，然而现实不是这个样子。

创业之前，是医生，甚至是专家学者，一旦创业，便成为医商。但是自主创业的医生往往不愿意承认这一点，或是拒绝正视这个现实。中国自古重农轻商，医生不愿意给自己贴上商人的标签。

创业之初，在幸存者偏差的心理定式影响下，看到了太多创业成功的奇迹。实际上，创业不成功、不顺利才是常态，却被人们选择性地忽视了。中国有句老话：只看见贼吃肉，没看见贼挨打。我们真正应该研究的是那些失败者，他们的教训才是真正值得我们借鉴的。

2. 不是所有的医生都适合创业

医生自主创业，这是一条艰难的路。诗和远方的浪漫并不常见，医生创业征途中，苦恼烦琐挥之不去。医生必须走出学术的象牙塔，直面柴米油盐的人生，钱不再是老

[①] 幸存者偏差，另译为"生存者偏差"或"存活者偏差"，是一种常见的逻辑谬误（"谬误"而不是"偏差"），意思是只能看到经过某种筛选而产生的结果，而没有意识到筛选的过程，因此忽略了被筛选掉的关键信息。它的别名有很多，比如"沉默的数据""死人不会说话"，等等。

[②] 语出《庄子·逍遥游》。

板发的,而是自己赚的;不但要自己赚钱,还要养活员工,还要发动其他医生一起赚钱,还要给投资人分红(如果有投资人的话)。

创业医生常常在学者的清高与商人的精明之间摇摆,既放不下主任的架子,又想扮演成功的商人,给人一种没搞清楚自己到底想要什么的错觉。最常见的表现是双重标准,对员工声称自己是老板,对投资人说自己只是个医生。这样做看似游刃有余,实则两头耽误。过哪山唱哪山的歌,努力唱好,唱成名角才是正途。

如果只想当个好医生,最好别自主创业,因为从开始的那一刻,从事消费医疗的创业医生,便不再只是个医生。

在公立医院的时候,讲究技术全面;而到了民营机构,做消费医疗,则需要将最拿手的精品奉献给就医者。而医生术业有专攻,能做到极致的手术,两三种而已,所以,只能用自己最擅长的术式赢得市场,才能取得差异化的竞争优势。不习惯也不打算做减法的人别去创业。

舍不得投资的医生不要去创业。用别人的钱去创业不是没有可能,但那种合作关系对双方都存在不确定性,自古财帛动人心,面对金钱,考验多多,因之引起冲突的情况不在少数。没有创业资金或者不愿意为创业投资的医生,去打工一样也是个不错的选择。

情商不够的人不能创业,但是很少有医生能对自己的这个问题有清醒的认知。情商的重要性不仅体现在与投资人、合伙人以及员工之间,更重要的是与就医者的关系。在公立医院时的高高在上,在创业的路上不再有;而且在政府主管部门、社团、媒体的眼里,早已今非昔比。身段是否柔软而有韧性,姿态是否不卑又不亢,其间拿捏,绝非易事。

对于血本无归没有思想准备的人,最好不要创业。创业初期的激情澎湃很快就会被种种风险淹没,闯出来的人不多,风险不仅来自医疗,还有竞争与经营,还有合规与歧视,还有市场大环境的风云变幻。

3. 并不是优秀的医生就能成功创业

只有优秀的医生才应该自主创业,这句话看上去像是句正确的废话,但是它与通常理解的"优秀"有所不同。创业医生的所谓优秀,有着与一名优秀医生不同的要求。尽管名医创业成功的概率很高,但是实际情况也不尽然,创业不讲论资排辈,只要有一技之长,并且有相当高的市场适应性的医生,都可以是优秀的创业医生。创业成功的医生需要具有更多的技能与认知,因为他不仅是一名医生,而且是医商。

医学充满探索，但是到了民营医疗阵营，对医美的探索有可能变成违规操作，消费医疗更容不得犯错，而且动不动就犯规。

创业者必须具备的条件：首先当然是资金，它是创业的前提条件；当获得了资金之后，就要有让资金增值的能力，它包括清醒的自我认知和恰当的定位，以及团队的支持。团队有时是投资人组织的，有时则需要自己解决，要让市场尽快地接受自己。

除了心理准备，创业医生的知识储备更是不可或缺。这些知识包括市场营销、个人IP、财务税务、供应链采购、法律法规、医政医务、人力资源以及行政管理等。

三、哪些创业医生适合联姻资本？

一位医生描述自己创业后的理想国，除去那些理想化的场景描述，有一句话吸引了我们的注意：不受资本的控制。看到这句话，让人不禁哑然失笑，看来不少医生对资本抱有看法和戒心，甚至怀有敌意。他们认为，一旦接受了资本的投资，便会受到资本的控制，从而失去了诊疗的自由。我们从小到大受的教育里，资本家都是坏人。现实并非如此，资本和资本家是中性词汇，不应该充满贬义。如果采用二元对立的方法将"资本"和"我"分开思考，那么寻找资本创业很可能就是一场悲剧。因此，创业医生如果要借助资本创业，首先要与资本平视。

正确认识资本，给予尊重，是创业医生的重要认知。当然，资本不可能永远陪着你，它需要获利退出，需要给出资人交代，它只是你创业之路上某一段征途的同行者，事业是医生自己的。

是否能够与投资人达成风险共识，也是重要的前提。有些创业医生只想将风险抛给投资人，自己要求旱涝保收，这种好事可不太多。

创业医生大都富有情怀，充满理想主义色彩，但是应该与现实主义相结合，否则就可能是空中楼阁。

这里有一个小知识点，心理学又一个说法叫作"渺小而可怜的我"[①]，英文缩写为PLOM，说的是很多人会将自己摆在一个受害者、弱者、被动者、被迫害者的委屈而渺小的地位，以此来自我安慰和自我说服。不可避免，我们的社会主义社会属性对资本主义采取了复杂的二元对立的意识形态建构，因此，面对资本，人们难免产生"渺小而可怜的我"的心理建构。这种心理不应该存在，要及早剔除，否则我们与资本的关

---

① [英]罗伯特·戴博德.蛤蟆先生去看心理医生[M].天津：天津人民出版社，2020.

系将长期不能正常化。

四、投资人通常怎样选择投资对象？

越是头部的医生，投资成功的概率越高，这是不争的事实；但也不尽然，有些年轻医生拥有极好的个人IP和极高的创业激情，也是相当不错的投资对象。投资人通常会评估医生的创业动机与意愿，指数越高的医生，创业的成功率才越高。富有创业激情的医生在个人IP的参与度上，表现更好，而且有更强的学习动力。

投资人喜欢投资有专长的医生，其技术特色是重要的选择标准，因为这是形成个人IP的前提和基础。

当然选择的不仅是技术，人品也很重要，这一点是投资人做背景调查的重中之重，但是一般不会明说，而且不会和意向中的投资对象讨论这个敏感问题。投资人会以此判断创业医生的合作精神与担当意识。

创业医生与投资人合作关系的建立，是一种互认的过程。这种互认就是船的大小与水的深浅要匹配，因为大船深水配上强劲的风势，才可能会有大鹏展翅的奇景。若无这些思虑在前，那么医美创业对医生来讲是年华虚度，对医美投资人的资金来说就是泥牛入海。

医美和资本的联姻，成功的案例并不多见，主要原因是创业医生对资本并不十分了解，同时对自己的价值没有清醒认识。总有人会在医生耳边忽悠，把一知半解的关于融资的小道消息，灌输给一头雾水的医生，让他们产生某种幻觉。

投资医美机构的小老板，同样存在这样的问题，他们想象着资本入驻的场景，以及获得资本助力之后的成长，却不知道资本投资自己的理由是什么。

不少同行问，如何能够引入资本？笔者的反问是：你引入投资的目的是什么？如果回答是缺钱，那么笔者的回答是：天下没有一家资本是为了学雷锋而成立的；如果回答是为了上市，笔者更要反问：你上市的目的是什么？

第三节 医生个人IP的资产认定

一、资本会投资医生个人IP吗？

一般的投资人如果投资医美行业，会投资医生个人IP吗？或会投资以医生名字命名的机构吗？多半会说不会！毕竟医生也是人，会生老病死，会意见不合而离开，会有各种人为主观错误，一旦出现意外，IP品牌尽毁，机构受损，投资失败。如果要投，只会投机构，机构品牌才有可能成为百年老店。只投机构，不投个人，这恐怕是大多数资本的想法，它们要投有确定性的东西。

什么样的投资人会投资医生个人IP呢？只能是那些有丰富的行业经验与长远眼光的产业投资人可以。这样的投资人对医生投资后，和医生们共同组成机构，并为医生创业的机构赋能，这类机构通过连锁方式形成规模，并逐步完善其系统化的经营管理功能，以及强大的品牌；当这个系统产生持久的盈利能力之后，才可以和资本市场对接。

医美市场的营销推广，越来越依靠个人IP了，无论是医生的，还是其他人的。个人IP，就是知识产权，这大家都知道。既然是知识产权，肯定就是一份资产；只要是资产，就会涉及所有权。当未来的医美营销愈加合规化时，个人IP将可能成为最重要的营销资源。医美医生的个人IP，表面上看起来是个人的，事实上真的如此吗？不一定。既然是资产，那么就应该有资产管理办法，本文希望捋清楚个人IP资产的来龙去脉，并提出个人IP资产管理的一些看法。

二、如何看待医生个人IP的资产[①]？

不管是公立医院的医生，还是在私立医院打工的医生，不管是合伙创业的医生，还是自由执业医生，都可以形成个人IP。医生个人IP资产的表现形式，就是在各种平台的自媒体账号和这些账号里各种形式的内容，包括原创内容，也包括用户生产的内容（UGC），甚至包括社交网络的实体关系与知识图谱等算法产生的，本身具有价值且可以继续产生价值的"知识"。

IP资产的构成，包括各种号上的粉丝数量、粉丝转化力、内容积累量、内容影响

[①] 张皓鸣.打造"个人IP"：传统主流媒体人的"出圈"研究[J].南方传媒研究，2021（12）.

力以及综合影响力。

粉丝数量：当然不包括刷单刷来的那些"僵尸粉"，而是指那些活跃的、有互动的、针对性强的、有潜在消费可能性的粉丝；还包括微信朋友圈里的那些群。

粉丝转化力：将粉丝转化为客患的能力，当然这么说比较虚，因为能力往往无法评估。这里的"转化力"可以从历史数据中得出，即过往的粉丝转化为客患的数量除以粉丝总数得出的商；参考值还包括客单价、创收总额、利润总额等财务数据。

内容积累量：原创内容的数量是重要的，没有积累，就不可能产生大量的原创内容。衡量标准包括原创内容总量、内容持续更新的时间、更新的频次等。

内容影响力：垃圾内容再多也没用，而原创内容的品质也有高有低，主要评估标准包括阅读量、转发量、评论量、好评量、互动量等。

综合影响力：将医生所有个人号的各项指标相加得出的结论，这个结论包括行业影响力、各个号的综合排名，以及通过自媒体获得的总体收入等。如果成了大V，那么其价值就可能产生特别的溢价。

如果完全是医生个人在业余时间做自媒体形成的个人IP，那么，这个资产当然是归医生个人所有。

大多数情况是，别人也为这个医生的IP的打造出了力，甚至投了资，可以称之为"合作方"。合作方在很多情况下可能忽视了这块资产的存在，但是并不等于没有。比如协和医院的那些名医大号，医生在推出个人IP时，在自己的名字前面，往往会加上"协和"这两个字。有了这个抬头（tittle），立马让人肃然起敬，陡增几分信任感，然后你说什么都是对的，只要不停地说，就会不停地"增粉"，个人品牌成长速度很快。这是借用了协和医院的无形资产，按理说协和医院应该在这个医生的个人IP资产里占有一定的份额，只是协和医院不会提这样的要求而已，可能是没有意识到，也可能是不计较这些小事。

民营医院的医生做个人IP时，假如纯粹是个人自己做的，就绝对不会把医院的名字放在自己名字前面，那是生怕医院占了自己的便宜，同时方便离开的时候，走着方便，不耽误自己个人品牌的积累。

然而，大多数民营医院的医生个人IP培养是要花钱的，未来的市场营销可能越来越倚重个人IP，所以投入的资金会越来越多。

三、医生和投资人之间，最好就个人IP签个合同

打造个人IP要涉及持续的资金投入，还要付出大量的人力物力以及时间成本，所以，在决定由别人掏钱做医生个人IP时，大家最好坐下来把合同签好，亲兄弟明算账，丑话说在前头。

那些拒绝在个人IP里植入机构信息的医生，要么极端自我，要么就是根本没有打算长期合作，这种情况要引起注意。

为医生个人IP投钱的，可能是机构，也可能是经纪人，甚至有可能是合作方，因此，无论个人IP以何种方式呈现，对它未来的资产划分，应该事先有个说法。

四、怎样认定个人IP资产的归属

无论是对机构还是对个人，合作期间的个人IP，都是销售工具的一种，双方都从中受益。为了防止分家的时候说不清楚，大家最好一开始就形成一个协议，就像婚前财产协议一样。不少机构的劳动合同里对此有所规定，当然都是以机构的立场拟定的，医生签合同时，一定要仔细看看相关条款，不要只看工资待遇那部分。如果有不同意见，事先提出来，大家协商。

关于个人IP的资产划分，没什么约定俗成的惯例可以依循，全看合同约定。一般而言，本来就是个人化的各种号，机构并没有为它花钱，也没有其他的付出，毫无疑问，纯属个人财产。

为了营销目的而存在的号，就存在分割的可能。但是这些号的个人色彩十分浓厚，机构勉强留下来，意义不大，为号换个主人，转化起来难度很大。通常情况下，由医生按照合同约定，支付相关费用，把号买走。

在消费医疗领域，通过个人IP打造成为网红名医的例子不在少数，在IP资产分割时，难度极大，因为真要评估起来，价值很高。机构与个人双方都应引起足够的重视。

演艺娱乐界，划分演员和娱乐经纪公司的影视娱乐项目的IP管理的方法值得参考。比如有些演员与公司签约期间，公司投入资源买剧本、做制片、拍摄影片、搞宣发、分享票房，演员本人出演影片，在此期间演员本人也是关注和流量的承载者，本身也具有极高的IP价值。如果演员与公司解约会约定违约费用，这个根据合约的级别确定。

医美医生个人IP打造的过程，很像是一个分成很多季、每季分成很多集的电视连续剧，或者像《复仇者联盟》一样的系列电影，如果参考影视娱乐的演员与公司的关系，

也许可以获得一些思路和方法。

当然，这些操作的基础在于机构和医生能够认识到个人IP是资产，双方在合作期间资产会被持续投资和增值，计算资产价值的方法既要考虑资产实际产出能力，也要考虑资产持续投入的总额以及时效性等。只要引进类似经验，充分利用现有法规和制度框架的规定，我们应该可以很好解决这个问题。

第四节　创业医生与合伙人相处的原则和方法

一、医生创业，如同"秀才造反"

我们很佩服那些自己在商海折腾多年的创业医生，他们有的变成了纯粹的商人，有的还能坚持在手术台上，不管怎么变化，他们都是一群了不起的人。

越来越多的医生走上了创业之路，他们中间有相当一部分人并没有真正做好准备，有些是被忽悠着开始创业的。笔者发现，无论多高的年薪，创业的医美医生，都要经历高高低低的心路历程，这些功课都不能缺。

别抱着"海誓山盟"不放。别看医生都是高级知识分子，当初聚在一起决定创业时，和农民起义差不多，免不了说一些豪言壮语，如"相濡以沫""荣辱与共"之类的这些话，聪明人听听就算了，歃血为盟的桥段，在商业规律面前一钱不值。

老同学、老同事、老客户的关系，走到一起创业，特别具有欺骗性，而且一旦产生矛盾，破坏力巨大。因为大家除了掏钱创业，还有情感上的要求与承诺。

解决的办法就是合作之初，把规则定得越细越好，最好是请专业律师帮忙，丑话说在前面，千万不要假装仗义。

二、学会区分"人性"和"人品"

可以考验人品，不可考验人性。

人性里有些特质可能会让我们嗤之以鼻，比如好胜心、权力欲、好色、自私等，但只要不伤害到别人，就无可厚非。合作人之间，由于人性问题无法包容而引起的冲突，当及时化解，企业文化中缺少了包容性，肯定长久不了。

人品问题是原则性的，如果发现合伙人的人品有问题，并且严重到了不可原谅的地步，就必须尽快解除合作关系。比如遇到侵占、回扣、诋毁、造谣、贿赂等损害合伙人权益的事。

将人性与人品区别看待，是很难的。人性问题考验的是包容度，人品问题的处理考验的是决断力。

三、认识自己并学会妥协

合伙人之间最好是互补的关系，卯榫结构是最结实的；如果都是平面物，就只能靠胶粘了，单独靠出钱形成的合伙关系，就如同用胶粘起来的结构。所以，"和而不同"是最佳的合作之道。

尺有所短，寸有所长。合伙人之间最怕的就是拎不清自己的斤两；特别是自己的定位与合伙人的判断有过大的误差，便会形成合伙关系的隐患。

维持合伙关系的重要手段是学会妥协，当你发现与合伙人之间存在问题时，一定不要感情用事，审时度势是明智的，要冷静地分析：事业发展到了何种程度？是不是已经到了不可调和的地步？现在解决对未来的影响有多大？一旦合伙人闹翻，以前的努力会付诸东流吗？把这些问题写下来，然后一一作答，根据答案做决定。

另外需要自己思考的问题是如何对待比自己强的合伙人。与比自己聪明的人合作，或者雇用比自己聪明的人，是把事业做大做强的条件。美国的动画片大王皮克斯的CEO艾德·卡洛姆，带领这家不大的公司，共发行了14部脍炙人口的动画长片，获得了30次奥斯卡奖，7次金球奖，8次奥斯卡最佳影片奖，它的每一部影片，都进入了全美票房前50名。艾德本人也获得过5次奥斯卡奖，最后把公司带入迪士尼。艾德能取得如此辉煌的成就，有个十分重要的原因，就是敢于和比自己聪明的人合作，并且保持长久的友好关系。

为什么医美机构的职业经理人很少有特别成功的呢？笔者观察了20多年，发现能用比自己聪明的人，这样的高管少之又少。

四、结束合作关系时，最重要的选择是什么？

关系破裂时，人们总会面临艰难的选择：是尽可能地破坏对方的利益，还是最大限度地减少自己的损失？

结束合作的时候，最重要的是让自己的损失最小化，这是最理智的选择。

遇到对方的恶意攻击怎么办？还是那句老话：能一笑而过，就一笑而过吧！如果你决定要反击，就一定要加倍反击，当然，行动之前，确定自己是否具备了加倍反击的实力，因为对方对你很了解；如果你既忍不下这口气，又无力反击，那就只能忍着了，然后用"君子报仇，十年不晚"之类的话安慰自己一下。

结束了一段合作关系，就像结束一段婚姻一样，千万不要诋毁对方。记住，所有听众都不会因为你说了什么，而真正站在你的这一边，他们或许会随声附和几句，只不过是给你面子，敷衍一下而已。有的人采取夸赞对方的办法，一直夸到肉麻，其实也没什么必要。

本章总结

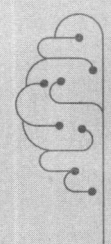

消费医疗在投资人眼中，医疗是服务于消费的，但是并不能改变其医疗属性。消费是目的，医疗是手段或达到目的的途径，所以这是一种特殊的消费形式，受限于医疗。投资消费行业的最终目的是盈利，所以，盈利能力是一切的前提。

由于医生资源的稀缺性，医生创业在所有创业模式中是比较容易成功的一种，因为社会资本会为特殊人群的自主创业，提供配套的服务系统集成。在成熟市场，这种创业的服务系统往往由政府承担；在新兴市场，则大多由资本来投入，因为创业服务系统集成提供商，哪怕仅仅一条供应链，本身就是一种有想象力的投资项目。无论帮扶是有形还是无形，任何一个经济发达的社会都会为医生创业提供各种各样的支持。无论在政策上或是物质条件上，一般的创业者很难获得医生创业的那些先天优势与条件。

疫情带来的困难只是暂时的，医生创业的路不会越走越窄，它只能越来越宽，未来可期，这是一条充满希望的康庄大道。这么说的根据是医生的自由执业是医疗领域的必然场景，它是由医疗行业，特别是消费医疗的基本属性决定的。作为社会的稀缺资源，实现资源的合理配置，让社会充分发挥这一优质资源的能量，是任何一个文明社会理所当然的选择。

PART 3

营销篇

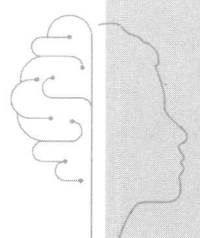

第十章

营销策略：戴着脚镣跳舞

本章导读

在第一节，我们讨论怎样做营销才能既省钱又持久，其核心就是建立信任。第二节的内容只聚焦在线上推广的部分。线上营销，大致来说也就四种形式：个人号、机构号、第三方交易平台店铺号、搜索号，以及医美直播应该怎么做。第三节讨论视频面诊，尽管还存在一些模糊地带，但我们认为它是未来营销的主流方式，也是网络营销的某种延伸。在此基础上，我们用第四节讨论私域流量的问题，并举了微信的例子。最后，用一节的内容，讨论制定营销策略的时候，要懂得弱传播理论，让医美的价值传播变得更有效率。

第一节
怎样做医美营销最经济实惠，而且效果持久？

大部分营销信息，甚至品牌推广，只是叫卖而已，自己也搞不清楚自己到底想说什么。

有没有一种办法，能够让医美机构，特别是辛苦创业的医生们，从这种无脑营销中解脱？如何用合理的营销费用进行良性的竞争呢？

一、问自己的第一个问题：医美营销的核心价值是什么？

当然是"信任"。

因为缺少"信任"而衰退的典型，非百度莫属，它本身也是造成医美行业诚信缺失的"元凶"之一。它只为了赚钱而不考虑企业的价值取向。

所以，医美营销只需要关注一件事：建立信任。围绕建立"信任"而做的营销，是正规医美机构最应该做的事，所有的动作都应该紧紧围绕这个核心。对于正规机构或创业医生来说，这或许正孕育着新的机会。

二、问自己的第二个问题：在我的营销里，关于"信任"的核心价值，表达了吗？

每一个关乎营销和品牌的动作，都暗含价值取向。你想通过所有表面的意向传递什么核心思想，是营销的使命。

营销如果没有这层核心价值表达的，就像一具没有生命的玩偶。医美营销，如果仅仅限于产品竞争，最后只能在价格上拼杀；如果只顾推广项目，最后只能拼命包装，直到花里胡哨，不知所云，甚至弄虚作假，早已无法顾及"信任"感了。所以，怎样在医美营销里塑造"信任"，是医美同行们面前的重要课题。

三、问自己的第三个问题：我如何才能让潜在就医者建立"信任"？

建立互信，是医美营销与品牌建设的核心，无论是机构丞是个人，如何让看到你信息的人，对你建立信任感，是营销终极目标。所以，答案就是：把营销的核心聚集到"人"的身上，这个"人"，就是医生本人。

从推广"项目"到推广"人"，才是真正的迭代。

希望往往在废墟里诞生。行业已经走到了非整顿不可的十字路口；而新冠疫情不仅改变了人类的历史，也在无意中阻断了医美黑产的生路，这是一个历史机遇。因为封关，走私货被阻断，宰人没商量的渠道商们也没了生意。人们也开始变得有那么一点点理性，手里钱紧，也不是那么好骗了。最关键的是，医美行业的医生们，开始走上前台，成为主导力量。

医生们确实应该抓住这个历史机遇，把个人品牌推上去，当医生成为行业的责任主体时，诚信的回归才有可能。

营销产品，不如营销项目；营销项目，不如营销人，这是铁律。人与人之间，最容易建立信任感，这种对人的营销是最省钱的，效果也最持久。

第二节
医美广告新规出台之后，线上营销应该怎么做？

2021年11月1日，国家市场监督管理总局正式颁布《医疗美容广告执法指南》之后，医美人真正关心的是：我们能做什么？或者说，营销怎么做才是对的？

一、个人号（包括医生个人号）的问题

实践中，常见的问题有：可以经客户同意后，用对比照片做病例分析吗？可以发布个人职业形象照、单位照、病历照吗？写技术特色与病例分析的内容，会因受益方为所供职机构而处罚机构吗？可以写自己的履历吗（例如曾就职于某三甲医院）？医生可以在平台上做视频面诊吗？可以做科普直播吗？

市场监督管理部门的指导意见是：把握一个原则，不能和机构的经营行为发生任何牵连，否则就被视为广告宣传的延伸。

核心点：在个人号上的一切内容，不能被定义为机构的宣传行为。

推论：根据立法意图，只要不出现除了机构名称之外的其他7项内容，便可以信息发布来对待。7项内容是：地址、所有制、类别、诊疗科目、床位数、接诊时间、电话。其实在网络时代，有了机构名称，剩下的这7项信息并不重要。

结论：个人号，特别是医生个人IP，基本上不受医美广告法的影响[①]。

二、医美"机构号"的相应做法

机构号包括微博、微信、网站等机构开设的互联网账户。常见的问题有：可以发布在职医生的技术特色及参加活动的内容吗？可以发布本机构真实的病例分析及对比照片吗？可以发布面诊过程视频或手术过程视频（图片）吗？能否以求美者投稿的形式发布内容？是否可以发布带有诊断话术的客户求助的内容？网站如何定义？可以发布在职医生的介绍、履历、技术特色、荣誉等内容吗？网站的地址、电话与广告法有冲突吗？

市场监督管理部门的指导意见是：机构号及网站，一切从严！上述问题的回答都是否定的。不管是机构号还是网站，只要与机构相关，都不能涉及医生的介绍等内容。只要涉及了，就等同医疗广告。

意见解读：可以确定的是，机构号不能做任何关于医生、技术、产品、病历等内容的展示。目前，一般公立医院的机构号和网站，也仅仅是做了"8准"内容的宣传，以及医院服务流程、公益、企业文化，还有不带宣传色彩的现场活动等基础展示，打开公立医院的机构号看看就知道了。

对于网站，理解基本同上，也可以参考公立三甲医院的网站构架。以北京中日友好医院、北京同仁医院、北京医院三家为例：在不以营利为目的的前提下，可以展示医院的基础信息，包括机构介绍、医疗特色、文化背景、科室介绍、科室医生姓名及主治项目、就诊指南、咨询窗口等。

机构网站的定义：基础信息展示平台。按《消费者权益保护法》规定，经营者应当标明其真实名称和标记，对可能危及人身财产安全的事项做出真实说明和明确警示；

---

① 根据执法实践，个人号要与医疗机构和商业属性彻底剥离，避免被视为变相广告。

采用网络、电视、电话、邮购等方式提供服务的，应当向消费者如实提供经营地址、联系方式、服务的数量和质量、价款或者费用、履行期限和方式、安全注意事项和风险警示、售后服务、民事责任等信息。

结论：机构号或网站基本不可以做营销。无论是机构号还是网站，都只能当成基础信息发布平台，此外可以展示企业文化和公益慈善事业。

三、第三方交易平台店铺号的问题

第三方电商类平台（新氧、大众等）开通的机构店铺号，常见的问题有：有地址、电话、产品内容算商业广告吗？可以根据适应证做项目展示词吗？详情页内，是否可以放会议现场照片？详情页内，治疗技术与术式可以展现吗？

《医疗美容广告执法指南》第4条规定：美容医疗机构依据《消费者权益保护法》和《电子商务法》等法律法规及国务院卫生行政部门规定的内容、形式和途径，主动公开医疗美容服务信息，不具有商业目的，一般不视为商业广告行为。

核心点：如何理解美容医疗机构按照规定"主动公开医疗美容服务信息，一般不视为医疗美容广告"。美容医疗机构依法主动公开医疗美容服务信息的，是履行法定的信息公开义务，而非基于商业目的，所以，一般不视为商业广告行为，也就不视为医疗美容广告行为。

关键点：为什么在有的平台店铺做，就是商业信息披露，有的就是商业广告呢？关键看第三方交易平台是否拥有互联网医疗牌照，有了牌照，等于将线下实体机构搬到线上，线下机构应有的权利和义务，线上同样拥有。而那些没有医疗牌照的展示渠道，便可以视为广而告之的医美广告行为。

结论：第三方平台有互联网医疗资质的店铺号可以继续做。

四、关于涉及医美信息的"搜索号"

以百度为例。核心点：关键词搜索后，进入百度二级页面，关键词展现的位置以及广告字样，关键词及其展现的标题及内容描述，是否已经涉及《医疗广告管理办法》？搜索的链路是通过关键词跳转到机构网站，以及与搜索关键词相关的项目详情页上，是否涉及《医疗广告管理办法》？

答案是肯定的，也就是说，做百度搜索，按目前的法律法规，一律按医疗广告对待，要格外小心。但是百度会放弃医疗吗？当然不会。

五、医美直播怎么办？

1. 直播活动要避免被认定为医疗广告

市场监管总局发布的《互联网广告管理办法（公开征求意见稿）》中第17条规定，互联网直播内容构成商业广告的，相关直播间运营者、直播营销人员应当履行互联网广告经营者、广告发布者或者广告代言人的责任和义务。不得利用互联网直播发布医疗、药品、特殊医学用途配方食品、医疗器械或者保健食品广告。

核心点：首先还是要学会界定什么是商业广告！

直播间运营者、直播营销人员应当履行互联网广告经营者、广告发布者或者广告代言人的责任和义务。特别强调一点，什么是广告代言人呢？是指广告主以外的，在广告中以自己的名义或者形象对商品、服务做推荐、证明的自然人、法人或者其他组织。

在直播带货的过程中，直播以个人为产品代言，推荐医美机构，已经同时触碰了《互联网广告管理办法》和《医疗美容广告执法指南》。那么，医美直播该何去何从？

结论：个人IP科普无罪，但不得利用互联网直播发布医疗、药品、特殊医学用途配方食品、医疗器械或者保健食品广告。

2. 医美直播矩阵[①]的各种"号"

无论是什么号，均应以科普为目的，不得出现邀约行为，不得出现机构的联系方式及地址。否则有可能被视为变相医疗广告。

医生的面诊/咨询号（互联网医院平台）：拍摄客户面诊内容或者做直播时，当面解答客户问题，可涉及医生、手术、材料、恢复等系列问题。其核心在于突出面诊现场解答，以场景设定、医生的专业性、客户面诊产生的示范效应等带动目标群体的咨询与转化。

科普分享号：分享医美知识，解答客户常见问题，重点突出专业性。这样的号比较经典和传统，坚持内容有料、有趣、有用是关键。

面诊美学分析号（互联网医院平台）：医生和客户互为"对手戏"的视频号，记录

---

① 在数学中，矩阵是一个按照长方阵列排列的复数或实数集合，最早来自方程组的系数及常数所构成的方阵。这一概念由19世纪英国数学家凯利首先提出。直播矩阵指按照二维表格或者多维表格形式排列的账号组合，还可以进而成为直播账号的行为组合。

医生对用户条件的分析讲解，然后给出对应的手术方案。这些号要有足够新奇的内容输出，做得好的就像小剧场演出，打破了与观众之间的"第四堵墙"，成为黏性高"增粉"快的优秀案例。

医生视角医美记录号（互联网医院平台）：也称为医生第一视角。记录客户整形前、整形时、整形后等过程，其核心在于前期的专业性，以及前后效果的鲜明对比。这样的号容易叫座，但是不一定叫好。因为它满足的仅仅是人的猎奇心理。很多医生开的这种号，直播同时在线数很好，视频观看量也很高，但是转化率往往低于其他"非猎奇性"的号。

我劝你别整系列：客观分析各种手术、材料、客户情况等因素的利与弊，给出中肯意见，建议客户理性抉择。这种"劝退型"反向操作如果内容和技巧得当，会取得人设鲜明、话题度强的优势，特别适合"路转粉""黑转粉"的情况，且容易出"铁粉"。

还有一些号讲究"功夫在诗外"，目的依旧是为医美引流。

段子号：关键词拍摄法，其核心在于植入自己领域的关键词文案，并最终呈现。这类号要注意"波浪形"发展，经典内容不断重复。段子一般一两年可以升级一下，重新来一次，往往效果很好。

知识分享号：知识分享内容并无限制，可以是冷知识、小秘密、行业内幕等，其核心在于视频拍摄的呈现方式以及出镜人的表述风格、拍摄环境等；可以参考自己业内流量较好的拍摄手法。最近流行的新闻播报式知识分享，观众喜闻乐见，掌握了流量密码，就是"一桌好饭"。

吐槽号：反向操作总是有力度。以最常见的医美问题作为吐槽的点，重点在于吐槽之后的反转，需要给出对应的解决方案，阐述清楚问题的本质，知晓问题的规避及解决方法；其核心在于出镜人的表现能力、文案内容。

双号：用不同的身份做不同的号。一位成名的医生，可能还是一位心理学家，他可以用心理学者的身份开个心理学的号，专门讲心理学方面的问题；而在以医生身份开的号里，则谈医美科普。某种程度上两个号可以达到互相引流的效果。

第三节
"面诊"或是"面聊"——"视频面诊"那些"坑"

有人说医美"视频面诊"的坑很大。应该是个误会。

一股脑地将线上的医美营销统称为"视频面诊"是不对的。因为新冠疫情而将线下推广逼到了线上,所以线上的存在方式有很多,有的是线上宣传,有的是线上咨询,也有的是线上忽悠,真正的"视频面诊"尚不多见。误将视频咨询当成"视频面诊"的情况很多。

一、第一坑,大忽悠:根本就不是"视频面诊"

可能平台处在丛林竞争阶段,也不太愿意搞那么清楚(选择性糊涂),因为搞得太明白了,就不太容易收割眼前的韭菜。

咨询师开设的所谓"视频面诊",其实根本就不是"视频面诊",顶多是视频咨询,将原来在线下咨询的场景搬到线上而已,说白了,就是把原来的电网咨询变换成了视频模式。咨询师的线上推广无可厚非,只是别叫"视频面诊",叫"视频咨询"比较妥,因为"诊"这个字眼,还是让医生们使用比较好。

有一种情况,咨询师"面诊"或许可以接受,那就是明确是某某医生的助理,代表这个医生出面接待线上的问诊客患,她所说的一切,由这个医生承担责任。

二、第二坑,低价导流到院后可能面临被再"开发"

第三方社区电商平台的逻辑是便宜,这和医美的行业逻辑背道而驰。但是医美业需要流量,不得已而为之,委屈地接受第三方平台的城下之盟,然后等就医者上门之后,埋伏在城门口的咨询小分队一拥而上,千方百计地将第三方平台的方案推翻重来。

三、第三坑,空对空:瞎耽误功夫

非专业化的视频咨询可能把这个概念搞臭,因为线下咨询师们最关心的是到店的就医者,线上只是没事做时的补充。他们在线上的咨询动作漫不经心,带来了无数差评,他们可能浪费了刚刚对医美产生兴趣的潜在消费者的热情,因为这种视频推销的唯一目的是约你上门，一切要等到见面再说，等于是传统电网咨询的变种，成交的可能性微乎其微。双方都可能陷入死循环，等于没说几句话，就把天儿聊死了。

"伪视频面诊"是反逻辑的，它的目的在于制造新的信息不对称，以维持传统医美营销的套路。传统的医美营销人根深蒂固地认为：只有信息不对称才有机会切大单。而"视频面诊"恰恰追求的是让医患双方信息对称。

四、"视频面诊"的价值何在？

什么是"视频面诊"？顾名思义，医生在线上以视频的方式回答就医者提出的问题，或为就医者做出诊断。

1. 第一个好处：降维

视频面诊（真正的医患沟通）去掉了尽可能多的中间环节，让营销过程变短，最大限度地拉近了医患距离。视频面诊价值的另一个维度是营销目的更接近医美的本质：在医患有效沟通的基础上，用最恰当的方式完成治疗过程。医生的治疗不再屈从于销售人员给出的方案，而是基于医学诊断。以前的营销目的是制造信息不对称背景下的销售套路，即医患见面之前必须经过若干洗脑环节；"视频面诊"时代，营销的任务是让医患尽快见面。

2. 第二个好处：透明

价格透明的一大好处就是在医患之间直接进行交易，最大限度地让利于求美者。众所周知，渠道医院最少有一半的钱被渠道商拿走了，而且就医者往往并不知情。互联网的价值观就是让一切透明，所有动作发生在平台，就医者可以足不出户，就能进行全方位的比较，这种比较直接产生在医生之间。线上支付一旦成为医美支付的主流，那么透明化的要求就会变成全行业的共识，假设全行业构建一整套公开透明的定价原则与约束机制，那么医生或机构就不会轻易采用低价导流的营销方式了，他们可能会对比谁的价格更高，而且价格高低在那个时期也并不完全由医生个人说了算。

3. 第三个好处：选择

线上问诊的过程创造了医患接触的自由空间，让双方增加了思考的时间，避免了面对面决策的冲动与尴尬。传统医美营销的最终目的就是吸引客患上门，这是所有营销人员为之奋斗的结果，不管是网络咨询还是电话咨询，最终都会不厌其烦地索要对方的电话号码。一旦潜在客患上了门，真正的咨询过程才算是开始，在这个过程中，就医者已经丧失了一大部分的选择权，有时候在咨询师的纠缠之下，逃离一家机构是件挺困难的事。"视频面诊"让就医者在进入机构的大门之前，就进行了充分的比较，最终做出理性的选择。

医美消费可能是冲动的，但是选择由谁给你进行治疗，必须是理性的。

第四节　社会网络[①]与微信私域流量[②]

如果不从营销效果出发，任何医美营销的讨论，都会显得毫无道理。

虽然很多业内人士对私域流量和医生IP寄予厚望，但是效果还没有显现，好用的工具也没有打磨出来。大而化之地讨论私域流量运营和医生IP打造，就会显得空泛，高高地飘扬在价值观层面上，缺乏"干货"。

因为私域流量是医生IP的某种数字孪生，所以我们着重讨论私域流量，算是对过去的盘点和总结，也是对未来的展望和预期。宏大叙事就像空中楼阁，本质上就是画饼充饥。医美圈子做营销必须务实，要有成效，所以私域流量运营必须具体化、工具化。

任何商业运营系统的具体化、工具化都离不开新的视角、新的价值观。只有这样才能真正产生具体有用的工具。从私域流量的概念，具体到微信私域流量怎么做，就是具体化，是迭代和打磨的过程，工具也会因此而产生。

一、社会网络与微信私域流量

2021年6月30日，微信与WeChat活跃用户数达到12.51亿。这个数字说明了一件事情，微信是最大、最重要的社群，是社会网络的最大子集，甚至是一个现成而巨大的元宇宙雏形。对医美业务而言，微信意味着客源。腾讯提出了私域流量概念后，在社会开始风行，2021年6月到达顶峰。

---

① 社会网络是一种基于"网络"（节点之间的相互连接）而非"群体"（明确的边界和秩序）的社会组织形式，也是西方社会学从20世纪60年代兴起的一种分析视角。随着工业化、城市化的进行和新的通信技术的兴起，社会呈现越来越网络化的趋势，发生"社会网络革命"，与移动革命、互联网革命并列为新时期影响人类社会的三大革命。

② 私域流量可被定义为沉淀在品牌或个人渠道，可随时及反复触达，能实现一对一精准运营的用户流量。

为什么私域流量的搜索热度在2021年下半年没有持续走高呢？主要是因为人们缺乏对私域流量的正确理解，没有合适的运营工具，无法快速达到效果。营销讲究实用，某个方法或者策略一旦长时间没有输出结果，也就放到一边去了。

对于医美营销来说，微信是最大的、可触达的社会网络。虽然有腾讯像上帝一样管理着微信的一切，但是在微信上做私域流量与腾讯是共生关系，处理好边界，可以共同发展。

医美做好微信私域流量的第一步是理解社会网络。著名认知科学家史蒂芬·平克曾经说过，写作之难，在于将网状的思想，通过树状的句法，用线性的文字展开。社会网络正好是这个概念反过来看，线性思维、树状思维、网络思维是思考社会网络时候需要的思维模型。

商业化营销工具，最好是线性的，必须简单、直接、有效；商业策略最好是树状的，可以实现互补和对冲，在追求高效的同时，避免陷入单一模式的高风险；私域流量必须采用社会网络的网状思维，才能从中生成树状的商业策略，才能打磨出趁手好用的线性工具。

社会网络也是网络。因为网络由节点和连接组成，所以正确理解节点、重视连接是理解社会网络的第一要务。

网络本身对节点和连接又有重大影响。做营销的人肯定羡慕有些高手的营销很快就能形成"势力"，客户买单成了"潮流"。这是因为高手们理解了网络节点和网络连接的关系，形成了网络整体"营销友好型"结构。这些都是社会网络需要的网状思维入门的基础，不入门，就做不对。

以网络节点中心度为例，这是评价网络节点的指标，一般包括三个标指。度中心度[①]：连接数量优先，连接数量越高，数值越大；中介中心度[②]：重视网络位置，连接的其他节点越重要越多，中介中心度越高；特征向量中心度[③]：强调连接质量，大家经常被电商推荐商品，那些推荐的依据就是根据每个用户的各种特征向量算出来的一个多

---

① 度中心度是在网络分析中刻画节点中心性的最直接度量指标。一个节点的节点度越大，就意味着这个节点的度中心度越高，该节点在网络中就越重要。
② 中介中心度指的是一个节点担任其他两个节点之间最短路桥梁的次数。一个节点充当中介的次数越高，它的中介中心度就越大。如果要考虑标准化的问题，可以用一个节点承担最短跨桥梁的次数除以所有的路径数量。
③ 在图论中，特征向量中心度是测量节点对网络影响的一种方式。针对连接数相同的节点，相邻节点分数更高的节点会比相邻节点分数更低的节点分数高，依据此原则给所有节点分配对应的分数。特征向量得分较高意味着该节点与许多自身得分较高的节点相连接。

维矩阵，商品特征向量与用户需求特征向量之间的夹角越小，符合度越高，小到一定程度，就可以推荐。

这三个中心度，离医美人最远的一个是特征向量中心度。也是这个东西，让大多数人对社会网络的理解流于表面，无法工具化，也就难以输出营销成果。

社会网络运营的佼佼者是什么样子？微信群和微信私域这些线上社群比较抽象，我们参照更容易理解的线下渠道医美。渠道医美总有一些团伙或者个人最厉害，能带来可观的客户，而且客户质量很高。他们做对了什么？答案是：他们占据了社会网络的结构洞[1]，成了多重网络的穿越者。

结构洞就是网络之间的空隙，连接不多，强关系少，网络科学称为结构洞。如果有人占据了这里，就有很高的中介中心度和特征向量中心度，那么就能在网络单元之间充当"搭桥者"的角色，就能因此获利。能够输送高质量、大数量客户的渠道医美中介，就是这样的人。

为什么在私域流量领域，渠道医美总是能那么吸引客户？用社会网络来解释，就是他们生活在异质网络里，是弱连接[2]的关系。

异质网络就是与医美圈子不太重合的其他多重网络构成的各种社群。弱连接关系是可以连接其他人群的互补型关系。这些营销秘诀，停留在大多数人的认知边界外，如果不换一个视角，往往会迷惑不解，不明所以。

如果没有正确认知，人们网络营销实际上特别不公平，在幂律分布[3]支配下，赢者通吃。曾经吸引人们关注的直播带货头部主播补税和罚款的新闻，让人们发现原来头部主播那么赚钱，可是头部主播后的那些"肩部""腰部"主播的收入就迅速降低，减少的幅度巨大。这符合人们熟悉的二八定律规则，少数人赚走了大部分钱。

网络分布，基本上是幂律分布，就是头部的一小部分节点和连接占据绝大部分（商

---

[1] 结构洞是社会网络研究中的一个概念，最早由罗纳德·斯图亚特·伯特提出，指网络中拥有互补的信息来源的两个个体之间未连接形成的空缺。伯特引入这一概念是为了解释社会资本差异的根源。他的理论表明，个人在社区或其他社会结构中嵌入的方式具有某些位置优势或劣势。结构洞的相关研究跨越社会学、经济学和计算机科学等领域。

[2] 弱连接理论由美国社会学家马克·格拉诺维特于1974年提出。格兰诺维特指出：在传统社会，每个人接触最频繁的是自己的亲人、同学、朋友、同事……这是一种十分稳定的然而传播范围有限的社会认知，这是一种"强连接"现象；同时，存在另外一类相对于前一种社会关系更为广泛的却肤浅的社会认知。例如一个被人无意间提到或者打开收音机偶然听到的一个人……格兰诺维特把后者称为"弱连接"。

[3] 幂律分布是指某个具有分布性质的变量，且其分布密度函数是幂函数（由于分布密度函数必然满足"归一律"，所以这里的幂函数，一般规定小于负1）的分布。 幂律分布表现为一条斜率为幂指数的负数的直线，这一线性关系是判断给定的实例中随机变量是否满足幂律的依据。

业上就是收入、利润），排在后面虽有机会，但是迅速衰减，商业价值非常有限。

微信私域流量现在有两个工具：微信群和企业微信。渠道医美正是用好了这两个工具之一。

二、私域流量运营经常面对的困惑

做过一段时间私域流量运营的团队往往会抱怨：网络营销不公平，不奖勤也不罚懒，似乎是在碰运气，成功很随机，有不确定感，努力没有方向，无处发力；比起渠道医美，做什么都是错的，渠道医美越被打击，生命力越顽强、旺盛；很多客户成交了，却没有选择最努力的人和团队成交，所有的努力都为他人做了嫁衣裳；花气力做的营销，至少一半是无效的，甚至是反效果，捉摸不透；私域营销入门容易精通难，本来以为自己懂了，实际越交越不懂，不如回去做大搜咨询、点评和团购，浓浓的陌生感，让人产生畏惧；快速变化的私域，今天这样，明天那样，一个月三个概念，半年面目全非，完全摸不着头脑。

在社会网络科学框架内，这些问题都是有现成答案的，仅从网络的节点、连接、结构、相互关系就可以推导出来，就像欧几里得几何，可以从点线面出发，运用五个公式，得出平面几何的全部内容。上面六个问题的答案依次是：幂律分布、网络韧性、非正式网络、布雷斯悖论、网络密度、多模网络。

从网络科学到社会网络，再到微信私域流量运营一脉相承，这些以严格数学推导得出的内容，不需要我们推导。但我们要知道结论和"定理"。就像学习平面几何，对于三角形内角和是180°，知道这个结论即可，没有必要记住证明过程，这些结论绝大多数情况下足够我们使用。微信私域流量运营经常面对的困惑，补补课就可以解决。

三、社会网络思维下，微信私域流量运营的几个要点

从网络科学推导出的微信群私域流量运营，能够具体化、工具化。节点和连接覆盖范围，别想得太多，三度影响力[①]决定营销边界和迭代；如果没有网络传染模型，私域不会成功；跨不过门槛，就进不了门，一切功夫付诸东流，要知道私域流量出效果的"阈值"如何跨越；简单地面对复杂和变化，掌握复杂网络的规律；做时间的朋友，

---

① 尼古拉斯·克里斯塔基斯，詹姆斯·富勒. 大连接[M]. 北京：人民大学出版社，2012.

动态网络稳定输出需要"热手",也需要"收敛"。

这些描述看上去有些"玄",其实都不复杂。如果不理解网络传染,营销中没有设计好传染模型,没有设置引发网络传染的方法,那么网络营销仅使用了网络工具或者被迫到客户聚集的地方去做营销而已,是假的网络营销。

做微信群私域流量运营,如果仅仅是把客户聚集在微信群里,然后做与线下营销一样的事情,那么也不能获得网络营销的应有成效。

网络传染是网络营销的特征,做互联网的人们,经常把裂变、传染、病毒式营销挂在嘴边,其内在的含义就是要利用网络传染做商业。

1. 什么是网络传染?

网络科学里把一个人跟随他人行动,进而导致整个网络都拥有相同特征或偏好的现象,叫作网络传染。其中最有想象力的是社会传染。社会传染的特点是:用户越多,价值越大。

网络节点连接强度分成弱关系和强关系。追求信息效应,弱关系足够。要达到网络效应,需要强关系。人们做水光针、打玻尿酸、做激光美容,不是因为陌生人推荐,而是看到身边人都做了,才决定去尝试。微信群私域流量运营,注重强关系。比如,北京金融街的大型企业内聚集的女性目标客户,被一个人做水光针的好效果带动,就起来一大片,它具有自传播和自复制的特征。

2. 网络效应分两种:单边网络效应和跨边网络效应

单边网络效应指产品价值随着用户数增加而增加。医美机构做单边网络效应,可以尝试做订阅式服务,剥离线下服务和药械耗材成本,做成权益型产品。

跨边网络效应指一个产品同时面向两个不同的用户群体,一个群体有新的用户加入,那么,这个产品对于另一个群体的价值也会增加。这样的生意很多,比如,证券交易所,上市公司越多,投资股票的人就越多;反之亦然,互相促进。互联网平台,B端客户和C端客户相互促进,如阿里、京东、滴滴、点评、新氧。

在新氧上,医美机构、医生越多,平台对求美者价值越大;反过来,求美者越多,平台对医美机构和医生的吸引力也就越大。一旦形成正反馈,网络的规模就会迅速扩张,自我强化。

3. 微信群私域流量运营如何做跨边网络效应呢?

一是虚拟服务产品，知识付费产品，权益类产品；二是共享医疗平台，一边做大机构数量和医生数量，比如微信群连接医生，另外一边连接由强关系、弱关系构成的大量微信群，这样可以出现跨边网络效应。

4. 升级认知，做好微信私域流量

微信私域流量的运营基础设施已经具备，大量的工作已经在做。又该怎么提升效果，拿到效益呢？答案是升级认知，改变做法。

与经典的营销策划规律类似，做医美私域流量运营，不能总是停留在说法上，而是要换一个看法，找到一个新的做法。

从网络科学出发，直接借用社会化网络的科学结论，用于指导微信群私域流量运营是目前最具现实价值的方向，是医美营销降低获客成本的最佳路径。

第五节　做医美不可不知的"弱传播"理论

很多医生希望自己的医学知识和技术实力能形成独特的个人IP，但始终看不懂IP传播的诸多怪事，不是不得其门而入，就是勉强涉足其中，却丈二和尚摸不着头脑。即便是很多大牌医生，对此也是不能理解，也谈不上在传播领域与医学外行们（非本专业的网红们）比画。因此，医生们只能一边抱怨世风不谐，一边自测心理阴影面积。

一、"弱传播"理论

厦门大学的邹振东教授写了一本书《弱传播》[①]，阐述了弱传播理论。他用这个理论，成功地蒙对了特朗普的当选。邹教授给舆论下的定义是：舆论是人类任一群体、个人或机构对任一对象关注的表达与聚集。简言之，舆论是关注的表达与聚集。这本书，将舆论的属性讲得很透彻。

我们生活在现实世界，也生活在传播世界，这两个世界不太一样。现实世界像个男人，比的是谁强；舆论的世界完全像个女人，比的是谁弱。

美容医生的工作实际上就是两件事，一是治疗，二是传播。

信息只有传播，才有价值；传播只有被关注，才能让价值变现。

---

① 邹振东. 弱传播[M]. 北京：国家行政学院出版社，2018.

医生们开始讲究打造个人IP了，说白了，就是要把自己的个人品牌传播出去。一是因为激烈的市场竞争中，广告营销的成本越来越高；二是医疗行业早晚会进入无广告时代。真到了那个时候，我们怎样把自己的信息传播出去？

做个人IP传播时，不可不知弱传播的理论。邹教授指出：世界上所有成功的事都离不开传播。传播力，是人类最重要的能力。

我们生活的两个世界，现实世界是强世界，舆论世界则是弱世界。现实世界的强者在舆论世界是弱者，舆论世界的强者在现实世界往往是弱者。反过来也一样。

弱传播的四大理论：强肉弱食、情感至上、避重就轻、主次颠倒。

1. 为什么是"强肉弱食"？

现实世界的强者，如果想在舆论世界被传播，就一定要和弱势群体捆绑，比如，奥巴马弯下腰，让小孩摸他的头，这张照片流传甚广。反过来，如果是总统摸小孩的头，便是一张稀松平常的照片而已。

村上春树说：在高墙与鸡蛋之间，我永远站在鸡蛋这边。

可惜，医生们在传播自己时，总会把自己打扮成强者。在他们擅长的领域，似乎他是无所不能的。

医生们之所以习惯成自然地在自己的领域做强者，除医学专业的特殊性质使然外，还有一个更加普遍的原因，这也是另外一个视角：知识的诅咒。说的是一个人对一个领域了解得越深，那么这个人就越难以向大众说明或者讲清楚这个领域的事情。

2. 为什么是情感至上？

聪明的男人都知道，不要和女人讲道理，因为女人是讲感情的。

证婚人发言的时候，讲了不少大道理，没人注意听。后来，他的一段话引起了全场的共鸣。他嘱咐新郎，回家不要和媳妇讲道理，家不是讲理的地方，是讲情的地方。就算你把她辩输了，她也被迫道歉，但是整天黑着脸，日子还是不好过。后来这段话成了证婚时的套话，很受欢迎，屡试不爽。

舆论的脾气和女人一样。所以，舆论也是女性的主场。女人不是不懂道理，只是她们不愿意和男人讲道理，所以，舆论也不怎么讲道理。

舆论世界是不讲道理的，情感重于道理，故事重于理论，有情感的内容，总是比有理论的内容容易传播。所以，理论书永远卖不过小说，讲道理往往打不过说故事。

3. 为什么是避重就轻？

就像轻的东西比较好搬运一样，轻的内容比重的内容更容易传播。哪怕是无聊的内容，只要够轻，就会有人津津乐道，乐此不疲。

这或许解释了为什么非医疗专业的网红，给他的粉丝们讲解医美知识，可能比专家教授的讲解更受欢迎。网红们不太懂专业知识，也不会使用那么多专业术语，但是他们知道受众需要什么，他们本身就和受众在同一个知识层面，用大家都能理解的语言寻找共鸣。而医生们的解说，不知不觉中引入了太多的专业术语，一来要显得自己很专业，以便树立自己的权威；二来从医学的角度解释治疗的原理，使用医疗圈的语言顺理成章，这反而与受众的认知水平拉开了距离。

对于一般网民来说，他们面对纷繁复杂的网络世界，没有时间也没有精力去咀嚼复杂的专业话术，他们的注意力只有几秒钟，他们需要轻松快乐的内容呈现。

就像短视频平台的那些爆款内容，流俗的段子配上那几个常用的背景音乐，加上有些要憋不住又要岔气的笑声特效，再补点儿起承转合的设计，就齐活了。这很容易做到吗？其实不然。举轻若重很容易装出来，举重若轻还是很难的，要不然传播就不是一门学问了。

4. 为什么是主次颠倒？

主旋律的内容传播并不容易，它不如社会次主流内容的传播那么快而广。人们对社会主流价值观的重视，远不如对明星八卦的兴趣。

正所谓"好事不出门，坏事传千里"。

为什么人更关心具有"坏事"忄生质的八卦？诸多解释里我认同演化学的说法：人虽然进化到现代，面对超级社会化和丰富的传媒，但是信息处理的底层逻辑还是部落或者村庄式的。人们生活在一个部落里，大家对隔壁老王又在东边的树林里猎取三只野鸡、两只野兔习以为常，但是有一天隔壁老王在西边的树林里被老虎叼走了，人们会流传几辈子。也许会形成了"东边有猎物，西边被打猎"的认知。这是人类演化过程形成的底层逻辑，也许是写在基因里，也许是固化在文化传承里。难以改变，这是客观的事实。

这是那些网红能够出圈、红起来的原因，是因为他们抓住了这些底层传播规律，做对了事情。

二、女人喜欢的，也是舆论喜欢的

女性最大的特点是同情弱者，她们喜欢在弱者身上付出情感，这也是舆论最重要的属性。

为什么那些医美失败或者得到不满意结果的人，一旦在网络公开自己的遭遇，便会得到很多同情与声援，却没有人去深究到底发生了什么，以及事情的真相是什么。这个时候，无论是医生还是医美机构，立马变成了弱者。

三、传播中的"弱弱联合"

商业上最讲究"强强联合"。大家合作就要发挥所长，互补所短，强强联手，共创未来。

这么说好像挺有道理，但了解了弱传播的特有理论后，做医美的其实应该选择"弱弱联合"开始布局。我们觉得自己很强大，却很可能被弱小的传播给干掉。我们只有认识到医美在弱传播生态系统的地位，让自己处于"弱地位"才能"强有力"。

就像《道德经》第28章所言：知其雄，守其雌，为天下溪。为天下溪，常德不离，复归于婴儿。知其白，守其黑，为天下式。为天下式，常德不忒，复归于无极。知其荣，守其辱，为天下谷。为天下谷，常德乃足，复归于朴。朴散则为器，圣人用之则为官长。故大制不割。

理解传播的"弱"特征，才利于机构IP和医生个人IP的真正成长。最朴素的自然辩证，有时候是最真的真理。

本章总结

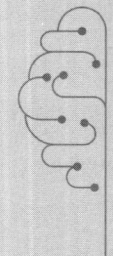

网络营销是消费医疗进行市场推广的主流方式，除去与第三方的合作，线上是医美机构获客的最重要途径。线上传播的核心是价值传播，并以此建立信任。如何建立信任，是营销团队乃至医生团队应该思考的主要问题，它不仅贯穿所有的营销动作，更体现在"视频面诊"或直播活动，特别是在私域流量的经营上。当然，传播技巧可能是另一个需要思考的问题，"弱传播"理论值得关注。

第十一章

传播与体验并重的品牌策略

本章导读

　　光靠砸钱，是砸不出医美品牌的。特别是在当今的新消费时代。那么，在经济动荡的年代，医美品牌的必由之路是什么？在第一节，我们讨论新消费时代医美品牌应该具有的特质。在第二节，我们分析"无广告时代"的品牌策略，重点是医美品牌的忠诚度问题，这是任何品牌培养的核心命题。

　　医美业有一个普遍而奇怪的现象：拥有5年以上历史的老机构，往往品牌优势并没有凸显；甚至在大多数医美连锁品牌中，拥有10年以上历史的大型机构，也没有出现真正的领导品牌。为什么会这样？因为缺少了必要的品牌积累，这是第三节要讨论的话题。

　　作为消费医疗的重要代表，医美成为一个特殊的服务业，因此，医美品牌必须遵循双轨制策略，即传播与体验并重，甚至体验的比重还要超过传播。将客户体验上升到品牌战略的高度，是第四节讨论的主题。当然，传播同样重要，我们在第五节分析直播这种最直接的方式，对品牌传播的价值，以及网红直播带来的负面效应，目的是为医美直播活动找到真正的出路，成为品牌价值传播的利器。

第一节　新消费主义[①]时代的医美品牌

一、什么是新消费主义？

如果消费主义是现代社会的伴生物，那么新消费主义就是后现代[②]社会和当代社会的伴生物。

消费社会理论最早由鲍德里亚系统地提出，他认为："我们处在'消费'控制着整个生活的境地。"消费社会是与生产社会相对应的概念，消费社会让包括审美生活的日常生活商业化，消费社会能造成平等的假象，使人的性和肉体自我消费，消费社会使消费行为变成纯粹的象征行为[③]。今天，我们已经来到由数字技术导引的、线上线下相融合的新商业模式时代，消费行为被社交网络和新媒介形成的新消费关系所驱动。新消费主义可以理解为鲍德里亚消费主义的升级版本。

1. 新消费背景下，消费医疗的医患关系发生巨变

韩国釜山的6000家医美机构，疫情期间竟无一倒闭，原因是首尔市疫情严重，为釜山带来了意外的医美客流，但这个是客观原因；另外还有两个重要因素：一是韩国医美的精细化分工早已形成风尚，每家诊所都有自己鲜明的技术特色；二是每家诊所都有自己的固定客户群体，医患关系紧密，形成了长期的合作关系，超强的技术壁垒为医美筑起了养客的围栏。

[①] 消费主义指相信持续及增加消费活动有助于经济的意识形态。创造出在生活态度上对商品的可欲及需求（多消费是好事），让资本主义可以提高工资及提高消费。消费主义为已开发国家的经济引擎，使现代人有购买与获得商品的社会及经济上的信念及集体情绪。然而在社会科学领域，不同领域因个别知识传统对消费主义有不同的定义与诠释，此差异也反映在如绿色消费主义、消费者运动、消费者保护、消费者权利等概念及实践上。

[②] 后现代主义是20世纪末西方最具影响力的一种文化思潮，它揭示了人类进入后工业化社会以后精神意识方面发生的深刻变化，以批判性、丰富性和复杂性等特点冲击着人类研究的各个领域。随着经济全球化浪潮的席卷，后现代主义思潮逐渐渗透到我国当前社会生活的方方面面，对人们的价值观念、思维方式、生产生活等都产生了一定的影响。

[③] 余源培.评鲍德里亚的"消费社会理论"[J].复旦学报：社会科学版，2008：15-22.

新消费时代的医美医患关系，因为更强的线上互动性而增强，消费者的数字化程度越高，对线下机构的体验要求也越高。医疗技术越被医患双方重视，医患关系越牢固；反之，如果医美服务越商品化、越去医生化，则医患关系越松散。当医美消费者像买东西那样挑选医美项目时，他们更多地会囿于价格因素，从而不同程度地忽视医生的价值。

2. 单靠广告费堆出来的医美品牌是脆弱的

借助公立医院的品牌捞金的手段行不通了，消费者更想知道品牌后面的东西。"吃大户"、占便宜的旁门左道，催生了数千个"协和""同济""华山""同仁""慈济"……现在国家已经意识到放任的后果，清理整顿将会让这些"傍大款"的民营医院浪费大量的广告费。

在营销拉动的草莽时代，医美品牌依靠不断投入的广告费，不断重复一个品牌标语或形象，以加深受众的印象。最初，让大家记住一个品牌仅需要重复品牌6次[①]；后来，随着商品的极大丰富和市场竞争的加剧，品牌需要重复的次数成倍增加；再后来，媒体数量的爆发和碎片化的现象，让广告主不知所措，无从下手，也就宣告了单纯用广告打造服务品牌时代的结束。

有形产品无疑非常适合互联网电商，无形的医疗服务却与电商模式有差别，互联网诊疗的要求是医患之间的高级互动，线上问诊、线下服务的O2O模式，是互联网诊疗的基本逻辑。医美品牌在新消费时代，也必须适应这种时代的要求。

二、"在动荡的时代做不动荡的自己[②]"

2018年的亚布力论坛，俞敏洪做了一个演讲，名为"在动荡的时代做不动荡的自己"。这通演讲一语成谶。我们不知道的是，在"这个动荡的年代"，从教培到直播带货，"不动荡的自己"最终将走向哪里。

我们的观察是：那些完全置身所谓"流量思维"之外的医美机构，反而经营得更好。因为医美永远无法脱离线下场景，踏踏实实做好线下，反而可能逆势飞扬。

2020年的最后一天，中国上市公司协会会长宋志平发表了一场跨年演讲，题目是

[①] [加]马歇尔·麦克卢汉.理解媒介[M].南京：译林出版社，2011：43-45.
[②] 网易公开课，俞敏洪最新演讲：在动荡的时代做不动荡的自己，https://open.163.com/newview/movie/course-intro?newurl=MDPER89A8.

"按着常理做企业",说实在的,比那几位网红名人的"成功学式"的跨年演讲,受用多了。宋志平做了两家上市公司,都位列世界500强,一家是中国建材,另一家是国药。

宋志平所说三个常理是务实主义、专业主义和长期主义。

务实主义:做企业不能靠高谈阔论,要从点滴细微处做起,要对专业细节与经营数据了如指掌,最关键的是要有"武功秘籍",就是功法,聚焦在自己的特长上。这些经验和我们经营医美机构完全是一个道理,专注自己擅长的项目,把技术做精做细,把服务做到家做到位,就是务实主义的精神。

专业主义:就是窄而深地做企业,把这个行业做到极致。比如,德国有一家做拴狗链的公司,市场占有率是全球的70%。

做好细分市场是专业主义的另一个体现,法国人面包做得好,光面粉就有100多种;日本人水泥做得好,品类有100多种。专业主义就是重视自己的核心业务、核心专长、核心市场、核心客户。医美机构不也该如此吗?

长期主义:做医美与做企业一样,都需要长期坚守。短时间成功不能成为伟大的企业,同理,短时间的盈利不能成为杰出的医美机构、医美医生。有一点是肯定的,靠直播打折,锻造不出优秀的医美机构。

三、新消费时代的医美品牌特质

1. 可解释性

可以被解释的医美品牌,一定是有故事的[①],有技术特色的,可以延伸和演绎的,甚至是医患共建的,否则也就没必要解释了,也没有什么可供解释的内容。

有些品牌知名度很高,用大量的广告费弄得大家都知道,但是没有美誉度,除了名字之外,说不出其他内容,这样的品牌就不具有可解释性。它存在的意义和价值其实是不大的,构不成太多的品牌资产。

2. 可以场景化

场景化的医美品牌来自医患互动的质量,这也是新消费时代特殊的要求,无论是线上互动还是线下互动,从最初的接触,到咨询、看诊、治疗、随访这一系列服务过程,都是在互动中完成的;而所谓场景化,就是这个过程能够给人留下清晰、良好的

---

① [美] 兰迪·奥尔森. 科学需要讲故事 [M]. 重庆:重庆大学出版社,2018.

场景印象,并让这种场景变成一种品牌的识别。

场景化对服务品牌的形成与提升至关重要,因为有消费者的参与,对形成相对稳固的服务关系起着决定性作用,比打多少广告都来得直接。

拥有固定的客户群体,正是医美机构增强抗风险能力的基石。有些低频的、重复消费率低的医美机构,经由场景化的品牌传播,同样能够形成自己的粉丝群体。

场景化在品牌传播上,还有高分辨率和低分辨率[1]的说法。品牌传播需要低分辨率的品牌总体形象和调性,同时需要可以场景化的高分辨率产品和应用。对医美机构来说,就是要有好的美誉度,同时要有自己独特的技术场景和应用场景。

3. 拥有归属感

网上疯传一张电视剧《三十而已》的剧照,里面站了一排女人,一人手里拎着一个爱马仕包,那个拎着银白色鳄鱼皮的女人站在中间,因为她的那款叫"喜马拉雅"的Birkin,是最贵的。这张饱受诟病的剧照,其实没人在意里面都有谁,只是记住了一人一个爱马仕。我想这帮女人在拍照的时候,是用爱马仕包给自己打标签,是某种身份的标记,属于某个固定的圈层。

人们会议论照片中的女人浅薄,但不会骂爱马仕包,也不会伤及爱马仕品牌。这些有钱的女性,通过爱马仕找到了自己的归属感。

归属感,是消费者对某个圈层的精神寄托[2]。为什么好莱坞的女星都钟情于某位比华利山的医美医生,倒不见得他一定适合每个人,但那个人是某个圈层的标志,如果你是好莱坞的女星,就应该去那儿。在北京的医美圈也有这种情况。

4. 有强烈的情怀

有情怀的人,才会有所为,有所不为。

情,就是对品牌的强烈情感,并且能够向品牌注入这种情感,然后通过品牌的移情作用,影响这个品牌的消费者。怀,就是抱负、追求、愿景、品格,它代表品牌的价值观。品牌价值观决定了行为的取舍,知道自己该做什么,不该做什么。空谈"情怀",没什么意思,不落地;当情怀被品牌承载时,便有了生命力。它值得人们去坚守,去捍卫。

---

[1] [加]马歇尔·麦克卢汉.理解媒介[M].南京:译林出版社,2011:113-117.
[2] [美]凡勃伦.有闲阶级论[M].北京:商务印书馆,1964:39.

当品牌富有人格魅力时，反过来也会对人产生作用，让处于品牌之下的人，行为受到约束，对品牌的价值观有依从性，从而进入良性循环。所有成功的医美品牌，莫不如此。

四、在动荡的年代做不动荡的"品牌"

在经济动荡的年代，医美品牌的必由之路是什么？

时装大师皮尔·卡丹，活在月亮上，还是活在凡尘中？他没能看到2021年的阳光便驾鹤西去了。老先生享年98，绝对是高寿，他在时装界是个传奇，而且和中国渊源深厚；只是，今天的中国人，特别是年轻人，又有几个人知道他或记得他的名字？

他是法国时装界先锋派的代表人物，早在1946年，他就为先锋派电影《美女与野兽》设计服装，一炮而红；他是时装界第一个用鳄鱼皮的人，第一个在飞机上印名字的人，第一个让甲壳虫乐队穿自己的夹克办演唱会的人，也曾经是迪奥的首席；1950年，他在法国自立门户，开启了属于皮尔·卡丹的时代；1966年，他推出了一套宇宙服装设计，利用人类进入太空的概念，为时装设计扩展了思路；那个时候他常说：我总是在月亮上生活。皮尔·卡丹还曾三次获得法国时装界的最高奖——金顶针奖，别的设计师得一次这个奖，就够吃一辈子。

20世纪70年代，因好友宋怀桂女士的关系，皮尔·卡丹来中国旅游。当他昂首阔步地走在北京的大街上时，清一色中山装的人群围观着这位"从月亮上来的天外来客"。从此，他开始了与中国的不解之缘。他亲手培养了中国第一批时装模特，那个时候，模特都是特大的明星。1979年，他在北京长安街办了中国第一场时装秀，让中国人第一次知道了什么是奢侈品；几年后，他第一次将中国模特送上了法国的T台，成为中国人真正意义上的时尚启蒙老师。

因为他出众的商业头脑，看到了品牌授权的商机，这是流量变现的最快捷方式，于是仅1985年，他开出的品牌授权就高达840多项，可谓动作凶猛。然而在改革开放初期的中国，皮尔·卡丹被迅速山寨，以迅雷不及掩耳之势，这面曾经的时尚大旗沦为了地摊货。价格战和大众化路线，让皮尔·卡丹跌落凡尘。

为什么要说这么多关于皮尔·卡丹的陈年旧事？因为他与这些奢侈品品牌不同的命运，像极了中国医美的品牌格局。恐怕用不了几年，医美品牌也会分出奢侈品和地摊货来。那些今天仍然坚挺的医美品牌，未来将走向何处呢？

五、Z世代们眼中的品牌世界

"95后""00后"们眼中的品牌世界，和时下掌管着品牌走势的老板们眼中的品牌世界，是一回事吗？如果我们不了解消费生力军的品牌观念，又如何能做好自己的品牌？

在我们还没有清醒之前，这批年轻的消费力量已经势不可当地涌进了市场，他们的品牌观走向了两极：绝对大牌和细分品牌。公认的大品牌对他们仍然具有影响力，但是更有意思的是他们对细分品牌的关注与喜欢，因为这些品牌与他们的日常生活息息相关。

细分品牌早已不是海外品牌的天下了，Z世代并不在意这个品牌是哪个国家的，体验是唯一的标准。"80后""70后"乃至"60后"的老板们，知道下面这些品牌吗？花西子、王饱饱、熊猫不走、泡泡玛特、三顿半、钟薛高、元气森林、半亩花田、冰希黎、纽西之谜……这些细分品牌，40岁以上的人有几个人是都知道的？

这种品牌现象，与医美界那些靠单点突破的细分品牌，别无二致；区别是，它们都可以上直播，靠一场带货便一飞冲天，而医美不行。

网红直播对线上一族的影响力巨大，所以，直播领域也绝不会放过医美服务这个数千亿元的市场。各家平台也想将这一块肥肉收入囊中，只是，我们应该怎样看待网红直播对医美的冲击？当下的网红直播浪潮，直接冲击的并不是医美机构的运营系统，而是品牌系统。

皮尔·卡丹这个品牌，如果按照当今的流量思维去度量，它在三四十年前，就是个拥有大流量的超级"网红"；而它也采取了和现在的大流量平台一样的思路，将自己宝贵的流量进行了快速而廉价的变现。结果把自己的品牌也变没了；品牌没了，新的流量自然也没了，最后，什么都没了。

第二节 "无广告时代"的医美品牌策略

"如果有举报，现在所有的医美广告都是违规的。"一位市场监管人员这样说。当然，所谓"医美广告"，是指那些被认定为广告的东西。

一、医美客户的品牌忠诚度是什么？

"客户忠诚度"这个词的最大的特点是具体，可以测量，可以通过制定策略来提升和改进。医美分析客户忠诚度需要从含混不清的宏大叙事模式走向具体可执行、可分解、可测量、可改进的道路。

在医美机构或医生眼中，忠诚度高的客户至少应当有以下三个特点：

（1）客户的医美消费都找我做，听取我的意见，非常信任我。

（2）即便医生不在，或者机构还没有具体的服务产品，客户也愿意到机构来寻找和咨询流行的医美项目。

（3）医生换了执业地点，或者门诊搬家到了别处，客户也会跟着流动，有时候客户宁愿搁置或放弃在原来机构或者医生处的权益。

这三个问题转化一下，就是：

（1）有没有医美客户的医美消费，是由一个医生完成的？

（2）有没有医美客户的全部医美消费，是在一个机构完成的？

（3）医美客户与机构之间的黏性，是由品牌决定的吗？

如果这三个问题的答案都是肯定的，那么客户的忠诚度就很高。但这做得到吗？或者说，现实中这样的情况能大量、自然地发生吗？

这就是医美机构、医美医生希望能达到的目标，也是提高客户忠诚度的目标。

二、客户品牌忠诚度的分级[①]

医美品牌或者医生IP的客户忠诚度包括五个层次，就像洋葱一样。

1. 第一层，也是最外面一层的客户

最外一层客户的忠诚度就是没有品牌忠诚者。大量医美客户都在这一层，因为医美机构尚未出现领导型品牌，客户选择医美服务往往可以有很多选择，尤其是高频低价格的医美消费，比如那些导流型的轻医美项目，吸引的都是这批客户，他们对价格高度敏感，留存率不高。

---

① Adnan Aktepe. Customer satisfaction and loyalty analysis with classification algorithms and Structural Equation Modeling[J]. *Computers & Industrial Engineering*，2015.

2. 第二层：习惯性消费者

习惯性消费者是医美消费最活跃的群体，他们有多个品牌选择，但是没有哪个品牌占据绝对优势，对价格也很敏感，追求性价比。在App和互联网平台到处找优惠的那批活跃用户大多属于习惯性购买者，他们有在多品牌中选择某些项目去特定机构的习惯。医美机构搞网络营销或者医生IP，主要目标群体是习惯性购买者，几乎所有的高性价比产品和服务都是针对这批用户设计的。

3. 第三层：满意的消费者

这批用户是已经相对固定在某品牌或某医生处的高价值客户，可能已经购买了会员卡权益，或者已经花费了大量时间成本和履行了大量订单，并且相对满意。他们已经建立了忠诚度，轻易不会更换品牌，不更换的主要原因是有风险顾虑，比如，别的机构或者医生不一定比这里好，我还要花时间慢慢磨合，万一不好了，就得不偿失。满意购买者是医美机构最大的"客户存量池"。

4. 第四层：情感消费者

他们已经对品牌或医生产生了依赖和情感，成了粉丝，决策不再以理性为主，而是让位给了感性。这批医美消费者是老医美品牌或者拥有足够个人IP的医生们最大的财富，客户与品牌或医生产生了心灵认同和审美共识，他们对价格不敏感，并且自愿地维护和传播品牌。很多医美机构的A⁻类顾客，属于这个层次。

5. 第五层：荣耀消费者

荣耀消费者也是忠诚度最高的一层。这批客户以医美品牌或者医生为傲，像拥有名贵奢侈品手表、服装、饰品那样，喜欢展现，而且相信一般人不太可能像自己一样拥有这样的资源。例如，美国比华利山庄的某些医生品牌，是世界各地名媛的专属；韩国、日本、我国台湾地区也出现过类似的医生品牌。消费这些医美品牌的客户是不在乎价格的，他们获得的是效果与心理的双重满足。这是医美的超级品牌，医美机构或医生要做的不再是维护客户，而是维护自己。

通过分层考察可以发现，我国医美客户忠诚度总体水平还不高，基本上停留在外三层，能达到第四层的已经是凤毛麟角。第五层还基本没有。

三、从品牌认知到品牌忠诚

医美品牌传播的目标是：从认知到忠诚。目前，中国医美机构在技术有保障的前提下，线上线下营销和品牌传播大致有四个抓手。

1. 提供便利

增加线上易得性和线下服务的便捷性。

2. 提供奖励

向用户提供更多的预期，许诺更多的好处，以获取客户下单和到院。这是中国医美营销的"特权"；在欧美国家向医疗消费者提供奖励和诱饵往往被视为商业贿赂。

3. 说服客户接受整体方案

这是品牌传播产生经济效益的开端，客户能接受比品牌传播和市场营销时暗示或者明示的价格更高的价格，意味着已经有了"溢价"成果，这时客户真实的医美需求开始呈现，脱离了对单独的产品和术式的执着，认真而诚恳地与医生或者机构讨论整体医美方案。

4. 吸引客户对机构和医生产生文化和情感认同

这是品牌传播全程一以贯之的策略。如果我们想做所谓"高端"医美品牌，首先要弄清楚医美机构如何才能拥有"高端"的属性，如高端机构需要与目标客户同频共振、有一致的调性和品位、产生文化和情感认同等。也就是说，医美品牌传播的成效会将医美推向高端，高端意味着拥有一批忠诚度高的客户。

四、培养医美客户忠诚度的策略

与发展历程动辄百年的行业相比，医美机构或医生培养自己的客户忠诚度还有极大的提升空间。毕竟医美客户还没有被某些强势品牌"收服"，尚未有自己忠诚的品牌，因此大家都来得及。

1. 人性化、个性化地满足客户需求

要发现客户具体产品需求背后的医美需求。在产品驱动时代，如果医美机构或医生不能发现客户真实或者深层的需求，那么就会逐渐被产品驱动模式奴役，成为产品的服务提供方，那么客户未来只会忠诚于这些产品，比如某品牌的玻尿酸，某品牌的

激光,而不是提供服务的医生和机构。如何满足客户个性化需求呢?将营销和服务的重点前置,不要让客户进来就过筛子,而是先发现其需求。

2. 产品可靠,技术自洽①,医生有IP

在发现了客户需求之后(比如客户进门要打某品牌玻尿酸,甚至已经在线上下了单,机构和医生也要弄清楚客户这么做的原因是让面部年轻化,或是单纯因为周围朋友的推荐),要提供具有机构和医生IP内涵的产品和服务,确保有独特性和领先属性,至少是能够完整自洽的医美理念或者抗衰老理念。产品务必安全、合规、可靠,不以求新为噱头,而以医学的严谨和技术的扎实为特点。

3. 提供物超所值的附加产品或者体验

客户拥有完全不可更改的电子病历、客户能够拿到自己的皮肤健康管理方案、客户能拥有独特的赠品或者积分回报等,都是营造物超所值的体验。这是CRM和客户回报答谢系统能提供的功能,要与品牌传播、培养客户忠诚度关联。

4. 提供恰当的选择,而不是过多的选择

医美产品单品种类虽然很多,但是不能有太多选择,要有取舍。那些让人们引以为傲的奢侈品,都不是靠产品数量和供给能力取胜的。医美必将向快速消费品和奢侈品两个方向发展。快速消费品方向难以建立品牌忠诚度,典型的例子是:各种纸巾品牌几年下来就换得面目全非,但是奢侈品包还是那几个牌子。沿着奢侈品的方向,才能逐渐建立客户忠诚度。

5. 培养边际收益②认知

培养用户买得越多,医美效果细节越丰富的边际收益认知。医美效果无法通过多次购买线性叠加,客户花了2万元购买了射频治疗,获得了年轻3岁的主观感受,却无法再增加2万元预算就获得年轻6岁的感受。医美用户应当在品牌传播的影响下建立恰当的理念:买得越多,越能获得更丰富的"年轻化、美丽化"的细节。

---

① 按照自身的逻辑推演的话,自己可以证明自己至少不是矛盾或者错误的,这就是简单的自洽性。比如有些医生称自己的脂肪移植是纳米脂肪,但是脂肪细胞的尺度是微米级的,这就有了自洽矛盾,经不住推敲。
② 顾客视角的医美的边际收益是指增加一单位产品或服务所增加的收益,即最后一单位产品和服务所取得的收益。边际收益往往是递减的,而不是线性增加的。

五、医美客户品牌忠诚度测量

客户忠诚度可以测量，主要指标为频度、伴随时间、支付、专一性和容错度。

客户消费频度，可以用复购次数、复购间隔、单位时间段购买次数和成交金额等指标衡量。

客户伴随时间，类似网页的PV值和浏览时间，医美客户的陪伴时间包括线上浏览产品和服务时间，阅读文章、看视频、看直播的时间，与客服和医生交流的时间，线下到院时间、停留时长等。

客户支付，指的是价格敏感度、支付能力与支付意愿。客户对价格敏感度不高，并且具有足够的支付能力，愿意为产品和服务支付品牌溢价，就意味着较高的忠诚度。

客户专一性，指客户对竞品的态度，是不是容易被竞品吸引走。竞品包括外部竞品和内部竞品。

客户容错度，说的是客户对医美机构和医生的"失误"的包容度。产生了爱和情感的客户，对机构和医生能有足够的包容，即便机构和医生有了"失误"也能理解和继续支持。

第三节 关于医美机构的品牌积累

一、一个有趣的医美品牌现象

品牌的两大功能是品牌溢价和降低营销成本。

在品牌优势可以降低获客成本这件事情上，几乎所有的老医美品牌没什么优势，反倒是一些新品牌有不俗的表现。问题来了：开业时间长，在医美江湖打拼多年的老字号到底有没有足够的品牌内涵和积累？

拆解医美品牌的价值，首先要考察品牌能否降低获客成本，其次是不断提升的品牌溢价。那些自以为拥有品牌的大型连锁机构可以来一个扪心自问：我的获客成本，这几年是如何变化的？

人们通常看到的场景是：大的品牌机构仗着机构规模大，采用"向下竞争"策略，一再降低引流品项价格，企业的规模效应带来了更低的价格。那么除了店大欺客和店大嗫同行以外，品牌的作用在哪里？谁也不知道。

从很多新锐品牌，或生美机构转化的个案中，我们经常看到其极具侵略性的表现，它们依靠模式创新而异军突起，这些新锐迅速让人熟知，靠的自然也不是什么品牌战略，而是独特的模式。

市场能够被新入圈者快速占领，从另一个侧面说明了医美行业老品牌机构的品牌价值，既没有得到自己的重视，也没有得到市场的真正认可，从来没有。

专注品牌的机构，一定是长期主义者。可资产化的品牌才能称为IP，IP价值是日积月累而来，不可能一蹴而就。

二、机构品牌与医生品牌的关系

对医疗机构而言，医生的个人品牌和机构品牌应该是相互配合的关系，哪一个都不能偏废。如果两类品牌的权重发生倾斜，便有可能带来资源的浪费。

有些机构担心医生团队不稳定，不肯培养医生个人IP，限制个人品牌的发展，只一味地强调机构品牌，这样做的结果是居高不下的营销费用，以及相对较低的市场转化率。个人品牌能够迅速提升机构的核心竞争力与市场辨识度，以相对较快的速度，让市场接受机构的特色与优势品项。

有些医生过度看重个人品牌，他们不愿意自己的个人IP与企业发生关联，甚至在自己的自媒体里不愿意植入机构品牌的任何信息，将自媒体变成了完全个人化的东西。这类医生可能有自己的想法，他们不一定认同企业的理念，也没有长期打算，甚至不认为机构品牌可以为自己带来更多的业绩。这种现象是不健康的表现，说明机构与医生的合作出现了问题，起码双方尚未建立牢固的合作与信任关系。

合作者之间的不信任，就意味着资源的浪费。

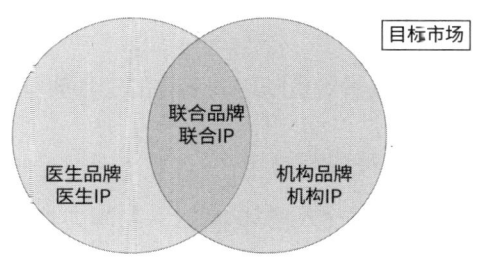

图5

图5表现的是大多数医美机构品牌和医生个人IP在同一个目标市场经营的情况。机构品牌起作用的时候，医生IP也发生了作用；或者反过来，医生IP起作用的时候，机构品牌也发生了作用。这是典型的贝叶斯的条件概率[①]问题，如果厘清这一点，那么机构品牌和医生IP之间的关系也就清楚了。可惜贝叶斯条件概率虽然遍布商业和生活领域，但是有些反直觉，因此大多数情况下人们都弄不清，弄不清就容易导致争议，影响合作。

处理好机构品牌与医生品牌的关系，是每一个投资人都应该深度思考的课题。

处理问题当然不能只靠讲道理，还要算清楚账目。机构品牌和医生IP注定要联合成长，因此采用贝叶斯主义方法解决机构品牌和医生IP之间的条件概率问题，是一个非常看好的方向。贝叶斯是什么，医美人可能比较生疏，但是大家对人工智能和大数据算法肯定不陌生，虽然不知道是咋回事，但还是会觉得那东西很厉害。贝叶斯算法，就是计算条件概率的一套算法，它直接复活了人工智能，这才有了我们目前在大数据时代的生活。

品牌积累首先是一个长时间的线性过程，需要经历时间的考验，也需要同一个方向的内容不断累积，才可能有朝一日的厚积薄发。一旦品牌价值凸显，那么就从线性增长跳转到指数增长。

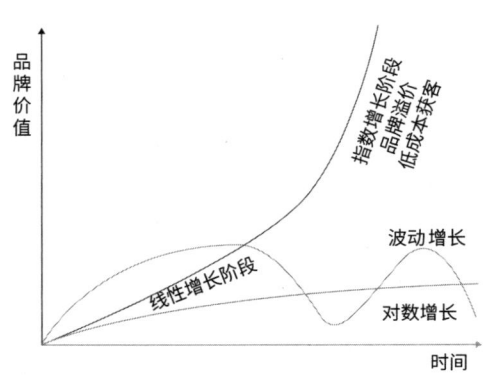

图6　品牌价值随时间变化的三种典型趋势

品牌价值随时间变化的三种典型趋势：

第一种，对数增长，意味着投入增加10倍，品牌力增加1倍，这种情况非常典型，

[①] 贝叶斯定理由英国数学家贝叶斯（1702—1761）发现，用来描述两个条件概率之间的关系。近年来互联网、大数据、人工智能的发展，就得益于贝叶斯学派的世界观和方法论。其核心就是迭代。

是大多数机构兢兢业业却又迟迟不能突破的表现。

第二种，波动增长，很多新锐品牌大多表现如此，突然就起来了，但是中间有波动，不过其表现还是超过大多数老机构。

第三种，先线性后指数增长，是理想情况，是我们追求的目标。开头的线性增长阶段是品牌积累时期，要有耐心、有策略，采用逆向思维模式，认为机构已经是大品牌了，按照大品牌的要求操作和运营。积累够了，自然也就能突破品牌积累阈值，进入指数增长阶段。

三、品牌价值与品牌溢价

机构品牌的价值体现如果集中在规模化的营销技术，那么其层次相对较浅，对于获客流程来说，比较靠前端；医生品牌的价值体现集中在技术层面，其层次相对较深，对于获客流程来说，可以贯穿全过程；所以，部分有医生IP的品牌才能实现品牌溢价。

有些机构通过组建医生集团的方式，让品牌稳定化、长期化、特色化，从而实现最大化的品牌溢价。医生集团可以有不同种类的标签，师承关系是比较典型的一种，此外还可以是有共同的学术背景，或者相同的专科背景。

机构的品牌溢价往往要通过医生品牌的溢价来实现，这方面国内成功的例子并不多见。人们常常误以为机构的规模与成立的时间可以作为品牌溢价的理由，但是事实上并非如此，看看它们不断攀升的获客成本就知道了。

四、不同类型的医美品牌在营销中的作用

大部分直客机构的店面销售，有IP的医生品牌可以起到相当不错的作用，加之以机构自身规模与时间积累的因素叠加影响，会保持一定的销售力。时间越久，积累的销售力就越强。

新锐品牌机构可以没有这种优势，当然也没有相应的历史包袱，它们在营销模式上放得更开，通过活动和地推等方式，迅速打开局面。它们更像是快销品的模式，但是在处于不成熟的医美市场，这种生存方式也会获得短时间的成功。这些机构解决了生存问题之后，便会向传统机构转型。

老品牌机构经常会受到这类新机构的影响，甚至模仿这些机构的短平快做法，结果往往是将本来属于自己的利润放弃了，优势尽失。这样做的原因是不够自信，不愿

意坚持，不懂得积累的道理，或者是将自己多年的积累轻易地放弃了。

规模化品牌机构在线上营销中，必然遵从线上营销的规律，走大流量、可复制、网络传染型传播等路径，带着天然的电商基因，因此也成就了医美品项电商化。品牌在其中起到的作用其实不是很大，而是与什么样规模和属性的平台绑定更重要。线上营销善于创造奇迹，我们可以举出很多奇迹般的成功案例，但是现实营销淘汰率惊人，以淘宝和京东的头部品牌（量大、品牌价值已经呈现的那些）来看，在线上营销中胜出，概率其实低于线下。因此即便医美机构有志于做电商大流量、大品牌，也要从线下先成长起来，起码要线上线下两条腿走路，两条腿要均衡有力。实际上，很多跨界进入医美行业的机构发展势头也没有预期那么好，因此我们可以将其归因到品牌能力问题，新锐品牌一旦锐气过了，最终还是走向传统，而传统还是需要积累。

甘蔗两头吃，机构品牌吃低成本，医生品牌吃溢价。换一个视角，医生与机构品牌交织，虽然让管理和运营操作复杂了，但却有了更多的工具和路径。医美机构可以品牌两吃：机构品牌着力于低获客成本，从下往上吃，重点从与医生绑定度低的轻医美项目和大流量项目上发力；医生品牌落脚在抬高个人IP与机构品牌联合的品牌溢价，重点在个性化皮肤治疗抗衰老和美容外科项目上。双方相对出发，胜利会师，既要品牌溢价，也要降低获客成本。

五、做不断升级的医美品牌

传播与体验的相互缠绕、延展，是医美这类医疗服务品牌养成的必由之路。简单看，医美的品牌传播和顾客的体验，就像高铁的两条并行的轨道，缺一不可；医疗技术，就像火车头顶上的输电线路，没电，火车跑不起来；当然，没有轨道也不行。

先说一个只顾传播、不顾体验的品牌故事。某些年，凯迪拉克开进了几乎所有热播剧，堪称电视剧植入狂魔。可以举出一大串热播剧的名字：《精英律师》《三十而已》《逆流而上的你》《夺冠》《放弃我，抓紧我》《我的体育老师》《赖猫的狮子倒影》……太多了，各个款型的凯迪拉克轿车，几乎成了各影视剧的标配。但这样的品牌传播成功了吗？无论是普通白领、高级白领的通勤工具，还是亿万富豪、霸道总裁的豪华座驾，一律是凯迪拉克，品牌定位可谓是眉毛胡子一把抓，大小通吃，最后落得个莫名其妙的结果，高不成，低不就。有谁能清楚地讲明白驾驶凯迪拉克的体验吗？除了传奇色彩的"特工车"凯雷德是个另类之外，体验定位是极不清晰的。

医疗品牌切忌走入只顾传播、不顾体验的误区。关于传播的理论与实践的研究成果已经汗牛充栋，但是沉浸式体验过程的品牌策略屈指可数，目前缺乏这方面的研究。

第四节　医美品牌的双轨制策略

一条轨道是传播[①]，另一条轨道是体验。

品牌传播很重要，机构的品牌传播与个人IP传播需要同步进行。在这方面机构能做的似乎不多，除了正常的品牌广告外，其他的商业信息传播要警惕广告嫌疑，大概只有科普和公益事业可以做做事件营销的文章，从效果与成本的综合考量，可以交给专业的公关公司去做。

品牌体验则必须由机构自己来做。医生IP不再是刷脸做科普那么简单，而是要与客户体验联系，产生品牌共鸣的关键时刻不在于看到医生的科普，而是在机构内第一次体验的这个过程。

品牌虽然抽象，但是品牌体验是客户的具体感受。消费者对服务品牌的感知，日益场景化、具体化。服务提供方要在服务的体验过程，在消费者心中建立良好的品牌认知，唯其如此，才可能赢得客户。

我们终将明白：流量是医疗服务品牌的误区。流量带来的销售额，只是暂时的；在流量上过度支出的成本，不如拿来做好服务。消费者第一次接受服务的印象与评价至关重要。如果客户为消费或者服务而来，那么第一次的各种感受就是形成品牌体验与评价的关键。诀窍是：做好服务，不要推销。适当的规划与设计是必要的，但是要放在第二次。

服务品牌建设，不是简单地铺个双轨，而是构建传播与体验的双螺旋。就像DNA结构一样，传播链条与体验链条相互缠绕，互相对应；也像构成DNA的AGCT四个碱基的关系一样，优美而简洁的对应，编码了品牌的基因，决定了服务品牌的发展和未来。

医美品牌升级，要品牌传播和品牌体验并重，一手抓传播、一手抓体验的双轨制是医疗品牌升级的最优路线。解决好如何与顾客共情，从品牌传播和美学体验上下功夫，事半功倍。

[①]　[加]马歇尔·麦克卢汉.理解媒介[M].南京：译林出版社，2011：17.

一、医美机构能够满足需求是远远不够的

如果说只顾传播、不顾体验是品牌策略的第一个误区,那么,唯产品论或唯设备论则是第二个误区。

竞争对手上了哪个牌子的玻尿酸,我们也要上;人家都有了4D或超声炮,我们也要有。就像在庙里抢头香,抢新品和新项目的第一桶金,这个风潮在医美圈由来已久,甚至被写进某些营销策略手册,称为"追新""跟红"。风潮之下甚至出现了产品限购和设备脱销的现象。医美服务,特别是"轻医美",已经走进产品依赖误区,而且越走越远。机构拥有热销产品或设备,只能说明在跟着流行跑,能满足表层的消费需求,但是医美机构或品牌仅仅满足需求是无法打磨出医美品牌的。

品牌来自差别。当每家机构的设备都一样时,又该怎样制造出差别?当然是人,是医生及周边团队。

满足医美消费需求是第一步,解决的是机构的生存问题;制造差别是第二步,解决的是机构的品牌认知;引导需求是第三步,成为竞争中的赢家。

二、医患共情[①]是提升品牌体验感的必由之路

共情就是贴近对方考虑问题。如何在一个品牌中体现共情力呢?

品牌的共情力仍然是源于体验,让消费者意识到,你提供的服务,与他的认知有关联。体验与消费者的认知强关联,就能达到"敞开心扉"的效果。敞开心扉是最重要的美学体验,品牌升级要从共情出发,逐渐打开消费者的心扉,获得消费者的深度认同。

有经验的医生会与客户构成"医学审美共同体",这样设计的客户体验流程,一定能取得不错的成果。例如,面部年轻化是重决策过程的医美项目,往往是顾客有了起心动念,但是并不明确,这需要医生发现顾客的真实需求,与顾客共同决策。如果单纯推销面部年轻化手术,强势输出面部年轻化医美品牌产品,医生与顾客没有建立共情,那么就很难有太多的就医者追捧。

比如,一个消费者来面诊拉皮手术,希望达到面部年轻化的效果。这种复杂的外科手术需要有经验的医生在第一次接待这位就医者时就亲自沟通,而不是将消费者丢

[①] 共情,也称为神入、同理心,共情又译作同感、同理心、投情等。由人本主义创始人罗杰斯阐述的概念,却越来越多地出现在现代精神分析学者的著作中。不管是人性观还是心理失调的理论及治疗方法似乎都极为对立的两个理论流派,却在对共情的理解和应用上,逐步趋于一致。共情似乎为现代精神分析与人本主义的融合搭起了一座桥梁。

给咨询师。因为就医者在具体的术式和治疗项目的背后，有更基础、更深层的需求。

三、医美机构技术品牌的多元化之路

技术品牌多元化，就像一棵树，机构品牌是树干，医生团队们细分出来的技术品牌是树冠，这就是医美机构树形的品牌细分策略。

医生个人IP时代，最有效的方式就是多元化技术品牌战略，它尤其适合自媒体时代的传播特征，以免消费者产生模糊或僵化的品牌认知。例如，某医生个人的品牌诊所，营销资源过于集中，形成了鲜明的个人特色，其他医生就会被湮没。机构特色完全围绕某一个医生的特色，其他医生的特色就不容易凸显，而个人的时间与精力都是有限的。

多品牌不意味着放弃聚焦。它是在同一品牌之下的子品牌营销。这样做的好处是，品牌资源可以有效划分，不会过于集中在头部医生，并且调动所有医生的主观能动性与参与意识，产生内容上的良性竞争。这样的发散型的品牌策略，就是树形模式，只要基础扎实，树冠可以向天空充分生长，越来越壮观，而且树冠的各个部分都有自己的成长空间，在自媒体时代这是恰当的选择。

四、医美服务品牌的标准化与人文关怀

医疗服务的水准，通常体现在几个刚性指标规范之下的标准流程。

1. 服务流程纲要

从消费者视角看，服务评价首先是体验与感受，然后是预期的满足。别去试图解释说自己的服务流程有多么数字化，消费者只关心自己体验到的那些流程。医疗服务的技术性与严肃性，注定了它具备标准化的可能。

标准化流程可以被清楚地感知，要做好"慎独"的功夫，不能因为顾客能否看到而有所偏移，这是很刚性的要求，这样才能一直赢得尊重。

比如对每一项治疗都应该制定与服务体验、疗程安全、效果保障相关的固定程序，并严格执行到位。特别是术后的程序，可能是多数机构不太重视的，回访仅仅是为了第二次推销。例如，外科术式过程中的操作步骤、术后的疤痕管理、炎症管理、肿胀管理等，不能只是交代几句，而是应该规定回诊，在机构中进行精细化和标准化的处理。服务流程如何变得更"刚"？除了SOP手册外，推荐每个参与服务流程的人都阅读

《清单革命》这本书，然后根据自己的SOP手册，给自己列出清单，然后在机构内讨论，每周、每月做改进，保证有神效。

2. 体现服务自信的标志性动作

标志性的动作完全可以标签化，作为品牌认知的一部分，比如术后养护品的赠予、电子病历的送达、心理评估的谈话等，一旦作为标准化的流程硬性规定出来，而且能够做到位，那么品牌的调性也会随之固定。

不同的调性往往代表不同的风格。医美机构的目标客户定位，有时候就是与客户的调性搭配，同频共振。调性就像一个人的信念，不需要理性思考，表现为就是那样，只能那样，否则就不对了。

3. 对效果的不懈追求

有个专门做烤鸡翅的小店，推出一道菜品叫"变态辣鸡翅"，这个"变态"用得好，让人印象深刻，就是不吃辣的人，也想试试，因为它可能辣到极致。无独有偶，微博等自媒体上有很多以"变态×××"命名的账号，虽然大多是营销号，但是热度都不错。这可以看出，大众认知里对好的"变态"是持有足够正面态度的。

如果对医美客户可能获得的效果有变态的追求，那么无论医生还是销售，都会不知不觉地改变立场，让就医者感受到机构完全站在了消费者的立场，并不是单纯地将机构的品项销售出去，而是调动一切手段，让客户获得最佳的效果。这种体验是树立服务品牌的精髓，也可以慢慢形成技术组织型的品牌机构。这种"变态"本身就是一种态度，可以成为品牌升级的意外助力，按互联网公司的说法，这就是最好的抓手。

当对效果追求变成美容医生的信仰时，品牌便相伴而生。

4. 只服务于某个圈层的客户

培养品牌的另一个有效办法是给客户贴标签，为机构划定客户的圈层，这将是一个做减法的过程。并不是说一定要做所谓"高端"的划分，假如只做低端的圈层，同样能形成品牌。

从圈层认知到身份认知，也是客户对自我身份的认知过程，同时是对品牌的认知。

5. 将人文关怀投入上述各个流程或环节

《论语》有云："今吾于人也，听其言而观其行。"中国人讲究言行合一，越是社会经验丰富、阅历深厚的人越习惯听其言观其行，并以此评价自己面对的服务方的态度和水平。

服务态度最好的表现是专业素养与人文关怀。当你将专业做到极致，将人文关怀与流程融合，透过专业服务形式传达人文关怀内容，就是有温度的医美品牌。达到这个境界，医美品牌升级成功已经胜利在望。

6. 会不会有医美全科医生[①]？

医美的四个专业以外科和皮肤科为主。美容外科和皮肤科越来越走向独立发展的道路。在中大型机构，以往以美容皮肤科项目为主的轻医美承担了给美容外科导流的任务，现在轻医美反客为主，在治疗数量、人口渗透率、传播优势上都有了反超表现。各种监管政策也趋向于将不同的医美专业区别对待。但是对医美客户来说，却更适合有能同时提供外科和皮肤科诊疗的医生来接诊和全程安排服务。

搞医美全科医生制度，也是为了回应本文提出的问题：有没有医美客户的医美消费，是由一个医生完成的？这也与如何培养客户忠诚度有关。毕竟医疗服务，合规第一。离开了合规谈发展，往往是空想和幻想。

五、最后，谁在设计医美未来的理想国[②]？

在医美高速发展的二三十年里，很多前辈和医生大咖们，像柏拉图写的《理想国》一样，为医美未来发展描绘了很多美好的蓝图。但始料未及的是，到了2023年，中国医美有全局影响力的服务品牌尚未出现，却孵化了很多上游厂商，形成了产品驱动；同时，医美行业被互联网平台的传播能力牵着鼻子走，自从"网电"部门在竞价排名时代成为医美机构的必设部门开始，医美的客户忠诚度就一直没有系统地建立。尽管很多人在想象和设计着医美的理想国，但是这个理想的国还在天上，没有降临人间。医美领导型品牌没有出现，就谈不上有大批对某品牌忠诚的客户。现在只能步步为营，在营销渠道越来越窄的时代，能够赢得客户的信任和忠诚已经变得无比重要，就像我们从业者忠诚于医疗的严谨、美学的浪漫和心理学的实用一样。

[①] 全科医生执行全科医疗的卫生服务，也可以叫家庭医生。全科医生一般是以门诊的形式处理常见病、多发病及一般疾病的多面手。相较专科医生，我们通常见到的全科医生往往集中在社区医院。全科医生因其具有独特技能和知识，使其具有资格向家庭的每个成员提供连续性和综合性的医疗，照顾、健康维持和预防等卫生服务。医美全科医生可以理解为能做美容外科、美容皮肤科、美容牙科、美容中医科等多专业医疗美容服务的医生。

[②] 理想国，语出古希腊哲学家柏拉图《理想国》。

第五节 直播能否有效传播医美品牌？

直播有两种模式：一是请网红进行医美直播，当然也包括网红医生；二是个人直播，从事医美行业的人，人人可以上阵。直播场景有所不同，分公域和私域两种场景；如果是网红，那么一定是公域私域通吃的，如果是非网红的个人，则多半在私域做直播比在公域直播更加有效。

非医疗背景的网红直播医美，注定是昙花一现，这场轰轰烈烈的直播运动可谓来得快，去得也快。为什么？有人说网红直播对医美品牌的传播是有好处的，也有人说这不过是白忙活一场之后的自我安慰。

一、曾经的网红医美直播是一场少有诚信的博弈

就事论事，曾经风起云涌的直播热潮，在医美直播的法律法规出台之前，十分热闹。谁是这场盛宴最大的受益者？表面上看起来只是主播们，他们现在是最大的得益者。医美机构没挣什么钱，平台只收取了不多的平台费，都说自己基本上是白忙活。

网红主播把自己的粉丝奉献给了医美业，那是他们的私域流量，定制版的单品项目，把粉丝们导向医美机构，替他们割韭菜。只是收割几轮之后，就割不动了。

大部分涌向直播平台的医美机构，都是中小型企业，平时在市场营销上，难有核心价值和优势，见到一种可能获客的方式，便不假思索地一拥而上；大型机构或集团更多的是试水心态，有的还在观望。

1. 缺少诚信，成为网红医美直播的死穴

于是，所有参与其中的角色，都要面临一些难解的扣儿。似乎参与到医美直播运动中的所有"运动员"都不太讲究"诚信"，大家彼此心知肚明，也就不怎么追究。

主播们为了GMV好看，让自己的"战报"牛气，当然也为了吸引合作者或"金主爸爸"们，多多少少会刷单，甚至滋生了专门靠刷单活着的"刷单员"。刷单，从某种意义上说，是一种诈骗行为也不为过。

医美机构不可能总做亏本生意，它们的目的是导流，指望二次开发或升单来赚钱，于是跳单的行为非常普遍，所以GMV再漂亮也没用，核销率都很低。机构赔钱做的项目，往往偷工减料，敷衍了事，更谈不上什么服务品质，就医者表面上占了便宜，但

是买的永远不如卖的精。机构失去的是信誉，得到的是恶性循环。

平台的诉求很简单，就是把网红主播们的私域流量导向平台，轻易不会真的把平台的公域流量送给主播。它们默许了所有缺乏诚信的举动，良心发现时也是睁一只眼闭一只眼。

试想，参与各方都无法保持诚信的直播活动，能体现品牌价值吗？以超低价的服务换来的品牌曝光，只能拉低品牌价值，如果赶上主播翻车，对以品质定位的机构品牌，更是重创。

这种网红医美直播存在逻辑上的冲突，正是造成上述弊端或冲突的原因。

2. 网红医美直播的逻辑冲突

曾经红极一时的直播场景注定是昙花一现。网红主播站在消费者立场，向医美机构砍价，结果是直播的品项一定会破价。让消费者享受更便宜的价格，出发点没错，只是忽略了直播带货，带的不是定制化产品，而是因人而异的服务；服务的结果，不能像定制化产品那样可以单纯追求价格，而是追求性价比，它需要医美机构不计成本地给予无私配合。

主播们要求合作的医美机构，3个月内保证直播的非手术项目价格不低于直播的价格，从保护私域流量的立场看，无可厚非。不过，主播们要求对他们的"家人"提供最优质的服务，以增强主播与粉丝的黏性，不惜对机构痛下杀手。机构意识到自己不过是给别人的私域流量当了把胶水，自己可能是竹篮打水，还可能因为破坏了市场通行的价格体系，要面临上游供应商的"制裁"，结果自然是可想而知。

医美机构站在行业的角度，是不能接受"破价"这一说的，因为医美项目的薄利多销，恰恰是损害就医者的利益，它必然导致过度医疗；同时，要让医美机构的团队成员都配合主播们的破价行为，保持高品质的服务过程，极其困难。只能说医美机构们接受破价直播，另有图谋。

围绕破价直播，形成了"二律背反"。这是导致参与各方无法保持诚信的底层逻辑冲突。

3. 网红直播的风险在谁身上？

商业合作讲究的就是利益共享，风险共担；然而在医美直播这盘棋里，风险的分担极不公平。一旦出现医疗事故，第一责任方肯定是医美机构和医生；其次是平台，平台没赚多少钱，却要承担连带责任；主播们不需要承担医疗责任，他们盘算的，只是赚多赚少而已。主播们除了坑费，还可以拿到两成的分佣。

那些流量其实是不属于医美机构的，因为低价或低于成本价做的那些没有价值的项目，流量根本无法留存。就医者貌似享受了低价福利，但是他们很难享受到有品质的服务。大多数时候，他们对医美机构是不满意的。

如果不是另有所图，这样不公平的生意关系，能持久吗？

4. 尴尬的品牌

一个不太合乎逻辑的商业关系，要想存续，一定要找到一个理由。主播们或者直播公司想起了一个很好的理由，劝说医美机构，就当是在网红主播的私域，做了一把品牌露出吧，既然是为了做品牌，就不要太在意眼前利益了。

二、医美直播模式的价值传递

整体来说，无论是何种形式的直播，还是给整个医美行业做了更广泛的市场传播，尤其是对下沉城市的信息普及。虽然网红医美直播带货已经受到国家的监管甚至取消，但也存在一定的传播作用，会有更多人加入"变美"的行列。

医美行业的人，都在思考网红直播带货的生命周期结束之后，还会转变成何种模式。众所周知，带货经济在国外早就存在了，在中国因疫情影响，直播作为异军突起的新型销售，起到了拉动内需的作用。随着疫情的逐步好转，政府必会加大力度整顿疫情期间等于"放养"的直播带货，特别是医疗美容行业。

1. 直播能否有效传播医美品牌？

要想在医美直播活动中，有效地传播医美机构品牌，一个前提是，这个直播一定是"价值直播"。它不但能为主播带来收益，也要能够为医美机构带来利润，才有可能在直播活动中，顺便传播机构品牌。所以，直播一定要走科普化的路线，那么这种能够为观众带来信息价值的主播，其身份背景和知识储备，就成为直播有效的前提。

直播是互联网时代不可忽略的营销方式，是不是就无法与医美品牌挂钩呢？当然不是，关键是看怎么挂。

2. 是"种草",还是"收割"[①]?

红极一时的医美网红直播,就像是来到一片草场,不管三七二十一,就挥刀割草。于是,无论什么草,一股脑儿地割了去,有好草,也有杂草,甚至毒草。割了几遍之后,连草根都没了,便换一个草场,重新来一遍。过不了多久,就是一片荒漠。

先种草可能是更加智慧的做法,除非等不及。一旦能够耐下心来,春种秋收,那么不管丰收还是歉收,起码割下来的,都是想要的草。

DTC(Direct To Consumers)模式是数字化算法之下的消费者直接触达,这不就是网红主播与其粉丝们的社交营销吗?网红主播与他的粉丝之间,是可以直接到不假思索的强关系,他们利用私域流量的裂变不断扩充自己的粉丝队伍,通过各个平台,如小红书、B站、知乎、微信、微博、抖音、快手,不断输出内容,实现快速种草、快速收割的目的。

这些平台对医美一直抱有谨慎的态度,走一步看一步;客观上,多数平台也不得不先种草,后收割。只是收效比较慢,而且实现用户转化的平台有可能发生转移。

阿里也是后来的,但是一入场,更是大手笔,直播带货医美项目,几次跳跃后,其他的平台便被甩掉几条街,快连味儿都闻不着了。当医美业发现有淘宝直播这么立竿见影的销售平台,谁还有心思种草啊。所以,医美业网红直播是清一色的淘宝直播。大家疯狂收割网红们的私域流量,眉毛胡子一把抓。

谁都知道这个道理:品牌才是长期的免费流量;可谁都不愿意面对这个事实:品牌建设不是一天的事。

3. 品牌错配,爆品属于上游

谁都不想给网红主播交坑费,大家觉得事后分账比较公平,我挣得多,你也能分得多;我只能挣我自己的,你却能够挣所有人的。这是大家与网红主播合作时的心态。假设一种情形:主播收到坑费之后,没了分账的销售压力,是不是就可以传播一些品牌的东西,是不是就可以帮医美机构种种草了?

"社交种草,流量收割"是直播领域的金科玉律,也可以理解为"先做品牌,后做销售";只是品牌认知度高的企业,不一定是品牌势能强的企业,这两点一定要完美地

[①] 种草、收割:网络销售术语。种草指通过网络传媒给消费者留下想买和要买的"心印";收割指商家创造契机让消费者买单,也可以指消费者实施购买行为。这两个词虽然很形象,但是有对消费者不敬的含义。但消费者并未对此提出大规模异议,因此成了网络流行语。

结合，才能让品牌产生自带流量的优势。那么，医美行业有可能出现这样的品牌吗？

医美业自身高度分散，而且始终没能出现一个绝对优势的领导品牌，所以，医美机构只能彼此之间争夺流量，以前是以百度竞价的方式买流量，后来是以破价的方式吸主播的流量，最终结果只有一个，就是流量越来越贵。

流量贵了，成本高了，人们越来越焦虑，越来越没有心思做品牌。快销品在品牌势能积累到一定程度时，可以进行品牌引爆，销量呈几何级数上升。医美可以吗？核销是需要一针一针地、一个光斑一个斑地、一对一地去完成，它不可能像快销品那么高频，所以说医美出现一个爆品，对于机构自己来说，只能是意淫的高潮，因为医美的所谓"爆品"，只能是全行业的，受益者是上游，和医美机构的利益关系可以忽略不计。可惜医美界心中有数的人不太多。

4. "价值直播"首先要有"价值内容"

每个网红主播都有自己的天花板，网红医生也是如此。将所有筹码压在一两个头部网红身上，极其危险，再是头部的，也有天花板。

我们从头部网红的变化可以看出，"价值直播"必须有"价值内容"。为主播们准备有价值的内容是重要的，而不仅仅是为他们准备破价的品项。也不必指望所有的主播都能自动变成某一领域的专家，团队为他们做好内容筹划也能在最短的时间解决大部分问题。

5. 多平台的直播组合，多角度传播

内容传播在同一平台上可能也是有边界的，每个主播的粉丝量有限，他们的认知也有限，要想让相同的内容发挥更大的作用，一定要在多平台进行组合传播；让同一个内容主题，从多个角度进行传播，从而形成有效的种草过程。这一点对从事直播的医生们尤其重要。

三、让有直播能力的医生参加进来

直播的专业化可以由医生的参与来完成。医美营销已经毫无疑问地进入了直播时代，可以说自媒体已经对受众进行了全方位覆盖，一个不愿意参与营销的消费医疗医生，注定要落后于那些有极强的营销意识和市场参与意识的医生。所以，调动医生们对直播活动的参与，是让内容变得更为专业的不二法门。

医美营销势必走一条去广告化的道路。医疗广告的管控力度日益加强，而且医疗广告中并不允许医生以医生身份出现，那么科普直播是医生参与直播的有效途径。而医生个人是最具识别性的，这也是医疗行业的特点，医美机构如果不利用这个优势，在种草的同时，提高医美机构的品牌识别率，那就太傻了。

四、为结果而设计直播

什么时候可以预见直播的品牌传播结果，什么时候医美直播就上了一个台阶。

以低价做服务单品销售的做法，销量在同一个网红主播的名下，对于合作机构来说，销量只能越来越低，这是个肯定的结果。

医美机构直播时设计的品项，要站在就医者的角度想问题，为其着想，是将品牌植入人心的最好契机。我们有什么样的选择，便会有什么样的结果，有的时候，一味地努力，却选错了方向或路径，就是虽然努力却仍会失败的原因。医美直播也是。

到2025年，中国将出现5亿之多的新中产人群，还有更多的Z世代群体，他们的消费理念将更加趋向于情感消费，而最能打动他们消费神经的东西，肯定不是价格，而是品牌。

本章总结

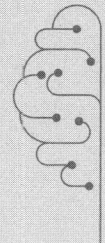

品牌策略是所有医美机构都要高度重视的，它是让机构基业长青的根本。新消费主义时代的医美品牌，再也无法单靠资金就能堆砌出来，而是要具备四大特质：可解释性、场景化、归属感，并富有情怀；它们是完成品牌自洽的必修课。只有建立了品牌忠诚度，才可能在经济下行时期，保证正常运营；与此同时，要让自己的品牌资本处于不断积累的过程，积累到一定程度，便会发生从量变到质变，成功地占领消费者的心智。而要想让品牌深入人心，一面要加强品牌传播，一面要强调客户体验，将品牌工程融会到日常服务的一点一滴，这才是建立强大品牌的真正秘诀。直播是当今传播的主要手段，医美机构在直播的试错过程中，交足了学费，我们需要找到真正属于医美品牌传播的直播之路，让传播与体验成为一条不断增值的价值链。

第十二章

医美人的个人 IP 与自媒体

本章导读

　　个人 IP 与自媒体运用，已经成为医美营销的主要手段，它符合行业发展的逻辑。未来这一现象将更加明显。本章内容试图从各个角度讨论个人 IP 与自媒体：第一节关注的是社交媒体对美容医生的改变；第二节介绍进入自媒体的基本策略；第三节则聚集美容医生个人 IP 生成的基本逻辑；第四节是如何将有效的内容，在自媒体平台传播出去；第五节，我们重点讨论有些医生自媒体传播无效的原因；第六节，回到内容的层面，探讨怎样才能写出好文章。

　　我们并不指望本章的内容能够帮助医美人做好自媒体，个人 IP 与自媒体的成功，有太多的偶然性和不确定性，既有规定动作，也有自选动作，两手都要硬。每个成功的案例都是不同的，奇迹更多地发生于自选动作，表现天才与创意的精彩，故而我们希望这一章的内容能够成为引玉之砖。

第一节 社交媒体如何改变美容医生的行为？

第十一届上海整形美容论坛公布了2021年度整形美容十大进展，《社交媒体改变整形外科医生行为》排名第一[①]！

一、社交媒体改变了人们的生活方式

社交媒体属于新时代的新生事物，所以不同年龄段的人群对社交媒体的态度和接受方式也存在差异。最明显的不同是美容医生使用社交媒体的日均时间：

50岁及以上的大约在2小时以下。

40~50岁的医师大约在2~3小时。

40岁以下的在3~4小时。

越年轻时间越长，30岁出头的医师甚至会超过5小时。

另外一个明显的不同是使用社交媒体的目的与态度：

年长的医生（45岁及以上）更多将社交媒体视为生活助手、信息来源、社交工具、通信便利的工具。

而年轻的医生（45岁以下）更多将社交媒体视为生活本身的重要组成部分，并通过社交媒体获得医美客户。对他们来说社交媒体不仅是方法，也是目的[②]。

虽然大众传媒或者严肃媒体经常批评人们过于依赖手机，使用时间过长，有信息茧房和被"投喂信息"的现象，但是不同的美容医生对此态度也不相同，年轻些的医师往往不在意、不同意、不理会；而年龄大一些的医生则会赞同、支持和附议。

先看一个来自美国人口调查的例子：有527名受访者，33%的人在社交媒体上关注整形外科医生；35岁以下的人这样做的可能性是其他年龄的3.9倍；谷歌（搜索引擎）

[①] 英文有类似文章。Sookaromdee Pathum, Wiwanitkit Viroj. Social media behavior in plastic surgery practice: Correspondence[J]. *Turkish Journal of Plastic Surgery*, 2022.

[②] 马一潇. 新媒体传播对医生形象的重构研究[D]. 内蒙古：内蒙古师范大学，2020.

是人们最先寻找整形外科医生的地方，占比46%；当被问及在选择整形外科医生的所有在线方式中什么最有影响力时，案例分享网站排名第一（25%）；但社交媒体平台的整体排名更高（35%）；考虑手术或非手术的人，选择社交媒体平台作为选择外科医生最有影响力的在线方法的可能性要高了5倍，而在社交媒体关注整形外科医生的可能性要高出5倍[1]。

美容医生在社交媒体晒私生活，似乎不怎么受欢迎。很多人不希望在社交媒体看到外科医生的私生活（39%）；对于用直播或者图文方式展示手术是否会导致他们取消关注账号，则意见不一，美容医生在社交媒体上展示手术直播或图文治疗场景，有可能导致"取关"或"脱粉"。

96%的公众不清楚美容医生应持有的专业与合规类型。

结论：基于年龄、性别、父母身份和原籍国，公众的参与度和看法存在明显差异。社交媒体将很快成为外展和参与的关键战略，并成为消除医疗美容误解的宝贵工具。

二、社交媒体对医疗美容提出的挑战

社交媒体与医美一直伴生发展。2002年原卫生部19号令之后医美（美容外科、美容皮肤科、美容牙科、美容中医科）蓬勃发展，那个时候网络BBS论坛、新闻组、聊天室等具有高互动性网络媒体同时走过大众生活。之后社交媒体经历了web1.0、web2.0时代，正在跨进web3.0新纪元，这个过程中，医美几乎与社交媒体就像DNA的双螺旋，完美对应。但是作为美容外科上级学科的整形外科出现了不兼容的状况。在社交媒体兴起前就从事整形外科的医生们不得不一边学习使用社交媒体，一边应对它给自己带来的挑战；相比之下，对在成为整形外科执业医生前就熟练使用社交媒体，甚至将生活与社交媒体融合的新一代美容医生来说，社交媒体是"器官"的延伸，他们是网络社交时代的"原住民"，不存在什么挑战，而是天生的熟悉和应付自如。

整形外科作为医美的母体[2]，并不像美容外科、美容皮肤科专业那样与社交媒体水乳交融，而是挑战大于机会。

社交媒体改变了求美者获取信息、沟通交流的方式，美容医生或者美容机构通过社交媒体拓展业务，与客户建立信任关系，再到有实际的医疗服务，存在着法律、伦

---

[1] https://pubmed.ncbi.nlm.nih.gov/30688911/.

[2] 按照医学科目分类，有外科、整形外科、美容外科分级结构。

理以及商业性与专业性边界等问题[①]。

如果社交媒体被美容医生充分理解、恰当使用，不仅利于业务推广，还有利于患者教育、临床、科研活动。

三、美容医生眼中的社交媒体

在很多美容医生看来，社交媒体是"外物"，具有工具属性[②]，能提供某些功能。

美容医生大多喜欢做患者教育，希望将合规的医疗服务交付求美者。越来越多的患者在面诊之前从社交媒体了解所感兴趣的美容医生和医疗服务，这使术前沟通和知情同意更加充分。

因为我国医疗合规管理还在现代化的路上，所以从社交媒体大数据分析看，网络上的医疗美容资讯还有不真实、不权威、不合规现象。比如，在美国真我[③]医美分享网站，高权重的文章都有医生做"medical review"背书，背书的医生对内容的医学科学性负责。但是我国的研究呈现了不同的情况，比如，一项研究调查了4548条含"整形手术"这个关键词的内容，其中80%包含不准确信息。而且这些文章大多不是医生写的，也没有医生宣称对内容负责[④]。这是国内很多医生不屑于，或者不敢在社交媒体发表署名文章的原因，容易被乱用、盗用。

社交媒体调查因为面对大样本人群，容易设计各种单盲或者双盲对照，所以在医疗美容临床研究上意义重大。比如，过去为了调查就医满意度，要通过门诊或电话等主动联系的方式回访，这会受到各种认知偏见和心理偏误的影响，且难以执行高级的统计方法。

传统方法的临床调查研究的缺点在社交媒体时代得到全面改善。比如，有论文和研究公布了美容医生采用AB实验法、灰度测试法、贝叶斯统计法等更专业、更有效、更客观的统计研究方法，为临床科研开辟了更多路径。

联合丽格第一医院的杨大平教授，是整形外科出身的知名学者，近年连续发了5篇英文高水准SCI论文，分享到社交账号，不但有利于增加作者及文献的关注度，而且根

---

① 刘派，韩岩. 社交媒体对整形外科的影响：机遇与挑战[J]. 中国美容整形外科杂志，2021，5（32）：5.
② 易小明. 人的工具价值及其目的化处理[J]. 天津社会科学，2006（7）.
③ https://www.realself.com.
④ Abeer Kalandar, etc., Plastic and Reconstructive Surgery（IF 5.169），2018.6，DOI: 10.1097/prs. 0000000000004484.

据大多数社交媒体的推荐算法,热帖将会被更多的人发现,吸引新关注者形成正反馈,从而提高学术声誉,甚至会带来直接的手术申请。

美容医生或者其执业机构想要在竞争中取得优势,就应该让尽可能多的患者了解自己。发布的内容是业务推广的核心。虽然"内容为王"的口号已经喊了很多年,但是在"知识的诅咒"之下,医生或者机构发布的内容与求美者想要看到的内容是脱节的。

患者或求美者对社交媒体的认知、选择和参与因年龄、性别、受教育程度和经济状况等不同的人口学特征而存在差异,对于患者来说,带有循证医学依据的专业文献内容生硬,难以阅读,并不受欢迎。

一项有关患者社交媒体活动内容的调查显示,手术前后对比照片是患者喜欢看到的内容,而显露术野现场的图像则可能使患者取消对该医师的关注。

大样本调查显示,医师的教育背景、执业信息等可以增加信任度和安全感。对ASPS网站上浏览数最多的20个整形美容相关视频的研究发现,手术过程和效果的视频讲解或动画模拟等是患者更为关注的内容[①]。

了解患者的兴趣所在之后进行有针对性的宣传推广,有利于推动关注者转化为患者。互动可以增加流量。相较于网络明星、KOL,大多数整形外科医生更像是普通人,与普通人的背景和经历类似,这就要像普通人之间沟通一样,要了解患者的需求和疑惑,才更具说服力和示范效应。

医师与求美者互动,需要制作并分发内容,既增加内容的可读性,扩大传播范围,又要融合双方的关注群体,增加关注度;与给出正面评价的患者进行互动,可以向其他患者展示诊疗过程中问题的态度和方式,在此过程中患者的评价实际上成为医师品牌的宣传者,最终可以增加手术量。

所有这些都令人兴奋,但这是整形外科医师眼中的社交媒体,而不是当代美容外科和美容皮肤科(或者干脆称为"轻医美")医师眼中的社交媒体。

四、把社交媒体作为方法,还是作为目的?

在整形外科医师看来,社交媒体是"外物",具有工具属性,是客体,不是主体。

在轻医美医师看来,社交媒体是"自己",具有本真属性,是主体,不是客体。

---

① https://www.plasticsurgery.org/3d-animations.

这是整形外科医师（非社交媒体原住民、年龄较大、在互联网发展起来之前接受了系统医学教育和临床训练，一直将互联网当作工具使用的整形外科医生）与轻医美医师最大的不同。后者是社交媒体原住民、年龄小、伴随互联网成长，医学教育和临床训练期间，互联网是他们的"器官"。

凡事皆有例外，不可一概而论。很多变革发生在"代际更新"。社交媒体对美容医生的改变也会如此。社交媒体改变老一辈整形外科医生，而新一辈美容医生将社交媒体当作自己的目的，也当作方法，是有机的合二为一。

第二节　美容医生自媒体的基本策略

一、个人就是品牌

从事消费医疗的医生，其个人品牌就是个人商业价值的识别，所有的品牌塑造只有一个目的——商业目的。医生如何看待个人品牌的属性是重要的，他们需要承认它的商业属性，并愿意为之付出努力，医生自媒体才有可能成功。

二、美容医生的双重认知结构

对于医美医生而言，并不是单纯的技术好就能拥有充分的客户来源，而是经过有效的传播，让同行业内的其他医护人员和目标受众（潜在客户）都承认你的能力，才有成功的机会。请注意，仅得到客户的认可并不难，难的是得到同行的认可；医生在社交媒体的所作所为在同行眼中是什么样，决定了同行是不是认可你；医生一方面要与就医者互动，另一方面要与同行互动，要用心经营好自己的同行朋友圈。

三、医生的自媒体人设

只有通过第一人称的自媒体传播，才能有效地触达目标受众。什么是"人设"？就是你认为自己应该是什么样的人，同时你希望自己在别人眼里是什么样的人，所以带有"印象管理"的意思。根据杜尔凯姆的理论，人设是自我认同的方式，不论它是真正的内心向往，或是外在的包装，总关联着言谈举止的呈现。说白一点，就是人在自媒体中呈现的"面子"。在社交网络展现的自媒体人设，不同于文学作品，它完全以本人的面目表达，所以随时可能出现改变。

四、医美自媒体的功能

自媒体的功能是我们希望通过自媒体实现的目的：为内容营销而服务。更好地让目标受众了解自己的医美技能，并且提升作为医生自己和作为平台机构的整体形象。

通过自媒体构建的以医生为核心的生态，做最好的自己，建立最好的机构；医生自媒体同时是理念与知识的传播阵地。它不仅让外界了解自己，而且让内部的雇员与同事能随时了解自己的理念与想法。这种言论可以起到引导机构建设与运营的作用，包括企业文化建设的目标。

一切为了线下。向线下导流是一句重要的潜台词，所以在经营自媒体时，千万不能忘记这个使命。当一段对话或交流在线上互动的阶段被画上句号，不会再发生线下服务的关系，那么线上的一切活动都失去既得利益，这很难说线上的互动是成功的。

五、医美自媒体的特点

自媒体就像草本植物，只要条件合适就会落地发芽，能够快速成长，这是草本植物的特点。医生未来的执业会越来越自由，但是医疗广告会越来越不自由，这是大势所趋。医生们无论是自我创业还是自由执业，营销推广主要依赖自媒体，培养个人IP，充分享受粉丝经济的红利，粉丝经济将日益成为消费医疗的市场基础，因为个性化的医疗服务绕不开医生接诊这临门一脚，消费医疗不存在去医生化、商品化甚至标准化的奢望，而医患互动的主要方式就是医生的自媒体。充分了解自媒体的特点是必要的。

第三节　美容医生个人IP生成的基本逻辑

一、医生个人IP生成的三个维度

1. "专业维度"的IP生成

医生的核心技术特色永远是最重要IP价值，是在不断学习实践中，积累自己的技术特点，通过自己的语言与独到的见解实现同类产品的市场辨识度。

2. "身份维度"的IP生成

以行业身份为主的定位，由专业机构颁发的职业认证及获得的荣誉。社会关系身份定位，比如与家庭有关的身份定位。

3. "兴趣维度"的IP定位

除了专业技术特色外，审美喜好、形象、性格、兴趣爱好、说话风格都可以作为多元化的个人品牌标签属性。多维度的个人展示，通过共同的认知能更容易取得用户信任。

二、去何处寻找自己的用户

任何产品都不能满足所有人的需求，如何依据不同产品的属性最大化地获取关注，主要在于平台的选择和内容的运营。选择什么样的平台，直接决定了个人品牌的影响力的大小。

精准匹配：做精准的匹配就是找到与自己定位匹配的平台，比如自己擅长做短视频，那么一定要找短视频分发的平台，这个时候，自己找图文的平台分发视频可能就不太合适了。此类匹配内容质量要求高。

用户匹配：根据个人品牌特色寻找匹配平台，职场人、宝妈、情感用户，或是精英阶层等，你要找谁说话，决定自己到什么平台上去说。

内容匹配：找到跟自己内容最匹配的平台，比如自己的内容是点评类型、情感类型、还是娱乐类型。头条号、百家号非常适合资讯类的文章，情感类的也可以。

全网分发[①]：打造个人品牌，做单一类别平台是不够的。现在互联网的推广思维是"多点围合"，要让别人尽可能地看到你、听到你、认知到你。

三、美容医生个人IP的基本生成方式

从2020年开始，流量思维面临迭代，品牌思维卷土重来。在医美行业，机构品牌有让位于医生个人品牌的趋势，起码是重要的趋势之一。在新的市场环境，个人IP更能精准地体现"市场定位""内容定位"和"价值定位"，而非一大堆眼花缭乱的消费

[①] 全网络内容分发，指通过实现用户对网站的就近访问及网络流量的智能分析，将本节点流媒体资源库的指定内容，根据业务运营商定义的内容分发策略向下层节点推送。

者看不懂的头衔。

1. 问自己的第一个问题：我是谁？

医美市场越活跃，对于销售侧压力越大，竞争也越激烈。此时，创业医生们应该静下心来，拨开喧闹的迷雾，基于医美营销的本质，问一句：我是谁？

在医美项目高度同质化的今天，个人品牌是"价值的放大器"，鲜明独特的个人品牌可以让我们在职场脱颖而出，精准触达目标人群。良好的IP信誉和口碑，有助于我们获取用户的信任，这种信任可以有效降低用户的防备心理，实现高效的商业转化。

美国一家公司曾经做过调查，他们访问了500多名专业人士以及这些专业人士的服务对象。结果发现：对于相同的服务，有国际级个人品牌的专业人士的收费比没有明确个人品牌的专业人士高14倍。行业领军人物的收费比无明确个人品牌的专业人士高8倍以上，在地区小有名气的专业人士也比无明确品牌的专业人士多收取4倍的费用。

按照需求量来说，行业领军人物的客户量比无明确品牌的专业人士高4倍，在地区小有名气的专业人士的客户量比无明确个人品牌的专业人士高2倍。这说明，行业领军人物不但服务费用高，客户量也更多，这就是打造个人品牌要实现的终极价值。

2. 问自己的第二个问题：做的是生意，还是医疗？

消费医疗，是生意，还是医疗？这是长期存在于消费医疗领域的价值观之争。

如果是一门单纯的生意，很简单，只要成交便达到目的，利润是第一位的；如果是医疗，首先得把就医者的问题解决，然后顺便挣钱。而医疗与消费并重的双轨思维模型，更符合以医美为代表的消费医疗的底层逻辑。

站在医生的角度看"消费医疗"，消费是定语，医疗是主语；站在就医者的角度，则是"医疗消费"，医疗在前，消费在后。这应该是医美医生的价值主张，将这个价值主张传递出去，便是站在消费者的立场，首先为就医者创造价值。

3. 问自己的第三个问题：是随波逐流，还是价格保卫战？

中国医美行业进入高速发展的快车道，从百度一枝独秀，到医美电商百花齐放，再到互联网线上消费大鳄强势进场，每一次变换，既给行业注入了新的活力，同时也让行业竞争愈演愈烈，最终卷进市场经济最低劣的竞争——价格战。

就医者感觉的价格太高！这个理由占到转移视线的80%！过多的中间环节导致终端价格偏高，而医美机构却盈利极少。这是医美业的第一个怪圈。

比价比的是什么呢？

技术、美学认知、服务、品牌，都是价格要素，甚至医生品位和生活素养都是价格要素。每一次治疗都不是复制和粘贴的机械重复，而是多年学习积攒的专业知识与见识，通过同类但不同质的治疗来实现美学效果，它需要优秀且扎实的经验，甚至包括灵感，最终完成个性化治疗。

你希望你的造美过程是流水线吗？现在市面多便宜的医美都有，医美机构不得不发明"引流"的做法，并且因为价格过低而被迫弄虚作假。这是医美业的又一个怪圈。

4. 问自己的第四个问题：我应该怎样给自己的IP定位？

有效的IP定位，是培养个人IP的第一步。

定位：每个独立的医生个人IP，都可以理解为一个产品。而在众多的同类产品里，如何脱颖而出，才是我们市场在竞争中真正要思考的。这就是定位。

任何产品都不能满足所有人的需求，依据不同产品的属性，去寻找相匹配的用户人群，才是最精准的营销。

真正让钻石在消费市场有了精准定位和价值的，不是因为它是稀有的矿石，也不是它八星八箭的工艺。而是那句经典的广告：钻石恒久远，一颗永流传。从此钻石代表了永恒的爱。回过头来，可以再说是因为它的稀有和古老的工艺，才配得起这无价的永恒。

对于美容医生IP来说，别人对你买单的前提首先是认可在某个方面你们共同的认知。同质化的项目、同质化的技术特色、同质化的营销，已经让消费者疲于选择和放弃追捧。但是人设的鲜活与独立反而持续增加着用户黏性。所以除了过硬的技能，技能外我们的人设打造就尤为重要。

5. 问自己的第五个问题：我的IP应该怎样生成？

这个问题的答案包括IP的维度、IP的内容和内容的分发。

如火如荼的各类直播，这些KOL、KOC组成的意见领袖群体，成为销售侧与用户侧的"纽带"。长期运营建立的信任感，通过对产品种草的形式引导"粉丝"消费。个人IP打造已经形成了"标准"的商业化形态。MCN公司通过专业流程服务，让一个有基因的网红快速在互联网平台崛起，并实现商业变现。成熟的经验是：如何将个人的"价值放大"，在垂直的领域增加权重，建立同行之间的壁垒，提高竞争力，给了我们很好的参考与借鉴。

6. 问自己的第六个问题：如何让消费者感知我的价值主张？

这个问题也可以变成：医生如何将粉丝转化为客户？

许多热衷于自媒体的人士，并没有过于在意将粉丝转化成为客户，潜意识里，人们似乎更愿意与网友保持单纯的关系。但是，在自媒体已经成为重要的营销工具的今天，将粉丝转化为客户，成为一个重要的课题。

这也就是为什么我们希望医美医生本人重度参与个人IP打造，过高的营销成本已经让行业苦不堪言，而自媒体的转化可能提供一条低成本获客的路径。

价值主张能够影响就医者的选择，这完全取决于就医者的感知，这个感知包括就医者的价值获得是正数，也就是价值总和减去成本总和，之后等于一个大大的正数。而且，这个价值获得，必须是清晰的、可信的。

（1）开发社交媒体的完美组合

所有的单元都朝向同一个目标，当受众在不止一个自媒体与你相遇时，他一定会珍惜和你的缘分。短时间不能转化为客户，起码有助于他成为粉丝。

让观众或读者参与进来，形成一种互动关系。比如隋冰医生与他的粉丝在钢琴曲中的相遇。

（2）加强互动，善于倾听

对于粉丝的留言，一定要妥善回复；倾听客户的声音对医生来说是很重要的一件事，同时要表现出你关心他们，非常重视他们的意见，从而建立一种有温度的医患关系。

（3）做属于自己的内容

内容为王[1]永不过时，现在越来越觉得它有道理，大到一个机构，小到一个医生，一定要想方设法解决自己的内容建设问题，并且要形成规模。前些年，百度一度要搞的"华佗计划"，就是以内容为搜索依据的勇敢尝试，曾经让我们看到了希望，我们也为之付出了许多，可惜在资本对市值的逼迫之下早早夭折，所以，靠平台做内容实在是不太靠谱，还得靠自己。

7. 问自己的第七个问题：谁能帮我做成IP？

与网红（KOL、KOC）合作是一种不错的选择。我们不能忽视大V们的引流作用，KOC可以影响其周边的人，进行与之相同的消费，他们的作用更为垂直，与他们的合

---

[1] http://opinion.people.com.cn/n1/2019/1226/c1003-31523038.html.

作,是自媒体变现的有效方式,但是需要一定的量,并且要有试验性的投放;如果资金允许,意见领袖或大V的引流作用能够迅速提升自媒体的阅读量,与大V的合作等于广告投放。但是对各种中介或推广公司应该持慎重态度,水军只能带来感官上的愉悦,没任何实质价值。

KOC为了自己的信誉,会以低风险、高频消费的医美项目为主导,这也是轻医美迅速崛起的原因之一。KOC通常会选择那些看上去低风险的项目,同时相对高频而且消费人群基数众多。他们会十分爱惜自己的信誉,一旦医生的技术有波动,会伤及与他们的合作,因此非手术医美项目更适合这种合作。

第四节 美容医生怎样选择自媒体主场?

美容医生如何选择自己的主场,取决于个人兴趣与特长的集合,与医生本人的特点相关,甚至与性格也有一点关系。主场是自己内容营销的首发地,但并不意味着对其他自媒体形式的排斥。

一、可供选择的自媒体平台

(1)微博:广播式的社交媒体平台。

(2)微信:一款为智能终端提供的免费即时通信服务的应用程序。

(3)头条号:一款基于数据挖掘的推荐引擎。

(4)百家号:基于搜索的内容发布与变现平台。

(5)抖音:一款可以拍摄短视频的社交软件。

(6)小红书:一个生活方式平台和消费决策入口。

(7)知乎:网络问答社区。

(8)B站:视频、直播和漫画平台及社区。

(9)快手:一款用来制作、分享GIF图片的手机应用。

(10)喜马拉雅:音频分享平台。

(11)荔枝FM:声音互动App。

(12)搜狐号:优化的新闻源。

以上是我们列举的较大的自媒体平台，肯定不是全部。随着时间的推移，还会有更多的平台涌现，特别是一些垂直类的自媒体平台，总之，社交自媒体平台也会逐步走向细分化。

二、美容医生在自媒体上展示自我的6个要点

1. 选择最适合自己的作为主力平台

就像每个人的性格不同一样，每个平台也有自己特殊的调性，它不一定适合每一个人。所以是否选择某一个平台，完全看自己的感觉，自己与这个平台是否般配。这种选择与每个人的擅长也有关系，甚至是性格。应该选择一个平台作为自己的自媒体主战场，其他的平台在有精力时，作为主平台的补充。

2. 选择最熟悉的平台

每个自媒体平台都有自己独特的媒体环境和生态，媒体生态决定了哪些IP能够存活并且快速成长。如果自媒体内容制作者可能对某一个平台的环境比较熟悉，产生了一定的情感连接，而且使用起来得心应手，那么不妨就从这里开始。人在一个平台的时间长了，会对某一个平台的偏好有所体验，可能更加了解上面的人群属性，正所谓人以群分；熟悉平台之后，也会更了解和尊重平台规则，避免违规被封号及无意义地盲目发布。

3. 做好一个媒体平台比什么都泛泛而做要好

不要使自己的注意力过度分散，在选定的主力平台做好充分的互动。有时，精力分散之后，可能哪一个平台的事情都没有做好。可行的办法是，自己专注于某一个平台，内容由助手们调整后在其他平台投放。

4. 利用更多平台展示

在内容生产上，其核心人物应该聚集在某一个主力平台，但是整体团队还是要眼观六路，尽可能地让优质的内容在不同的平台展现。每个平台的网民可能有所不同，但都可能是医美的消费者，更多的展示或许能够带来更多的客户。应该有效地利用不同的平台和机制，让同一个内容创造更多的价值。

当然，不同的社交平台应该有不同的内容策略，但是内容核心应该是一致的，所以适应不同平台的内容表现形式，完全可以由助手团队完成。

5. 传播优质内容

重点是挖掘自己的代表性特点。打造自己的关键词，以突出自己技术的关键特点，让这些内容变得易于识别，因为只有突显了技术的关键点，才可以让自己引人注目，从众多的自媒体中脱颖而出。而且关键词还有站内搜索优化的作用，让内容产生更多的点击率。注意，要让属于自己的关键词真的属于自己，只是决定权在网民手中。

传播的方式一定要简洁。简洁是自媒体的一项重要法则，网民既不愿意看冗长枯燥的内容，更不会钻研那些晦涩难懂的文字，十秒钟以内无法看懂的东西，大多数人就干脆不看了，没人愿意在自媒体上和自己过不去。在"注意力经济"时代，交互式阅读中的"三秒原则"和"标题党"，似乎已经变得不可或缺。

6. 使用好身份

不能滥用自己无法保持的身份。比如说一位医生要将自己定位成医生中的诗人，偶尔写一两首是没有问题的，关键是当诗人的身份变成了医生的人设，那么这个身份的使用就必须像个诗人的样子。现实中，维持一个医生中的诗人身份是不容易的，除非你真的是个诗人，否则就别这么做。

7. 找出自己的"独特身份"是什么？

每个人都可以在自媒体上定位出独特的自己，但是医生给自己定位之前，应该先问自己如下问题，在这10个问题全部有了明确答案之后，将它们浓缩成20个字，那便是定位。

（1）我的显著价值是什么？

（2）我做的哪些事情能让我独具特色？

（3）我曾经取得过哪些让自己骄傲的成就？

（4）在我的同行与客户眼中，我最大的优势是什么？

（5）我有哪些能够引起别人注意的个人特质？

（6）我希望凭借什么一鸣惊人？

（7）我的特色技术是否能够得到一半以上同行的认可？

（8）我在自媒体方面的特长是什么？

（9）我在自媒体上的特长是否能够支持不间断地产生和我技术相符的内容？

（10）我的个人特色更适合哪种自媒体作为突破口，以及是否需要形成自媒体矩阵？

第五节　导致医美医生自媒体策略无效的原因

一、对自媒体平台认知不足

1. 选错了自媒体平台

医美服务有其显著的行业特点，而且是戴着脚镣跳舞，受到的约束甚多；不是每一个平台都适合你的医生，作为经营院长，要和医生充分沟通这一点，找到最适合他的平台或渠道。有一个行之有效的方法就是先选择三个以上的平台进行试验性的投放，看哪个平台的点击量大，互动积极，最后选定一个作为主力平台。如果选错平台，一是会浪费大量的时间和资金，二是可能会减弱大家对自媒体营销的信心。

2. 自媒体策略不符商业目标

有时，拥有的粉丝数量并不一定都那么有用，我在微博上拥有将近150万的粉丝，后来证明活跃的粉丝并不多，如果能够有15万是活跃的就够了。让粉丝喜爱你的自媒体并且持续地关注，才是个人品牌努力的方向。同时，要分析你的粉丝群体的构成，他们真是你的目标客户吗？你的使命是什么，怎样让自媒体的传播与自己的商业目的完美结合，怎样让医生的利益与机构的利益保持一致，是经营院长需要考虑的事情，也是应该在前期做好的工作。

3. 自媒体不免费

不愿意在自媒体投资的机构，不可能获得很好的收益和关注，自媒体的免费早已经成为古老的传说了。免费做自媒体带来不错收益的例子也很多，只是它需要投入大量精力，而且最重要的是才华，我们不可能要求专注于医学的专家们个个都有做自媒体的天赋，更多的还是商业化的运作。

4. 渠道过于分散

大部分的价值都产生于一两个平台，如果过于分散，它的结果是什么也做不好，原因是分散投放可能会忽略对每一个平台的深入研究。一般而言，将一个平台研究透彻之后，做出成果，其他平台做配合，这样做的前提是有强大的团队，如果没有，千万不能尝试四处出击。

二、在内容安排上走入误区

1. 给就医者的期望值过高

医美就医者的期望值如果过高，显得不切实际，这时医生还要硬着头皮实施治疗的话，等待大家的可能就是一场灾难。自媒体的策略也是如此，如果建立了不现实的目标，那么很可能会失望。

2. 内容不聚焦

策略要具备凝聚力，而且要全盘策划，不能信马由缰，对每个细节的考虑以及所有环节围绕一个核心策略，要坚持下去。经营院长可能不是内容高手，但是要起到从旁监督的作用，时刻提醒医生本人或内容团队，让每个人充分理解战略目标是什么。

3. 只强调内容的"量"而忽略了"质"

发布过于密集的信息容易引起网友的反感，刷屏并不是一个肯定性的评语，而且过度发帖，会降低每篇文字的价值，应该带有一定的节奏。没有人喜欢唠叨，有时你的啰唆会让人觉得你在不停地吹嘘自己，这会让人反感。

4. 试图讨好每一个人

自媒体与生俱来地拥有鲜明的人格属性，因此不要指望所有人都会喜欢它，它所能吸引的只能是一部分自我概念相近的人群，不要体现出自己是讨好型人格[①]。故此自媒体的定位越单一越好，内容越稳定越好。总有看你不顺眼的，所以不必讨好每一个人，也不必过于在意那些网络喷子，他们会恶意地攻击你来抬高自己，而且会留下差评。医生们往往容易在这种问题上摆不正自己的心态，总会受到网络上那些风言风语的影响，故而心理疏导的工作不能少。

5. 只顾宣传自己

这是医生们特别容易犯的一个毛病，他们只顾发表自己的内容，而对于同一个朋友圈的同行不闻不问；经营院长们常犯的错误是对连锁机构的友军采取回避的态度，人家的信息一律不予关注，生怕影响了自己的客源。这种狭隘的心胸，会让自己失去同行推广你的机会，他们永远不会为你点赞，甚至会说你的坏话，这对于就医者的影响很大，毕竟，一句坏话胜过100句好话。

---

① 讨好型人格是指一味地讨好他人而忽视自己感受的人格，是一种潜在的不健康行为模式，而非人格障碍。

三、在自媒体运作上不诚信

1. 花钱买粉儿

有些钱花得不是地方，尤其花钱购买推广时特别要注意这一点，假的"僵尸粉"内行人一眼就能识破，这种事只能伤害自己的自媒体策略，表面光鲜，却没有任何实际价值。有一些自媒体推广公司的做法令人作呕，他们会利用水军来灌水，所以有些转发和评论是毫无价值的，一看就是水军的作品。

2. 案例造假

当用户发现你的笔记也好，案例也好，全是策划出来的，活灵活现的"种草笔记"都是假的，你以前的努力可能就会功亏一篑。形象一旦自毁，恢复起来很难，特别是医生自主创业的小机构，无法经得起这么多的考验。既然有那么多的线上案例造假公司，相信也会有许多真实案例模特招募机构，找一些人做案例打个版，对于医美医生来说绝不是什么难事。当然，如果你是一个二把刀，想用假案例招揽流量，用上门的客户练手，那么，你要想清楚现在已经不是那个草莽遍地的时代了，还是去好好学习，或者做点力所能及的事。

3. 造谣或起哄

自媒体只要不瞎操心，一般不会出事，所谓"不作不死"。但光活着是不够的，还得持续性产生经济效益。依靠瞎编甚至造谣而获取流量的做法会受到日益严厉的制裁。虽然还可以换个号牌卷土重来，但是从前的努力就这么轻易地烟消云散，实在是令人惋惜。千万不要起哄，因为我们不可能对所有的事都内行，更不可能了解所有事件的真相，别人说的事情，你去蹭热点，弄不好会惹祸上身，偷鸡不成蚀把米。总之，做自媒体如同做人，要有节操。

四、踩踏红线

1. 永远不要触碰不熟悉的敏感地带

自媒体公众号的商业模式有两种：一种在线上实现价值，相当于微商电商或广告媒体；另一种是在线下实现价值，线上相当于导流工具。培养一个好的公众号可能需要几年，但毁掉它却是瞬间的事。所以，无论是自己做还是帮别人做，首要的事情就是你得让这个号一直活着，时时在意，处处小心。

2. 不懂平台规则，一味发布不恰当内容

很多自媒体平台都会设置原创分数、活跃分数、质量分数、用户分数和垂直分数等，所以你要知道哪些行为平台是鼓励的，哪些行为平台是默认的，以及哪些是不支持和严厉禁止的。

第六节　医美爆款文章是怎样写成的？

一、什么样的故事能够出圈？

1. 让人信服的故事永远是爆款文章的核心

真实的经历、现实场景的复原、情感的真实流露、对内心的反照、周围关联人的事迹，都可以构成你的故事。

故事必须紧紧围绕主题，体现主题最鲜明、最独特的地方。一次只说一个话题，围绕一个主题说出你的故事。

你的故事应该体现真实性，要想感动别人，先要感动自己。自媒体的内容如果不真实，会直接影响他人眼中作者的人品，因为媒体属性与作者本人的联系密不可分，是个人品牌的陈述。

故事要有很强的说服力，这一点容易为医生所用，因为医生本来就具有权威的身份，涉及专业性的话题时，说法必须具有说服力，尤其不能让同行看出破绽，不能为了迎合而失去专业水准。

无论是故事的主题，还是话题，选择实时热点是最佳策略。与当前的时事相关联的故事，最能吸引眼球。新冠疫情之中，一个医生自媒体写出一个脱离疫情背景的故事，可能就不会有人爱看，甚至会让人产生怀疑。

2. 不断地提升语言的表现能力

语言表达要简单明确、容易理解。医生写自媒体内容时，有时会让一般读者理解困难，所以不要用高深的医学知识来表达内容。

好的语言表达能让人产生共鸣，如果你精准投送的读者正是你的目标受众，那么他们可能对你的话题产生浓厚的兴趣，兴趣是产生共鸣的前提；然后是情感，相同的

情感认同也能产生共鸣。

内容应该具有一定的教育性，医生写的科普文章肯定是有教育性的，但是很少能够成为爆款，所以寓教于乐就显得格外重要。案例可能是最鲜活的科普故事，但是医美方面的案例展示充满风险和争议，有些人在夹缝中找到了机会，有些人却时常会违规或侵权，尤其是涉及名人时，弄巧成拙的例子很多。

利用文字本身的魅力，适当地表现出诙谐和幽默。在文字方面，咪蒙无疑是成功的，她对文字的驾驭能力与其贩卖的时代焦虑相得益彰。那些10万+的文章，没有一篇文字不是精品，而焦虑正是2020年以前最显著的城市情绪，所以咪蒙成功了。医生可能穷极一生也写不出一篇10万+的文章，但是在这么一个细分的领域，可能一两万的阅读就是爆款。

3. 精品内容也需要精心包装，好文章是改出来的

捕捉自己那些疯狂的想法、耸人听闻的创意、出奇制胜的标题党，可能都是成功的元素；一旦出现灵感，就马上记下来，哪怕睡了也要爬起来。有的时候，自黑也是一种获得认同的有效手段。

醉时写，醒时编。意思是要精益求精，文字写完之后，不要急于发表，好好修改。许多人写完东西，懒得再看第二遍，这种做法容易造成与爆款失之交臂。

二、一些可以参考的自媒体文字套路

1. 短文的规矩

（1）做简洁时尚的标题党。标题是吸引人注意的第一个要素，所以标题值得花大气力去研究。一个无趣的标题，让人连点一下的兴趣都没有，再好的内容也是白搭。

（2）引人入胜的前三句话，是吸引人继续阅读的利器，如果不能在前三句话把人的兴趣提起来，多数人就划过去了。

（3）每句话的字数、每段话的行数都要有所限制。

（4）不能太短。太短的文字变成了口号式的呼喊，意思表达不清，无法吸引阅读。

（5）惜墨如金。微博在早期是不超过140个字的博文，这种硬性的规定，让许多作者提高了归纳的能力，排比句大行其道。其实那个时候写微博还是很有意思的。

（6）结尾的部分加上一些号召性的内容，或者请读者参与的活动。

（7）能配照片的一定要配。

（8）通俗易懂，不能为了表现专业而故作高深。

2. 长文的规矩

（1）内容要专一，如果一篇自媒体的文章主题太多，很难让人感兴趣。毕竟不是学术论文，人们很难有耐心地在自媒体上阅读学术性文章。

（2）内容要专业，不要什么都说，只说作为一个医生应该说的话。如果做微博自媒体，也可以建立几个医生助理账号辅助医生主账号，通过转评的方式用"大白话"把医学术语翻译出来给粉丝听。

（3）要形成系列，系列化的文章可以将真正有兴趣的读者固定下来，而且可以不断地增加阅读量。

（4）让人多多引用，以增强知名度和验证说法的正确性；甚至不必对网络上的抄袭行为太较真；当你的观点被大多数人接受之后，你就成为有话语权的人了。

（5）对评论给予回复，增强互动性；对于读者留言进行回复的互动方式，特别容易实现转化。

（6）小标题和副标题是重要的抓手，文中不妨多使用小标题，让读者阅读时更加省力；如果大标题无法表达完整的中心思想，可以使用副标题，让读者迅速了解文章的核心内容。

（7）不能太长，超过5分钟的网上阅读是不多见的。有时候写一些行业专业性文章，尽管冗长，但针对性较强，也算是能有效执行的方案，不过这适合业内人士阅读，而不适合一般的消费者。所以建议长短篇穿插，常换口味，保持新鲜。

3. 读者至上

（1）知识传播大于个人IP，你的自媒体才能火起来。时刻将自媒体读者放在第一位，而不是处处只为了展示自己，却不顾读者的感受；作为医生，文章被天然地打上"科普"标签，人们在潜意识里对信息不对称的领域，更渴望知道其所以然。其实，未来很多领域的营销模式，也将不再围绕着产品、品牌和市场，而是围绕着专业领域的超级个体——"知识型IP"。在专业领域，他们具有更大的号召力。

（2）既满足真实性，又满足读者第一的要求，两者找到平衡。

（3）第一印象十分重要，你只有7秒钟的时间。

4. 内容提前布局，持续输出优质内容

无论是单个平台还是矩阵，持续输出都是一个在海里"撒网"的过程，只有经过长时间的筛选，我们才能找到真正需要我们的用户，所以坚持下去，等待收获。当我们快要"江郎才尽"时，记得一定要学会"谋篇"，无论是内容输出的整体规划、表现形式还是平台选择，都得好好地"谋"一下。只有这样，账号才会有内容源源不断地输出，才会有清晰的定位和商业变现的潜力。

三、医美人的朋友圈应该怎么发？

我们从微信朋友圈广告被"罚"说起。2022年1月13日，收到一个转发链接，题为《如何判定"朋友圈"内容构成"广告"》，说的是上海市松江区市场监督管理局公示了一份行政处罚决定书[①]，引出在微信朋友圈发广告，可能要被罚的话题。文章中给出警告：朋友圈也不是法外之地。

好多人并没有查阅处罚决定书的原文，便误以为在微信朋友圈做营销的日子到头了，毕竟有人已经被罚在先。

惊慌来自误解和误读。上海市松江区市监局处罚的违法广告，是那家被罚的公司（不是个人）的广告内容出了问题，被人举报，在朋友圈转发的该公司广告，成了市监局调查的线索来源。最后市监局查出问题，根据法规做出了处罚决定，并予以公示。

这就引出下面的话题：朋友圈营销应该怎么做，既可以体面优雅，又避免担惊受怕，担心合规出问题，从而被管理者处罚呢？

1. 朋友圈营销可以发的内容

（1）早晚问候图、节日图、节气图、生日贺卡图等：只有公司和品牌Logo、合规的创意图片、不涉及诊疗项目推广与描述、不附加带有销售属性的链接的，可以发。具体内容参见本文关于内容的指南部分。

（2）上述内容的其他媒体形式，包括H5页面、图片视频化、音频化的内容，可以发。

（3）医生做科普的视频和音频，确保不包括营销信息，可以发。

（4）转发正规媒体消息，并根据消息附加与业务有关的评论，不要有营销信息和不当评论，可以发。

---

① ［沪市监松处罚（2021）］272021005400。

（5）附带单位地理信息和平台提供的定位信息的内容，可以发，也可以插入图片、视频和文字。

（6）如果图片中有二维码链接或者搜索引导内容，确保二维码链接和搜索内容有明确标志和内容合规，可以发。

（7）合规的直播平台发布登记的直播链接，可以转发，有必要时做好审查。

2. 朋友圈营销不能发的内容

（1）广告本身属于违法广告，如上海松江区市监局处罚的那家公司，被处罚不是因为朋友圈转发，而是因为广告本身有问题，连带着转发广告的人也要配合调查。

（2）涉及《医疗美容广告执法指南》及其上位法、相关法律法规明确禁止的内容不要发。如果内容有问题，不会因为发布形式变化而变得没有问题。

（3）图片含义不清晰，或者给出不当联想的内容，不能发。

（4）未经公司法务审核上线的商品链接不发；未经法务审核的商业推广内容不发。

（5）有不能控制和追溯的第三方广告信息的不发。

（6）自己把握不好的暂且不发。

（7）有明显同业比较、贬低人家的内容不发。

（8）可能造成"虚假、欺骗和误导"的内容不发。

3. 医美朋友圈广告营销内容分类

按照品牌宣传和效果广告、直接销售和非直接销售两个维度，对朋友圈营销（广告）内容进行分类。

（1）品牌宣传中，适合个人发布的内容，可以做引发直接销售的动作。可以加机构的商城、平台购买链接；内容不要"画蛇添足"，仅有合规的品宣文字和图案。

（2）品牌宣传中，适合机构发布的内容，一般做非直接销售的内容。软广告、形象广告、艺术化的视频、媒体报道、新闻活动、直接宣传等内容，都可以由机构发布，由个人转发。

（3）效果性的商业信息及科普内容，由机构发布，可带来直接销售的结果，具体说是商城或第三方平台上架的品项，合作方的商品和销售，以及经过备案或审批的促销活动。

（4）效果性的商业信息及科普内容，由个人发布，一般作为非直接销售的内容，以第三方观点、权威观点、科研论文、科普内容、热点新闻等为引导，接入与产品和服务有对应功能和效果的内容，并注明医疗行为需要诊疗确认等免责条款。

4. 朋友圈医美营销内容的几个误区

内容误区应尽量避免，下面列举几个非必要不用的形式：

（1）手术过程和血腥的场面。

（2）尸体解剖和解剖教学场面。

（3）切下的组织或者抽吸的脂肪。

（4）装模作样的马赛克，实际引起反感。

（5）不容易理解的语言和音视频、图片。

（6）故弄玄虚的内容。

（7）强行蹭热点。

5. 进行必要的内容审核

应该严格审核企业公众号发表的内容，涉及效果承诺、服务感受、毒麻药品、医疗专业人员形象、对比照片、顾客证言、有效率等敏感问题，要高度慎重，不建议个人号和个人微信过多涉及这类内容，除非经过合规确认。

可以采取多重信息搭配的方式，不要用营销信息刷屏。一个有吸引力的账号是3种以上信息聚合的，医美信息为主，占50%，其余信息占剩下的50%，信息搭配的效果较为理想。

6. 发朋友圈进行营销的账号身份

（1）个人账号的内容，可以按本文的建议进行操作。

（2）企业微信号按企业行为处理，如个人账号与企业微信绑定，则应当严格审核内容和形式。

（3）对企业公众号（服务号、订阅号、企业号）推送内容做严格的合规检查。不要因为赶时效和追热点而盲目操作。

（4）企业的董监高、销售总监、品牌总监、客服总监（或者对应的高级经理、VP等职位）发布内容，可以参照本文提出的若干要求执行。

（5）转发第三方信息，应注意信源的可靠性，不要见到消息就转发，对重要消息要有基本的确认过程。确认方法是：要看发布者身份，凡官媒、大咖、有公信力的大号内容，可以较快转发；对其他的内容应保持慎重。朋友圈言论代表一个人的形象，要注意发布信息的质量和可信度。

7. 如何预防微信朋友圈营销触雷

（1）做好内容审查。即便只是在个人朋友圈做营销推广，也不要触雷；公司或者机构要有合规的管理制度，或者外聘审查服务，确保营销内容合规。

（2）建立内容库。这是很多机构欠缺的，它是积累的成果。比如，早晚问候、节日与节气海报、科普视频、讲解博客音频等，应当有积累，能反复用，这样解决了内容缺少问题。导致营销触雷的主要原因是内容，因此建立内容库尤其重要。

（3）观点不能过于偏激。很多人为了吸引眼花，采用偏激的观点和形式，这很容易与公序良俗相违背，导致账号受限，甚至被删号。

（4）经常更新行业合规知识。这就像驾驶员开车时间再长，行驶里程数再多，也要在驾驶的时候查看交通标志一样，医美从业者需要了解和掌握行业新规，或者参加培训学习，或者主动获得知识更新。医美机构应当重视合规管理，及时更新合规知识。

本章总结

社交媒体深刻改变了人们的生活方式，美容医生也不例外。但是，不同的美容医生对社交媒体的态度和使用方式有所不同。所谓你如何与世界相处，那么世界就会给你一个什么样的镜像①，说的就是这个道理。美容医生与社交媒体相处的方法，决定了美容医生的工作方式与生活方式。

个人IP的塑造，是一个长期建设的过程。尝试并找到一个属于自己的精准定位，然后去打造自己的个人IP，通过个人IP的影响力，把极致的才华商业化，就是我们大力塑造IP的终极价值。

疫情给我们的生活画了一条线，世界从此不同，包括生活方式和人际关系，也包括生产力与生产关系。那些还没有着手打造自己个人IP的医美医生，显得有些手足无措；无论自主创业还是替人打工，消费医疗的医生个人IP将是未来市场上的身份证。只要现在开始，一切都不算晚。

① 镜像理论是由雅克·拉康提出的。镜像理论是指将一切混淆了现实与想象的情景意识称为镜像体验的理论。"镜像阶段"就是确立发生在婴儿的前语言期的一个神秘瞬间。

第十三章

医疗美容第三方服务

本章导读

第三方服务，日益成为医美机构获取流量并转化为客源的主要手段。本章的内容，主要讨论医美机构与第三方合作的问题。第一节，讨论与第三方平台的合作，这是一个处于不断变化的江湖，通常被称为医美行业的下游，即直接与消费发生信息关联的第三方客源输送方。第二节的内容比较多，讨论居间服务的问题，这也是一个长期争论不休并有很大争议的话题，特别是渠道医美的定性与存在的合理性，既是客观存在，又是乱象聚集地。"渠道"一般不被称为下游，而是主宰一部分医美机构的"上帝"。第三节是关于经纪人的内容，作为第三方，却与医生构成合作伙伴的关系，也将是未来部分创业医生，特别是自由执业医生的主要合作方，是主要的获客来源。

第一节
关于线上流量：医美第三方平台的"三国杀"

汉室衰微，群雄并起，后来三足鼎立，再后来三分归晋。医美第三方服务的流量江湖，会重演历史吗？

流量分为"定向流量"与"网红流量"：定向流量，是网民选择性地阅读与搜索而产生的主动流量；网红流量，是被网红影响而不由自主的被动流量。这两种流量，有重叠的部分，但不相同。

一、流量的江湖地图

百度曾经是消费医疗第一大流量池，本来，雄踞统治地位的百度，笑傲未来，机会大好，从竞价排名向内容排名的华丽转身，如果真的能够忍住下滑波动，坚持内容之上，流量历史会是另外一副模样。百度做过尝试，推出"华佗计划"，可惜成功未见，胎死腹中，令人扼腕叹息。本来应该属于百度的华丽转身，也是医美行业脱离竞价排名苦海的机会，就此失去。之后，医美的流量江湖上，百度渐渐式微。

医美第三方流量到底是个江湖，还是一团糨糊，起初谁也说不清楚，直到以新氧为首的垂直平台异军突起。

当年赶走了谷歌，百度一统流量天下，可惜太过急于挣快钱，最终走向衰落；在内容为王的时代，谁拥有了内容，谁就可以"挟天子以令诸侯"，新氧抓住了"天子"，它携内容入局，起初是几支起义军小伙伴互相厮杀，新氧、更美、悦美、美黛拉、真优美……起初那些大的电商还不大看得上医美这个垂直市场，结果新氧一骑绝尘，渐成气候。后来，流量越来越贵时，新氧也开始寻求转型，欲构建医美新生态。

消费医疗离不开第三方流量，后来又吸引了那些本来对此不屑一顾的巨头，阿里、美团、京东先后杀入医美流量战场，加上新氧，四家玩起了流量"三国杀"；再之后，则是一众视频平台的试水，以抖音、快手、B站、小红书等为代表，成为一股强大的势力，只是赶上了行业整顿与合规化进程，它们在不断的试错中逐渐强大。于是，"三国杀"又变成了电商平台、垂直平台、视频平台的三方角逐。

二、流量版图上，可能上演"三分归晋"吗？

新氧：从案例日记入手，深耕医美，属于内容加电商的重度垂直平台，流量来源精准，从数据分析来看，用户质量是目前医美市场最高的；在内容方面，对医生了解及用户分享做得最好。因为医美机构在新氧投放的逐年增加，业界普遍担心新氧会成为下一个百度？自从新氧的V8.0系统上线，新的版本做了很大的调整。新氧的隐忧是"屯田"不足，在三线以下的城市渗透率不够，也就是说还不够下沉。这一点，倒是有点像官渡之战前的魏国。

美团：大众点评和美团点评兵合一处，虽然入场较晚，但作为大流量平台，近两年发展势头强劲，也是行业目前最大的流量平台。因为手中武器精良（点评功能），凭借口碑和IBS位置营销优势，迅速占领部分江山，好比江东孙吴。美团的点评功能在消费者心中具有很高的公信力，在现在及未来的平台竞争中，评论功能会为美团平台从其他竞品中截取更多的用户，目前这种现象已开始显现，这也是美团点评的核心竞争力。未来引导用户消费的，不仅是价格因素，更多的用户最终会选择在他们心中有保障的平台。

阿里和京东很像，乍一听挺吓人，两个最大的综合电商平台，但是从医美视角看过去，两家合起来，能不能算作"三国"中的一方，还真不一定。淘宝直播的网红医美带货说明阿里系对消费医疗的不断试水。京东入局医美最晚，跟医美合作的模式和阿里很像，都是在发展大医疗健康的环境运作医疗美容。大健康虽然宣传得如火如荼，医美流量却寥寥无几。

抖音、快手、B站、小红书等视频平台已经成为信息传播的主流媒体，医美等消费医疗不可能不想分享平台的红利，但是很长时间无法找到真正良性的合作模式。例如，抖音的黄V，只对三甲公立医院的医生开放，以至于有些民营医院的医生处心积虑地弄个公立医院医生的身份。而所谓公立医院的网红医生，在视频上说的内容，与民营医院的医生又能有多大区别呢？原因是平台不想被民营医院的不良分子利用，让自己陷入违规境地。总而言之，是视频网站平台对消费医疗的合作模式，还未形成一致的规则。

从当前的市场格局看，会出现"三分归晋"的局面吗？可能性不大。医美第三方流量平台最终可能会演变成"三分天下"或"四方争霸"的格局，并且稳定很长时间。每家平台都不可能覆盖所有机构，诸侯与枭雄常见，天命帝王或不会再有。

想要洞悉未来医美电商市场，可以观照线上市场的宏观环境。流量细分化是未来趋势。大流量平台（阿里）更多地会取代大搜类平台对用户的功能，但新氧这种垂直类平台，有属于自己的流量用户，流量的黏性来源于平台对某一领域的专业度，让用户更加认可。比如大家购买不同类型或价位的产品，会选择不同的平台，是一样的道理。无论平台巨头，还是垂直类平台，都需要在行业和用户中，找到属于自己的平台认知。例如，汽车之家、携程、迷橙等，都在某一个领域得到了用户认可，从另一个角度证明了流量的选择规律。

三、医美圈活跃的带货人

网红或类网红的人物曾经为医美带货，在不长的一段时间内，成为医美电商的巨大热点。然而因为其模式的不合理与逻辑混乱，最终昙花一现。

那是一段互联网营销的幻境时光，虽然很短，但是对于医美人对网络营销认知的破坏性极大。一时间，手忙脚乱的医美机构，一边PK电商的低价，另一边抵制不合理的高返点渠道，还要拥抱如潮水般涌来的网红带货，轰轰烈烈的剁手大戏里，那价格没有最低，只有更低。

先看看带货的都是些什么人？主要是以各个平台的主播为主，之前卖化妆品的、零食的，还有卖锅碗瓢盆的，因为低价带货获取了大量的平台流量，所以，这些人现在盯上医美，也是顺理成章。于是，十几块钱、几百块钱的医美项目和产品比比皆是，还有30万元至200万元不等的坑位费，一旦成交，再交30%的成交额返佣，核算下来，是超过45%的总投放成本之下的低价导流。

主播带货将把这个行业带向哪里？又给医美消费者带向怎样的消费误区？没人能够回答。超低价格带来的医美消费者，能享受到货真价实的医美服务吗？反过来说，这些低价引流而来的就医者能够如同医美机构想象的那样，转化为有价值的客户吗？

事实证明，超低价导流的登门者中，转化升单是非常困难的，有些机构不得不用几个月的时间消化超低价的订单，与此同时，原本的合理价格难以守住本来就浅得不能再浅的护城河，导致价格体系崩溃。

有些机构在情急之下，便开始动狸猫换太子的歪脑筋，偷梁换柱，以次充好，为了降低成本，先活下来再说；假冒伪劣必然带来更多的纠纷；医生们累死累活也不挣钱，当然谈不上精心治疗与高品质服务，恶性循环就是这么开始的。

超低价导流的做法，伤害的首先是医美行业在消费者心目中的认知，其次就是品牌价值，最后是机构合理的利润。谁是真正的获利者？除了行业给弄来流量的平台，还有那些用医美机构的牺牲捧红的网红与主播，他们表面上给行业带来了流量，实际上败坏了行业的价值，而且多半还不自知。

四、医美机构如何应对流量战争？

在流量这个问题上，很难分清医美机构和流量平台到底谁是甲方。

医美服务价值需要在医美机构实现。医美行业高度分散，行业不够凝聚，无法形成合力，所以毫无议价能力，只能任人宰割。积极参与宰割的，除了第三方流量平台，还有上游的那些供应商。

原来被百度一家宰的时候，新氧之类的各路义军打出"替天行道"的大旗，后来汉室衰微，各路诸侯瓜分天下，势力范围大致划分清楚之后，转回头来，照样宰割这个不争气的医美行业。这倒是有点像古代历史的治乱循环[①]。

医美机构该如何自处呢？流量平台的官渡之战也好，赤壁之战也罢，一盘散沙的医美机构想从中坐收渔利，一点可能性也没有。那个整合医美行业的英雄，还没有出现。什么时候出现，没人知道。所以，单独的医美机构，只有个体策略，没有群体规划。

首先，鸡蛋不要放在一个篮子里，当然，也不要每个篮子都放一个鸡蛋。要将有限的费用，花到最能带来业绩的平台。反过来说，哪一个平台运作好了，都能带来流量转化。

其次，未来在与平台的深度合作上，一定会出现"二选一""三选一"或"四选一"的局面，选新氧就不能选美团，选美团就不能选阿里健康或京东健康。要学会"站队"，就像饿了么和美团外卖。只是完全没必要从一而终，谁对你好，就跟着谁，能跟一天是一天，发现更好的了，立马绝尘而去。医美机构面对流量平台，完全可以朝秦暮楚。

再次，绝不要参与流量平台的刷单游戏，大平台耍流氓的时候，医美机构没有必

[①] 也称朝代循环，是中国古代历史的一个特征，即一个旧王朝被推翻之后，新建立的新王朝并没有多少社会制度上的进步，而是重复旧王朝的一切，直至再被推翻，循环往复。中国哲学家梁漱溟将这个特征表述为循环于一治一乱。

要配合着吆喝，一旦上当，瞬间让你知道什么是流量骗局，不但不会有流量增长，还会一边触犯规则，一边丢了职业道德。

最后，就是练好自己的内功，江湖险恶，个人IP强的医生和机构是自由切换平台的底气，口碑永远是硬道理。

第二节　医美第三方服务的定位与依据

大体的情况是这样的，医美第三方服务经历了个人代理或者居间撮合、渠道代理或者居间撮合，发展为通过互联网信息服务的形式，逐渐适应需求，演变成为目前规模可观的医美互联网第三方转诊服务。然而，这庞大的队伍，一直面临着身份定位、业务定性、发展方向不确定的问题。

考虑到欧美等发达国家对涉及医疗的居间服务收费管理极其严格，甚至将医疗居间费用直接定性为商业贿赂，在我国也出现类似的意见，对医疗居间抽佣的做法定性为商业贿赂。所以，只要一天没能给医美第三方的服务定性，其发展前途便具有不确定性，甚至带有让人不安的原罪属性。

一、何为医美第三方服务？

第三方服务是指由合同关系确定的双方两个主体之外相对独立的专业服务提供商，以第三方的角色提供专业服务，如销售体系中的物流提供商、医院中的保洁服务提供商等。欧美国家的旅游医疗机构支付给居间服务商10%以下的佣金，多半是以旅游服务为名目。

医美第三方服务，包括为医美机构介绍或输送客户并收取费用的线上平台和线下组织或个人，属于居间服务商的性质；此外有一般意义上的第三方服务，如第三方临床检验、保洁等服务。我们主要讨论居间服务性质的医美第三方服务，不管是叫"代理服务"还是"信息服务"，性质都差不多。

1. 线上医美第三方服务平台

线上医美第三方服务平台的话题，上一节讨论过了，主要由医美电商、转诊平台和医美互联网医院组成。它们主要通过销售商品化的医美项目，向医美机构输送客源，并按单收取一定比例的费用。典型的医美电商平台有美团点评、新氧、更美等。

医美转诊平台以美呗为代表，实际上等于第三方的医美网络咨询中心，这类平台直接向潜在就医者提供网电咨询服务，然后按照客户的需求，将其派送到相应的医美机构，并收取一定比例的佣金。

医美互联网医院并不多见，以美大夫为代表，直接在美容医师与客户之间搭建面诊平台，所以这类机构只对医生和医美客户提供撮合服务，并为医生提供诊疗及客户管理的相应工具。

2. 医美第三方线下组织或个人

医美第三方线下组织指的是为医美机构输送客户的线下渠道、渠道公司、地面推广公司和医生经纪人组织，以及参与这类业务的个人。

线下渠道以生活美容院为典型代表，它们有大批的美容客户，与医美消费需求高度重合，所以这类渠道会向客人推荐某些医美项目，在成交之后与医美机构进行高比例分成。

渠道公司则是在渠道模式成规模之后，派生的渠道与机构之间的一个夹层，它们主要的功能是对分散的渠道进行整合，作为组织者，在医美消费成交后赚取一定比例的差价；也有这类公司是利用SaaS[①]系统整合生美渠道，向医美机构提供客源的公司，它们以科技公司的面目出现。

地面推广公司则是站在医美机构一方的服务商，它们运用自己的团队寻找医美客户，输送到定向的医美机构，成交后与医美机构分成。

医生经纪人组织则是代表具体的医生，为其建立线上自媒体矩阵，从医生个人IP营销中获取客户，成交之后赚取佣金。

从事第三方服务的个人则是指那些向医美机构或医生介绍客户，并收取一定好处或佣金的个人。

二、医美第三方服务的由来

1. 医美居间服务参照系的形成

以医美为代表的消费医疗领域，为医疗机构获客而存在的第三方，基本上是中国

---

① 软件行业术语，软件即服务（Software as a Service）英文的缩写。

特色，其他国家很少有这类企业组织①。

医疗中间商曾在跨国医疗中普遍存在，国际医疗服务集中在两大类医疗服务中，一类是重大疾病的跨国医疗服务，另一类是消费类的医疗服务。

疾病类国际医疗服务又有不同的类型，一种是医疗旅行服务，从联系医院、护照与签证服务、就医保证金服务等，功能基本等同于跨国医疗的旅行社，这类机构收取一定比例的居间服务费用；这类机构中也有大包大揽型的公司，为语言不通、对国外医疗机构不熟悉的中国患者提供一条龙服务，通常价格昂贵。疾病类国际医疗服务中，无论是哪种方式的，一般会明码标价。

有些设于国外的第三方服务机构是公益性组织，为跨国就医的病人提供免费服务，例如，在师永刚所著《无国界病人》②一书中介绍的"光盐社"，就是一家成立了将近20年的专门帮助癌症病人赴美就医的非营利组织。"你们是世上的盐……你们是世上的光……"这句来自《圣经·马太福音》上的诗句，成为光盐社这个名字的来源。在光盐社的网页上，首页有一行黑体字：各位病友及家属，我们不是中介！下面的字标注着：我们致力于帮助从中国来MD安德森癌症中心求医的病人及其家属，我们提供的任何服务和信息都是免费的。在美国休斯敦的安德森癌症中心周边，存在着居住数千人的中国癌症病人村，他们有通过中介而来，也有经过光盐社的免费服务而来。

上述医疗中介模式，都成为医美第三方服务模式的参照系。从事跨境医疗中介的人，后来有相当一部分人转行做了医美渠道商，他们有丰富的经验。事实上，几乎所有为中国人的跨境医疗提供中介服务的都是中国人，他们在境外医疗机构所能取得的佣金不会超过10%，那是欧美国家，包括韩国日本，所能接受的居间费用的比例。跨境中介赚的大部分钱，来自对中国消费者的加价，估计境外医疗机构对此心知肚明，但是这种事没有发生在人家的国土，也不会加以追究。最高的中介加价能到原价的10倍。

2. 医美第三方服务的形成

跨境医疗服务慢慢催生了线上医美电商，试图解决医美消费中信息严重不对称的问题，中国消费医疗第三方服务存在的土壤是相当肥沃的，因为这方面的消费者教育极其缺乏。从事医美电商的，不是互联网公司，就是有互联网大厂背景的专业人士。

---

① 在欧美普通法系和大陆法系发达国家中，医疗合规系统普遍禁止针对医疗服务的交易撮合，严格限制和控制相关市场营销活动。

② 师永刚. 无国界病人[M]. 北京：人民文学出版社，2022. 讲述作者本人在美治疗癌症3000天的故事，曾登上京东纪实文学热卖榜第3名。

医美行业的代运营公司是曾经服务于医美机构的第三方线上推广机构，这是医美机构中从事营销与网电咨询人员独自创业时形成的商业模式。后来，代运营模式由于自身的结构缺陷而无法持续，于是这些企业便转化成为第三方转诊平台或是渠道公司。他们对医美机构内部的运营流程十分熟悉，知道获客的套路。

确切地说，最早的医美的渠道模式由田永成①医师发明，20世纪90年代北京的大小上千家美容院里悬挂的都是他的照片，他当时给美容院提10%的佣金。后来美容院不再满足于10%的抽佣，我们今天熟悉的渠道模式才开始出现。

三、第三方平台的逻辑及合理性讨论

1. 允许消费医疗居间服务是中国特色

欧美国家并不允许存在医疗行为中的居间介绍行为，它们被认为是有悖伦理的，因而属于非法行为，出现任何居间介绍的费用或佣金，都会被认定为商业贿赂。深层次的原因可能是欧美国家的医疗机构属性划分简单，所有的医疗机构被同一套法律规制，而基本医疗与消费医疗的区分方式单一，只是支付方式不同，所以，似乎没有必要为消费医疗单独立法。

在中国的情况则有所不同。中国的医疗机构划分方式是复杂的，有按所有制的不同而划分出不同的医疗机构，比如公立医院和民营医院；即使同是公立医院，也有因主办方不同而有不同的身份，例如，有部委直属、政府直属、国有企业主办、国有资本投资等不同类型的公立医院；有按医疗机构性质不同而划分的，例如，有营利性医院和非营利性医院。这些问题已经专门讨论过，在此不再赘述。

最大的问题是不同类型的医疗机构被不同的法规规制，管理标准也不同。尽管尚未对消费医疗单独立法，但是在司法实践中已经承认了消费型医疗的独立存在，并适用于《消费者权益保护法》②，消费医疗的消费属性不仅被认可，而且在某种程度上被放大。

医疗居间服务在中国既是多年形成的惯例，也有约定俗成的规矩，只是目前尚无对医疗居间服务的法律规定。至于取费多少是合理的，可以按照一般的居间服务取费标准，或者按国际惯例，或者按公序良俗，也可以由行业组织或政府部门根据行业情况进行规定。

---

① 知名美容外科医生，以面部精细手术著称，在北京自办机构执业。
② 2022年3月15日，最高法院微信公众号消息称：医疗美容适用于《消费者权益保护法》。

2. 医美渠道符合居间服务的定义要件

居间服务是指居间人向委托人提供居间媒介的中间服务行为。居间人是为委托人与第三人进行民事法律行为时，报告信息机会或提供媒介联系的中间人。

我们将医美渠道定义为居间服务，是因为医美渠道的性质决定了其不能代表委托人进行民事法律行为，只提供为双方牵线搭桥的中介服务，医疗机构的诊疗行为不可能由医美渠道实施，医美渠道也无法为诊疗行为承担法律责任。

根据1996年国家原工商总局颁布的《关于禁止商业贿赂行为的暂行规定》中，第7条对居间服务做出如下定义：经营销售或购买商品，可以以明示方式给中间人佣金。经营者给中间人佣金的，必须如实入账；中间人接受佣金的，必须如实入账。本规定所称佣金，是指经营者在市场交易中给予为其提供服务的具有合法经营资格中间人的劳务报酬。

根据《民法典》第963条的规定，中介人促成合同成立的，委托人应当按照约定支付报酬。对中介人的报酬没有约定或者约定不明确，依据本法第510条的规定仍不能确定的，根据中介人的劳务合理确定。因中介人提供订立合同的媒介服务而促成合同成立的，由该合同的当事人平均负担中介人的报酬。中介人促成合同成立的，中介活动的费用，由中介人负担。

2009年，国家税务总局颁发《关于企业手续费及佣金支出税前扣除政策的通知》，按与具有合法经营资格中介服务机构或个人（不含交易双方及其雇员、代理人和代表人等）所签订服务协议或合同确认的收入金额的5%计算限额。也就是说，国家认可居间费用为交易金额的5%。

四、医美第三方未来的可能

从医美渠道到医美第三方平台，如果定性为居间服务，那么就要按照居间服务商的责权利来提供服务。但是，医美第三方服务平台更愿意认为自己是一个功能和服务不断滚动起来的信息服务商。就像淘宝一样，本来是做商品销售平台和卖场的，但是因为买卖双方互信的需求，搞起了居间支付服务支付宝，有了担保和保障性质。医美第三方平台的核心业务是信息服务，为了做好信息服务，逐渐带有了代理和担保的功能。虽然具有这些功能和服务，也因此而获得收益，医美第三方平台依旧认为自己是信息服务商，而不是居间服务商或者代理商。

在各种垂类互联网发展少年期和青春期，这样的自然演进似乎没有问题。伴随着渠道医美和第三方平台是否事实上过度抬高了医美终端价格，给市场发展和社会治理带来不利影响，这些深层和宏观问题逐渐被提出，医美第三方平台身份定性不清的"原罪"是否成为重大问题一直让从业者困惑和担心。

无论何种形式，只要居间费用没有开具发票并按章纳税，定性为商业贿赂是不成问题的。但是如果双方签订了居间合同，并按章纳税，则费率不能超过通行的居间费用标准；如果双方签订的是项目合作合同，共同开发市场，那么费率可以按合同约定执行。

五、越界的医美渠道，最终将成为什么[①]？

医美渠道本应该是第三方服务的一种，但是由于医美机构获客的需求，以及医疗机构自身行为规范的约束，表现的状态是获客能力不如生活美容一类渠道那么强大；医美渠道所谓强大的获客及黏客能力，主要源于极致的贴身服务与对医美效果的无底线承诺，或许是无知者无畏，在金钱的诱惑下，诱客手段无所不用其极。它们慢慢地早已不再是第三方了，而是绝对的第一方。医美机构之间的内卷，逐渐地，整个行业让出了话语权。

有相当多的医美渠道已经迈过了居间服务的界线，变成了实质意义上的其他交易形式。因此，我们有必要对被医美渠道延展之后的业务模型加以分析。

1. 差价买卖（服务倒卖）

电商销售医美项目的合法性是存疑的，除非取得了互联网医院牌照，而且由医生在线下首诊。直接在线上销售的项目，从实质上说，类比于基本医疗的挂号，其医美项目是否适合线上下单的消费者，仍然需要线下面诊之后确定。因此可以说，医美电商线上售卖医美项目，基本上是在打政策的擦边球。

2. 分包业务

当分账比例倒挂，渠道商分成比例高达30%~50%，甚至更高的时候，便已经不再是居间服务的性质，变成了实质上的分包业务，等于渠道商收取客户费用后，雇佣医

---

① 本部分内容由卓小勤教授提供重要意见，卓小勤教授曾担任《医学与哲学》杂志编委、《中国卫生法制》杂志编委等职务。

疗机构或医生完成渠道商确定的诊疗项目；以财务视角看，主体责任由渠道商一方来承担，医美机构成为名义上的责任承担方。

3. 变味的医美渠道：隐性分包

渠道医美让居间服务彻底变味儿，过高的分账比例，渠道方作为客源拥有方，拥有整个医美服务交易过程的绝对主导权与话语权，医美机构和医生居于次要地位。当分账比例完全超出正常居间服务的合理佣金比例时，它们等于是医美机构或医生的雇佣方，尽管医疗行为是在医美机构完成的，但是整个交易的过程已经完全不受医疗机构的控制，因此，在底层逻辑上，这类渠道已经构成了实质意义上的非法行医。当然，无论是机构还是个人，藏匿收入与偷税漏税的行为，构成商业贿赂罪是毫无疑问的，属于刑事犯罪。

实质上的医美业务分包，应该定义为"隐性分包"，名义上还是医美机构收费，实际上大部分费用被渠道商拿走。对于消费者而言，他们认为钱是由医美机构收取的，由此医美消费被冠以价格昂贵的暴利行业，其实医美机构利润微薄甚至亏损，渠道商的行为构成价格欺诈。数额巨大的，定性为诈骗罪也是完全可以的。

对医疗项目分包，国家有相应的规定，专指非核心业务，国家卫健委2018年发布的《关于进一步改革完善医疗机构、医师审批工作的通知》，在医院和社会资本合作的力度上有了史无前例的突破，医院的检验、病理、影像、消毒四大类业务可以外包。这个文件的精神可以参照，也就是说，分包业务在医疗领域只能涉及非主流业务项。

行业协会组织应该对渠道医美的分账标准进行研究，并形成行业共识，推出合作各方都能接受的佣金标准，这么做对行业的健康有序发展具有深远的意义。

六、作为医美三方之一的渠道，还能继续存在吗？

作为第三方服务的一种，要想长期存在，必将走向合理化、合规化、透明化。

医美第三方服务的存在有其必然性，这是医美行业社会化分工的结果，由于消费医疗与生俱来的医疗与消费双重属性，决定了获客方式因医患双方存在信息差和不对称，而行业的消费者教育又严重缺失，于是给获客渠道留出了商机。

1. 居间费率多少是合情合理且合规的？

通常概念上的居间费又称为中介费，以2%~5%为合理，这也是国际惯例，但是医美业绝对不能接受这个比例，因为市场已经彻底摒弃了居间服务的概念。从另一角度说，医美第三方也在传统的居间服务中承担了扩大化的业务，比如相对专业化的咨询服务，并为此投入了相当多的流量成本，那么按照通常20%的第三方毛利计算，按总额5%的居间费率，则总的医美居间费率应该以交易额的25%为上限。

2. 第三方服务合规化主要体现在税收方面

合规化是医美第三方服务能够持续健康发展的另一个前提条件，其合规化体现在从事第三方服务的机构正式纳入市场监管体系，并依法纳税，避免隐藏收入的逃税行为。引起行业严重差评与重大涉税处罚事件的，大多发生在逃税环节。

根据《中华人民共和国企业所得税法》规定，从事代理服务、主营业务收入为手续费、佣金的企业（如证券、期货、保险代理等企业），其为取得该类收入而实际发生的营业成本（包括手续费及佣金支出），准予在企业所得税前据实扣除。增值税率为6%。

2022年，财政部和税务总局颁布《关于对增值税小规模纳税人免征增值税的公告》，从2022年4月1日至12月31日，对适用3%增值税的应税收入，免征增值税，同时暂停预缴增值税。这可以说是个阶段性的税务优惠政策。

按照税法规定，居间费用要以"经营所得"缴纳个人所得税，并自行开具经营所得发票，企业化的居间行为，须缴纳25%的企业所得税，分红时再缴纳20%的个人所得税。如果以个人独资企业或个体工商户的名义取得居间费用，税负会低于个人身份取得的居间费用。比如小规模纳税人，执行1%~3%征收率；如果月营业额低于15万元，季度收入低于45万元，可免征增值税。还可以申请核定征收。每个省份的政策也不太一样，有的地区只需缴纳0.7%的个人经营所得税。

以自然人身份取得的居间服务费，须到税务机关申请代开劳务报酬的增值税普通发票，支付方不能抵扣增值税进项税，并且支付方要代扣代缴个人所得税，并且要在年终进行汇算清缴，多退少补，个人所得税率为20%。

3. 与第三方合作的透明化将有效规避价格欺诈

透明化对第三方服务整体存在的意义非凡，它将成为医美行业及所有医美消费者的共识，大家都认可居间服务商的存在，并愿意为其服务买单，这笔费用的比例是清晰的，就像房屋中介、家政中介、留学中介、移民中介等居间服务业一样。第三方服务的透明化避免了价格欺诈的行为发生，第三方可以光明正大地收取居间服务费用。

透明化的第三方合作，既可以为广大求美者接受，同时也能被行业主管部门认可，并可以全程纳入监管范围，保证医美第三方服务健康有序地发展。

七、第三方平台作为居间服务商地位应当明确，并按居间惯例和规则运行

1. 居间服务商的合法性

医美第三方平台，无论是个人或者机构，本质上都是居间服务商，这个地位应当明确，否则就会陷入主体不清、定位不明、权力责任混淆的局面，无法改变医美第三方服务的鱼龙混杂、多头套利、抬高终端价格，既不利于最终付费消费者，也不利于医疗机构，更不利于行业健康发展的局面。

无论委托方与第三方签订的合同是什么类型，诸如信息服务合同、销售代理合同，还是项目合作合同，都摆脱不了居间服务的性质，只要依法纳税、公平透明，且充分尊重医疗原则，还是拥有继续存在的理由。除非国家法律明确规定取缔医美居间服务，并将这种行为定性为商业贿赂，无论纳税与否。这种可能性不是没有。

2. 民法典的规定

在《民法典》正式颁布实施之前，居间服务合同依据原《合同法》相关规定规范，这部法律更强调合同自由原则，居间费用当事人有权自主约定，在当事人未约定时才适用法律规定。这是目前医美第三方平台收费（主要是电商平台向医美机构收取各种费用）的旧有法律依据。

《民法典》第961条"中介合同定义"中介合同是中介人向委托人报告订立合同的机会或者提供订立合同的媒介服务，委托人支付报酬的合同。

《民法典》第963条"中介人报酬请求权"中介人促成合同成立的，委托人应当按照约定支付报酬。对中介人的报酬没有约定或者约定不明确，依据本法第510条的规定仍不能确定的，根据中介人的劳务合理确定。因中介人提供订立合同的媒介服务而促成合同成立的，由该合同的当事人平均负担中介人的报酬。中介人促成合同成立的，中介活动的费用，由中介人负担。

对当事人自主约定居间费用予以确认。原合同法将居间报酬的支付条件系于居间人促成合同成立与否的做法，以及将居间费用的负担与合同是否成立相联系的做法都

改为更加合理的规定。这为医美第三方平台或第三方居间人获得"阳光"收益提供了法律基础。

医美第三方平台或者居间服务公司，从事的是商事居间服务，居间人从事居间活动是一种营业行为，这种营业行为不可避免存在一定的市场风险。因此，居间费用的负担原则上从当事人约定。在当事人无约定时，应依民事居间或商事居间而不同：若为商事居间，居间费用由居间人负担；若为具有社会协助性质的民事居间，居间人可以要求委托人承担必要的居间费用，除非委托人已向居间人支付居间报酬。

据此可以进一步得出结论，医美第三方平台作为居间服务应当是合法的营业行为，居间费用可以商定，也可以根据法律确定。目前医美第三方平台出现的所有问题均来自没有按照居间服务的惯例和规则运行。

3. 居间服务方的义务

医美第三服务方作为居间人，应当承担的义务也非常明确，根据《民法典》居间合同中居间人义务包括如下几项。

（1）报告定约机会的义务

医美第三方平台向终端客户推荐医生或者机构属于此列。但是医美第三方平台将之当作信息服务提供给终端消费者；从事医美中介的个人会推荐少数医生或者机构给终端消费者。相比之下电商平台的页面展示排名也属于报告定约机会，与个人推荐不同之处，是根据推荐算法给出的排序。

（2）忠实和尽力的义务

医美居间人应当就有关服务合同的事项向委托人如实报告。居间人的忠实义务具体包括：首先，居间人应将其所知道的有关订立合同的情况或商业信息如实告知委托人；其次，居间人不得对订立合同实加不利影响，影响合同的订立或损害到委托人的利益；最后，居间人对于所提供的信息、成交机会以及后来的订约情况负有向他人保密的义务。居间人在负有忠实义务的同时，负有尽力义务。居间人应尽力促使将来可能订立合同的当事人双方达成合意，排除双方所持的不同意见，并依照约定准备合同，对于相对人与委托人之间所存障碍，加以说合和克服。从这些分析可以得出，很多医美第三方平台并不是称职的医美居间人，而是以信息服务的形式获取了居间服务的酬劳。

（3）隐名和保密的义务

如果当事方要求隐名或者保密，居间人应履行隐名义务。医美第三方互联网平台通过用户协议和网络或者服务使用协议规避了这个义务；从事医美中介的个人往往不注重这项义务。很多医美服务的争议和纠纷与此有关。

（4）介入义务

为保护隐名当事人利益，居间人有介入义务。因为实名就医已经普遍施行，这在医美居间服务中并不常见，少数涉及未成年人或者保密要求的情形需要考虑介入义务。

第三节
医生经纪人，正在成为新的医美创业风口

所有的风都往一个方向吹的时候，那么这个方向通常称为风口；风口越小，风越急；风口越大，风越缓。

一、医美行业需要居间服务催生了经纪人

医疗美容属于高度信息不对称的行业，所以经纪服务在所难免。然而长期以来，从事医美居间服务的群体，并不是让医患双方实现信息对称和透明，而是完全走向了反面，甚至将信息不对称进一步夸大，让双方信息越来越不对称，浑水摸鱼，以便居间服务商可以从中渔利。这种做法必然产生一批骗子，也就是通常所说的"医托"；但是医美行业的属性，始终要求居间服务提供者尽量把信息对称起来，这是医患双方的客观需要。

任何服务种类刚刚出现的时候，都会经历混乱时期，因为早期的法律规范与社会认知都不完善，给投机者提供了发横财的机会，这或许就是所谓的"红利期"。从混乱到规范，是每一个行业都会经历的过程。

代理是医美行业居间服务的一种模式：包括委托和经纪。如果一批求美者缺乏相应的医学知识，并且对某个人或组织又能产生足够信任的话，这批人会委托这个中间人为他们寻找合适的医生或机构，于是经纪人便产生了；有些意见领袖（KOL）、消费领袖（KOC）、网红也充当了这种角色。另外，医生的自媒体需要货真价实的粉丝，并需要从中找到合适的客患群体，他们需要有人将这种信息传播出去，并将对自己感兴趣的潜在客患管理起来，这种从医生端出发的服务提供商，便是经纪人。

经纪人与医托的区别:"透明与诚信"是区别中间商(委托人、居间服务商)与带有欺骗性的医托之间最重要的区别。

二、什么叫医生经纪人?

医生经纪人是专门负责医生的全部或部分营销与运营事务的人士或组织,工作目标是让医生获得与之业务相符的客患,以及与此相关的其他业务,并从经纪业务带来的收入中按固定比例分成;其与医生的关系依双方合作合同进行规定,不存在相互的雇佣关系。

医生经纪人与明星经纪人有相同的地方,即被经纪者有某种一般人不具备的特种技能,而在这种技能得以发挥的过程中,需要有专业人士进行相应的经纪工作,特指医患之间服务交易达成的居间服务;与明星经纪不同之处,在于医疗专业的局限性,医生的工作不是面向不确定的社会公众,所以,双方的约束力相对较弱。

三、医生经纪人的兴起需要的行业条件

医美行业没有发展到一定的阶段,就无法产生经纪人存在的土壤,这种土壤由多方面的条件共同促成。

1. 医生们自主创业的多了

医生自主创业的浪潮,把从前只知道临床治疗,不知市场营销为何物的医生们,从象牙之塔中驱赶了出来,他们必须面对竞争激烈的市场。当医生的个人IP成为重要的市场营销手段时,他们需要有专业的人士协助他们进行线上推广。医美线上推广不同于一般消费品的地方在于,医疗推广处于法律严格监管之下,从而变成了一门较有门槛的专业,相应的专业人士成为行业的需求。

2. 高额返利的医托[①]逐渐被市场识破

当求美者一旦知道了为自己介绍医生的中间人(有可能是闺蜜、美容师、亲戚、同事、网友)从自己付给医生的医美费用中分了一大笔钱,通常超过50%,他能够心平气和地接受吗?他还能不断地寻求这个中间人的服务吗?当医生有机会可以摆脱这

---

① 医托是医疗骗子,是指经常出没于医院挂号处、医院大门附近、地铁口、火车站、汽车站、各大网络论坛、健康交流网站、正规医院及周边旅馆,用欺骗的方法引诱患者及家属,向患者及家属推介医疗服务或骗患者到一些无医疗资格的小诊所去看病,对患者进行恐吓、敲诈,甚至抢夺财物,从而牟取利益的人。

种从中拿走一半以上收入，却不用承担任何医疗责任的渠道商的时候，他还会犹豫吗？慢慢地，一部分往日的医托们意识到，骗不下去了，这时他们开始寻求洗白，寻求长期存在的合法途径。毕竟，当人们可以合法地赚钱时，谁愿意违法呢？公开透明的中间费用可能不会有那么多，但是可以一直拿，而且不用担心警察找上门。

3. 自媒体时代来临

如果没有自媒体的时代，也不会有医美经纪人的需求。从前的市场营销只是打广告，然后姜太公钓鱼——愿者上钩。自媒体时代的特征是完全个性化的散点式沟通方法，彻底扁平化了，每个人都可以在矩阵式的自媒体丛林找到属于自己的一块领地，然后开垦并经营，形成自己独特的风景。医生在其中的角色主要是提供内容，别人代替医生编出来的东西，一眼就能看出来；营销人员代笔的内容，永远是大陆货；所以医生自己进行内容创作，或重度参与内容制作，都是必要的，这些事完成之后，他们不会再有什么业余时间了，于是在传播与纳客方面，便完全进入另一个专业领域，那是经纪人的主场。

4. 代运营已经发展了很多年

自媒体代运营已经发展了很多年，在这之前是网站代运营。但是代运营的方式合作关系十分不稳定，一旦进入量产阶段，委托方总想自己来做，代运营的使命往往在早期就结束了，事实证明代运营因为其业务模式不具有不可替代性，注定只是过渡性的角色。过渡到哪里？就是过渡到经纪人的角色。代运营的模式为医美行业培养了大量的经纪人候选人才。

5. 满足辅助型人才的创业需求

做自媒体的人、做咨询师的人、做运营的人、跑渠道的人，如果想在医美行业创业，做点什么好呢？当然是做经纪人。无论是从哪个角度切入主题，目标只有一个，如何为医生获客。只要解决了这个问题，就有可能成为一名优秀的经纪人；不管一个经纪人能够经纪几位医生，哪怕只有一位，只要做好了，都可能有长期稳定的经济收入。

6. 共享平台出现

共享医疗平台的出现，为经纪人的发展提供了保障，无论是线上的共享平台还是线下的，共享经济模式在医美行业的落地，在商业逻辑上第一次跑通了经纪人与医生合作发展的道路。任何一家直营的医美机构都不具备保护经纪人的利益逻辑，因此早期的经纪人只能打游击，打一枪换一个地方，随时提防医美机构挖角，不管这个"角"是医生还是客户，没人愿意遵守游戏规则。但是共享平台的出现，让经纪人的角色成为主角之一，他们可以参与游戏规则的制定，而不单单是在夹缝中求生存。

四、医生和经纪人之间，是一种怎样的关系？

医生与经纪人之间，绝不是雇佣关系，而是合作关系。雇佣关系的经纪人其实只是助理而已。

1. 不能太远，不能太近
远之则逊，近之则不恭。

医生与经纪人之间的合作关系基于利益分配而形成，双方的关系由当初的合同规定下来，所以双方可能非常了解、彼此熟悉，但是也不能走得太近，太近了就容易出现摩擦或非理性的诉求。医生们经常会把经纪人当使唤丫头，从而让经纪人失去了独立性。

2. 挣了钱，怎么分
经纪人与医生之间分配的是收入（流水），而不是利润，所以双方都不会去关心对方的成本，也无权过问。收入分配的基本原则应该按照医生或医美机构通常的获客成本计算，或者说按照行业通行的营销费用比例。理想的比例是收入的15%，但是还要考虑人员成本的因素，所以20%通常是能够接受的。

3. 不能指望白头到老
连婚姻都不能保证白头到老，何况基于契约的关系，所以不要有过分的奢望，大家在合同期能有契约精神就很好了，如果发现了对方的问题，可以解除合同，好聚好散。

4. 不要指望彼此专一
排他性合同对双方的压力都很大，当然不是指在业务种类上的排他性，而是类似婚姻关系的那种排他性。虽然经纪人一般无法经纪从事同一种手术的多名医生，因为自己和自己竞争是不可想象的，但是经纪人可能在不同的领域经纪不同的医生，医生也可能在不同的线上线下时空寻找不同的经纪人。

5. 一"仆"能有几个主？
一位经纪人能够同时经纪几名医生？没有定论，完全看自己的经纪能力，总之在不同专长的医生中选择与自己合拍的合作伙伴，能取得令双方满意的效果，之后，如果还有没使完的精力和资源，当然可以多代理几个医生，完全看实际情况。如果效果非常好，希望委托自己的医生也非常多，那么就可以考虑成立经纪公司了，走规模化经营的路线，也是很好的创业方向。

本章总结

滚滚长江东逝水，浪花淘尽英雄。是非成败转头空，青山依旧在，几度夕阳红①。流量到底是个什么东西？流量的价值是什么？流量流过之后，还剩下什么？这是医美业内人士需要独立思考的问题，想通了之后，便能找到与线上流量方合作的钥匙。

如果将医美第三方平台按照居间服务管理，那么也可以要求第三方平台履行义务，这更加有利于行业规范，促进行业健康发展。

不论最终是否将医美第三方和渠道返佣定性为"商业贿赂"，这个都将是医美整个营销生态链巨大改变的信号。医美机构和医美消费者之间是否需要代理人或者居间人，这似乎不是一个问题。按照商业习惯，居间人有其存在价值，也得到商业社会的认可。同时，居间人有明确的责任、权利、义务，居间费用应当有明确的行业通识和规范，符合商业的自愿、公平、正义的原则。医美第三方平台从渠道商的尘烟中走来，以信息服务商的形式给自己不断贴上新的标签，赋予新的能力，逐渐变成一个集代理、担保、中介、信息服务于一体的新型居间服务商。也许更加规范的医美居间服务商是医美第三方平台的主要发展归宿。

种种迹象表明，医生经纪人的好日子已经到来了。明星为啥会有经纪人的需求？因为他们的专业是演艺，会经营的不多，也没那么多工夫，所以需要找专门的人负责打理，于是经纪人这个工种就诞生了。医生的情况也差不多，技术好的没有太多时间做自己的营销，需要有专人负责。在医生们普遍打工的时期，营销运营的事务，都由机构负责安排，没有经纪人存在的必要；随着行业发展到了多元化的阶段，医美经纪人将应运而生。

无论如何，医美业的市场营销，已离不开相爱相杀的第三方。

---

① （明代）杨慎，临江仙·滚滚长江东逝水，二十一史弹词。

PART 4

运营篇

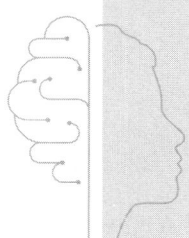

第十四章

价值主张

本章导读

本章内容实际上是探讨美容医学伦理学的，但是我们认为价值主张同样对运营效果有用，如果能将价值主张有效地传播出去，就能对营销产生重大影响。

第一节从医美机构的定位入手，分析三种不同的机构类型，以及它们相应的生存法则，它们是形成价值主张的基础。第二节，提示医美行业的显性行为与隐性行为，这中间产生了太多的伦理问题。可以说，没有正确的价值观，路终究走不远。第三节，试图在前一章的基础上，分析医美行业重度内卷的原因。第四节是本章的核心，讨论医生的诊疗自由，它是美容医学伦理学的基础。第五节，探讨如何对机构的价值主张进行有效的传播，从而为机构带来长期价值。

第一节 寻找医美的确定性

什么是我们这份事业的确定性？回到最基本的问题，就是我们自己到底是谁？我们是如何进行自我认识的？我们所创办的机构，是个什么类型的机构？我相信，许多人对此不是日用而不知[①]，而是没有仔细思考过。对自己机构的定位认知，构成价值主张的基础。

一、定位：我们是谁？

这个问题更直白地在讲：我们的机构，是什么类型的？

医美机构大致分为三种：产品型、技术型和混合型。

我们开机构必须考虑盈利，要盈利，就要从获客上下功夫，却很少有人进行自我审视：我的机构，到底是哪种类型的？这个类型是不是自己想要的，以及未来将怎样发展？这是很大的问题：所求为何、所行为何、所得为何、所愿为何？进而是所求可有所得，所行可为所愿，所得可为所求？

这几种类型无分高下，只看是否拥有生存力、竞争力。不管哪种类型的机构，都有成功的可能，只是各自的路径和做法不同。

技术型的核心竞争力是技术和服务能力。这一点无论是医美，还是别的行业都是如此，只要是技术型机构，核心竞争力都是技术。美容外科机构大多是技术型机构。

产品型的核心竞争力靠产品体现，看是否拥有强大竞争力的产品。有了好产品，再看销售力。许多轻医美机构属于产品型。

混合型比较好理解，就是上面两种类型的均衡组合，大型医美机构多半是混合型，什么都有，也并没有细分。

不同类型的机构，市场策略不同，经营管理也有差异。如果不加以研究，眉毛胡

[①] 《易经·系辞上》：一阴一阳之谓道。继之者善也，成之者性也。仁者见之谓之仁，知者见之谓之知，百姓日用而不知，故君子之道鲜矣。

子一把抓，便会时常陷入混乱与模糊，不知道到底应该朝哪个方向走。这或许是一些大型医美机构反而不如小型机构利润率高的原因。

有趣的是，很多机构会在这几种类型中跳跃。先是技术型，再是产品型，然后又成了混合型，再然后……有些机构竟然这样做了十几年，中间换了好几拨投资人和医生，运营者更是走马灯一样，也没有修成正果。

二、不同类型的机构，不同的生存法则

1. 产品型机构的出路

以轻医美为代表的产品型机构，天然优势是容易标准化，其标准是以产品为核心，是产品或仪器的研发者、上游厂商与医生们共同努力的结果。医疗机构获得这些标准化方案相对简单，关键是看执行力。而标准化正是连锁经营的底层逻辑。

工业美学①在产品型机构有充分体现，但是产品型机构付出的代价是放弃了产品能力，成为工业化链条的一员，对标手机生态链，产品型机构最终归宿是富士康，而不是华为和苹果。

产品型机构的获客相对容易，所以，尽量向技术型靠拢是最好的选择。在经营过程中着重强调医疗的价值，让一部分轻医美机构获利颇丰，而且避免了价格的泥淖。

2. 技术型机构的经营哲学

技术型机构应该坚持长期主义，不断打磨技术、精益求精，专注于优势领域，深入研究与开发。消费医疗的最大的机会在于：比技术是否全面更重要的是技术精专。这是国际消费医疗发展的经验总结。

技术型机构就不能标准化了吗？不是的。它的标准化体现在服务流程上，美学设计与术式是个性化的，而流程完全可以标准化。技术与流程是一对辩证关系的双方，互相影响、互相促进；既可以有正向的合力，也可能会因为矛盾而相互掣肘。

技术型医美机构的获客主要靠口碑，口碑的形成来自医生个人IP与机构IP的完美结合，两种IP又是一对辩证关系，各有各的玩法；形成合力，一加一大于二；形成离心力，则事倍功半。举个例子：为什么宇航员到了太空会飘浮？是失去重量了吗？没

---

① 工业美学是研究人类造物活动、机械生产和产品文化中有关美学问题的应用美学学科，也称作"技术美学""商品美学"。工业美学的种种理念往往通过工业设计来实现，因此又涉及设计美学的内容。

有，离开地面400千米的航天器上，他们的重量相当于地面的88.6%[①]。那宇航员为什么站不住？是因为离心力。宇航员在轨道上，所受地球引力与飞行器的离心力相抵消，便有了"失重"。

3. 混合型机构的反向思维

一些技术型的医美机构，不得已向产品型机构转型，花了很多钱去购买光电设备，却请来年轻而缺少经验的医师做诊疗，以极低的价格吸引客源，希望为手术引流。结果不但没能转化几个客户，反而闹出一堆纠纷。试想，低价导流来的那些客户，是你想要的吗？

医美服务价格是最好的筛选器。价格超过一定程度自然筛选出"优质"客户。而且医美专业消费者并不是价格敏感型的。做手术的医美消费者，大多数是专业消费者。用低价去吸引非目标人群，结果可想而知。

为什么不反过来想问题呢？正确的逻辑是手术为非手术导流才对。手术的患者都是低频的，做完手术之后，请他们去体验真正高水平的轻医美，用好的产品或设备，更要请技术好的医生，这些客户定位精准，立马由低频客户变成了高频客户，还可以成为口碑的传播者。

这才是正确的导流方向。国外经验验证了这个过程，做完手术的客户，因为良好的体验和信赖关系，自然会选择更多轻医美项目[②]。而且做过手术的客户对医美有支付能力和意愿，而且更理解医美的各种属性，自然无比顺畅。

第二节　医美的显性行为与隐性行为

一、尚未成熟的医美业

一份来自摩根士丹利的报告说：中国的第14个五年计划将专注于发展国内需求驱动的可持续的增长，以应对多极化的后新冠世界，也在努力地推进经济内循环战略以

[①] 根据牛顿引力计算公式算出：$F=Gm_1 \cdot m_2 \div r^2$，地球半径6300千米，太空站或者卫星距离地面400千米，那么太空站的重力相当于地面的88.6%。

[②] New Statistics Reveal the Shape of Plastic Surgery, https://www.plasticsurgery.org/news/press-releases/new-statistics-reveal-the-shape-of-plastic-surgery.

释放中国的消费潜力[①]。下一个十年中国消费市场变化的一个重要特征是服务类消费超过实物类消费。我们现在预期服务类消费的占比将从当前的45%提升至52%，年化增长率为9.2%，超过同期实物类消费6.7%的增长率。

从宏观上看，消费还有极大的增长空间。消费医疗作为横跨医疗与消费的特殊服务业，无论从哪个角度看，都不会被遏制。只是野蛮生长的时代快结束了。

中国医美行业还未成年。一个行业成年的标志有两个：一个是供给端成熟。其标志是行业责任主体明确，并成为社会共识；产品成熟，且被消费者习惯和使用；全行业形成有效的自律体系。另一个是消费端的成熟，其成熟的标志是消费端实现了自我管理，有完整有效的消费者教育系统。

未成年的状态是什么样的？那是少年的状态，精力旺盛，无法无天。所谓法，就是法律法规；所谓天，就是道德良知。遵守法律法规和敬畏道德良知，显然是当下医美行业普遍缺乏的。相对于"无法无天"，比较完美的行业形态是"有法有天"。此外可能还有两种形态：一种是"有法无天"，虽然缺乏道德，但是法律严苛，所谓乱世用重典；另一种是"无法有天"，没有法律约束，全凭道德良知，本质上是子虚乌有的乌托邦。

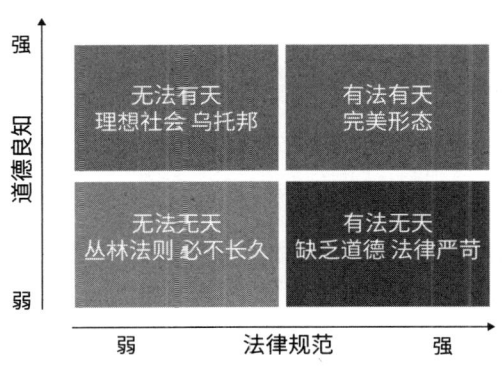

图7 医美的法与天

黄奇帆教授在第20届互联网大会上，谈及为何要整顿互联网，原因之一就是许多大厂在利用人性的弱点设计各种产品。他指出：网络市场形成初期所主导的自由理念，使得网络上失信的违约成本极低，于是会出现很多企业利用人性的弱点设计各种产品来获

---

① http://www.xinhuanet.com/fortune/2021-03/05/c_1127170238.htm.

取流量，罔顾消费者的长期利益和市场的良性发展[1]……这种利用人性弱点诱使用户使用产品的行为实际上是不正当的，甚至是触犯法律的。未来互联网经济的竞争，一定是在更公平、更可信的环境下进行的，这些利用人性弱点设计产品的公司很难长期生存。

令人印象深刻的是，几年前参加一个互联网产品路演会，某位CEO讲到产品设计灵感时，居然毫不遮掩地说，就是利用了天主教的七宗罪[2]：傲慢、嫉妒、愤怒、怠惰、贪婪、暴食、色欲，针对人的欲望缺陷，设计有黏性的产品，达到疯传和爆品的效果。路演的那位CEO，沾沾自喜，忘乎所以。

这是一种文化自信的倒退。这七宗罪是写在宗教经典里面的东西，人家早就十分警惕，就像我们中国人对不孝、不忠、不仁、不义、不礼、不智、不信的警惕。可悲的是，这些人取得了空前的成功，由此对互联网产品的沉迷成了严重的社会问题。因此，才引来游戏行业被加强监管。

比照医美行业，何其相似乃尔！所以，医美行业强整顿之后的强监管，本来就是顺理成章的事。

二、何为医美的显性行为与隐性行为？

1. 医美的显性行为

何为显性行为？就是那种完全放在桌面的，一眼看去就知道是怎么回事的动作。医美行业最典型的显性行为就是广告宣传，因为要让广大受众知道，要影响人们的消费选择，所以，这种行为是完全摆在桌面的。在行业发展的初期，有关部门不知该如何监管，只能睁一只眼闭一只眼，行业的广告宣传行为是无序而混乱的，以至于形成了人人违法的局面。

还有税收和社保这两大顽疾，虽然要比广告宣传做得相对隐晦，但也属于不抓则已，一抓一片。与人社部门的朋友聊天时了解到，医美企业在与员工发生劳动纠纷时，90%以上涉及五险一金的缴纳问题。

显性行为和企业的正常运作相关，直接受法律法规约束。

---

[1] http://www.jjckb.cn/2021-07/14/c_1310060126.htm.
[2] 七宗罪，天主教称七罪宗，或称七大罪或七原罪，属于天主教教义中对人类恶行的分类。归入这一类别的，能够直接形成其他不道德的行为或习惯。现在七宗罪一般是指傲慢、贪婪、色欲、嫉妒、暴食、愤怒及怠惰，但注意七宗罪并非出自《圣经》。

2. 医美的隐性行为

何为隐性行为？一言以蔽之，该慎独的没做到，或者潜规则①战胜显规则。

医美行为与一般企业有所不同的是，它还存在一个特殊行为，即在法律前面，加上了一些用道德良知约束的动作。它存在于诊疗过程，做了不道德的事情，很难被就医者或监管部门发现。也就是说，这些动作，首先被道德约束，其次才是被法律约束，而且法律约束是在道德约束失效，并且以事情的败露为前提。

现在消费者也都知道药械可能调包或者"缺斤短两"，因此警惕性很高。这让很多机构在服务流程里加进去向顾客全面展示开封取用过程和标签完整性，并请顾客拍照的流程。把好好的医疗服务，弄成了跟饭馆里吃鲜鱼老鳖时，服务员拿网子带货来验看的感觉差不多，真是令人哭笑不得。

三、在合法合规面前，做什么比想过什么重要

美容医生，良知感强；特别是自主创业的医生们，道德意识浓厚，更有责任感，起码是对企业承担着责任。他们自主自觉地用职业道德约束自己的诊疗行为，并引以为傲。

这些自主创业的医生以为，自己遵从了作为医生的职业良心，就是个好医生了，自己的机构便不应该有什么大的问题。可问题恰恰出在这里，医生们对显性行为的合规性上，往往反应迟钝，他们特别看重隐性行为的合规性，对显性行为却采取鸵鸟政策，甚至是不闻不问。

一是将机构的显性行为交给职业经理人去操作，医生们只顾临床，不加干预；而职业经理人面对激烈的市场竞争，别人用什么方法进攻，自己也用什么方法应战，早已顾不上什么合规不合规了。二是医生当老板的机构，老板对显性行为带来的不合规风险缺少必要的警觉，往往会被监管部门逮个正着。这就是许多医生创业机构也会接到罚单的原因。

在残酷的市场竞争中，人们发现，良知在利益面前往往脆弱得不堪一击。所以，医生在自主创业过程中，一个需要高度重视的问题是：不要以为自己是个好医生，有技术有良知的专家，监管部门就会原谅你的错误；更不要以为自己守住了道德底线，

---

① 潜规则是一个汉语词汇。它是指看不见的、明文没有规定的、约定俗成的、无局限性的，却又是广泛认同、实际起作用的，人们必须"遵循"的一种规则，相对于"元规则""明规则"而言。

自觉地在隐性行为上完全到位，显性行为就可以交给别人而不闻不问。

医美机构在监管部门眼里都是一个样。你是哪个类型的机构，哪个类型的医生，只有圈内人才知道，才关心。监管部门，包括媒体，大多是从显性行为上分辨好坏，因为隐性行为一般看不见，也看不懂。

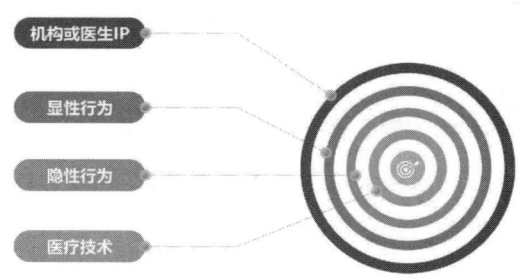

图8 显性行为与隐性行为的层级关系

因为显性行为处于更外层，外界先看到的是显性行为，因此这里绝不能出问题，一旦这里出问题了，隐性行为和医疗技术再好，也被遮蔽了。创业医生提高显性行为的合规性，是当务之急！古往今来，道德楷模被抹黑、谦谦君子背黑锅、遗漏规则成为输家的例子很多，医生创业不要再踏进这些坑。

四、头顶的星空和内心的道德律

"有两种东西，我对它们的思考越是深沉和持久，它们在我心灵中唤起的惊奇和敬畏就会日新月异，不断增长，这就是我头上的星空和心中的道德律。"[1]

历史人文领域有一个说法：中国自秦朝以来两千多年，实行的是外儒内法的制度。就是儒家道德规则是显性的，外在的；法家的操作方法是隐性的，内在的[2]。这个说法虽然争议颇多，但也是一个我们理解当代历史源流的一个思路和方法。创业医生们要知道，大家做好了慎独的功夫，用心中的道德和行医的责任感把最难做的隐性行为都做好了，那么显性行为其实就是摆在桌面的现成功夫，这应该更是好做的，不要在上面栽跟头。

---

[1] 德国哲学家康德名言，刻写在康德的墓碑上。出自其《实践理性批判》。
[2] 外儒内法，儒皮法骨，是一种中国从汉代到清代长时间国家政权实行的一系列国家政策的内在指导思想。即表面上推崇儒家思想，但是实际操作上也依赖法家的思想，往往是儒法结合、儒法互济。

第三节 对医美行业内卷的剖析

有好几部关于纳粹战犯艾希曼的电影，有故事片，也有纪录片，这是关于大屠杀历史唯一让人观后感觉舒适的题材。作者汉娜·阿伦特提出了平庸的恶[①]的概念。

党卫军中校艾希曼负责执行处决580万犹太人的"最终解决方案"，他虽然官阶不高，却是这场屠杀的关键人物，然而他的手上并没有直接沾上鲜血。他为自己的辩解是在恪尽职守，他的动作和成千上万的德国军人一样，是在执行军令。1961年，艾希曼被绑回耶路撒冷后，在举世瞩目的纽伦堡审判之后，于次年5月31日得到了以色列的唯一一次死刑判决。汉娜·阿伦特说：处决艾希曼，因为他"平庸的恶"。

医美行业的内卷，源于普遍存在的"平庸的恶"。

一、行业内卷与平庸的恶

内卷[②]是一个社会学概念，对应的英文单词是involution，与演化或者进化相对应，演化或者进化的英文是evolution。字头"in"有向内转动的意思，字头"e"有向外延展的意思。2017年末，内卷化一词进入公众视野，网络语境的内卷已经发生语义偏移，泛指内部恶性竞争。网络上流行的内卷描述为"不断抽打自己的陀螺式的死循环"及"一种不允许失败和退出的竞争"。也有网友将其描述为"在一个集团内部通过压榨自己，极度竞争，以获取微小的优势"。

如果从这些角度考量，医美行业内卷得更厉害，而且伴随着平庸之恶。两者互为因果、密切关联。大多数人被裹挟在约定俗成的行业规则里，放弃了自我判断；有些规则是同行们的习惯做法，有些是竞争对手的做法，有些是老板的规定，大家为了成交，为了业绩，只好如此。人们不得不保持着习惯的姿势，不管吃相再难看，只要赚钱就好。

人们对合规化基本是麻木的。合规的问题，涉及的层面比较多；底线是道德线，人们通常称之为"道德底线"，意味着这是最后的防线。这条防线包含几个层次：最

[①] [德]汉娜·阿伦特.艾希曼在耶路撒冷：一份关于平庸的恶的报告[M].南京：译林出版社，2017.
[②] 网络流行语，指一类文化模式达到了某种最终的形态以后，既没有办法稳定下来，也没有办法转变为新的形态，而只能不断地在内部变得更加复杂的现象。现指同行间竞相付出更多努力以争夺有限资源，从而导致个体"收益努力比"下降的现象。

下一层，是否直接对就医者坑蒙拐骗；上一层，是否拥有牌照及合法身份；再上一层，是否使用假冒伪劣产品或无证人员。这些突破道德底线的行为，大多数也可以认定为违法犯罪，是可以入刑的；但是，这些行为每天都在发生。

道德底线上面便是合法合规的各个层次：最下面的一层是超范围经营，带给就医者额外的风险；上一层是各种擦边球的动作，如使用国外有证但国内无证的产品；再上一层，是那些与就医者有间接关系的行为，诸如虚假宣传、违法广告；最上一层与就医者无关，比如偷税漏税。

许多医美机构，合规"成本"很高，一旦做到合规，便无法盈利，甚至亏损；反过来说，即使违规，成本却不是很高，很多情况下可以侥幸过关。在这种情况下，能够做到合规的机构，实在是凤毛麟角。大家认为"法不责众"，于是自然而然地同流合污了。

价格战是最典型的内卷，几乎没有赢家。

把服务竞争等同于商品竞争，最容易的做法就是价格战，因为服务者（医生）的产能有限，所以服务提供商在价格战中，是无法保证服务品质的。质量差的服务，只能换来更低的价格，如此进入恶性循环。

用极低的价格吸引消费者上门，然后用二次开发带来利润，在医美营销中，只能解一时之急，长久来看，注定没有未来。毫无创新的复制，行业内的恶性竞争，以及上述行为带来的不可避免的过度医疗，都是内卷。

二、克服内卷，需要独立思考的能力

只会瞎想或空谈，而不去作为，用一个时髦的词来形容，叫"躺平"。那么，所谓"躺平"是否也有甘于平庸之意？

我们再回到阿伦特的"平庸之恶"。华东师范大学教授刘擎先生说：许多人把"平庸之恶"理解成一种"螺丝钉理论"，就是说普通人只不过是某个官僚系统中的一个螺丝钉或齿轮，只是服从程序、执行命令，所以冷漠地成为杀人机器的一部分。可是阿伦特自己明确表示不赞同"螺丝钉理论"。她主张追究个人的责任。大意是"平庸的恶"完全是个人责任，不能归结为集体责任。艾希曼并不残暴，也不是恶魔，但他有一种"超乎寻常的浅薄"，"不是愚蠢，而是匪夷所思地、非常真实地丧失了思考能力"。这就是艾希曼身上的"平庸性"，实质上是一种"无思状态"，就是不思考。[1]

---

[1] 刘擎.西方现代思想讲义[M].北京：新星出版社，2021.

"极端之恶"与"平庸之恶",其实是一体两面。克服它们的方法,就是无论在什么情况之下,我们都应当保持自己的思考能力。人最可怕的,就是丧失独立思考的能力。无论是被某种势力驱使,还是被某种潮流裹挟,人们既然选择了随波逐流,那么最终都要为之承担责任;唯有独立思考,才可能得到救赎。

三、为何医美业缺少"朴素的道德直觉"?

罗振宇2022年的跨年演讲,给人印象最深的是两句话。第一句是"原来还能这么干",第二句则是"朴素的道德直觉"。

"原来还能这么干"用于感叹向内或者向外的突破边界者。第二句"朴素的道德直觉",则正是当今中国医美界最缺乏的。

罗振宇讲了53个小故事,其中第39个和医美行业有一点儿关系。这个故事的标题是"好医生为什么要想到比基尼"。

有位实习医生和导师一起做一台胃部手术,病人是一位年轻女性。肿瘤切除之后,一般是由助手来缝合,但是老师却说:"这次我来。人家姑娘年轻,可别让伤疤太显眼。"当时,年轻医生心里暗叹:这次我才知道什么叫名医。这个手术确切地说不是医美手术,但是这位专家的共情能力,以及对病人的体贴,是他成为名医的原因。这难道不是所有医美人都应该有的共情能力吗?

美容缝合本来是医美医生的一项基本技能,把这项业务做好,就能养活一家机构。当然,反过来说,如果所有的外科医生都有那位专家的修养,那么这项业务也就没必要存在于医美机构了。那位专家展现的风范,便是源于朴素的道德直觉。著名ICU医生薄世宁说:"在今天,和患者达成联盟关系,也是一位医生的核心能力。"

医美治疗本来就是医患双方的共创过程,双方的配合是否默契,可能决定一项医美治疗的效果。医美医生,甚至包括所有医美人,都应该具有这样的共情能力,并且将朴素的道德直觉,作为自己日常经营的标尺,就是通过医美手段创造美的价值的保障。所以,许多医美的"医闹",其实是我们自己培养的。

1."道德直觉"是先天具备还是源于文化传统?

"道德直觉"是无须经过经验证明和逻辑推理就能做出的道德选择与价值判断,是不妥协的信念,是思考的出发点。

虽然现代西方伦理直觉主义和马克思主义对"道德直觉"有不同的论断,但都认可"道德直觉"的存在。伦理直觉主义认为"道德直觉"是先天的,理性和经验无法对善恶、是非、优劣做出判断,但"道德直觉"可以;马克思主义认为"道德直觉"不是源自先天,而是通过生活实践与教育培养的,是人对文化传统的继承,不应该与经验和理性对立。

伦理直觉主义的代表人物摩尔认为:善是不可定义的。善就像颜色一样,没有大小之分,不可拆解再分。他在《伦理学原理》中,将善描述成"纯粹的善"和"混合的善","纯粹的善"不掺杂任何恶的因素,是完全内在的"目的的善";"混合的善"则如同"手段的善",即为了达到善的结果,过程中或许不可避免地含有恶的因素。

中国儒释道三合一的文化与哲学系统本质是关注社会生活,关注伦理道德。儒家的四端说就是道德直觉的一种:恻隐之心,仁之端也;羞恶之心,义之端也;辞让之心,礼之端也;是非之心,智之端也[①]。这里的"端",就有起初、开始、发轫、基础、朴素的含义。

20世纪80年代,比利时布鲁塞尔一家法院判决一抢劫犯无罪,引起轰动。这个人叫迪特鲁,酒后洗劫了一位在马路上车祸受伤的女士,但事后良心发现打了报警电话,救了那个女人一命。法庭上展开了激烈的争辩,最后迪特鲁无罪释放。法官说:"每个人的内心深处都有脆弱和阴暗的一面,对于拯救生命而言,抢劫财物不值一提。虽然单纯地从法律上说,我们的确不应该为了一个人的善行而赦免其犯下的罪恶,但是如果判决他有罪,将会对整个社会秩序产生极大的负面影响!我们宁愿看到下一个抢劫犯拯救了一个生命,也不愿看见奉公守法的无罪者对于他人所受的苦难视而不见!"这不就是朴素的道德直觉引领了人性的善吗?

我国也有一个相对应的案例——南京彭宇案,这个案子肯定会记入历史的,代表着中国传统的"朴素的道德直觉"被系统化灭杀的开始。案子很简单,一个在马路上将跌倒老人扶起的好心人(彭宇),后来被诬告为肇事者,法官判他负责赔偿,理由是:"如果你没有撞她,你为什么要扶她?"这个案例轰动全国,并引发了大讨论。我想,这样的判例,会将社会的道德意识引向何处,是不言而喻的。

凡是背离社会普遍的正向的价值判断,就一定会得到社会整体性的负面评价。这个社会的普遍答案,就是朴素的道德直觉,它构成社会意识的软约束,而社会的软约束,正是商业的硬边界。

---

① 语出《孟子·公孙丑上》《孟子·告子上》。

2. 不要让"为了生存"成为道德缺失的理由

罗振宇号召大家做"时间的朋友",但是医美界的朋友们,似乎普遍不太愿意当时间的朋友,他们想跑在时间的前面,赚钱要紧。

钱肯定是要赚的,关键是赚杀鸡取卵的快钱,还是赚"时间的朋友"的长远的钱。

每当言及合规这件事,每一位医美人都会说,医美应该合规,应该回归医疗本质,但是你得先让我活下来,等我解决了生存问题,我会去考虑合规问题的。他们甚至搬出"仓廪实则知礼节,衣食足则知荣辱"这句话作为力证。于是,各种不合规的动作接连上演,他们甚至会将某些套路做成PPT,到经验交流会上去传播。

其实医美行业的人,从医生到高管,哪个不是拿着高薪?哪有一个过着衣不遮体、食不果腹的日子?而且春秋时期管仲的那句话,分明是对统治者说的,现代人拿它当作自己言行不轨的理由,完全是对原意的曲解。

追究"活着才是硬道理"的根源,可以追溯到达尔文的进化论思想。在1897年,严复译作提出了"物竞天择,适者生存[①]"的观点,出版了《天演论》,西风东渐,中国传统伦理里面早就有的"朴素的道德直觉",因此被西方伦理学取代。西方伦理学流派很多,一个电车难题就能引出直觉主义、情感主义、德性论、神圣命令论、义务论、利己主义、功利主义、契约论、相对主义、兼容论等伦理学理论,这些伦理学流派一股脑地塞进了中国,把中国传统的"朴素的道德直觉"挤到了一边。医美人大多数秉持的顶层价值观念是"适者生存"或者"强者生存",甚至是互联网留下的赢者通吃的想法。

医美人以谋生代替生活,以活下去代替活得有尊严已经很久了,甚至因此理直气壮,动不动就扮演渺小而可怜的我。其结果如何?是行业飞速发展,边界越来越大,可原生的医美人不但没有伴随行业发展而壮大,而是固有的地盘也不断被颠覆和压缩。既然大家在欣欣向荣、飞速发展的行业求活,那么最后剩下的就仅是能维持生存的最小边界。

四、医美业的"利他"与"利己"

医疗本身就是个"利他主义"的行业,因此,医生被尊称为"白衣天使"。医美是医疗的延伸,本应该也是利他的行业,因为我们用医疗手段,帮人实现美的价值,与

---

① [英]赫胥黎,进化与伦理,严复译文名为《天演论》。

此同时，顺便挣钱。但我们真的是这样做的吗？

医美业正是处处呈现着"先利己，后利他"的逻辑，大家都把这个行业当成一门单纯的生意来做，而且只论成败，不论是非。看看层出不穷的花样就知道了：渠道高额返佣、低价导流高价升单、医美骗贷套贷、拉人头式的地推广，可谓你方唱罢我登场。正如罗振宇所说："原来还能这么干！"

从向外拓展边界的浪漫主义时期，发展成内卷并向下竞争的痛苦局面，罪魁祸首就是"活下来"的利己。医美本来在医疗系统里就是边缘化的学科，后来行业做大了，却眼睁睁看着上游越来越大，自己却相对越来越小；医美的社会渗透率越来越高，而美誉度却越来越不堪。这样的局面还在持续，甚至加速恶化，一定是出发点错了，根上有问题。

强调价值观，仅仅是为了说教吗？

一个人处于某个共同体，认同这个共同体，那去主动帮助他人，不仅不是被剥夺，反而是一种荣耀。①在医美圈，这种"共同感"带来的影响，不一定是共同富裕，而是共同营造一个良好的生存环境，让这个行业真正地好起来。行业好起来了，大家都受益。

投资圈最流行的一个词是"长期主义"。一位社区理发师说："我的资源是用时间积累的信任。"可惜，许多医美专家却没有这样的意识。这里所说的"医美专家"，包括但不限于医生。

长期主义的观念最适合医美机构。因为市场足够大，我们本可以慢慢来，先为客户创造价值，自然就会有丰厚的回报。

资本一度特别看好医美机构，但是后来他们发现最赚钱的是上游厂商，于是，那些财务投资人都将目光一起转向了上游。资本的逐利本性，无所谓对错，关键是看这个资本抱持的是什么主义，是"长期主义"还是"短期主义"，是不是只将"价值投资"和"长期主义"放在嘴上。凡是有长期主义的投资人，都不会向医疗机构发出关于利润的对赌协议。

这是罗振宇的一个故事：一个媒婆在村里撮合婚姻，挣点跑腿费，挺好。但是，有一天这个媒婆融资了，要上市，天天堵在邻居门口催人家结婚，还说谁结婚就送你一盒鸡蛋，那大家就说，这不好。这就是在资本"对赌"之下的动作变形。

这是一个谈论价值观就会被嘲弄的时代，哪怕价值观能带着企业和人走得更远、

---

① 原话出自罗振宇的跨年演讲。

更好。作家博尔赫斯[①]说:"凡事总有一个经济学的解释。但除此之外,无疑也有其他的解释。"其他的解释是什么呢?

第四节
美容医学伦理学的基础——医生的诊疗自由[②]

一、何为"诊疗自由"

何为医疗自由?更像是一种医疗选择的财务自由,就是患者可以自由地选择就诊机构,而不用担心买单的问题,无论去公立医院、私立医院,还是国外的医院。这通常是高端保险公司的宣传内容。

何为诊疗自由?医生在诊疗过程中拥有临床决策权,可以自主决定诊疗的时间、地点,自主决定在诊疗过程中采用的医疗手段,包括器械、药品和治疗方式,以及相应的价格;在诊疗过程中,可以充分体现医生的意志、临床技术以及诊疗观点;也包括是否为就医者进行诊疗的自由。

在传统医美中的医生诊疗决策权容易让人理解,但是在标准化的轻医美机构中,医生的诊疗自由则更像是戴着脚镣跳舞,要在标准化的流程规则之下展现诊疗水平。

如果说患者的医疗自由是绝对的,那么医生的诊疗自由是相对的。

为什么学医的人都要就希波克拉底誓言进行宣誓?就是为了建立医疗伦理的边界;之后,每个国家在医学发展的进程中,都有相关的名目繁多的医疗立法,就是为了建立诊疗行为的法律边界。为什么医学是一个可以向下兼容的学科,只有弃医从文、弃医从政、弃医从武、弃医从艺,却不能反过来弃文从医,这是为了建立职业边界,为什么医生被称为"白衣天使",要穿一身白大褂?这是为了建立这个职业的道德边界。所以医生的诊疗自由是相对的。

[①] 豪尔赫·路易斯·博尔赫斯(1899-1986),男,阿根廷诗人、小说家、散文家兼翻译家,被誉为作家中的考古学家。生于布宜诺斯艾利斯一个有英国血统的律师家庭。在日内瓦上中学,在剑桥读大学。掌握英、法、德等多国文字。 作品涵盖多个文学范畴,包括短文、随笔小品、诗、文学评论、翻译文学。其中以拉丁文隽永的文字和深刻的哲理见长。

[②] 自由主义历史渊源复杂,流派众多,这里讨论的"自由"偏重于医生的选择自由和拒绝自由。

二、美容医生的定义

1940年9月，中央军委决定将八路军卫生学校更名为中国医科大学。次年，军医14期学员即将毕业，请毛泽东主席题词，他欣然提笔写下：救死扶伤，实行革命的人道主义[①]。这句话成为中国医生的伦理学基础。

美容医生，是用医疗手段创造美学价值[②]的医生；美学价值则应该是医患双方共同接受的、具有客观与主观双重意义的对人体的美学提升。从这个角度看，美容医生似乎和一般的治病救人的医生是有很大区别的，甚至从事消费医疗的医生，与疾病治疗的医生都有这样的区别。他们的业务与"救死扶伤"关系不大。

治病救人的医生的能力结构里，医疗技术一家独大，医疗技术和与之密切关联的诊疗水平和诊疗结果决定了医生们的"自由边界"。注意这里没有太多患者的事。虽然患者越来越参与到医疗决策中，但医生的诊疗自由权边界很封闭。

消费医疗的医生，尤其是美容医生，与疾病医疗的医生存在明显的不同：医生解决问题的能力来自医疗，医生与医疗技术的关系是相互赋能的关系；医生必须对美学不断追求，并且求美者越来越深度参与美学设计，推动了医疗美容的发展；由于与疾病医疗不同的求美者（患者）参与，医疗美容会出现医生与求美者之间达成效果共识的难度越来越大，双方必须改变相处的方式，才能确立新的"合作关系"。

可以看出，医美医生诊疗的自由边界不是封闭的，而是向求美者开放的。近年社会媒体对医疗美容空前关注，也会导致这个边界越来越开放。

三、营销驱动之下的尴尬现实

在那些以营销驱动的传统医美机构或渠道医美机构，大多数医美医生没有诊疗自由，哪怕是相对的自由也没有；虽然在政策上他们是自由的，可以自由执业、自由竞争、自由定价，但在具体的诊疗规范上，几乎没有任何约束。

不少从事消费医疗的医生，他们抱怨自己相当于生产线上的产业工人，失去了应有的医疗决策权。尴尬的是，剥夺这些权力的不是政府、不是行业协会、不是消费者，而是医生们的老板、合伙人，甚至是咨询师。

---

① 至今仍然是中国医疗伦理的最高规范。
② 此定义近年流行，但是并没有解决好"美学价值"的定义问题。

四、医美诊疗自由的定义

从事医美的医生,在法律法规和医美诊疗规范的框架内,拥有自主行使临床诊疗的权力,并在就医者接受并理解的前提下,通过诊疗行为实现自己的美学目的。

所谓"回归医疗本质",实际上就是让医美医生拥有诊疗自由;当然,这种权力和责任相关,责权利永远是对等的,有多大权力,便有多大责任。

五、对诊疗自由的制约因素

消费医疗的消费属性对医生的诊疗自由给予了多方面的制约,医生们不得不顾虑经营的压力,甚至有时会因为经济压力而导致动作变形,让诊疗自由变成一句空话。

当然,压力可能来自不同的方面。

1. 来自医疗条件的制约

医疗条件是制约医生实现美学效果的首要因素,也是唯一的客观因素。当然这一条很容易理解,工欲善其事,必先利其器。没有好的医疗条件,很多治疗无法开展,这不仅是手术室的问题,还有许多高科技为如今的医美业带来的翻天覆地的改变。最典型的是层出不穷、概念翻新的光电设备,以及琳琅满目的注射针剂,为医生们提供了多样化的选择。

值得一提的是,太多的医疗机构为了节约成本,或是因为资金匮乏,而选择了廉价甚至假冒的仪器设备,从而大大降低或是损害了治疗效果。

2. 来自经营压力的制约

医生们在没有实现制度化的自由执业之前,还无法摆脱日常诊疗的小环境,他们被老板、投资人、咨询师、营销人员包围着,这些人的意志直接或间接地左右着医生的诊疗行为。在医美机构打工的医生们,更是如此,他们必须听从老板或经营人员的安排。

3. 来自就医者的制约

随着上游厂商采取的消费端驱动的销售策略,越来越多的消费者开始像选购商品那样选择医美产品,尽管他们知道这些东西必须由医生帮他们植入体内,但是相当多的人不认为医生的操作有什么决定性价值,功劳完全是产品带来的。

消费者来到医美机构,有时表现得比医生还要内行,他们指挥医生为自己弄这个弄那个。当然，一旦出现问题，他们还是会找上门来，以自己不懂为由，将责任完全推给医生或机构。

医生们如果为了利润的追求而主动放弃诊疗自由，就必须冒着纠纷的风险，以及许多连自己也不满意的结果。

4. 来自审美能力的制约

医美医生的审美能力与美学造诣，也会极大地影响诊疗自由。医美已经不单单是将手术或治疗完成那么简单，而是要实现美学目标，创造美学价值。然而，现有的职业培养系统，并不存在美学教育这一项，无论是硕士阶段还是博士阶段，所有的美学教育，必须由医生通过自学完成。

更多的医生并没有在美学素养上完成自我教育，他们不过是在长期的治疗过程中，慢慢地形成了美学观点，是不是符合行业的要求，就看天分与灵感，也看运气。总体上说，中国的医美在没有开展专科医生培养之前，美学教育是缺失的。

六、医美医生的诊疗自由，应该是行业的努力方向

提高医生的自主性，以获得更好的诊疗效果。那些优秀的医美医生，都是拥有诊疗自由的，当他们的自主性得到充分发挥时，往往也是诊疗效果最佳的时候。

1. 提高医生的责任感，落地首诊负责制

医生不对自己的诊疗行为负责，实在是匪夷所思。全世界也鲜有这样的做法。只是现在我们可以用行业发展的初期阶段自我安慰。医生没有诊疗自由，就意味着不用承担责任，这样的机制之下，全凭个人的道德意识是相当不靠谱的事。

2. 最大限度地减少医患纠纷

医生能够为自己的医疗决策负责，就很少会做违心的诊疗，就会大大减少医患纠纷。

医生都是存在于一个"小医疗共同体"中，能力强的医生能影响到更大的医疗共同体。这个群体不但对医生提供归属感，同时提供保护，为医生解决问题。一旦出现医患纠纷，如果是医源性的，医生会求助自己所属的共同体，以期解决问题，这对医疗机构解决医患纠纷是巨大的助力；如果是非医源性的，医生所在的共同体同样可以提供医疗技术以外的诸多支持，同样也可以起到巨大的辅助作用。

3. 让医生获得职业尊严

医生这个职业，赚钱是重要的，职业尊严也同样重要，我不清楚将职业尊严看得比金钱还重的医生比例有多少，但肯定还是有的；大多数人在赚了钱之后，会强调这一点，这应该是肯定的。

尤其是美容医生，只要不是运气特别差，或者走错了路，基本上实现初步财务自由并不是很难，因此按照马斯洛的五层需求模型，他们很快就会追求生理需求、安全需求之上的社交需求、尊严需求、自我实现的需求，甚至会上升到超自我实现的需求。这是人类的心智模型决定的，因此，与其让医生争尊严，不如及时地帮助医生实现或获得尊严。

4. "自律让我更自由"

这是运动圈风行的一句话，完全适用于希望赋予医生一定诊疗自由的医疗机构，也完全适用于希望获得更多诊疗自由的医生。

医疗美容终端服务由医生、机构、市场营销人员、辅助服务人员、行政支持人员共同组成，外部更有诸多的利益方和行为方，构成复杂的博弈系统。医生作为这个系统"应然"的中心，却没有"实然"的中心地位，因此也就很难拥有实际的"诊疗自由"。

医疗机构如何赋予医生必要的诊疗自由呢？或者说医生如何获得足够的诊疗自由呢？答案是制定规则，在规则内各个博弈方严格自律，恪守边界，注重协商。

医疗美容是市场化属性最强的医疗服务专业。过去20年，伴随市场化启动和发展，行业在生存和发展中创生了诸多规则，呈现了大浪淘沙的宏伟景象。虽然很多老人老机构消失在行业发展的长河中，但是更多新人新机构站到了浪潮之巅，执一时牛耳。同时，我们清晰地看到医美行业向合规、自律的方向流动，这是大势，不可阻挡。医生和机构也是相互创生的一对力量，医生拥有诊疗自由是已经在世界范围验证的好办法，也终将成为主流。

第五节
价值主张传播——优化医美转化率的基本法则

十几年前，营销界的CRO（Conversion Rate Optimization，转化率优化）曾经是

一个追求技巧的活儿,线上营销的弄潮儿们,在展示页面上,搞出层出不穷的花样,吸引人们去点击,进而转化为客户。它也可以说是百度优化SEO(Search Engine Optimization,搜索引擎优化)的进阶版。

SEO是利用搜索引擎的排名规则,以提高目标网页在自然搜索结果中的收录数量和排名的优化行为。CRO则更加注重线上对品牌价值主张的传播。人们普遍接受这种观点:价值主张的有效传递,是提升转化率的成本最低、效率最高的手段。

医美机构,特别是医生创业的机构,因为可以将医生个人IP充分展现,让价值主张的传递变得相对容易。只是很多人似乎并没有意识到这一点,白白浪费了自己的优势。甚至有的营销人员,包括创业医生本人,也从来没有用心提炼过自己品牌的价值主张。

一、医美的价值主张是什么?

医美的价值主张是一种标志,它告诉就医者通过接受服务所获得的明确的、可比较与衡量的利益。毫无疑问,就医者通过医美治疗变得美丽或者年轻或者性感,这是他们获得的可证明的利益。医美机构对这种价值的传递、交付、确认做出承诺,以此获得客患的信任,这种忠诚基于对价值交付与体验的相信。

成功的价值主张传播,可以说服潜在就医者相信你们家的技术与服务比竞争对手的要好,就医者选择了你,是因为他相信自己获得的价值更高。

便宜是价值吗?当人们无计可施或无所适从的时候,最先想到的客户转化方式就是降价。对于非标化的医疗服务,更低的价格是否意味着更大的价值,这一点是存疑的。降价通常对标准化的产品销售而言,是让消费者获益更多的方法,至于服务就不一定了。

医美的价值主张包括什么?是机构的装修,还是便宜?抑或专家的头衔?都不是,而是更美、更年轻、更性感的结果承诺,是医疗价值与美学价值的叠加。注意,"效果承诺"恰恰是医疗服务的禁区,不能直接喊出来,只能通过价值主张进行表达;可以为这个核心价值主张加分的,是安全性、更小的损伤性与过程的体验感。价格都不应该在讨论之列。

价值主张就是让潜在就医者明白并接受这些理念,它虽然不能直接创造价值,但是可以让潜在就医者感知价值的存在。

二、医美的价值主张可以被测试吗?

如果我是你的潜在就医者,我为什么会来到你这里而没去你的竞争对手那里?

这时你必须进行换位思考,通过就医者的视角审视自己的价值主张。这是重要的自测过程。

医美机构的价值主张是基于客户价值,还是机构价值,其实是一目了然的事。很多机构关心的只是自己能赚多少钱,内心深处的动机主导外在动作,骗得了别人骗不了自己。假如一切为就医者着想,只是停留在嘴上说说而已,那么后果可想而知。这是大多数机构存在的问题。

医美消费是一个重决策过程,选择就意味着放弃,这是双向的;你根据自己的价值主张,放弃了一批潜在就医者,选择属于自己的精准客户;目标客户放弃了你的竞争对手,选择了你,就意味着他听懂了你的价值主张,认同并接受了它。

医美机构的问题往往出在舍不得放弃这个环节。

这是推出价值主张的第二步测试,即测试你所选择的目标客户群体。人数有多少?他们的画像是什么?目标群体不可过大,太大了便无法精准;不可过小,太小了养不活自己。曲高和寡,不接地气的医生为数不少,让旁人不知道他到底想要什么,也是不可取的。

差异化是你和竞争对手之间的竞争力测试,这是第三步。你应该对竞争对手的价值主张有所研究,并找出自己与他们的差异化。之后的测试就可以开始了,为什么有些人选择了你,为什么有些人选择了竞争对手?问题出在哪里?选择的差异化与价值主张的差异是否匹配?不同选择的数量是多少?选择你的就医者,是你事先定位好的那些人吗?

很有可能你的价值主张不是最优的,甚至根本就是空中楼阁,没有用。这个时候,我们就需要修正它,价值主张是完全可以修正与调整的,它可以有不同的表达版本。但是价值不能被修正。

第四步测试就医者认同的是你的"价格"还是"价值"。它发生在上门之后彼此之间的感知,有人称之为眼神之间的互认,有人则把它称为缘分。

医美营销过程中有个常常挂在嘴边的词汇是"包装",人们把某个品项修饰得天花乱坠,神乎其神,却没有告诉就医者该如何选择和行动,往往让目标客户不知所措。有的时候告诉就医者如何放弃可能比如何选择更加有效。没有具体的选择标准,价值主张一定是空洞无物的广告标语。

比如，隆鼻方式的选择绝不是流行什么的问题，更不是把一套综合隆鼻术推销出去就达到目的了，无论是全肋、半肋、超肋，还是耳软骨、鼻软骨，可能不如膨体或假体更适合；它完全是根据就医者个人情况而定的，让消费者知道自己的选择根据至关重要，比只是吹嘘自己的技术头衔有价值得多。

三、医美价值主张的传播

传播方式分为三种：一是媒介传播，二是行为传播，三是印证传播[①]。

1. 价值主张的媒体传播

媒介传播经由媒介进行，可以是文字、图片、视频，也包括直播；通常的方式是不包括硬性广告在内的，只能以软广告的方式出现，多数是商业信息，也有科普的途径。微信、微博、知乎、小红书、抖音、快手、新氧、美团、淘宝直播等，都是常用的媒介。

2. 价值主张的行为传播

行为传播是转化率提升的关键，因为第一步的传播奏效之后，人际的沟通实实在在发生了，无论是医生、咨询师，还是第三方人员，都开始用语言和动作传递自己的价值主张。正确的价值主张传播，胜过无数花言巧语。

3. 价值主张的印证传播

最后一个环节是印证传播，它关系到口碑，是持续性获客的能力所在。它指的是具体的治疗与服务，你的治疗效果与客患的体验，是否能够印证所传播的价值主张。一旦印证，你的价值主张便成功地植入客患的心智，他不但会再来，还会成为播种机；一旦印证不了，那么之前的传播就成了吹牛。

4. 价值主张传播的意义

价值主张的传播之于医美，一定是线上、线下互动结合的。在O2O模式之下，尤为如此，可以让转化率得以优化。这个原则要求各个团队之间要沟通顺畅，大家有共同的认知范畴和语言体系。

不断地培训是让所有团队成员保持价值主张传播一致性的保障，说成是"洗脑"也不为过。价值主张的版本是不断演进的，表达与传播也是。当年抓阶级斗争是时代

---

① [美]威尔伯·施拉姆，[美]威廉·波特.传播学概论（第二版）[M].北京：中国人民大学出版社，2010.

的价值主张时，口号就是"阶级斗争要年年讲，月月讲，天天讲"。

为什么客户会选择你，而不选择他？为什么客户会一直跟着你，不离不弃？为什么你的粉丝会成为你的宣传队和播种机，为你带来免费的流量？为什么大家都在内卷，打价格战时，你却能保持利润和独特的竞争力？为什么陌生客户在你的机构能够顺利转化？这一切，是命中注定的吗？

本章总结

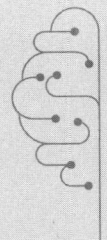

要做一个医美行业的独立思考者。

医美行业的空前繁荣，看似艳阳高照，却伴随着内卷化和平庸的恶两朵乌云。大家虽然讨论热烈，却没有太好的答案，至少很难找到符合"经典经济学理性人假定"的答案。因为，如果大家都按照最佳利益选择，按照经典经济学理论推测，内卷化和平庸的恶必然互相促进，跌入加速的下降循环。

中国知识分子古有"不为良相，当为良医"的俗语，拥有这种情怀的，都是理想主义者。原生医美人，很多是医生或者医疗专业出身，他们有着非常鲜明的中国知识分子情怀和特征。北宋大家张载的横渠四句"为天地立心，为生民立命，为往圣继绝学，为万世开太平"的理想和信念存在于很多人的心灵深处。信念是非理性的思考出发点，正是这些看似形而上的信念，才是最坚定的力量，能够带领着理想主义的医美人远离平庸的恶，帮助我们不陷入内卷。

对自己有清楚的认知，做好定位，找到正确的发展路径，就是医美的确定性。找到了确定性，就有可能获得理想的结果。

无论是产品型机构，还是技术型机构，抑或混合型机构，都有可能获得成功，关键是我们拥有什么样的思路，是否能够把握产业的底层逻辑。

马尔克斯的小说《霍乱时期的爱情》里有一句话：比起婚姻中的巨大灾难，日常的琐碎烦恼更加难以躲避。医美经营有时候就是这样，面对日常的琐碎，经历无穷无尽的烦恼，似乎这些才是我们经历的生活。

苏东坡说：人生如逆旅，我亦是行人。虽然我们也会经常因为思考"我是谁？我在做什么？我为什么这样做？得到的是否自己想要的？"这些宏大的问题而陷入迷茫，但我们还是要保持乐观、积极的心态，不管什么时期，像相信爱情一样相信美好。

第十五章

经营之道：消费医疗的服务交付

> **本章导读**
>
> 　　如果说上一章是医美运营的"道"，那么这一章便是运营的"术"。后两章涉及两个单独的话题，而本章可以说是我们对医美运营方法论的全面解读。本章的内容比较庞杂，因为运营对于任何一家医美机构来说，都是除临床之外的核心。
>
> 　　第一节是讨论运营的指导思想，小而美的医美机构必须坚守的运营原则：精要主义，只有做到了这一点，才能真正实现小而美。第二节是第一节的延续，即在精要主义的指导下，扩大机构营收的具体做法。第三节是针对医生团队而言的，赢得客户信任应由临床技术来实现，围绕这个生产力的核心，许多方面应该加以留意，否则可能对核心竞争力构成威胁。
>
> 　　第四节和第五节进入服务流程管理的范畴，我们特意用一节的内容来谈服务的优质结尾，这是一些医美机构，特别是医生创业机构容易忽略的环节，人们常常误以为有了好的诊疗，便可以不拘小节，尤其是治疗完成之后的服务。然后用了一节的内容讨论"售后"的问题，这个"售后"是借用的概念，它是客户离开机构之后的一系列动作。
>
> 　　之后的两节内容从另一个维度入手，一节内容比较宽泛，讲客情管理；后一节则是情绪管理。如果说客情管理是单向的，那么情绪管理则是双向的，即医患双方的情绪，都是被管理的内容。
>
> 　　最后一节讨论运营流程中对医疗事故的防范，主要是在观念的层面。我们认为，医患纠纷往往可能由任何流程的一个疏漏造成，而并不仅是诊疗环节的问题，这应该是全员的共识。

第一节 医美的精要主义原则

《精要主义》[①]一书带给我们许多启示。精要主义是戳中人生痛点的一个词语，是对粗陋泛滥的医美业的当头棒喝。这本书说的是一种思维模式，帮助人们摆脱无意义的多数，专注有意义的少数，成就有意义、有目的的人生。这种思维模式对医美业具有指导价值，它倡导的价值观，也是医美业极端缺乏的。

一、精要主义者才拥有医美的未来

大多数医美从业者陷入了非精要主义的圈圈而无法自拔，如价格战，如尽量迎合就医者的喜好而不顾效果，如盲目追求所谓的医美时尚，久而久之，便成了同质化的医美手艺人，几乎丧失了自己的决策权，成为心理学家所说的"决策疲劳"[②]者。

美国的Realself网站上，对每一个医美项目，都会标注大多数就医者支付的公允价格，让价格不再是医患之间讨论的选项。它引导消费者更多地关注医生的品牌和技术，而非产品或价格。那么，医美机构之间的竞争，便最大限度地剔除了价格因素。

当价格竞争不是围绕产品，而且围绕医术时，是比高还是比低呢？答案不言而喻。

二、哪些美容医生是精要主义者？

医美精要主义适合哪些医生呢？适合那些不太为生计而发愁的医生，那些对自己的医术有高度自信的人，那些格外爱惜自己羽毛的人，那些已经有了相对固定的患者群并口碑良好的人。所以，敢于做减法的医美医生，才有希望成为医美精要主义者。

第一，你要有能够删繁就简、举要删芜的能力，具备医学与美学的双重功底；第二，你敢于对患者的非理性要求说"不"；第三，敢于为自己的治疗价值报价，并坚持到底。

---

① [英]格雷戈·麦吉沃恩.精要主义[M].杭州：浙江人民出版社，2016.
② 决策疲劳，是指一个人在做了很多决策后决策质量开始下降的状态。美国著名社会心理学家罗伊·鲍迈斯特做过相应的实验，对此加以印证。《决策疲劳》一文由约翰·蒂尔尼撰写，发表于《纽约时报》。

医美精要主义者的铁律是：做得更少，但是效果更好。真正优秀的医生只做自己认为最重要、最有价值的项目，不为所谓眼前的利益所左右，也不必取悦于厂家、咨询师或患者本人。

医生的价值在哪里？不完全在于你能做非医学专业的人做不了的治疗，更在于你能够洞察到患者本人看不见的东西，你能够提出更理想、更精准的解决方案，以实现患者想达到的目的，甚至超越患者自己的想象。

三、患者为效果买单

医美治疗的独特之处在于：治疗前，选择权在患者；治疗后，责任全在医生。

医生因为什么收费？对于消费医疗的医生，你是在为给患者做出的美学设计而收费，为了你在实现设计结果而付出的医术与服务而收费，为了你那昂贵的时间而收费，为了你的临床治疗所承担的风险而收费，而不是因为你卖了多少支玻尿酸。

医生可以做得更少，但完全可以更贵；你让患者付出最小的痛苦代价，换得最理想的效果，患者当然应该为结果买单，而不是为了那些不必要的产品和治疗过程买单。要达到这样的境界，一方面是要对患者进行教育，另一方面也取决于医生对自己美学主张的坚持。

四、医美精要主义的三个要点

1. 选择

美国作家马德琳·恩格尔说过："人之所以为人，在于他有选择的能力。"[①]《精要主义》的作者说："一旦我们放弃了选择的权利，别人就会插手，替我们做出选择。"当美容医生放弃了自己的选择权时，愿意出来为你做主的人非常多。

屈从于价格战的人，正是心理学家所说的"习得性无助"[②]，他们不相信自己可以迎接挑战，而是必须随大流，因为大家都在打折降价。精要主义者必须高度重视自己的

---

① 马德琳·恩格尔（1918-2007），美国作家，以年轻成人小说闻名，曾获纽伯瑞奖、国家图书奖。她的作品反映了其基督教信仰和其对现代科学的兴趣。
② "习得性无助"是由美国心理学家塞利格曼1967年在研究动物时提出的。他用狗做了一项经典实验，起初把狗关在笼子里，只要蜂音器一响，就给以难受的电击，狗关在笼子里逃避不了电击。多次实验后，蜂音器一响，在给狗电击前，先把笼门打开，此时狗不再逃跑，而是不等电击出现就先倒在地开始呻吟和颤抖，本来可以主动地逃避，却因之前的绝望体验而放弃逃的希望，默默等待痛苦的来临，这就是习得性无助。

选择能力，并将其作为一种战无不胜的力量。

选择的对象，除了挑选适合的患者，就是挑战适合的项目，找出那个最大的痛点，以及各个项目之间的合理顺序。毕竟脸上的事，差之毫厘，谬以千里。

2. 甄别

甄别的对象是就医者的诉求之中，哪些是合理的，而恰巧又是自己擅长的；哪些治疗是根本就没有必要的。

根据著名的帕累托最优①原理：80%的成果，是由20%的努力产生的。后来它演变成重要的少数法则，即人们可以通过解决一个最关键的问题，而极大地提升效果和品质。

只有拒绝平庸的机会，才能拥抱真正的契机。大到人生，小到医美，都是一个道理。

3. 取舍

非精要主义者觉得，眼前这个患者两种治疗都想做，我怎样才能让他做得更多呢？最好是我会的，都给他做了。

有所取，就必须有所舍。取舍的内外逻辑完全是"利他主义"，说服患者在若干项目中做出取舍，这意味着自己眼前利益的减少，换取的当然是患者的利益最大化，从长远来看，自然也是医生的利益最大化。复购的成本最低，这是谁都明白的道理。

五、精要主义，既赢得尊重，也赢得利润

给患者打了折，就能赢得尊重吗？真不一定。被患者尊重的医生，往往是不打折的。这个世界就是这么有意思。

人们只会对结果产品价值判断，要么尊重，要么憎恨；而不会因你给予的优惠而增加好感，甚至原谅你的失误；患者真正爱的是自己，不是皮下的玻尿酸。

能够赢得患者尊重的医美医生或机构，就能赢得更多更长久的利润。

第二节　专科医美机构如何扩大营收？

2015—2019年，医美机构的平均生存时长（从开业到关停并转）也只有不到24个

---

① 帕累托最优原理是以意大利经济学家维弗雷多·帕累托的名字命名的，他在关于经济效率和收入分配的研究中最早使用了这个概念。

月[①]。然而据粗略估计，2020—2021年疫情防控期间，医美机构的平均生存时间并没有显著降低。因此，医美机构做不下去，疫情不是主要原因，可能只是伴生现象。

一、医美专科特色化的另一面

医美机构走向专科化发展方向是必然趋势。"专科化"这个词是借用的，医美机构（特别是医生创业的机构）的业务会逐渐细分，医生们只专注于自己最擅长的某一项治疗，以期在市场上占有一席之地。这是消费医疗的一大特色，容错率低，所以对服务与技术的要求比基础医疗苛刻。

发展专科是开办医美机构，特别是医生创业的优选。但是专科诊所往往营收规模受限，抗风险能力弱。为什么会这样？

专科细分之后，人们发现有些治疗不能一站式完成了。眼看着医美患者慕名而来只为那一项，而其他的项目会去找别人，做专科的人难免心生疑惑：有些本来能赚的钱，为什么就赚不到了呢？

医生专注某个项目之后，往往其余的项目就不再想碰，怕万一弄不好，再毁了自己的名声；有些机构为了更多营收，当然想把能做的都做了，但是其他项目的水平不如自己擅长的专项，容易搞出纠纷。这就像木桶效应：专科诊所精专的项目是木桶的长板；为了赚钱而扩展的项目却不太强，是木桶的短板。本来患者是冲着最长的那块木板来的，结果尝试了其他项目，体验到了短板的水平，从而拉低了患者对医美诊所的预期。于是，陷入一种新的矛盾。

坚持专科特色好处有很多，不足之处是抗经营风险的能力可能被削弱。例如，专注做脂肪的机构，当市场出现一个恶性事件就会受极大影响，或因疫情限制人员流动，一些机构便没了业务，有的干脆倒闭了。

医美机构缺少天然的辨识度。医疗机构很难在门面上展现自己的技术特色，那些专科特色需要通过广告宣传或商业信息对外传播，在医疗广告宣传受限的当下，技术特色的传播更加缓慢，需要长期坚持而形成口碑。但是许多机构都熬不到那一天。

二、如何扩大专科医美机构的营收

医美机构是否需要做到麻雀虽小，五脏俱全？答案当然是否定的。经营医美机构

---

① 根据亿欧行业的研究数据。

的原则是：把机构做小，把市场做大。只有这样，机构才能做到小而美。"小"是个相对的概念。

把机构做小的关键是控制成本，让成本保持在合理区间，它包括房租、设备投入、人员开支、营销费用等。低值易耗品一定要走集采路线，非连锁化的小医美诊所可以借助或者加盟集采平台。但是医美机构又不可能太小，因为有无法压缩的初始投入。就像印刷品印制，只要上了印刷机，印一页也有制版费，印十万份也是这份制版费。制版费就像专科医美机构的基础开办费和运营费。

把市场做大的关键两点是：一是将自己擅长的项目做精做强，要在自己划定的范围，成为头部医生；所谓自己划定，就是自己给自己的定位，可以是地理区域，也可以是某个项目；区域和项目都可以很小，但是一定要成为头部医生。二是将自己不擅长项目的钱也赚到手，意思是发动同行帮你赚钱。

说是同行帮你赚钱，其实你也要帮助同行赚钱，关键点是建立客户思维。客户思维是相对于产品思维而言的。客户思维是研究客户需要什么，根据客户的需求规划治疗方案；产品思维是只考虑我有什么产品或技术，只想着将自己的产品或技术卖出去。它是两个不同的思考问题的立场或角度，会带来不同的经营效果。

可以用重新组装木桶比喻这种合作。比如有17家医美诊所，大家专精的方向不同，有互补性，每家都有一块最长的木板，用最长的木板组成一个新的木桶，那么这个新木桶装的水再分配给合作机构，应该会比以前更多。而且节约了那些短木板，在这里，木板就是成本。

三、如何建立合作网络

技术组织能力是扩大专科医美机构盈利能力的不二法门。

在医生之间，找到与自己的技术相匹配、有补充关系的医美机构或医生并不难，然后将这些资源调动起来，共同完成自己机构为客户做的医美方案，然后共享利润。关键是看平时对这些资源的调动能力，是不是真的能够调动，并且在合作伙伴之间是否存在很强的互补性与信任关系，在治疗流程上是否形成默契。这样的结果，首先是客户可以在涉及的所有治疗上，都能享受到最好的水平；其次才是提供服务的各方利益均沾。

国外有成规模的 Medical Mall[①] 模式，在一座医疗综合体里，开办许多个小专科诊

---

① https://www.merriam-webster.com/medical/medical%20mall.

所，各有特色，每家只做一样，大家联合起来，就是多功能的综合体。小医美专科合作的未来可能向这个方向发展，Medical Mall 是追求效率与成本、提供多样化精品选择、一站式服务和长期服务相结合的有效形态。

和其他的小专科诊所建立业务合作关系，可以采取请进来、走出去的方式。请进来，就是请其他机构的医生来自家给客户服务，只要业务范围允许，没有违规行医就行；走出去，指的是将客户送到别人家去，由别的机构完成相应的服务。服务发起方要对整体方案负责，所以，绝不是仅仅将客户介绍到别的机构就万事大吉，它是另一个服务流程的开始，医生自己或助理必须跟踪全程，并为结果承担一定的责任。

不要担心别人把自己的客户带走，这是客户思维的关键，一切为客户着想。如果有些客户最终流失了，那就需要坐下来好好想想为什么会这样，其中一定有自己的问题，要么是服务没有做到位，要么是合作伙伴选择错误。记住，这种协作过程中最重要的是全程跟踪。

建立好合作伙伴之间的游戏规则，尽量选择那些没有业务交叉的机构来合作；但这是困难的，因为医美主流业务就那么多，大家基本都会，特别是非手术的项目，也慢慢会成为手术类专科诊所的标配，所以，完全没有业务交叉的诊所几乎是不存在的；故此，合作各方的诚信与对游戏规则的遵守至关重要。合作一段时间，便会自然而然地形成相对固定的合作关系，优胜劣汰。

如何与合作机构分账呢？有没有统一的标准呢？当然没有，完全是合作各方之间谈出来的结果，也会有一些约定俗成的规矩，总之，找到"甜点"。什么是"甜点"？就是打高尔夫球的时候，那个最佳最舒服的击球位置，也就是让合作各方最舒服的分账标准。第一，分账标准不要违背社会的公序良俗，脱离行业公认的、公允的、合理的分利原则；第二，这个分账标准不要让自己的团队不痛快，从而导致合作只是流于形式，无法持久；第三，不要让合作方不愉快，进而产生挖走你的客户的想法；第四，一般人可能不太留意，就是这个分账标准完全可以让你的客户知道，而且不会心生反感，一切是公开透明的。满足了这四点，就算是找到了大家分润的"甜点"。

转诊一定由医生亲自来做，如果医生忙不过来，也最好由机构的负责人来跟进，并且让客户清楚这是医生的主意。一方面显得专业，另一方面显示对客户的重视。如果完全将这种转诊合作交给销售人员去完成，不仅容易混乱和发生腐败行为，而且过于商业化，少了医疗色彩，完全表现不出你们的客户思维。

服务要跟踪到底是一个原则，前文已经说过了，这里再强调一次的用意在于，它同时也是质量控制的过程，随时发现合作伙伴存在的问题，并且立即与合作方协商处理，绝不能让服务或治疗上的瑕疵酿成纠纷或事故。

医疗行业没有百分之百的安全，万一发生了纠纷怎么办？一定不能回避，要和那家机构一起承担后果。这也是业务协作的另一个重要原则，因为方案是你做的，而且你还参与了分利，那么这个治疗不管在谁家做，都和你有关系。尽管在医疗责任上已经发生了转移，但道义上和服务上的责任，没有完全转移。

医美业务的极度专科化和业务协作网的建立，是未来医美消费的主要场景，也能够整体性地提升各专科医美机构的营收和整体医美水平的展现，最重要的是能够提升医美消费者的服务体验，并获得尽可能好的效果。

中国医美市场整体渗透率的提升，在很大程度上，有赖于这两个路径的共同成长与成熟。

第三节　美容医生怎样快速赢得客户的信任？

经过大众传播来获取信任感，是一个很漫长的过程，大部分受众对此无感，他们更愿意相信自己亲眼所见；而试图用广告的方式让人相信你的代价就更大了，无论投入的是金钱还是时间。一位专业人士，例如医生，很可能因为优雅整洁的外表以及严谨温和的谈吐，瞬间赢得客户的信赖；也可能要经过长时间的接触和治疗结果的验证之后，这种信任感才姗姗而来。怎么说呢，就是因人而异吧。

消费医疗面临两个入口：流量入口和认知入口；流量入口需要资金投入，认知入口需要的就是能让受众建立信任感的信息传播。信息传播既有借助媒体的传播，也有人际传播，相辅相成。

一、美容医生要与客户建立信任

1. 效果是信任的金标准

天花乱坠的溢美之词抵不过一个满意的结果，客户得到了完美的效果，信任感便有了基础，多余的话不需要多说。所以，案例展示成为医生们推广自己的有效武器，案例越多，给人的信任感就越强。但是，为什么有时医生搬出一大堆案例，就医者看完之后却找借口走了呢？

案例的制作同样要遵循真实性的要求，粗制滥造的案例册往往适得其反，特别是那些模糊不清、随意拼凑的相册，让人以为这个医生不太"高级"。挑剔的客户喜欢选择"讲究"的医生。拍摄和制作对比照片本身就是一门专业，一个连对比照片都拍不好的医生，很难想象手术效果能好到哪里去。应该在术前术后保持同样的角度和光线，万万不可对照片进行后期处理，就像制作学术图片那样。一旦观图者发现照片是经过人为处理的，处理得再好也没用，对这个医生的信任感立刻荡然无存；假如发现使用别人的作品，那就更不用说了，人们心里会说"这是个骗子"。

2. 不满意，也不失去信任

不满意结果是经常遇见的，这是考验沟通能力的时候，当然，我并不是建议医生巧舌如簧，把黑的说成白的，大多数情况下，医生无法将一个不满意结果说成满意的。沟通的任务是避免冲突，这是第一步。

医患之间爆发争执或冲突只能让事情越来越糟。医生的任何焦躁或不耐烦都可能激怒患者；医生要学会控制自己的情绪，对客户诚恳相待。

3. 危机中建立信任

出现手术意外和医疗事故时，对医生是个巨大的考验，尽管多数时候这种事不需要医生本人出面，但是医生的态度对问题的解决起关键性作用。在危机面前表现的担当，以及勇于承担的精神，可能会为医生的"信任感"加分，无论是在患者面前，还是在合伙人面前。

没人会对一个喜欢推卸责任的人有好感，更不用说建立信任感了。

4. 关注别人对自己的包装

客户群体总会变得理性，越是文化程度高的人，越不会轻易被"包装"的溢美之词所迷惑，他们会通过各种渠道打听医生的底细。总体来说，他们对诸如泰斗、教父、宗师、大师、翘楚、第一人等词汇是无感的，因为这些词汇被用滥了，他们对哪些是过分的包装语言心知肚明，这些信息会严重影响对医生的信任感。

很多情况下，这些夸张的描述并非出自医生本人的手笔，都是营销人员所为，有些医生会主动更正，也有些医生为了配合营销而听之任之，或者睁一只眼闭一只眼，就这样在不知不觉中,丢失了客户的信任感。

医生应该密切关注营销人员描述自己的语言,无论是网络推广的内容,还是自媒体内容,都应该在关注之列。

二、失去客户信任的几种原因

以下几种情况,不可能赢得信任,更不会获得尊重。

1. 自吹自擂,欲速则不达

多数情况下自吹自擂都会无济于事,谦逊和儒雅才是博得信任感的最佳品质。虽然医生都很骄傲,但是必须懂得欲速则不达的道理。可惜的是,有太多医美医生放弃了谦虚的美德。

2. 贬低他人,抬高不了自己

贬低他人只能获得一时的口舌之快,听者虽然嘴上不说,心目中绝不会因为你对同行的贬低而对你信任有加。当然,被贬损的医生形象可能在听者心中受损,但是说别人坏话的人,形象跌落得更惨。

3. 推卸责任,责任不会离你而去

医疗行为是团队协同的过程,医美治疗是医患共创的过程,因此出现纠纷时,总能找到推卸责任的理由,然而推卸责任的表达一旦出现,不仅无济于事,还会让信任感连带丢失。

三、诚意的表达,必有诚意的结果

1. 敢于说不

敢于对客户不切实际的要求说"不"的医生,比什么都答应的医生,更容易赢得信任。客户有时候会质疑那些完全听命于就医者的医生,感觉他们表现得像售货员。

2. 承认自己的不足,并赞美同行

一般的印象是:越杰出的医生越敢于承认自己的不足,同时为客户推荐他认为比自己优秀的医生,并赞美同行的技术,客户心里将充满感激,他认为你是全心全意地为他着想。

聪明的医生只会在自己最擅长的领域保持权威性，把其他的领域让给其他优秀的人。当一个医生由衷地赞美其他医生的时候，听者自然而然地会将眼前的人与被赞美的人联系起来，而且一般人会认为眼前的人更值得信赖。

3. 销售永远是次要的

让面前的客户真切地感知到你是在为他好，而不是为了销售，是建立并维持信赖感的法宝，当然，这一切必须是真心实意的，否则就是入戏再深，也有露出马脚的那一刻。真正让人信服的医生都是认真做好服务，为客户创造价值，自己顺便挣些钱。

4. 条条大路通罗马，让你的客户得到最好的结果

先在医患之间建立互信，然后可以用许多方法实现客户价值最大化，自己做当然最好，也可以请别的医生帮自己做。总之，让就医者获得最好的结果，便可以巩固这种信任，保持长期良好的医患关系。

第四节　关于医美服务的优质结尾

日本人做生意的时候，客人离开，店主会站在门口礼送，先鞠躬，然后目送客人远去。尽管带有强烈的表演色彩，但却让人印象深刻。

医美机构面对激烈的市场竞争，大家都在迎接客户进门的环节上做足了文章，但是很少见到有在客户离开的环节上下功夫的。进门的时候，笑脸相迎；离开的时候，却显得冷漠，这样的事屡见不鲜。这些客户还会再来吗？尽管大家都知道，回头客才是最稳定的客源。

王国维先生在《人间词话》里总结了三个境界，用来形容医美服务，十分贴切。

独上高楼，望尽天涯路；

衣带渐宽终不悔，为伊消得人憔悴；

蓦然回首，那人却在灯火阑珊处[①]。

十数年寒窗用功，精磨技艺，终于在某个领域独上高楼，成为有名望的专家；

为了就医者的美，哪个医生不累？哪个员工不憔悴？

---

① 王国维. 人间词话[M]. 上海：上海古籍出版社，1998. 诗句是王国维总结的诗词和词人的三种审美境界。

最后的一环，却更为重要，客户离开的时候，还会回头。

所以，服务的最高境界，让人还能回头，还能回来。回头客是医美机构最重要的客源。

一、优质的结尾更重要，结尾定义了整个过程

如何建立医美客户的黏性，一直是医美从业人员热衷的话题，千万不要以为开设的复购率高的项目，就有客户黏性了，事实上可能完全不是那么回事。如果将复购率高的项目作为"引流"项目，更有可能事与愿违。

1. 项目设计与规划

直观地看，低频与高频相结合的项目设计是增加客户回头率的方法，但这不是本文的重点。

指望卖卡，让客户加入疗程的方法是常见的，单纯做鼻整形的机构也会增加非手术光电项目以提升复诊率，然而项目结构永远是物理性的，不是化学性的，真正提高回头率靠的是化学反应。这一切以品质为前提。

2. 医疗品质永远是首要因素

当然，诊疗品质与美学效果永远是第一位的，这一点毋庸置疑。如果说消费者的第一次选择是基于广告宣传、价格吸引、意见领袖指引等因素，那么，效果就是影响其第二次选择，乃至今后无数次选择的核心因素。

口碑的重要性不用过多的笔墨渲染，它完全是由医生的诊疗结果带来的，如果能够有更多的感性因素叠加，口碑就会变得更有内容，比如医生的个人IP。

3. 医生IP与影响力

个人IP的作用不单是前期营销的需要，当人们在经历过服务体验之后，印证了医生的个人IP的内涵与可靠性之后，这个IP方才具备二次传播的价值。人们会口口相传令他们心动的品牌故事。

优势结尾，是那个让个人IP得到一次强化的绝好机会，而不是开始的时候。好的服务结尾，就像美妙的音乐结束后"余音绕梁、三日不绝"的美好心灵体验。

4. 客带客的技巧

人们时常会误解，客带客是由某个软件完成的，如手机里的那个小程序可以给带

客的人一定的奖励。这是基于利益分享而来的一种营销方式，不能说它一点用也没有，但是它绝对不是目的。当人们不是发自内心地认同一家机构时，他可能并不十分在意你给他的那一点点奖赏。

所以，再好用的软件，也比不上一个让人记忆犹新、念念不忘的道别。

5. 服务水平可能是同等重要的

我们不得不面对同质化的挑战，假定在诊疗水平和美学效果上大家是趋于同质的，那么服务的重要性便凸显出来了。如果整个服务感觉良好，单单是在客户离去的时候，缺失了充满情感道别环节，那么，遗憾的发生可能在所难免。对于一家机构来说，这个人是不是还会回来，就有一些不确定性。如果在最后的环节得罪了客户，那么很可能他会因为情感的疏离而选择别的机构。

优质的结尾，可以帮助机构及时地掌握客户的服务评价，以及他没有实现的诉求，包括有哪些不满意的地方，这是个良好的后续服务机会。你会感觉还有许多工作可以做，就这些问题再与客户联系的时候，也不会显得唐突。

二、怎样设计优质的结尾

医美服务的结尾部分通常由两部分构成，一是结果，二是结束。结果与信任度相连，结束则诉诸情感，即你是如何与你的客户道别的。

1. 详细的沟通

我见过许多次客户完成治疗后，孤单离去的场景，大家都在忙碌，无暇顾及已经完成治疗的客户。有时，他们路过前台，忙于事务的员工连头都不抬。

消费者完成一次治疗，准备离开的时候，医生、助理或者护士对其进行详细的术后交代是必要的，哪怕是完全重复的内容，也值得去做，离开之前的沟通越详细越好，而且要不厌其烦，表现得体贴入微。

术后注意事项、对可能的并发症的预防、下一次治疗的时间、生活方式的配合等，都是在临出门之前需要详细沟通的事项。

2. 心理疏导

不要以为心理疏导是开始阶段的事，结尾部分的心理抚慰可能更为重要。治疗之后，有些人是放松的，有些人则可能陷入新的焦虑，心理疏导的作用不可小觑。

尤其是第一次做侵入性治疗或者日间手术的客户，送别时候的心理疏导尤其重要。不到位的结尾心理疏导，没有预设好治疗后或术后体验的暗桩，绝大部分客户会出现复杂的心理变化和情绪反应，极其容易导致对机构、医生、服务团队做出负面评价。而这一评价是"第一印象"，一旦形成，很难纠正。

3. 让客户带走启发

人的大脑就像一部过滤器，能够从无穷无尽的选择中过滤出自己想要的。但是，人的选择通常依赖直觉，这是与生俱来的过滤本能，所以表现为非理性的特质。这个时候，结尾部分的启发便显得十分重要。

客户在机构已经有了体验，完成之后，他们对于新的建议就会放下内心防备的武器，医生在这个时候，可以给出更为合理的建议，因为就医者进门的理由是多种多样的，他们可能是受了其他人的影响，选择了并不一定十分适合自己的项目，或者说并不是最优选择。

4. 同质化竞争中的情感武器

真诚永远是第一位的。一位来自上海的年轻人介绍他的医美经验，即首诊不推销，结束后必须有人站在门口目送客户离开，直到远去。他们的做法赢得了许多好评，我想最主要的是表现了真诚。

怎样和你的客户道别，应该不拘一格，怎样能够展现企业的文化和价值观，怎样能够拉近与客户的情感纽带，各家都有各家的高招，需要反复强调的是，结尾有时比开头更重要。一些机构总是会犯顾前不顾后、顾头不顾尾的错误；对于医美客户来说，服务的结尾部分对他们来说，涉及信任和情感两个方面的因素。

离开的时候，给予一点小礼物的馈赠，也是联系感情纽带的好方法。

医美的消费大单绝大部分来自"改善型医美需求"，而不是"缺憾弥补型需求"。这种大单的需求方本身想要的就是审美关怀和人文共鸣。这时候最值得重视的就是共情能力。服务有了共情能力，客户才能敞开心扉，才能有更美好的医美互动关系。机构或医生给客户提供以医疗服务实现的审美关怀和人文共鸣，客户获得了情感满足和心灵愉悦。就像艺术审美一样的消费体验，好的结尾，决定了整个服务的"高度"和"品质"。

5. 道别的人，最好是同一个人

熟悉的事物和熟悉的人，总会让人感觉良好，同时让人对自己的感觉也很不错。

大的品牌，拥趸都有很高的熟悉度，对人也是如此，而且，每次同样的人与之道别，会带给人稳定性与安全感，稳定感对医美机构的品牌来说是至关重要的，同时会一次一次地加深印象。如果换了一个新的人，那么道别的内容与情感氛围都会产生变化，客户还需要有个适应过程，效果马上就流失了一些。

6. 出现问题立刻解决

道别的时候，也是不满最容易被提出来的时候，听的人一定要有充足的耐心，仔细听完对方诉求之后，面对问题，立即解决，绝不能推诿了事，下次再说。

如果得过且过，真的将事情推到下次来的时候解决，那么可能就不是简单的事情了，解决的难度或许会增加好几倍。

技巧高超的人不会让客户带着任何不满离开，正视客户的不满，并给予及时的解释或处理，是负责任的表现。这对机构品牌与医生个人IP，都是加分项，可以让坏事变成好事。

第五节　医美机构的售后服务

有不少医生的医疗水平在业内属于上乘，也因此走入服务的误区，认为维持了较高的医疗水平，就是最好的服务。所以，在服务环节，可能存在诸多缺陷。

一、医美售后服务：从义务到权利

起初，售后服务是一种义务。后来，售后服务是一种权利。

先讲一个故事：十几年前，手机、互联网还没有称王，电话还是主要的沟通方式。有个姓王的人，办理各种客户信息登记时，会用自己的姓加上商户的名称组成自己的名字。比如在中国石油办理会员卡，填写的名字是"王中石"；在建设银行开户，填写的名字是"王建设"；在运河高尔夫球场开卡，填写的名字是"王运河"。一般填完名字后一天内就会收到"售后服务"电话，比如有一个电话说："您是王中石先生吗？我们是BMW车友会，为您提供爱车增值服务……"这样，老王就知道他在中石油登记的信息已经泄露出去了。再比如又来一个电话说："您好，王建设先生，我是胜券理财VIP经理，我们有稳健投资产品专门给银行VIP客户提供增值服务……"

通过这个故事，我们可以回溯出，售后服务在消费者眼中可能会变成什么形象。直到现在，还有一些老医生不勉强顾客留下太多个人信息，只要满足医疗文书的要求即可。这种现象，与售后服务起初给消费者留下的复杂印象有关。

随着医美的消费属性和医疗属性不断交织，出现的问题越来越多，售后服务也在其中。如何理解和认识医美的售后服务，是我们必须面对的基本问题；如何做好售后服务，更是决定一家医美机构能走多远的大问题。

"我厂产品实行三包，质量过硬，而且提供优质的售后服务。"这样的话在几十年前的广告里经常出现，那时候的售后服务先是责任，后是承诺，远远不是新销售的开始。经济发展，商业蓬勃，售后服务已经不仅是义务和责任了。

医美的售后服务，逐渐从义务变成了权利。只有把医美的售后服务当成权利，才能更好地理解售后服务，进而做得更好。

二、医疗与售后同等重要

医疗部分的售后服务，应当属于术后和治疗后的护理和随访，归于医疗程序，虽然也需要借鉴更多的现代售后服务思想和方法，但还是以医疗为主。它是可以根据不同的术式而程序化的。

医美的售后服务脱胎于整形外科，具有明显的周期性。一个手术做完、护理完、随访结束、病案室将病历定稿确认存档，意味着售后服务告一段落。虽然在客户整体美的需求驱动下，在各种商业成功的示范下，美容外科的售后服务越来越长尾，但还是具有明显的医疗服务属性。北京某大三甲医院心脏中心主任曾经说过：我们做过上万台心脏外科和介入手术，但是术后3年有效回访率低于20%，很多患者手术做完了，就再也见不到，联系不上了。

医美手术与此类似。售后服务是医疗程序的自然延伸，直到非手术和美容皮肤科与美容外科越来越紧密绑定，这才改变了医美售后服务的内涵和外延。商业视角的售后服务，本质是构造销售闭环。

人文关怀视角的售后服务，应该是美学价值的塑造和升华。医美服务强调长时间线内的效果，客户更关注主观感受、美学体验、生活信心提升、社交成功等医疗效果外的边际属性极强的"效果"。如果医美机构（医生、助手、咨询师、客户服务部门、内容生产部门等）能在人文关怀方面做好售后服务，私域流量的"量"也就有了保障。

人文关怀视角的售后服务，与医疗视角和商业视角是不同的售后服务。很多医美机构或者偏重医疗，或者偏重商业，却不在人文关怀上下功夫，这是医美机构做售后服务最大的缺憾。医疗严谨规范，商业具有攻击性，如果没有人文关怀的补充和弥合，怎么做都不会太对。

医美的售后服务，应当在逻辑上分成三个部分：医疗部分、商业部分、人文关怀。医疗部分由医疗团队完成；商业部分由销售和市场团队完成；人文关怀由医生（助理）、客户服务团队完成。三个团队可以二合一、三合一，但是分工和逻辑必须清楚，否则售后服务就容易变成大家都不愿意碰的义务。医美的售后服务如果做好了，会从成本中心变成利润中心，大家都抢着做。

很多机构会将需要做售后的客户分成A、B、C等几个等级，然后分组做服务。往往A类客户售后服务是"香饽饽"，意味着成交和销售业绩，对大家是权利。C类客户售后服务大家躲着走，意味着麻烦和无休无止的没有销售业绩回报的琐碎服务。B类客户介于二者之间，要看谁在做售后服务，持有什么样的观点，掌握什么样的工具，才能给出客户的售后服务价值。

从医美获客成本、积累客户的代价上看，每个客户都是昂贵的，承载着成本，预示着未来收入的期望。因此，对客户做好售后服务是销售闭环里最重要的部分，售后服务应当视为权利，而不是单纯的义务和责任。

三、售后服务的两种旧的思维模式

因为困于商业诉求和囿于医疗传统，医美机构的售后服务，容易被两种旧有思维模式限制，导致出现诸多问题。

1. 售后服务只是为了销售

这一点几乎所有人不会反对，客户自己也清楚。在这个思想指导下，很多"整体设计""医美套餐"粉墨登场。客户在刚开始对医美感兴趣时，就在咨询中被设计了未来的"形象打造计划"，服务一开始就确定了未来的走向，一旦开始，未来都是售后服务。这是极端的例子。更多具有商业属性的售后服务，客户并不愿意参加，几乎医美机构所有的线下、线上活动，都被客户视为销售活动。因此，售后服务只是为了销售，已经成为医美机构和客户固有的思维定式。这样的结果是，任何售后服务、邀约都是大难题，第一关特别难过。

2. 治疗完成之后，便撒手不管

医疗类售后服务的目的就是完成医疗程序，确保合规和医疗服务质量。美容治疗的SOP（标准操作程序）越来越完善。外科手术有指南、临床规范，护理有严格的程序，回访和复诊都有CRM和HIS软件帮助制定列表。对于很多医美机构，尤其是门诊量大、治疗案例多的机构，治疗完成后，完成基本的医疗程序之后就撒手不管了。

在机构内部表现为，医疗服务团队、商业销售团队与人文关怀团队沟通不足。太多医美机构医疗团队与商业团队之间是割裂的。医疗团队认为自己与商业无关，商业团队则认为医疗团队呆板和傲慢。这两个团队之间没有自动弥合的简易方法，需要第三方力量参与，才能做好医疗程序的后延，才能赋予商业服务款款温情。

四、售后服务的两种立场

孔子说：君子喻于义，小人喻于利。义利之辨绵延中国历史，分野社会价值观2000多年，至今在医美机构售后服务上影响强大。基于义还是利是两种不同的立场，分流出基于利益关系的客带客与基于口碑推荐的客带客。

1. 基于利益关系的客带客

那些曾经吸引医美人无数注意力的多级分销（受法规影响，收敛为三级之内的分销），后来都怎么样了？以线下拉人头模式为标志的基于利益的客带客，对于初创机构和品牌，具有强大的吸引力，一旦应用成功，效果很好。本来多级分销进行得很顺利，但是遇到了移动互联网，也就触顶了。

基于利益的客带客，看上去很美，但是适用范围有限，只能是助推或者周期刺激，成不了主流。而且，按照国家医疗监管合规趋势，以及随着金税工程四期逐渐落地，基于利益的客带客系统，将被抽离大部分利益，从而变得价值越来越低下，应用范围也越来越窄。

因此，医美机构的售后服务和客情管理的效益，不能单纯从基于利益的客带客系统产生。

2. 基于口碑的主动推荐

不论是美容医生，还是其他专业的医生，成长过程往往有一个漫长的平台期，可能前10年或20年，甚至更长的时间内都是在失望中积累。突然有一天，积累跨越了网络传染的阈值，就成为头部大牌，社会影响力和经济能力呈几何级数爆发。

非手术医美注重个体感受，客户的主观评价最重要，医生与客户构成的社群舆论影响力决定医生的影响力。因此口碑起到决定作用。有些医生看到网红主播带货很羡慕，也希望自己成为那样的网红医生。愿望很好，但结果往往不尽如人意，没有充分的口碑积累，达不到爆发的阈值，怎么努力也没效果。因此口碑积累，未来将决定一切。

这里是以医生为主角进行讨论，未来医美机构就是医生的聚合，是医生IP的聚合，因此对医美机构来说，基于口碑的主动推荐也是决定因素。

基于口碑的主动推荐，在CRM软件里是可以计算的量化指标，可以用于一个医生、一个团队、一个顾客、一个项目……这个量化很重要，但是医美机构更强调"客情"，更注意销售额、收款额、划卡额等具体金额，不怎么关注复杂综合的CRM指标。就好像用金融投资软件做金融市场投资，有人看涨跌，直接低买高卖；有人看趋势，做多做空得心应手。医美机构售后服务和客情管理，实际上是在管理未来趋势，是为了趋势服务，应当一半注重现在，一半注重未来。

基于大销售闭环和人文关怀的售后服务应该是工作重点。医美售后服务要着眼未来，做好当下。这很难，难在画地为牢和思路狭隘。因此，笔者思考的结果是提倡大闭环销售式的售后服务，那些可以交给软件工具和信息化方法的可以交出去；需要用专业售后服务团队的，就要花大力气，去实现具有人文关怀的售后服务。医美售后服务应当分成医疗、商业、人文三个部分，分而治之，用大销售闭环统领全局。

第六节　医美机构的客情管理

客情管理与售后服务有关，也与CRM有关，具有独特的意义，是医美持续成交的关键所在，对高成本获客的医美机构来说，好的客情管理是非常重要的能力。过去对如何做好客情管理众说纷纭，现在有了比较集中的看法，私域流量的良性循环就是其中最重要的部分。客情管理其实与售后服务含义接近。

一、医美客情管理是什么？

客情管理源于客户关系管理。为什么那些渠道医美的客户明知渠道商要赚他的中间费用,还要跟着渠道商们走呢?是这些客户真的傻吗?不是的,原因是渠道商们的客情管理做得好,而客户正需要这样的精神寄托和精神宣泄。

客户关系管理[①]指通过对客户数据的历史积累和分析,CRM可以增进企业与客户之间的关系,从而最大化增加企业销售收入和提高客户留存。

客户关系管理如何简化成客情管理呢?追溯源头,先看看"情"怎么理解。首先主观层面,是"心情",它代表情感、情绪、关系强度;其次在客观层面,是"事情",它代表状况、交易、交往内容。规范化客户关系管理已经由CRM软件系统用最大化方式实现了,几乎所有流行的客户关系管理工具,都会在第一时间被软件供应商加进CRM系统里,当然是否增加费用、要不要用是另外一回事。因此,可以工具化的工具化,交给了软件系统,那些生日提醒、纪念日提醒、复诊换药排期、节假日促销活动、品牌活动、客户回访记录等都交给了软件和云服务平台,AI和大数据做了越来越多的事情。

CRM工具化之后,剩下的需要与客户交往的那一部分,就是大家谈论的客情,也是客情管理应该管的。

医美机构如果拥有了完整的售后服务系统,那么客情管理就已经包括在售后服务系统之内。售后服务系统的逻辑划分是医疗、商业、人文,客情管理应当管的也是这三部分。

医疗类客情管理,应当由医生助手、护理团队等Medical Professional完成,医生可以参与,医生应当是尽责的象征者,而不是细节的执行者。这部分不要复杂化,严格按照医疗合规完成即可,更多的交给商业和人文。

商业类客情管理,应当由销售和市场人员完成,有些机构可能交给客服部门完成。商业类客情管理有三个目的,分别是:客户本人复购和发生新订单;客户认可服务转介绍和带动其他客户的订单;客户主动传播,影响更多人。

人文类客情管理,应当由医生、客服、内容服务部门、企业文化传播部门完成。建立客户俱乐部、给客户提供私人医生服务、交流美学经验、提高审美情趣、辅助社交成功、分享艺术内容等,都可以成为人文类客情管理内容。甚至,为了满足客户自我实现的心理需求,做大型现场活动也是经常采用的方式。

对照售后服务,客情管理更像是上层建筑,售后服务是经济基础。没有良好的售后服务,客情管理往往就失去了价值和意义。

[①] Customer Relationship Management,缩写CRM,是一种企业与现有客户及潜在客户之间关系互动的管理系统。

二、私域流量运营与客情管理

对很多医美机构和从业者来讲，私域流量概念太大，没有抓手，不知道应该如何经营。我们从客情管理角度再说一点看法。

1. 美容外科与美容皮肤科的殊途同归

美容外科的客情管理，一般是医疗第一，商业第二。外科手术医疗属性更强，规范更多，因此，做美容外科的客情管理，在围手术期都要医疗优先。

美容皮肤科的客情管理，一般是医疗与商业并重。美容皮肤科（非手术医美）的医疗属性同样很强，规范也不容含糊，同时非手术的医疗风险相对较小，医疗品质可控性强，因此做美容皮肤科的客情管理，在治疗阶段应医疗与商业并重，在非治疗阶段，商业属性更突出。

美容外科和美容皮肤科的客情管理最后要同时收敛到人文关怀方面。因为，严谨的医疗，丁是丁，卯是卯，不能用来做流量；功利的商业，更需要含蓄和不断赋予新意义，不适合用来做流量。那么，这两者最终需要从美学、人文的入口进入，最终回到医疗和商业。

2. 标准化的程序很重要

医美售后服务和客情管理标准化不能只靠CRM软件完成。CRM软件往往给出一个SOP框架，但是细节需要自己设定。这是一个很大的门槛，许多小机构进不了门，也就难以获得标准化的力量。

为了让私域流量赋能客情管理，需要标准化。标准化需要解决两个问题：能不能标准化？值不值得标准化？

先说第一个问题：能不能标准化？

医疗部分的客情管理必须标准化，要严格执行，制定严格的制度和考核节点，不能错，不能少。

商业部分的客情管理尽量标准化，要用小步快走、敏捷迭代的方法。因为商业环境瞬息万变，新的市场角色和机会稍纵即逝，热点一闪而过，所以商业部分的标准化应当保持适当灵活性。比如节日、纪念日、新品发布、客户答谢、艺术分享、美学课程等都不能放过，要进入标准化。同时有些不可预计的商业机会无法标准化，如社会热点、突发事件带来的CRM管理机会，只能有粗略的框架标准，但无法预先指定细则。

人文部分的售后和客情管理做短期标准化。短期标准化就是每季度、每年都审核和迭代这部分的内容，及时调整。不能一份SOP一下子用一年，甚至几年。医美具有强烈的时尚属性，同时美学和艺术特质还让医美的人文特质流动多变，针对这些内容做售后和客情管理，需要不拘一格，而不是拘谨刻板。

再说第二个问题：值不值得标准化？

作家博尔赫斯说："凡事总有一个经济学的解释。但除此之外，无疑也有其他的解释。"这句话的意思，首先是经济学解释有普适性，没有效率或者不具有经济价值的商业选择，往往都面对着值不值得的问题。

对于医美机构的客情管理来说，应该标准化的都已经标准化了，没有标准化的交给私域流量运营。当然，事情不是一成不变的，新工具会提高效率，让以往不能标准化的可以标准化。就像湿法膨胀吸脂①发明前，老的纯外科式去除脂肪的手术难以标准化一样，医美售后服务和客情管理标准化需要跨越门槛，要考虑经济性，而不是为了标准化而标准化。

医美私域流量运营给人们描绘了千人千面、一人一方的美好前景。这很容易让人们认为标准化不重要了。不是这样的，标准化是工业文明和科学技术发展最直接的成果，否则不会出现非手术医美因为逐渐标准化而呈现的巨大能力。虽然值不值得标准化的问题，无法给出统一的分界方法，但有一点是肯定的，标准化代表将不确定的确定下来，以后照做；不能标准化的意味着在边界探索，以拓展行业发展空间。

三、医美服务的升级与迭代

与50年前比，医美服务的品项、术式发展已经超越前人的想象。与10年前比，非手术医美的人口渗透率和在全球搜索引擎内的热度与搜索次数，是2012年前的从业者们无法想象的。那么未来5年呢？未来10年呢？

医美服务升级与迭代一直在加速。我们的售后服务和客情管理经验，都是源自整形外科。就像我们这几辈人过上了1949年以前出生的人无法想象的物质文化生活一样，医美的先行者无法想象医美的售后服务和客情管理已经变得如此丰富多彩。

胸腔镜术式普及前，肺部小结节切除是大手术，有时候甚至需要开胸，要住院一周，还要带着胸瓶和胸腔闭式引流。单孔胸腔镜手术普及后，肺部小结节手术只需要在

---

① https://www.plasticsurgery.org/cosmetic-procedures/liposuction.

肋骨上开一个2~3厘米的小口子，在几分钟内就可以完成，术后直接关胸，甚至成为日间手术。

心脏介入手术普及前，冠状动脉搭桥手术是胸外科的天花板手术，锯开胸骨大开盖手术，甚至需要心脏停搏，体外循环。心脏介入手术普及后，绝大部分冠状动脉搭桥手术用介入加支架就可以搞定，患者术后麻醉苏醒后就可以恢复活动。

医美也是如此。术式进步和迭代脚步不可阻挡，服务也必须迭代和升级。射频治疗的热玛吉，中胚层疗法范畴的水光针，虽然让很多人觉得莫名其妙就火了起来，但那代表一种趋势，我们不能视而不见。除了更加简单明了容易传播的医疗程序，其售后服务和客情管理同样非常重要。因此，客情管理是与技术进步和传播紧密联系的。

医美服务快速迭代，有市场发展的原因，也有监管收紧的原因。我们要面对很长时间的快速迭代。这是无法改变的现实，那么我们的客情管理怎么应对呢？过去的方法不灵了，很多关键指标发生了变化，这需要私域流量循环这样的客情管理框架。

四、医美服务最忌讳驼鸟主义[①]

医美机构存在一种普遍现象：客户的问题解决不了，就假装看不见；客户的服务太难做，干脆绕过去不做。这就是医美服务的"驼鸟主义"。但是客户们一点儿都不傻。

渠道医美也面临同样的问题，它们更积极一些，正面解决不了的问题，就想个代偿的办法混过去。结果是，装驼鸟的最终没有打过想办法代偿的。

很多医美售后和客情管理问题，没有直接的方法和简单有效的答案。最后起作用的往往是一些变换一下的代偿方法[②]。因此，做好医美的售后和客情管理，归结为向人文关怀靠拢，将问题分类、区别对待，能解决的及时解决，没有好办法的要有代偿措施。最好的代偿措施是与客户建立共同的价值联盟。

医学、商业、人文，是做好医美机构售后服务和客情管理的分类方法。现有的工具，源自医疗和西方商业范式，而我们需要的是符合中国人情感和文化需求的新工具、新方法。私域流量循环是一个越来越清晰的思路，也许新工具、新方法将从中产生。

---

① 驼鸟主义也称"驼鸟精神"：是指驼鸟遇到危险时，不是积极寻求解决方式逃离，而是把头伸进沙堆，当什么都没发生。

② 代偿是自我防御机制的一种，代偿性防卫机制是用另一样事物去代替自己的缺陷，以减轻缺陷的痛苦。这种代替物有时是一种幻想，因为现实上得不到实体的满足，他便以幻想在想象世界得到满足，有时用另一种物件去补偿他因缺陷而受到的挫折。这类防卫机制分为幻想型和补偿型两种。

如何实现私域流量的循环呢？私域流量看上去很美，有时却像天上的彩虹，可望而不可即。如何实现私域流量的循环，并从中获利，从而取得竞争优势呢？现成的一个方向便是与客情管理融合。

首先，坚守医疗合规，用医疗专业团队的严谨和细致获得客户的信任；其次，做好体面而诚恳的商业推荐，保持与客户持续成交，重契约、有责任感，与客户构建利益共同体；最后，发力在人文关怀上。时刻不要忘记医美的价值是"采用医疗技术实现美学目的"，客户的持续消费、主动推广等都源于医疗和商业之上的人文关怀，这是客情管理的目标。

第七节　情绪管理在医美实操中的应用

那些表现突出的医美女性咨询师，哪怕正在因为私事而哭泣，只要客户来电话，立刻变脸，清清喉咙，开始和对方甜言蜜语，浑然不觉脸上还挂着晶莹的泪珠。

情绪有时候是天使，更多时候像魔鬼。好的情绪管理能让医美效果加倍，无论近期的，还是远期的；而坏的情绪会让效果归于虚无，甚至造成恶果。

很多恶性的医美争议和纠纷，不是源于医疗失误，其罪魁祸首是不佳的情绪冲突，并且对恶劣的情绪不加以控制。

许多医患和谐的美好故事，不是因为超凡入圣的医疗技术，而是得益于恰如其分的情绪管理。

医美的情绪管理，包括医方和患方两个方面。如何深刻认知情绪管理的要点，充分做好情绪管理，提升医美效果和满意度，避免医美争议和纠纷呢？我们可以同时从医患双方的情绪管理入手，运用慢平息、真表达、升体验、同理心四个方法预防和解决这些问题。

达尔文写过一本书《人与动物的情绪表达》，美国心理学家保罗·艾克曼[①]在此基础上又进行了更深入的研究，提出人的大脑是三位一体的，有三个不同的功能区间：爬虫脑、情绪脑和皮质脑。爬虫脑又称原始脑，掌控人的本能与欲望；情绪脑掌控人的感受和情绪；皮质脑掌控人的理性思维。

---

① 保罗·艾克曼（1934—），美国心理学家，出生于华盛顿。主要研究脸部表情辨识、情绪与人际欺骗。1991年获美国心理学会颁发的杰出科学贡献奖。主要著作有《情绪的解析》《解读情绪的密码》和《说谎》等。

保罗·艾克曼认为：爬虫脑和情绪脑掌控了95%的人类行为，试图用理性思维去替换感性思维是不可能的，而且情绪脑的反应快于皮质脑的理性反应，因此，从大脑功能上看，情绪确实难以控制，它是人类最忠实的朋友，也是最不听话的朋友。

所以，情绪管理是一件很困难的事。

一、当情绪管理遇见审美认知冲突

喜悦、愤怒、羡慕、悲伤、羞耻、嫉妒、恐惧这些基本情绪，是人类演化带来的礼物，是人的生物属性决定的，情绪是人机体的应激反应，由生理、认知和行为组成的复杂过程。

情绪具有变动性、生理反应性、改变和塑造认知、促进行为变化的作用，其中生理变化也是重要的决定因素，而且每个人的生理变化不一样，它跟体质有关。如果情绪与审美交织在一起，那么就更加复杂。因为审美是一个人过去所有生活经历的自我总结和内化信念，所以情绪如果与审美互相加持，那么就会产生很好的体验；反之则会打开"黑暗之门"。

在发生审美冲突的时候，如何客观地认识情绪，并做好情绪管理呢？以医美业务中最棘手和最容易起冲突的患者情绪失控为例，注意以下几种情况：

（1）患者会陷入意识无法控制的情绪中，这时情绪会成为生物属性的表达，放弃了理性，压抑了感性，仅仅是情绪输出。

（2）患者即便认识到自己的观念有误，也不会承认，这个时候最差的选择是讲道理，但是实操中选择最多的还是讲道理。

（3）患者先入为主的观念难以纠正。如果不能越过"负面情绪"这道门槛，那么患者的"念"难以触达，更无法说服。

（4）负面情绪和错误认知会相互激发，产生正反馈效应。这是很多医美消费争议从小事变大事的主因。

二、情绪爆发是怎么生成的？

情绪具有复杂的连续性。医美争议和纠纷如果戴上了情绪发作的帽子，往往不是一下子就从心情和心理上爆发，而是要经历生理、心理状态的变化，导致从内心对医美服务的评价和认知产生变化，最后在某种刺激下情绪爆发了。

以我们最常遇到的"愤怒"为例。极少有人是无缘无故地"点火就着",而是有一个"预愤怒"的过程,如果医美患者已经进入预愤怒状态,又没有进行有效管理,那么接下来就是愤怒的情绪爆发。

情绪之发生,是因为普通人受到外界刺激后,进入情绪预发作的心理状态。一旦管理不善,进入负面情绪爆发阶段,那么情绪就会促使人们做出过激行为。比如愤怒的时候打砸物品、大喊大叫、满地打滚等。要知道,情绪爆发过后,依旧对人的精神世界造成巨大影响,比如恼羞成怒反过来也会因怒而更加恼羞。如果医美患者从愤怒进入恼羞成怒状态,那么会因恼怒而不能沟通,因羞而不愿沟通,让下一步的情绪管理陷入僵局。

医生、助手、客服、接待人员、护理人员等所有与患者直接打交道的岗位,都应该经过心理学方面的培训,具备洞察和认知自己的情绪、患者的情绪,以及双方沟通过程中双方情绪变化与方向的能力,进而采用适当的情绪管理工具。如果做不到这些,那么就谈不上情绪管理。情绪是连续的过程,不是突然出现的,而是经历了生理、心理和认知的积累,才出现的行为表现。

三、情绪与情绪管理

情绪其实并没有严格一致的定义。人们对"情绪"的理解,与对"爱情""美"这些概念的理解差不多。但是这并不意味着情绪不可知、不可控。

因为人们感受的丰富程度不同,所以遇到同样的事情,体验到的情绪深度和强度也不同。中国讲究的七情六欲里的七情算是对情绪的分类总结:喜、怒、忧、思、悲、恐、惊。儒家和佛家都有类似的、大同小异的说法。心理学有对情绪的七种总结:喜悦、愤怒、羡慕、悲伤、羞耻、嫉妒、恐惧。情绪有了分类,当然就有必要做好"管理"。以佛家为例,讲究如何"降伏其心[①]",采用八正道的修习法门。儒家则讲究孟子的"吾善养吾浩然之气"的养心练气的修习。

医者的情绪管理是重要的,属于自我情绪管理,大多数时候医美人都可以控制自己的情绪,做不到的,最好不要从事这个职业;在极端情况下,控制情绪的能力才是真正的考验,哪怕是在表演,只要养成了习惯,情绪也就自然而然地得到了改善。

---

① 出自:《金刚经》。

从严格意义上来说，情绪控制并不是情绪管理的全部内容，自我情绪判断以及之后的策略调整才是情绪管理的核心。医生在情绪不佳的时候，能够由此而做出工作内容的调整，是对医患双方负责任的表现。比如在沮丧的时候，有些手术可以推迟或换人，以免不良情绪影响治疗的质量和效果。优秀的职场人士会对自我情绪控制的能力有基本的判断。

医方的自我情绪管理包括自我判断和自我调整，水平需要通过不断修炼得以提升。

患方的情绪管理可能是医疗行为的一部分。在最初的接触中，医方可以根据就医者的情绪，判断出其精神健康的程度，并为后续的互动定下规则，尽管这些规则并不能明确说明。我曾经写过一篇文章《很重要，找出医美就医者中的"神经症"患者》，谈了一些关于就医者精神状况的问题，但是大多数情况下，事情并没有那么严重。正常人也会有情绪波动的时候，聪明的医生会判断就医者的情绪状态，适当地加以疏导，让双方的互动更加顺畅。

对就医者的情绪管理包括情绪判断、情绪引导和情绪控制，它们可能发生在术前、术中和术后，更有可能发生在纠纷当中。当事人在情绪管理方面的能力至关重要，因为它随时可能发生在医患之间，当矛盾变得不可调和时，更换人员是明智的选择，但是日常接触中不可能设有专职人员来管理就医者的情绪，这是理想主义的幼稚想法。

不可否认的是，许多矛盾与冲突，完全是因为情绪原因造成的，与医疗质量关联度并不大。

因此，医美过程的情绪管理，包括了对医方和患方，以及医患双方发生情绪互动时的管理。这些场景下的情绪管理更多采用现代心理学的方法，并结合了医美的业务实际。

四、情绪管理的四个原则

下面的四个原则，也可以称为四个标准。

1. 负面情绪能够得到平复

任何情况下，第一件事就是要平息双方的负面情绪，制造和利用"镇静"与"放松"的心理条件。但这并不意味着回避矛盾。坦然面对问题是解决医患纠纷或沟通困境的前提，将平复情绪只看成是技术问题是死胡同，坦诚是解决问题的第一把钥匙。在此基础上，再去研究如何让双方镇静与放松。

2. 从宣泄转变成纾解

引导宣泄方用恰当的方式真实地表达情绪，纾解坏情绪带来的身心伤害。当然，要实现这一目的，需要相当多的技术手段，以及丰富的知识与经验，医方要具备这样的技能是需要加强学习与训练的。有时候我们会进入误区，以为宣泄是解决情绪问题的方法，但事实上它于事无补，真正有作用的是纾解。

3. 良好的服务体验

做好服务体验，传达情绪"潜意识"，通过灰度情绪引导，帮助就医者做好心理准备和情绪觉察。好的服务体验会带来积极情绪，因此也就消除了就医者的愤怒等负面情绪。

例如小珂丽格的徐小珂博士特别重视就医者的体验，他提出了"拙于营销，精于体验"的理念，采取了不推销、不做视觉灌输、不编制复杂概念的方式，专注于医疗技术，为就医者提供更好的就医体验。长期坚持，在业内和就医者群体里贴上了"体验好"的标签。

4. 建立同理心

做好双向情绪管理，保持有效沟通，才能创造出和谐的医患关系。双向的情绪管理需要同理心，在管理就医者情绪时，也能管理自己的情绪。同理心要用行动展示和表达，最重要的有两点：对就医者提出的问题有解决方案，并对其言行表示充分理解。

第八节　避免事故：海恩法则对医美业的警示

网络上流传着一个海恩法则，是说德国飞机涡轮机的发明者帕布斯·海恩提出的一个在航空界关于飞行安全的法则。它的核心思想是：任何不安全事故都是可以预防的。

一、海恩法则与墨菲定律

海恩法则说：每1起严重事故的背后，必然有29次轻微事故和300起未遂先兆以及1000起事故隐患[①]。

---

① 海恩法则，是德国飞机涡轮机的发明者帕布斯·海恩提出的一个在航空界关于飞行安全的法则。

第十五章 ‖ 经营之道：消费医疗的服务交付

尽管有人指出，海恩法则是虚构的，是以讹传讹的结果[①]，不过俗话说得好，"只有取错的名字，没有叫错的外号"，凡是能流行起来的词汇，都有其社会意义。海恩法则的真伪我们不去考证，单说其内在道理对医美业有很强的警示意义。本文还是称之为"海恩法则"，描述和数据还是用流行的表述。

按照海恩法则，每一次重大事故发生后，我们在处理事故本身的同时，要及时对同类问题的"事故征兆"和"事故苗头"进行排查处理，以防止类似问题的重复发生，及时消除再次发生重大事故的隐患，把问题解决在萌芽状态。

海恩法则强调两点：一是事故的发生是量的积累的结果；二是再好的技术，再完美的规章，在实际操作层面，也无法取代人自身的素质和责任心。

上述说法，在医美业同样适用。虽然医美业不会出现空难这样的群体性生命损失，但是一旦发生，会对整体行业造成严重打击。从当年的王贝事件，到近期的杭州吸脂死亡案例，都对整体行业造成了不可估量的损失。

还有一个大家熟悉的定律"墨菲定律"，其描述是：如果有两种或两种以上的方式去做某件事情，而其中一种选择方式将导致灾难，则必定有人做出这种选择。墨菲定律自古以来就有，如民谣所说的："面包落地的时候，永远是抹黄油的一面着地。"笔者也曾被这个定律反复鞭打。比如，介绍一位朋友做手术，担心可能哪个环节做不到位，哪个医生可能忘记交代某事，是不是会让朋友客户感受不佳，结果笔者担心的小概率事件总能准确地发生。

墨菲定律虽然被很多经典统计学家否认，但是行为心理学和行为经济学比较认可存在这种效应。我们在日常也能感受到这个定律在发生作用。对于医美业务，墨菲定律的正向应用和反向应用都有意义。

正向应用墨菲定律，一个典型的工具就是防呆设计[②]。外科手术室已经绝大多数改成了脚踏式门开关，可以避免医护刷手后习惯性用手开关门，这就是一种不让人犯错误的防呆设计。

反向应用墨菲定律，得到的工具是面向对象的流程管理。医疗流程和服务流程按照角色（包括属性、方法）、连接（非循环、无分支）设计，消除产生不良后果的可能。

---

① 源自网络相关的考证文章，分析的来龙去脉符合汉语互联网环境"编造法则"的传统。
② 防呆设计是由日本人新乡重夫提出的工业生产方式，并随着工业品质管理的推展传播至全世界。在工业设计中，为了避免使用者的操作失误造成机器或人身伤害，会针对这些可能发生的情况来做预防措施，被称为防呆设计。

安全生产领域经常把这两个定律放在一起说。一个是说必然发生，一个是说可以避免。虽然像是悖论，但是给改进和避免事故提供了思路和方法。

那些让医美走到今天的重大转折性事件，在此就不再赘述，大家应该都记忆犹新。医美行业是由一家家医美机构构成的，哪一家出了大的事故，都有可能影响整个行业。

具体到某一家医美机构，如果长期忽视医疗安全，对细节管理漠然，便可能带来不可逆转的事故。虽然没有统计是否像海恩法则那样，有1∶29∶300∶1000的比例关系，但是"千里之堤，溃于蚁穴"是肯定的。因此，做医美，也是做医疗，重视安全生产非常必要且重要。

二、练好内功，谨防破窗效应

一幢建筑如果有少许破窗，如果那些窗没修理好，可能将有破坏者破坏更多的窗户。他们不但会打碎更多的玻璃，甚至会毁坏整幢建筑。

这是心理学上的"破窗效应"，最早是犯罪心理学的一个结论，认为如果环境的不良现象被放任，会诱使人们仿效，甚至变本加厉。

最让人担心的是，在行业普遍不景气的时候，如果再出现一个恶性事件，那就无异于雪上加霜了。所以，任何一个有责任感或有头脑的医美人，都应该在疫情之下保持清醒。

1. 克服焦虑

持续焦虑是这几年医美人的普遍心境，这是外因诱发的情志反应。

2020—2022年这三年特殊时期已经过去。未来有了更好的期待，不要让焦虑再主导我们的心灵。

2. 不要有侥幸心理

不要宰客。这里说的宰客，在医美业多体现为过度医疗，经营不易时，来一个宰一个的念头浮上心头，在所难免，过度医疗注定频发，这就是出大问题的隐患。医美业如今是受到医疗相关法规和消费者权益保护法双重法律的管辖。这几年的政策调整基本上规定了医美业发展的未来。从2017年第一次多部委整顿医美行业开始，到2022年3月1日《中华人民共和国医师法》正式实施，大家可以数一数行业基础规则发生了多大变化，医美业的底层逻辑和规则已经悄然改变。

3. 提高警惕

不要被碰瓷。疫情三年,医美业刚好受到行业的严格管控,政策一天天收紧,一些人看准了行业严控的机会,开始恶意碰瓷,到处举报,甚至钓鱼碰瓷。因为行情不好,骗子的日子也不好过,他们必然更加丧心病狂。他们已经渐成团伙,并且形成了利益链条,套路成型了,在全国各地沆瀣。

4. 严把医疗质量关和服务质量关

经营情况越是不好,对细节的把控越是不容易到位,因为出于对成本的考虑,许多环节被忽视了,或省略了,机构运营进入恶性循环,疏于质量管理,懈怠情绪蔓延。一旦出现恶性事故,有可能在瞬间将苦心经营的机构毁于一旦。

5. 练内功

"又学习来又生产,三五九旅是模范"。把郭兰英的《南泥湾》这句歌词送给大家。当年延安被围困时,革命军队一边抓学习、一边抓生产,不久便迎来了中国革命的胜利。医美在业务量受限的时候,练好内功,就是生产力。

本章总结

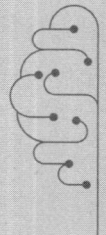

本章全方位讨论了医美服务交付的问题，客户到院后的全流程管理，是机构运营的核心，它不仅涉及满意度，更关乎机构的营收，其中的核心因素固然是医生，但是更高水平的运营涉及每一个人、每一个角度和层面。比如，完美的结尾，可以定义整个服务过程，甚至可以重新定义不完美的过程。

虽然对投资者来说医美是生意，但是对每个客户、每个服务过程来讲要充满人文情调，需要设计好服务细节的首尾呼应，认真落地执行，不能疏忽，不能轻慢。俗语说：行百里者半九十。医美服务尤其如此，特别是要注重细节。

情绪管理是医美中高阶能力里的必备技能。我们要认识到情绪难以管理，了解情绪发生、发展的过程，才能科学地制定序列化的情绪管理策略。运用好"慢平息、真表达、升体验、同理心"四种武器，不但用于就医者，也用于自己；不但用于管理负面情绪，还可以用于管理正面情绪。

凡人畏果。大家都是凡人，肯定会在不好的局面下感到难受。既然大家都难受，那么就要为了以后的不难受做准备。菩萨畏因。佛教的菩萨果位是指修行有成，跳出因果轮回。因为跳出了因果，所以菩萨特别注重"因由"。我们做医美的，也是为了人民群众有更美好的生活，一边是医学，一边是美学，还有一边是心理学，因此任务很重，也要学习菩萨修行法门，从因果律上给自己的未来铺好道路。

第十六章

医疗美容的价格策略

本章导读

2022年10月13日,国家市场监管总局价格监督检查和反不正当竞争局依据《中华人民共和国反不正当竞争法》《中华人民共和国价格法》等法律、法规、规章和国家有关规定,制定并发布了《医疗美容行业虚假宣传和价格违法行为治理工作指引》,对价格问题做出6项明确规定,要求医美机构价格公示,做到价格透明、诚信。但是这一治理措施,并不能制止价格战。

本章内容从对价格战的分析开始,用一节的篇幅,试图说明从最终的市场效果而言,价格战收效甚微,甚至是无效的。制定行之有效的价格策略,是每个医美人应该思考的问题,为此,我们在第二节讨论价格公示的前提下,如何与就医者解释价格,以及相应的解决方案。在第三节,讨论如何对就医者进行其医美成本管理,实际上是为求美者规划其消费计划,如果能够奏效,对机构的价格策略会产生有益的反作用。最后,用一节的内容,对未来医美价格的整体走势,进行前瞻性探讨。

第一节 价格战：杀敌一千，自损八百

很多医美机构死在愈演愈烈的价格战里。

经济波动时，一方面，医美机构急需回笼资金，人们越来越怀疑疫情结束之后报复性消费是否会来，所以急于获取需求，抢占市场；另一方面，消费端支付能力降低，或消费信心不足，选择医美消费时更易关注价格因素，多家比价在所难免。

当然，只要有竞争，就无法回避价格战；客户永远在意价格，它是最直观的行情。医美同行们没人喜欢打价格战，但是当营销黔驴技穷时，只剩价格战这一招了；当服务越来越同质化时，只能参与价格战；当项目再怎么包装也没有新意时，只有依靠价格战。这是事实，似乎在验证存在即合理[①]这个理论。

一、无效的医美价格战

有些价格战是根本无效的。

1. "狗急跳墙"式的价格战：不知道死穴在哪里

试图用价格战碾压同行的策略在医美业行不通。亚马逊的低价干死了绝大多数同行，是因为它有源源不断的融资，可以长期坚持；滴滴的补贴也是在烧投资人给的海量融资，直到逼得对手同意合并。而医美业一盘散沙式的中小微机构，既没有长期低价的资金，也没有强大的融资能力，更没有一边补贴一边造假骗美国股市的本事，又凭什么敢玩超低价引流的把戏。

眼见无人上门，情急之下用超低价格引流上门的价格战，属于狗急跳墙式，并无策略，更无战略，实属出于无奈。例如"××脱毛拼团战"，99元脱毛6次，相当于16.5元一次；"××净白拼团战"，小气泡29.9元一次。"高端医美"摆出连地摊的都不

[①] 存在即合理是客观唯心主义的理论，意思是：宇宙的本原是绝对精神（理性），它自在地具备着一切，然后外化出自然界、人类社会、精神科学，最后在更高的层次回归自身。因此，凡是在这个发展轨迹上的就是合理的（"合乎理性"的简略说法），也就是必然出现的，是现实的。出自黑格尔的《法哲学原理》。

如的姿势，能吸引来的所谓"流量"，能有多少转化率便可想而知了。一切要依靠咨询师们拦路抢劫般的二次开发。这已经形成了路径依赖，非常值得警惕。

医美机构的超低价引流基于这样一种假设：假定服务品质不变的前提下，让就医者先用极低的成本获得超值体验，但是这类治疗几乎全部由新手或非医疗人员完成，治疗的动作几乎是象征性的，带来的结果自然是灾难性的，差评如潮涌，赔了夫人又折兵。

价格战在合规系统和医疗伦理上必将走向终结。在普通法国家和大陆法系国家，基本上禁止医疗服务有价格折扣和优惠。例如，在美国加利福尼亚州，《商业与职业法》第650条规定，医疗服务的"折扣"通常被视为回扣，任何人提供、交付、接收或接受任何回扣、退款、佣金、优惠、惠顾红利、折扣或其他对价，无论是金钱还是其他形式，作为将患者、客户或客户转介给任何人的补偿或诱因，无论这些患者、客户或客户被转介给的任何人的任何成员资格、专有利益或共同所有权，都是非法的[①]。

2. "堂吉诃德式"的价格战：不知道对手是谁

在各个医美机构之间游走，专挑搞特价的去，已成为医美消费圈的攻略之一。单一非延伸性项目成为这类打超低价格战机构的低价陷阱。这类消费者或许并非医美机构的目标群体，做了优惠项目之后，头也不回地走了，再去寻找下一家。

医美机构的问题在于并不清楚自己的竞争对手是谁，只知道用低价引流，而且在低价项目选择上慌不择路，脱毛就是最典型的例子。

所谓"单一非延伸性项目"，是那种独立完成之后，不必与其他项目有延续性的项目，也就是通常所说没有"二开机会"的价格战，比如超低价的双眼皮手术。当医生对于这类超低价治疗漫不经心时，后面来临的不是继续消费，而是纠纷。

3. 挥刀自宫式的价格战：拿主业打价格战等于自宫

假定打价格战不会让自己完蛋，那些中小型机构可能会用自己的特色项目、主打项目来打价格战，因为他们没有大型机构的项目那么多，特别是医生创业的机构常常会做出这样不理智的决定。为什么有些机构做着做着就不行了？就源于这种"挥刀自宫式"的价格战。

---

① https://leginfo.legislature.ca.gov/faces/codes_displayexpandedbranch.xhtml?tocCode=BPC.

4. 贴身肉搏式的价格战：损人不利己

当两家机构相邻的时候，最容易展开"贴身肉搏式"的价格战，相同的项目，比谁的价格更低；而更多的情况是客户进行串门咨询时，两家机构的互杀。有些就医者深谙此道，利用机构之间的竞争，从中获得额外的低价。

"良性竞争"在医美行业仍然是个生僻词，无论是机构之间还是医生之间，损人不利己的剧情，每天都在上演。这样的价格战一旦发生在两家相邻的机构之间，便会结下深仇大恨，伤敌一千，自损八百。

二、可能有效的价格策略

如果实在回避不了价格战，那么也应该沉着应战，不可乱了方寸。

1. 医生面诊，省略中间环节

最合理的"价格战"是医生直接面诊，减去所有的中间分利环节，最大限度地让利于就医者。这个道理似乎不太需要多加讨论，也是最符合互联网精神的做法，所谓降维化与透明化。

医生直接面诊的触点从网络平台开始，等于将医患连接伸向了最前端，让潜在就医者一开始就能接触到医生或医生的全权代表，最能体现医疗的价值。而每个医生的个人IP都是不同的，直接展现了医生的价值之后，项目价格有可能不必那么生硬地去比较。医生不要怕被指责不懂顾客，只要坚持，就能成功。

2. 定位清晰的优惠活动

"诚实的价格战"，是不定期会员或老客户活动的主题，这种活动的主旨是清晰的，客户定位是清晰的，他们享受了明确的优惠，会心怀感激。比如定期注射乔雅登的玻尿酸客户，突然赶上一个优惠活动，对他们而言是一个惊喜，活动过去之后，价格回归原位，他们也不会有什么怨言，这样的"价格战"是有意义的。

3. 获得有效数据

用低价换回的客户数据，在当今的大数据时代，有着特殊的意义，但是并非所有的医美机构都知道该如何使用这些宝贵的数据。指望在这些客户身上不断地割韭菜，是短视而无脑的行为，只能适得其反。聪明的机构会为自己的价格战找到充分的理由，以及长远利益的支点。

4. 可以玩得起的价格战——大型机构的策略

大型机构之间的价格战有很多不同的层次，如果是战争，最后只能是灾难；如果是战役，有可能获得一定的市场份额。大型机构拿出一部分项目来吸引新客户，是因为他们经过详细的策划与设计，能够让这些数据沉淀，获得长远的收益；这样的游戏，也只有综合性的大型机构才能玩得起。中小型机构一定要避免与大型机构打价格战。

5. 一边价格战，一边做品牌

聪明的机构会一边打价格战，一边做品牌，最终还是用品牌和技术实力说话。近年来可能会看到头部品牌的狂欢，和价格战之后的"尸横遍野"，品牌集中度将会大幅度提升。

生死攸关的时候，哪里还顾得上品牌，这是许多后疫情时期医美机构的心态，无效的价格战，打来打去，让自己消亡得更快一些。

三、不打价格战的医美机构才有未来

避开价格战，而且能让自己活下来的机构，代表真正的医美的未来。不得不参加的价格战，也一定不要让这种行为伤害了品牌，特别是医生个人IP，伤不起。

关注高价值客户（客户分级管理，客户生命价值延展）可能是一个不错的选择，这或许是会员经济的进阶版。医美机构短时间的出路似乎应该注重非手术项目的优化，特别是高价位的注射产品；非手术轻医美客户的本地化特征对于医美机构来说，是首先要思考的课题。

第二节　美容医生怎样和患者解释价格？

在价格公开透明的基础上，美容医生面对患者解释价格的时候，涉及四个问题：有什么工具可用？执行什么策略？达到什么目的？未来预期是什么？

第一个问题是价格工具箱，主要是品项目录和定价方法。

第二个问题是价格锚定，是给患者提供标准化品项，或是定制化服务。

第三个问题是期望本次诊疗达到的目标和效果，充分考虑患者感受。

第四个问题是面向未来，患者下一步该不该做，该怎么做。

一、首先要有完备的价格工具箱

价格工具箱也是品项工具箱，是所有基于治疗和术式的服务表达工具。品项如何设定？定价是否充分考虑需求？很多医生一直没有彻底弄明白自己该把诊疗转换成什么项目组合。这既是医务与商务结合得不好，也是工具箱没有打造好。

医生的大部分门诊收入来源于少数几个品项（治疗或术式，后文统称为"品项"），但是机构却把80%多的门诊时间放在基本不怎么产生效益的品项上。这个现象由来已久，可以用帕累托法则（即二八定律）解释，但也不要因此掩盖价格工具箱不完备的问题。价格工具箱应当包括三类工具：

（1）清晰的分类，准确的名称，关键品项表述清晰，符合医疗规范。

（2）精准覆盖流行品项，加入营销层和商务设计。

（3）有工具化接口，即可执行的多媒体内容和训练考核策略，针对医疗、销售、市场、客服均有SOP或者任务清单。医生时间有限，这些接口非常重要，决定了效率。

重点是对价格分类，尽管不是全部的医美患者都对价格敏感，但是可以断言，几乎每一个医美患者都会关注价格问题，这一点和消费品市场一模一样。那些一般消费品的市场竞争主要是价格竞争，但奢侈品的市场竞争则是策略竞争。

"价格竞争"与"策略竞争"的定义和区别，大家都懂，不再赘述。

从消费心理的角度看，一般消费品消费的是"价值"，奢侈品消费的是"心理"。消费者对一般消费品的认知是基于价格，看自己是否获得了更多的价值，目标是以最小的代价获得最大的价值；奢侈品消费者则不然，考虑的是心理满足感，价格是衡量心理满足感的指标。

同一个消费者，购买奢侈品的时候，根本不考虑价格，但是在菜市场仍然会讨价还价。

作为医生，你不妨衡量一下：你做的医美，是一般消费品，还是奢侈品？

二、从价格心理上看医美的价格策略

价格心理是指人们购买商品时对价格高低及其变化的心理反应，这通常以价格心理锚定为起点，根据实际情况，获得价格认同一致，是与行为学和心理学相结合的共同结果。常见的需求方（顾客或患者）心理预期有：价格定型心理（或称价格习惯心理）、价格预期心理、对轮番涨价的恐慌心理、物美价廉心理、高价炫耀心理、价格攀比心理、价格风险心理和价格分档心理。

目前给医美价格谈判带来最大的困扰有两个：一个是消费者，他们是最终付费者，对医美并不像对疾病医疗那么尊重或者敬畏；另一个是行业自己，行业内卷、向内竞争必然挥舞价格的大棒，当下的现实也印证了这一点。

医美服务必将向标准化的快速消费品和定制化奢侈品两个方向发展。这两种方向的价格策略不同。

三、价格敏感型患者[①]，每次诊疗都有目标实现

价格敏感型客户众多，是基础消费群体，他们跟着价格走，哪里便宜就杀向哪里，甚至还有人专门做起了价格攻略。

既然价格敏感群体数量大，医生就必须正确面对，而且要用心处理，好的技术与服务可以将其中的一部分改变成效果敏感型患者。同时，医生要特别重视这批患者的选择，识别出"非理想患者"，用好价格工具，减少争议和纠纷，提高满意率。

医美患者、就诊者、付费者往往不一定是本人，比如爷爷奶奶付费，爸爸妈妈带着孩子来做医美。面对这样的组合，谈价格更有挑战性，医生要表现出权威和稳健，才能使客户一顺百顺，否则就会横生许多枝节。

四、解决价格依赖型医美运营的几个办法

无论是机构还是医生，没有人喜欢讨价还价，如果你有足够的自信，那就坚持价格不变。这个时候考验的是耐心与承受力。如果做不到坚守价格不变，还有几个办法可以减弱价格依赖。

1. 品牌

品牌强大的机构，可能在议价能力上占有优势。这里说的品牌，包括机构品牌和医生品牌，最好是二者的聚合。从趋势看，未来医生的个人品牌越来越重要。

2. 标准化

标准化目标是提高效率，减少执行难度。美容医生应当将医疗部分尽量标准化，谈价格的商务部分标准化。标准化是相对的，当机构将价格交给标准化系统的时候，

[①] 价格敏感型患者，习惯多次反复议价。

外化的标准形象便被固定下来,给患者留下这样的概念:这个品项的价格就是这样的,到哪里都一样。

连锁机构的价格标准化更容易一些,产品价格可以是统一的,医事服务费可以根据专家级别的不同有所变动。

3. 价格策略——不同的价格组合

以诚信为前提,保持商业公平原则,在为不同消费层次的消费者制定不同品项的基础上,配套不同的价格组合。

门诊、治疗、手术都可以排预约,预约时间越靠后的,价格越友好。这在国外非常通行。比如约医生3天内的诊疗会比较贵,如果约3个月以后的会比较便宜。这适用于固定的圈子,而名医则可以扩大到新患者。

4. 优惠的技巧

优惠和降价要有合适的理由,要讲策略,应注意以下几点:

(1)降价:价格波动的是产品或仪器,而不是医疗技术。假定医事服务费不变的前提下,可以让产品价格有所波动,或更换不同价位的产品。

公立医院主要有医事服务费和药费这两大类收费系统,消费医疗同样可以借鉴,将产品费与治疗费分开计算,降价的时候,说明是产品价格波动,而不是医疗费用,这样对价格体系的稳定有益,同时比较有面子。

(2)打折:对特殊的患者给予医疗费用的减免。在产品、仪器、药品价格确定的情况下,医生将医事服务费给予一定的减免,是打折的合理内涵。

(3)赠予,是提高服务品质的好办法。医美客户群体足够多,可以开展多种异业合作,为客户提供丰富的赠予服务,适当与积分和会员福利系统绑定,能做出非常丰富的选项,创造吸引力,为价格系统服务。这需要医生与机构的会员系统配合。

第三节　如何规划与管理客户的医美成本?

如果餐厅点餐的服务员主动帮你节约费用,是不是会给你留下很好的印象?比如点到一定程度,便提醒你已经够吃。这就是帮助客人节约就餐成本。

如果服务员根据你的要求帮助你列出相应菜单,让你既有面子,又能恰如其分地节省开支，你是不是会有点感动？这就是帮助客人规划就餐成本。

如果你和某餐厅形成了长期的合作关系，经理每次在你请客的时候都事先沟通一下，然后根据标准和预算，并且满足你的个性化需求，然后帮你出好菜单，你是不是很放心？这就是帮助客人管理就餐成本。

假如点餐的时候，当着客人的面，一个劲地推荐贵的菜品，不管吃得了吃不了，点的越多越好，最后剩下半桌子菜。这样的餐厅，你还会再去吗？这就是"宰客"或"杀熟"。

如果医美机构能管好患者的医美成本，是不是也是一件非常有长期主义价值的事情？

一、总体拥有成本（TCO），是一个老话题

专业医美消费者关注总体拥有成本[①]。比如一个医美患者希望自己保持比同龄人年轻5岁以上，并且持续10年，那么他在此期间需要花费多少钱？如何控制达到这个目标的总体拥有成本？

这就像上面提到的餐厅服务员能根据就餐人数、时间和付费者意愿，提出合适的菜单建议，并且给出合理的理由。医美患者也需要医美机构、医生根据其需求，给出总体成本控制计划，达到"效果最好，成本最低"的目的。

医美患者的成本感知，首先与其就医体验重度相关。

二、医美患者的体验感由哪些因素构成

1. 第一是价格：它是衡量一切的尺度

丰子恺先生写过一本书《无用之美》，源于庄子的思想：无用之用是大用，无用之美是大美。

首先要面对一对巨大的悖论：美是贵而无用的，所以医美应该贵；医美是花钱购买美的预期、体验和效果，又要计算性价比。

按照马克思经济学理论，商品和服务的价格与三个价值有关系：价值、使用价值、交换价值。价值是凝结在商品中的无差别的人类劳动。从这个角度看，医美越是凝聚了医生的心智和技术，越有价值，这是定价的基础。同时，患者支付的价格实际上是

[①] Total Cost of Ownership，是一项帮助组织考核、管理和削减在一定时间的、某项获得资产相关联的所有成本的技术。这个词后来被 IT 行业在传媒上广泛使用，并进入了大众语境。

交换价值，如果这个价格低于价值，对医生不公平；如果这个价格高于使用价值，那么患者会感到不满。

按照西方经济学理论，商品和服务的价格主要由供需决定。曼昆在微观经济学原理里直接给出"一个商品的价格是由为了得到这件商品而需要放弃的东西决定的"。这是典型的商品交换与供需结合的观点，这个原理前后还有大家熟悉的"理性人假设""市场有效假设""边际属性假设"等。

2. 第二是效果：价格感知与效果预期的分离

一般人的理解是，患者支付的价钱越高，对效果的期望值也会越大，但这种想法与实际情况有出入。假定效果是确定的，那么有些患者愿意为了医生的品阶、医疗安全、享受的服务、治疗时间、就医环境等因素支付更多的金钱。

有时候，医美患者的效果预期与价格关系不大，支付了高价的患者，与趁着优惠活动支付了低价格的患者的效果预期其实差不多。完成医美治疗后的第一件事就是观察效果，至于支付了多少钱已经不再重要。

3. 第三是服务：患者医美成本的溢价

额外的惊喜在医美消费中弥足珍贵。这种惊喜并不仅仅是获得了额外的馈赠。

服务是由一系列细节构成的，好的服务细节塑造好的服务体验，就是医美患者的成本溢价。医美患者的体验也是来自一系列细节，可以提供让医美机构和消费者都满意的"成本溢价"。

4. 第四是品牌：做好前三项之后的相互认同

价格区别了用户，效果确认了用户，服务黏住了用户。脱去医美宣传的华丽外衣，最后剩下的就是这三样东西：定价、效果、服务。

服务型机构的品牌来自体验，良好的体验来自定价、效果与服务的平衡感和整体均衡感；同时，服务类品牌是一个供需互认的结果，消费者更容易将自己置于机构之中，融入感越强，品牌力越强。

好的医美品牌应该是降低患者的TCO，帮助患者在一段时间内达到某个预期医美目的，并且提供较低的总体成本的品牌、机构和医生团队。

三、医美服务定价该怎么取舍呢？

1. 医生价值

医生的智慧知识、医疗专业活动以及个人IP的价值，这是根本价值。

2. 使用价值

大众认知和消费者心理预期，这是买家的反应，是使用价值。

3. 交换价值

市场需要、消费波动、促销策略、营销政策的需求等，这是卖家的反应，是交换价值。

细分医美产品和服务的定价有三个方面：价值反映医生和医疗的本质尊严和内在价值；使用价值是从买家角度考虑，在价值原点附近波动；交换价值是从卖家策略上考虑，可以策略性偏离价值和使用价值，但是最终要回到价值和使用价值上来。

四、怎样规划医美患者的就医成本？

医美机构与医美患者最佳的关系策略是建立长期关系。为了建立良好的长期关系，应当主动帮助患者管理医美整体成本。站在患者角度考虑问题、做好患者项目规划、不推销、左右环节都留有余地、充分考虑医美患者的利益，以下这五个方面是做好医美患者成本管理的关键。

1. 真的站在患者的角度思考问题

随便打开一个医美平台的品项页面，花几分钟看一看那些东西，再问自己一个问题：如果给自己的妹妹、同学、老婆介绍医美，我们会那样说话吗？

这是全行业都存在的问题。介绍一个医美项目，恨不得拿出全世界所有的美好辞藻去堆砌，越缥缈、越高级越好，这完全是站在销售端考虑问题的结果。虽然这样的品宣可能是策略性的，但也是反人性的。

站在患者角度考虑问题，要从美学体验、交换公平性、舒适度、细节感知、长期感受等多角度考虑。

2. 用恰当的项目规划帮患者省钱，而非打折

假如患者来到机构，指名道姓要做热玛吉，许多机构便不管不顾，不闻不问收钱

治疗，因为做了总比不做强。但是这个患者是不是最适合做这个项目？是不是用其他更省钱的方式更适合其皮肤状况？负责任的医生会根据患者的具体情况提出医疗上的建议。这是典型的帮患者做好规划，不一定要打折。给患者需要的、恰当的项目，帮患者省下可以省的钱，但是告诉患者哪些是需要注意的，然后让患者自己决定。

3. 不是为了赚钱而推销：忘掉推销

需求不能自动增长而是靠推销推出来的生意，大多是老板的噩梦。

医美消费的边际属性很强，如果患者希望在现有医美成果上增加一倍的效果或者体验，那么往往要支付十倍的价格，所以它带来的增长是指数级的。我们都有这样的经验，一个消费者从购买一次几百块钱的水光针，到购买上万块钱的射频或者激光项目，往往经历的时间只有几周、几个月，甚至更短。这样的消费增长在其他行业非常罕见，是医美业的特殊边际增长特性。

4. 所有的方案都要留有余地

医美方案要追求极致吗？是追求效果的极致，还是体验的极致，或者是收费的极致？

医美方案要留有余地，是效果的余地，还是体验的余地，或者是收费的余地？

答案是：三个都要有，一个都不能少。

医美方案非极端情况不追求极端效果，这是第一位的，给所有未来都留有余地；患者获得好的服务体验就像观赏艺术品，要有留白，要有发挥，要有思考空间，因此好的服务体验是含蓄的、内敛的，处处为患者着想；收费更是要留有余地，医美方案收费的可操作性空间很大，应当在流程中加入为患者省钱的规划原则，而且要非常诚恳。

5. 不要指望把钱都赚到自己口袋里

医美产业链大局已定，企图把所有业务的钱都装在自己口袋里，是不明智的。因此，在思考行业利益分配的时候，绝对要保持警惕：不要把钱都赚到自己口袋里。只要站在患者角度想问题，给他最好的结果，就要联合其他擅长某些项目的机构来合作。

帮助医美患者节约成本，最后一个重要抓手就是设计更好的"资金反馈机制"，不要把自己赚取的钱都装进口袋里，而是像电子信号放大电路的负反馈一样，从输出里取出一小部分反馈给输入，抵消输入的一部分，这样就获得了稳定性。这样的系统才能更好地工作。

五、为什么要帮助医美患者管理其就医成本？

1. 帮助患者省钱：节约成本是打折打出来的，还是规划出来的？

既然所有经济发展注定要基于增长的假设，那么患者少花钱了，又怎么去完成增长目标？很多医生给的答案是：给患者做长期规划。

很多时候，长期规划并不见效，患者不买账，甚至会排斥。原因有两个：一是规划方案不是患者想要的；二是总有各种外部力量的竞争拉走了或者吸引了患者。

既然长期规划效果不好，那么就拿起打折降价的武器。这样跟医美患者达成某种默契：我降价，你省钱，我留住了你。

其实，患者真正需要的可能不是长期规划，而是短期规划；不同的项目组合或许可以达到相同的目的，既不需要打折，也能为患者省钱。这一点完全基于患者需要，而不仅是为了销售。

好的合作应该是双赢的。医美机构或者医生帮助患者省钱，管理好医美成本，必须是双赢的设计，也必须取得双赢的结果才能成立和持续。

医美越来越像航空公司。大家做着差不多的事情，面对越来越挑剔的患者，受到大环境、疫情、经济波动等诸多影响，该怎么办？会员卡、里程奖励、远期机票等等措施纷纷登场。很多常出行的旅客会优先选择某家航空公司，其中的窍门是医美该学习参考的。因为这些旅客自己测算过，选择这家航空公司，自己确实降低了旅行成本，而且得到了更多。

2. 管理患者的成本是建立长期关系的基础

是因为帮助医美患者管理好了成本而建立了长期关系，还是因为与患者建立了长期关系而能更好地管理其医美成本？

这是一个"先有鸡还是先有蛋"的问题，必须开始做才会有结果。就像种树的最佳时机，不是十年前就是现在。如果想管理好患者的成本，就要设计长期关系；设计长期关系就要管理好患者成本。每一次讨价还价，都是零和博弈，很难建立长期关系。

3. 除了医疗之外，成本管理是医美患者最需要你做的事

医美患者是用金钱购买医疗服务的消费者。虽然医美可以赋予无数属性，但是其根本是用更少的钱得到更好的医美效果。

你要让患者真切地体会到你是真心实意地帮他省钱，而不是费尽心机一次掏光患

者的钱包。但是很少有医美机构有这样做的胆量。

这种思路让医美治疗可以变成模块化组合，也就具备了成本管理的可能。如果第一位的医疗品质已经达标，那么管理好患者的就医成本，提供长期价值优势，就是唯一重要的事情。

第四节　未来的医美价格模型

2022年9月10日，一个新的有关价格的政策出台，即《国家医疗保障局关于开展口腔种植医疗服务收费和耗材价格专项治理的通知》，其中提到了"技耗分离"的治理思路。政策虽然是关于口腔医疗的，但是对于医美未来的价格管理构架，具有相当大的借鉴意义。未来医疗美容领域材料收费与治疗收费分离，应该是其发展方向。

这一举措的总体思路是：一方面让医疗产品的价格趋于透明化、亲民化、合理化；另一方面则是强调医疗的价值，改变美容医生成为上游产品变相销售员的不合理现象，真正让医美回归医疗。医美机构应该为此做好各种准备。

一、假设医美注射针剂售价与诊疗价格分离

关于医美注射针剂售价与诊疗注射价格分离的建议，在医美业已经存在许久，目的是逐步改变目前注射项目价格及成本结构不尽合理的现状。那么在医美针剂的利益链条里，医生的作用到底有多大呢？

1. 四个利益关联方

第一方，毫无疑问是厂家及其代理商，他们位于产业链的上游，上风上水。别看上游厂家及其代理商们对医美机构或医生们客客气气，他们才是笑到最后的人。

早期，针剂的品种少，属于稀缺资源，所以中国的医美消费者享受着全世界最贵的玻尿酸；现在，已经有20余种针剂上市了，中国的医美消费者仍然消费着全世界最贵的玻尿酸。或许是惯性思维，或许是医美行业过于分散，没有人想过医美针剂产业链的利益分配问题。

第二方是针剂的售卖方，以医美机构为主，也包括第三方平台。医美机构是唯一的针剂产品购买方，负责谈判、签约、付钱、推广，并承担全部的亏损风险，以及医

疗事故或纠纷处理的绝大部分风险。当然，支付了全部成本之后，如果还有结余，那就是机构的利润；如果没有，便可能亏损，机构会说这是为了低价导流。

第三方是医生，负责把针剂注射到就医者的皮下，然后根据注射的支数拿提成。在老板有话语权的机构，医生得听咨询师的；在医生有话语权的机构里，也得听咨询师的；医生们通常决定不了价格，因为有市场竞争的压力。有些医生甚至不能决定给就医者注射的到底是不是卖给消费者的那个品牌；当然，也决定不了注射的数量。

第四方是就医者，他们作为客户，应该是医美效果的受益者。就医者中，有价格导向型、效果导向型、医生导向型、稀里糊涂跟风型这样四种。

2. 定价权[①]在谁的手里？

针剂的定价权，一直在上游厂家及其代理商手里。几乎所有的针剂，都由上游厂家及其代理商规定供应价和终端价格，并且名义上对终端价格进行管理。医美针剂的定价思路，和一般药品并无二致，但是公立医院拥有议价权，政府也会强力干预，哪怕是OTC这种市场化的药价，也有一定的限制。但是，医美针剂的定价，医美行业没有什么发言权。

医美行业的过于分散和没有行业组织出头，是直接原因；深层次原因是从业者们像一盘散沙，缺乏议价能力和意识，并且多多少少残留着计划经济体制下的惰性思维定式，在强势的进口品牌面前，毫无招架之力。

医美机构很少按照厂商规定的市场指导价收费，表面上看，仿佛可以自主定价，上游厂商睁一只眼闭一只眼。其实只是降价促销打价格战的时候，医美机构似乎行使了定价权，不过是落入上游厂商的圈套。如果不讨论进货价格，医美机构等于没有定价的资格。

中国医美市场的针剂进货价，全球第一高。

2022年开始，大湾区的香港顾客到深圳、广州做光电类医美，深圳、广州等地的顾客到香港打填充和肉毒素。这是因为：香港的医生时间贵，做光电需要医生长时间服务，所以收费高。大陆医生的时间基本不单独定价，做光电收费按仪器稀缺程度来。反之，大陆的注射针剂的收费按针剂的货值计算，越贵的货值，针剂终端价越高，所以医生们喜欢。这两相比较，就是定价机制的差别所致。

---

① 定价权指公司对其产品价格制定拥有主动权，若改变产品定价不会对需求有负面影响，拥有定价权的公司在成本上升情况下可以顺利通过提价将新增成本传导给下游且不影响销量。

3. 医生的角色与作用

尽管在医美针剂的发布会上，医生们是永远的主角，但是他们在针剂利益链条上，差不多也就只是各种发布会上的明星而已。在医美机构里，医生们要听咨询师的，越大的机构越是如此。

医美针剂项目如同医美快餐，快餐厨师的作用和权重自然不能和米其林星级厨师相媲美。

再疯狂的销售，也得指望医生完成临门一脚，注射的动作必须由医生完成。在临床上，医生的作用是决定性的，按理说，打什么品牌的针剂、打多少剂量、用什么方式打，都应该由医生说了算。但实际情况呢？这些事儿都是由就医者和咨询师之间商量的结果；厂商们当然也心知肚明，但是这样做可以卖出更多的针剂。

医生在医美针剂的诊疗过程中，无异于售货员。大的机构，医美针剂出现的事故或纠纷，医生们当然也不用承担太多责任，责、权、利永远是对等的。

对医生在医美针剂诊疗中作用的贬低与漠视，间接造成了大量微整形黑培训班的出现。在人们心目中，觉得注射医美没什么大不了的，学习几天，谁都能打。

二、医美耗材的价格构成

以医美针剂为例，就医者为医美针剂支付的费用，由采购价格、销售价格和诊疗费用这三个部分构成。

采购价格：指医美机构从厂商手里采购针剂的价格，定价权在厂商手里，不容讨论。价格政策和游戏规则由厂商规定，大的品牌有时会做限制性销售的政策，用来刺激市场和激发需求，并且为价格策略挖出护城河。

销售价格：医美机构对医美消费者的销售价格，该价格同样由厂商规定，并以市场指导价的面目呈现，医美机构一般依从性好，只是会找各种理由降低指导价，以争取更大的市场份额。只敢降价不敢提价的局面，说明医美机构没有定价权。在医美机构的价格里，包括支付给医生的诊疗成本，有的以固定数额出现，有的按比例出现，这一部分在医美机构眼里，是固定成本。

诊疗费用：诊疗费用目前完全包含在机构的销售价格里，尚未有机构或医生敢于把诊疗费用从销售价格里分离。虽然有不少人呼吁注射价格与产品价格分离，但是始终没人这么做，而且是厂商、机构或医生可能都不想这么做。厂商希望维持产品整体的价格形象；机构希望掌握注射针剂选择的主导权，以销售为导向；医生们可能对自己的诊疗费用不够自信，不愿意让就医者知道自己挣了多少钱；机构和医生们可能更愿意让就医者把价格责任归于厂商。

三、消费者在医美针剂诊疗过程中的角色及其影响

1. 注射医美过程中，就医者是深度参与者

医美针剂的诊疗过程，就医者始终是深度参与者，他们总是在和咨询师或医生商量，而且医生必须尊重就医者本人的意见，毕竟这不是治病。当医生与就医者的意见发生冲突时，大部分决策倾向于客户意见，这也是避免纠纷的无奈之举。

2. 消费者的决策权重越大，产品的品牌化程度要求越高

医美针剂是所有医美项目中，商品化程度最高的品类；这个程度与消费者决策权重成正比，与医生决策权重成反比。虽然大家都知道医美针剂过度的品牌化，未必是一件好事，一方面可能造成过度医疗，带来更多医患纠纷；另一方面增加了产品成本。

3. 医美消费者需要教育

在品牌化的趋势之下，消费者教育便成为上游厂商的重要工作，他们一边培训医生和咨询师，一边大力进行市场推广，以及利用各种手段做宣传，甚至做广告，这些都被冠以"消费者教育"。

艾尔建公司便高调宣称自己是一家"2B+2C的美学教育公司"，作为医美上游的领导品牌，艾尔建重视新医生培训的同时，更愿意加大消费者的选择权。

消费者教育工作如果全部由厂商来做，后果可想而知；医美机构的消费者教育更是带有广告色彩。那么这个工作由谁来承担更合适呢？一直是个难题。或许在市场发展过程中，让消费者完成自我教育，是我国医美市场的归宿。

四、将诊疗费用从产品价格中分离的好处

把医美针剂的机构售价与诊疗价格分离，对市场净化有一定的帮助作用。有朝一日，当医美针剂品种足够丰富细分的时候，消费者可以到药店自行选购产品，由有牌照的医生实施注射，医生收取合理的诊疗注射费用。

1. 分清各自的责任

注射医美出现纠纷时,很少有人关注到底是医生的责任,还是产品的责任,甚至是就医者自己的责任。注射费用分离,有助于将这些责任划分清楚。

2. 尽可能让医生公平地对待产品

医生根据自己的水平,制定相应的诊疗价格,无论哪种产品,诊疗费用不变,医生就不会因为利益问题过多地在意产品价格,而更关注产品与就医者的适合性。

3. 价格调整不影响诊疗质量

机构的销售价格由市场竞争决定,特别是打价格战的时候,机构可能大幅度降低价格,要是赶上"双十一"这种全民促销的节日,价格会更低。传统的诊疗费用按销售价格比例提取,有可能大大影响医生个人的收入,从而间接性地影响诊疗水平的发挥。

将诊疗费用从产品售价中剥离,价格降到即使赔钱也不至于影响医生的收入时,从一个侧面保证了医疗质量。

4. 有可能会降低医美产品的调包风险

当产品价格与医生收入没有理论上的联系时,医生收取固定的诊疗费用。那么,他还愿意配合老板玩"狸猫换太子"的把戏吗?

假如医生的提成与差价直接相关,那么高价卖出的针剂,一旦换成了低价的产品,医生的提成就会发生极大的变化,在利益面前,医生是有可能助纣为虐的。

5. 诊疗费用的多样性,有助于降低过度医疗的风险

按照部位或适应证来收取治疗费用的方法,体现了诊疗注射费用的多样性原则,这种方式对于过度医疗的制约力更大,达到了理想效果之后,收取相应的费用,而不用在乎打了多少支。

第十六章 医疗美容的价格策略

本章总结

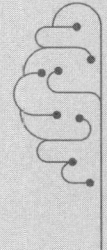

很多时候,医美的经营者对价格策略是无感的,因为在产品驱动的时代,定价权并没有完全掌控在医美机构的手中,有上游厂商的因素,也被市场那只看不见的手左右,于是价格战在所难免。但是,作为一个有所作为的医美人,学习价格策略的知识是必要的,它是一个复杂而多变的体系,有的时候,正确的价格策略、对消费者的洞察及相应的价格执行力,能够决定成败。

第十七章

消费医疗的数字化转型

> **本章导读**
>
> 麻省理工学院一项针对数字业务的研究发现,那些在大多数情况下进行数据决策的机构,它们的生产率比一般机构高4%,利润则要高6%[①]。
>
> 医美机构通常设有营销和运营两个体系,它们互相衔接:营销的任务是获客;运营的任务是转化与服务。两个系统谁更重要一些呢?完全看机构的生命周期和具体情况,不能一概而论。将本章关于医美数字化转型的讨论放在营销篇或是运营篇,是一件很难决定的事,因为数字化贯穿医疗机构的所有环节,数字化首先注重的是机构内部,由内向外,所以,我们认为将其放在运营篇比较合适,这样选择更多的是将视角投射到数字化的工具属性,而且,未来的数字化营销与运营,两大体系的界限将日益模糊,运营体系更像是古代军队的中军大帐。
>
> 互联网化包含着数字化。机构要实现与外界的连接,必须实现互联网化。医美业也是先接触互联网,而后进入数字化时代的。本章中谈及的数字化悖论,虽然是绕不开的话题,但它一定是数字化进程中的插曲而已。

---

① https://professional.mit.edu/course-catalog/machine-learning-data-decisions.

第一节　医美业与互联网的共生关系

一、中国互联网医疗的现状

中国的互联网医疗，按照第四军医大原校长周先志[1]的说法，市场规模已达到2000亿元。但是在数百家互联网医院中，有不少医院的牌照还只是个空壳，数字化医疗依旧是新生事物，大家都在探索。

处于早期的互联网疾病医疗，精力都集中在复诊和慢性病管理上，因为疾病诊断需要借助影像和化验，首诊必须在线下。

2018年以后，互联网医疗发展逐步倾斜，政策逐步完善，特别是新冠疫情以后，促进了我国互联网医疗政策的出台，同时加速了互联网医疗、健康管理商业模式的形成[2]。

2020年至今，各地积极推进互联网医疗、互联网医院发展，互联网医院已经成为医疗服务体系的重要部分。在下一步工作规划上，国家将分区域设置国家互联网医疗中心、细化互联网医疗服务监管标准、制定互联网医疗服务指导性文件、不断优化互联网预约诊疗制度和流程、完善智慧医院顶层设计[3]。

互联网医院将成为整合优质医疗资源的新机制和新平台。例如，上海市已经建成了辐射全市的互联网健康管理平台，有2000万用户；上海市的家庭医生已全部入驻，开展在线复诊和慢病管理。

中国研究型医院学会于2019年7月20日在海南成立了互联网医院分会。但是截至目前，其中尚没有医美界的人。这家分会的目标是为互联网医院"做研究、出规范、定标准"。分会会长文俭解释道："学会未来将从多角度引领和规范互联网医院发展：

---

[1] 周先志，男，汉族，1962年出生，中共党员。硕士生导师，少将军衔。曾任中国人民解放军空军军医大学校长。
[2] 上海市医改办副主任许速在2020年首届互联网医院大会上的发言。
[3] 国家卫健委医政医管局的副处长王斐在2020年首届中国互联网医院大会上的发言。

一是学术引领，搭好创新平台、高品质学术交流平台、转化平台三大平台；二是规范引导，组织开展互联网医院管理理论研究，组织制定互联网医院的标准制度和诊疗规范；三是典型应用，将制定优秀互联网医院、放心互联网医院标准，评估推出一批互联网优秀医院、放心医院。"

二、互联网医院大会，医美行业被排除在外

2020年8月22日召开的首届中国互联网医院大会[①]，没有见到医美行业的身影。彼时中国已经拥有大约600家互联网医院，但是医美互联网医院只有一家，在海南三亚，只是尚未进入运营状态；如果在北京申请医美互联网医院，相关部门的管理者会说：不知道该怎么办。

无论是业界还是政府层面，说起互联网医疗，似乎没人能联想到医美；理论界也鲜有关于消费互联网医疗的论述；可惜的是，医美行业的人对此似乎也不太关心。首届互联网医院大会召开的时候，中国尚无一家真正的医美互联网医院，有的只是电商平台。医美业普遍认为互联网只是营销手段。

在所有医疗门类里，医美最早与互联网联姻，甚至医美的市场是被互联网"返现"和催生的。老关系并不代表好关系，互联网至今只是医美的营销工具和通路。对于医美而言，"互联网+医美""医美+互联网"都行。两种模式会并存。大多数线下医美机构，都是"医美+互联网"的模式，互联网仅作为辅助的营销手段。

互联网医美的好处显而易见。线下面诊或咨询是费时费力费资源，医美意向消费者一旦踏进医美机构的门，不管适合与否，咨询师都不会轻易放过。线上诊疗，对意向消费者来说相对自由，而且可以在众多的医师之间进行挑选和沟通，足不出户，便可以找到适合自己的医美医生。最关键的是，节约了大量社会资源。

医美互联网医疗有助于规定从业者身份、实行医生责任制。

三、互联网医美，空旷的赛道

医美互联网诊疗，看上去很美，可惜叫好不叫座，目前还是一条空空荡荡的赛道。一个公认的最适合互联网诊疗的行业，却对互联网医院模式反应迟钝；在关于互联网

[①] http://health.people.com.cn/n1/2020/0824/c14739-31834459.html.

医院的大规模行业讨论中，也基本不提医美的话题。

尽管绝大多数医美面诊并不需要疾病医疗类的检查，因为医美项目基本在人体表面，视频面诊几乎可以全部解决。但是没有一家公司在这方面发力。其深层的原因大概是互联网诊疗的方式不利于医美行业进行它喜欢的过度营销。

中国第一家医美互联网医院诞生于海南三亚，由杜晓岩教授创办，可惜还没有开展实质性运营，杜教授就已经离开了医美行业。新氧在成都拿下互联网医院的牌照，据悉医美只是它业务范围的一部分。还有一家新入局的拥有医美互联网诊疗资质的平台"美大夫"，正在向互联网医院方向努力，这是一个和线下医美共享医院"共享新医"配合的接诊平台。

此外，能够为医美机构进行线上导流的平台有很多，有没有互联网医疗资质，都可以干，行业没有相应认知，政府没有相应法规。

新氧发布的《2020医美行业白皮书》[①]，重点讨论了医美互联网。从2020年开始，医美机构或创业医生"触网"加速，然而，全行业对医美互联网医疗的理解，还处于借网获客的基本需求层面。

白皮书预言中国医美在线市场呈现了三大趋势：第一，机构线上化程度远远落后于求美者线上化速度；第二，线上化将有效促进行业正规化、高效率发展，但是行业自身认识有限；第三，医美消费需求将加速转移到线上。

三年疫情激发了行业创新，线上医美平台流量屡创新高，不管是"医美+互联网"，还是"互联网+医美"，大家还来不及去区分，或许认为根本就没有区分的必要。医美消费特点呈现中国的"青年特色"，热玛吉、口腔、植发等需求出圈。但是，医美机构线上化程度低的问题，制约了线下机构发展，这逐渐成为主流观点。

1. 医美行业的机遇，是构建崭新的医美业务生态

还是那个老问题：是"互联网+医美"还是"医美+互联网"？虽然只是加号前后顺序问题，但是商业模式的加法不符合交换律[②]，二者差异巨大。前者将带来医美机构生态的改变，后者，仅仅是把互联网当成一种营销手段而已。

医美机构普遍认为：互联网传播让运营手段更加多样性。新闻源传播、新媒体平

---

① 这是新氧数据研究院第6年发布白皮书，权威指数不得而知，但毕竟是中国医美行业首个全面覆盖海量C端求美者和B端医美机构大数据的行业白皮书。

② 一个数学名词，意指能改变某物的顺序而不改变其最终结果。

台、医美第三方平台以及医美对直播平台的入驻和尝试，就是互联网之于医美的全部内容了。这个想法带有局限性。

所谓医美生态的改变，在于互联网未来会成为医美业务重构的主导者，指的是医美的业务流程、价格设计、成本结构、支付分润、客患管理、病案管理、纠纷处理、供应链管理等。全面互联网化，互联网不仅仅在营销环节发挥作用，而是成为医美整体流程的管理工具，包括业务流程的底层逻辑。

届时，社会分工协作已经突破甲方乙方的关系，迭代为你中有我、我中有你的命运共同体。无论是机构、医生，还是外部第三方，都在一个平台构建共同的业务生态，都有各自的价值，并遵守同一个游戏规则。

对于传统线下医美机构来说，改变观念是拥抱未来的第一步。之后，便可以在未来的变革中抓住机会。

2. 行业面临的最大挑战，仍然是观念滞后

虽然医美行业对互联网医疗的匹配度高于疾病医疗，但是政策制定者和从业者在认知与观念上，仍处于同一条起跑线，甚至政策制定者还不如从业者知道得多。

在想做正事的人举步维艰地摸索前行时，走歪门邪道的人却早已在互联网的康庄大道上狂奔了，非法集资、骗贷套贷、变相传销此起彼伏，极大地破坏了医美互联网的进程。乱象频出，既干扰了政策层面的视线，也让这个充满争议的行业，在成长的过程中，面对更多的挑战。

四、最适合互联网医疗的医美，却不知从何下手？

互联网医院的发展，是对传统线下医美服务的重构，只是医美被电商平台带上了低价导流的歧路。大家都以为互联网之于医美，不过是营销手段而已，没有互联网医美机构的牌照也可以挂，就没必要费劲去办互联网医疗牌照了。

"互联网+医美"，都让第三方平台挤满了赛道，既有垂直化的社区电商，也有综合电商平台，它们在平台上销售商品化的医美项目，并没有要做互联网医疗的意思，本质上，这和销售一般商品没什么区别。

五、医美平台的互联网医疗化，或许是方向①

医美平台的互联网医疗化，或许是从根部治理医美乱象的有效手段。不管医美在多大程度上具有消费属性，但总是离不开医疗这个最基本的属性。所有的电商平台做医美营销，应该怎么做，恐怕自己也不知道，或者是不想知道。政府对电商做医美，没有准入标准，没有监管规则。因此，各家想怎么玩，就怎么玩，既无章法，也没限制，全靠自律。

电商平台做医美，和一般媒体发布广告信息有本质的不同。第一，电商平台发布的医美信息，很难按照《广告法》及《医疗广告管理办法》对其进行约束，原因是内容的广告属性难以界定；第二，直播或视频面诊之类的行为，完全是即时性的，无法事先对内容进行审核，只能事后处理；第三，互联网平台具有交互性，不是发布广告的单向传播。

对电商平台做消费医疗推广的资质，审定身份的准入门槛，或许是从根部治理医美乱象的有效手段。凡是从事消费医疗推广的电商平台或者平台的相关频道，都应该取得互联网医疗牌照或特别许可；而且参与直播或互动的人，也应该具有互联网诊疗资质，如医生和护士；监管部门应该制定平台内容违法违规的处罚条例，加大违法违规成本；同时，平台应对所推荐的医疗消费，承担连带责任，所谓"谁主办，谁负责"。

第二节　数字化医美的机会与挑战

将医美归于"新消费"是可以的，要不然我们无法在新的经济浪潮里找到自己的位置。虽然消费医疗只得到了局部承认，但是在医疗中存在消费行为早已是不争的事实，所以，这个话题完全可以归入新消费来讨论。

著名网红经济学家任泽平②在他的"中国经济十大预言"里说：旧秩序开始瓦解，新秩序开始重建。这种宏大的叙事方式很动人，容易激起人们的肾上腺素和多巴胺的分泌，却如天上的彩虹，可望而不可即。对于医美这个在国民经济大盘子里不太起眼

---

① 部分信息来自 New Healthcare 公众号文章《7年600家，互联网医院如何"经营未来"》，作者：玉玲。
② 任泽平，男，汉族，清华大学经济管理学院博士后，中国人民大学经济学博士。曾任国务院发展研究中心宏观部研究室副主任，国泰君安证券研究所董事总经理、首席宏观分析师等职务，恒大集团首席经济学家（副总裁级）兼恒大经济研究院院长，东吴证券特邀首席经济学家，现任中国民营经济研究会副会长。

的小赛道，瓦解的旧秩序是什么？重建的新秩序又是什么？

摆在我们面前的事实是：在新规面前，电商平台要么莫衷一是，要么闷头捞一把是一把，广大医美机构苦于获客难，既要合规，也要生存。数字化带给许多线下实体的繁荣兴旺景象在我们眼前轮番上演，可医美人却只能望洋兴叹。

一、什么是数字化医美？

1. 什么是数字化？

数字化（Digitizing），来源于信号处理的模/数转换，指的是将模拟信号采样后，编码成数字信号的过程。比如手机里的陀螺仪输出的是模拟信号，但是手机处理的是数字信号，这中间就经过了数字化过程；用手机拍照片，影像传感器采集的也是模拟信号，但是手机存储和处理的是经过数字化后的信息。模拟信号是连续的，好像一根长长的绳子；数字信号是离散的，就好像绳子上的一个个结。数字信号经过科学采样后（奈奎斯特采样定理），每个数字信号周期只需要采集两次就可以保留模拟信号的所有信息，这样就可以用数字化处理技术来应付现实世界几乎所有可测量的数据了。数字化对于数据处理、储存和传播至关重要，因为它"可以让所有种类、所有类型的数据在相同的格式下混合传输"[①]。不同于在传输过程中会受损的模拟格式，数字格式在理论上可以无限传输而没有任何损失，也因此成为世界上许多组织保存信息的方式。

人工智能（Artificial Intelligence）是研发模拟与拓展人类智能的科学。手机上的人脸识别就是最典型的数字化技术，相信未来一定有用数字化技术直接介入医美治疗的那一天，但是我们今天讨论的只是利用数字化技术成果为医美运营服务而已，从概念上更接近商业智能（Business Intelligence, BI），利用数据处理的各种技术进行数据分析，以实现最大化的商业价值。只不过数字化这个概念最先进入普通大众的心智，所以通常用这个概念来代表"数字化工具"的通说。

当今条件下的医美数字化主要是营销和管理数字化，属于一种广义的数字化。

2. 数字化医疗是什么？

数字化医疗是将数字化技术应用于整个医疗过程的现代化医疗方式，是医疗未来

[①] 艾伦·麦席森·图灵（1912—1954），英国数学家、逻辑学家，被称为计算机科学之父、人工智能之父。1931年图灵进入剑桥大学国王学院，毕业后到美国普林斯顿大学攻读博士学位，第二次世界大战爆发后回到剑桥，后曾协助军方破解德国的著名密码系统Enigma，帮助盟军取得了二战的胜利。

的发展方向。

刘积仁①先生指出：世界正走向新医疗时代，把医生从"艺术家"变成"工程师"，把医疗过程变得更加标准化，把医生自由施展、创造性的诊疗过程，变成更加规矩、严谨、科学和基于计算的过程。这是新医疗的三个重要标志。他还强调，健康医疗行业看似机遇无限，实则困难重重，那些希望短期挣快钱的人，要慎入大健康行业。尽管他是针对大健康产业而言，但是对于消费医疗的医美业，也有借鉴意义。

3. 数字化医美是什么？

套用刘积仁先生对数字化医疗的阐述，数字化医美也应该是工程化和计算化的新医疗。工程化和计算化是形式，服务于医生从"艺术家"转变为"工程师"，诊疗服务从自由创造变成严谨、科学和规矩的诊疗服务。

既然发生这么大的变化，那么这样的数字化医美应该是让医生们喜欢，还是应该让投资者喜欢呢？数字化医美应该是医美的"新基建"，好的数字化医美应该是更友好的医美基础设施，数字化医美是赋能医生，而不是替代医生。医疗服务的人文属性不可剥离，所以数字化医美是医生的工具，而不是医生的价值。

什么是数字化医美？数字化医美是用人工智能做医美吗？肯定不是。我们所能涉及的领域只是在数字化驱动下的创新型医美营销与运营。什么是数字化驱动的创新型营销与运营呢？答案是：基于数据分析的精准营销与运营。数字化医美是一个数字化网络平台，拥有业务支持能力、基于算法的术式规范、专家辅助功能、自动化合规管理功能、建立医患互信机制、保护隐私和数据安全、整合打通医美信息系统等诸多能力，最终成为医美数字化新基建，成为医美的基础设施平台，为美容医生提供全套的业务解决方案。

数字化医美要依托数字化平台实现，而数字化系统是一个拓扑结构超级复杂的网络，医美机构要成为这个网络的一部分。每一家医美机构都可以拥有自己的数字化平台。连锁机构可以自建，而单体的机构则可以加入数字化的医美平台。

数字化医美的基础是连接，将仪器、病历、客户、营销等数据连接在一起，将医美机构的OA、CRM、HIS、SaaS等相对孤立的系统连接在一起，将这些本来孤立且不

---

① 刘积仁先生是我国计算机行业发展的缔造者与见证人之一，也是中国自己培养的第一位计算机应用专业博士，他后来创办了东软集团，是中国第一家软件上市公司。他曾发表过一篇文章，题为"什么是新医疗时代"。这篇文章出自他在2022年亚布力中国企业家论坛上的发言，基本上解答了作为新医疗的数字化医疗是什么的问题。

可计算的数据进行统一治理，并将它们标签化，通过归纳与识别，将客户管理变成有机的生态。

数字化医美又可以称为"智慧医美"，它的前提是数字优先，基于各个直播平台、小程序、网络社群，经过大数据算法，让医患之间重新建立连接。这种连接是智慧型连接，而非传统营销意义上的所谓精准营销式的投喂。

对于让所有人头疼的获客问题，数字化的平台将是一个绝好的解决方案，同样是根据客户数据，计算出其医美偏好、地点与距离、适应证、支付能力等，然后与相应的医生进行匹配，实现医患的降维对接，省去中间的所有环节，让消费者能够用最节约的成本，找到最适合自己的医生，并在线上完成所有入院前的环节。这是一个非常有前景的产业发展模式。

建成真正意义上的医美互联网医院是实现数字化医美的标志，中小机构和自由执业医生可以在这种公共平台上获取客源，并对就医者提供线上线下的医美服务；大型连锁机构可以自建互联网医院，将营销成本控制在合理范围。

数字化医美平台将所有环节透明化、合规化、标准化，而区块链技术又能最大限度地保护数据的安全与私密；在数字化平台上，公平性得以保证，它可以在医患之间建立互信，而这正是中国医美业的最大痛点。

常说的数字化转型，是企业以提升自身竞争力为目标，以数字化技术为基础，数据运维为核心，推动业务模式、运营流程、管理体系等方面数字化的战略举措。它的最终目的是促进商业模式的转型。

自百度竞价以来，医美营销算是走了一条逆向的路，不是降维，而是增维。人为地在医患之间生生地嵌入了一道环节，有的还不止一道，这个环节由咨询师或网电咨询师构成，甚至是机器人，美其名曰"智能化"，其实在很大程度上将一个个宝贵的机会浪费了。患者在真正见到医生之前，要经过层层过滤，这个过滤的过程难免有被忽悠、夸大、诱导甚至欺骗的成分，成功率和转化率都大大降低。

早期医美机构加入咨询师作为营销的必要层次，是出于销售效果的考虑，有它一定的道理，因为刚刚从公立医院下海的医生们根本不会销售，也不理解医美的消费属性；更重要的一点是老板与医生之间缺乏基本信任。这种顾虑在机构内部可以理解，但是在互联网平台的视角，便成为连接高端功放到两只昂贵音箱之间的那根劣质的连线。

这是典型的低知替代，完全违背数字化时代的底层逻辑。比如连接功放和音箱之间的那条线，如果想做到高清无损，价格便极其昂贵。可是用了一条普通的连线，音质又怎么可能高级？这个连接的重要性在于信号的无损。

搞数字营销、大数据和人工智能的人喜欢将数字模型分成四层，最底层的是数据，上面是数据经过初步处理的信息，再上面是对信息做了价值评判的知识，最上层是凝结的智慧。数据是客观的，信息是使用的，知识是带有价值取向的，智慧是主观而个性的。在这个大循环里，其实医美数字化具备了数据和信息，缺乏的是知识和智慧。

进入数字时代之后，医美人仍然沿用之前的旧有思维模式，难免被市场主流抛在一边。

线上的数字化需要线下的庞大内容与项目来支撑。如今，线下医美的丰富性，以及医生队伍的进步与市场化的提升，完全可以满足数字化的要求，医患在线下相见的时候，本应该早已在线上完成了所有的交互，特别是在疫情防控期间，这种线上交互更显得格外重要。他们可以在虚拟诊室里彼此建立互信，并完成必要的操作，最终在线下见面。当然，数字化系统会基于算法，从物理距离、路线规划、医生擅长、价格匹配、患者需求、患者兴趣以及审美共识等方面，完成相应的选择与精准连接。这就是数字化医美的标准场景。

线上咨询与诊断过程完成之后，患者可以完成由第三方担保的支付，同时，也将有许多周边服务提供商完成一系列的线上服务过程，包括保险、风险管理、分润管理、医生财税管理等。

平台与机构和医生，不再是甲方乙方的关系，也不会因为谁给的钱多就将流量卖给谁，而是变成了生态型组织构架之内的合作伙伴。

我们可以设想医美的元宇宙场景是什么样的，相信有一天，医患双方完全有可能在人工智能的场景里完成虚拟世界的医美诊疗，将元宇宙里患者变成他想要的样子，当然，大数据会根据患者的身体条件进行底线限制；而在真实世界，医生要做的就是能够在多大程度上达到元宇宙给出的效果。

前谷歌（Google）科学家吴军[1]曾经指出：任何行业的发展都朝着两个方向行进，一个方向是节能，另一个方向是加快信息效率。因此可以推断，医美在节能上没有太多直接的能力，而是在加快信息效率上大有可为。该做的就是加速和探索行业数字化。

---

[1] 吴军，男，汉族，1967年4月出生于北京，博士，先后毕业于清华大学和约翰·霍普金斯大学。前谷歌高级资深研究员、腾讯原副总裁、计算机科学家、畅销书作家。著有《数学之美》《浪潮之巅》《文明之光》《大学之路》等。

4. 数字化医美的五个核心

第一个核心是获取客患信息,它包括两方面内容:一是目标客患信息;二是客患的数据分析,并基于上述分析不断调整营销定位,或是坚守确定的营销定位。

第二个核心是向目标客患传达信息,用精准的传输方式对目标受众传达有价值的信息。

第三个核心是存储客患信息,包括获得的客患信息与向客患传达的信息,进行数据化存储,而不是将重要的信息存放在档案袋里。

第四个核心是对所有的客患信息进行数字化处理,这是数字化医美的核心。

第五个核心是经过数据化处理的信息,可由相关的终端共享。如果医疗团队、营销团队、运营团队、决策层各有各的信息来源,各自做出的决定是根据不同的信息源,这样的结果是可怕的。

二、为什么医美业会错过三年最好的数字化机会?

1. 反思

近年来,许多行业在数字化上突飞猛进,医美业却裹足不前。这几年似乎医美业只收获了教训,却失去了很多。别的行业已经发生的场景,在医美业里没有发生,而这些新的场景本来是可以发生的,应得而未得,就意味着失去。

数字化是2022年前后经济发展的关键词。人员流动受限,以往的线下消费场景,能搬到线上的都搬上去了,凡是上云了的,都赚翻了。我们也没有必要怨天尤人,而是应该深刻反思。

随着线上空间营造的成熟,人们在网上世界,或者更夸张地说是在"元宇宙",已经建立了信任关系,它是数字化时代得以蓬勃发展的基石。线上的信任关系可以为线下赋能,这是非常关键的进化。商业世界的契约精神、合作博弈本质都是降低信任成本,获得信任。因此,如果一个商业生态内,B2C、B2B、B2G的信任建立不能越来越顺畅,成本不能降下来,那将意味着巨大的失败。医美在这个思考维度似乎是一个失败者,为了获客与顾客建立信任,为了合作与同行建立信任,为了合规与监管建立信任,这三个方面医美其实都不算是成功者。

在医美的线上,还是在忽悠、在变相广告,在用低劣的方式营销电商化的医美项目,还在不停地被举报、被处罚。可以说,医美人嘴里说要进入数字化时代,行动上仍然只是活动在这场变革的边缘，在数字化的门口张望。因为我们没有降低信任成本，没有吃到数字化经济的一分钱红利。

我们只是简单地将线上场景定义为单向传播的展示平台而已。没有互动，就不存在场景。

前几年，医美人哀叹人员流动受限，导致家家门可罗雀；但是我们忽略了数字化可能带给我们的效率，本来医美业是特别需要数字化的高效率，来解决获客及医患匹配这个难题的。在其他的消费行业，无论是咖啡茶饮、精品酒店、社区团购还是新型菜市场，这些技术含量与医美不可同日而语的民生产业，都已经到了以内容、社群、体验为要素的全时空时代。这些不也正是医美需要的吗？可惜的是，医美这样完全有可能在线上完成前期交互与支付的场景，在最有意义的时段，被我们完美地错过。鲁迅先生评论《红楼梦》有言"贾府的焦大是不会爱上林妹妹的"，是不是我们就是那个焦大，数字化经济就是林妹妹？这中间又隔着一层什么东西？

2. 底层原因：缺少长期主义

显而易见，现在为医美输送流量的平台，都是电商平台，无论是垂直类还是综合类，莫不如是。电商平台的介入，为医美的线上场景画出了最初的模型，医美界的惯性思维则局限了人们的创新意识。大多数人以为，做医美的第三方平台，就应该是这个样子的。

大型电商平台依靠自有流量，都是来割韭菜的，它们割得很爽，很少有人能静下心来想一想这个新生的消费医疗行业的底层逻辑。

真正懂得数字化医美的人才太少了，可能至今也没有这类平台产生的另一个重要原因。医美界鲜有真正懂得数字化的人才，而懂数字化的人又不懂医美，让这两种人合二为一简直是太难了。迄今为止，所有做医美互联网的掌门人都出身互联网行业，他们只能按照互联网的逻辑来发展医美业务。

第三节　怎样理解数字化悖论？

20世纪80年代末期，美国学者查斯曼通过调查近300家企业后发现，这些企业在IT方面的投资和投资回报率之间，没有明显关联；也就是说，企业在IT上投入很多资金，但是在投资收益上没有体现。1937年诺贝尔经济学奖获得者罗伯特·索洛将这种奇怪的现象命名为"索洛悖论"，即"IT产业无处不在，而它对生产率的推动作用却微乎其微"。

后来，位列世界500强的咨询公司埃森哲在消费者调查中，发现了"数字化悖论"：数字化程度越高的消费者，越发追求高价值的实体店体验。

这两条悖论导致企业面临着极大的矛盾：消费者的高数字化程度要求更高价值的实体店体验，那么传统的商业机构不得不进行数字化转型，它们面临激烈的线上竞争，但是数字化的投入产出比却很低，生产效率没有得到有效提升。

另一个数字化悖论的表现形式是：一方面层出不穷的新媒体渠道带来更多营销机会；另一方面则是数字媒体的极度同质化导致的无效流量与消费者叛离。

一、医美管理的数字化悖论

1. 第一个悖论：数字化系统不如手工？

20世纪90年代，用电子表格和数据库软件做企业管理非常领先。当初称之为各种管理信息系统（MIS系统）。医美最好的管理数字化也是从MIS开始的，最近还有医美机构仍然沿用美萍会员管理系统做顾客消费管理，记录储值卡余额和消费积分，用手工登记本记录医疗信息。问机构的老板和前台负责登记的人，为什么还在用这么古老的东西？她们告诉我这很好用，也够用。

让人惊讶的原因是，现在做医美机构的，最起码也得个有三五套管理系统才能算是完成了基本的信息化，然而那些"原始"的医美管理数字化居然在2022年还能好好地运行，而且看上去还不错。为什么？如果这样原始的数字化管理都可以运行良好，那么医美机构安装部署HIS、HRP、CIS、EMR、CRM、CDSS、PACS、数字化咨询辅助系统等，其意义何在呢？这就是医美管理的数字化悖论。

医美机构采用数字化管理，或者说部署医疗信息化系统和客户管理信息化系统，目的是获得数字化管理带来的"红利"，体现在效率提升、单位营收的管理成本下降。对于小微医美机构来说，部署数字化管理系统将很快面对效率和成本的权衡。上文提到的还在用美萍会员管理系统的那家医美机构其实没有什么错，也许是非常聪明的选择，并没有掉进数字化管理的陷阱。所谓数字化管理陷阱意味着高成本、高投入、低效率、难维护。仅有千八百名活跃客户的小机构确实不需要过于复杂的数字化管理系统，要是为了数字化而数字化，就会得不偿失。因此这些小机构的数字化管理往往适用数字化管理平台，拥有很多个客户端或者浏览器网址，用于向监管部门登记、申报、发送文件，但是对内部的各种管理就不再部署复杂独立的信息化系统。

2. 第二个悖论：复杂系统之下的效率降低

OA（Office Automation）是办公自动化系统，几乎大一点的机构都会有一个这样的平台，用于知识管理、流程管理、工作流管理、公告通知管理、邮件和即时通信等，有些连锁机构还将OA与CRM、HIS、私域等营销模块打通，这样庞大的系统，真实的利用率又有多高？相信用这些系统的人自己很清楚。是不是说医美管理数字化就真的没有必要呢？当然也不是，关键因素在于对数字化管理的整体认知水平，不可能指望一个对数字化管理一无所知的人能用好这样的工具，美容医生们也是如此。他们有时候确实对跨专业的数字化知识一窍不通，只是忙于临床，没有时间和心情去学习新知识，靠政策强制推行是事倍功半的，这也应该是大多数医美机构跌入数字化管理陷阱的深层次原因。

还有一个普遍的现象，中国人办公不喜欢用邮件，喜欢用微信，而且是个人微信，不是企业微信。结果，很多机构有一大堆工作微信群，企业微信却不怎么用。更有甚者，OA的即时通信和邮件系统也因为微信更方便而荒废了。以全球通行但是在我国却遭冷的电子邮件公文系统来说，本来工作沟通仅需3~5封电子邮件便可以说清楚，效率很高，各种管理工具也非常好用。但是在中国企业变成了在微信、钉钉里面的长篇大论，你一言我一语地说个不停，结果效率下来了。这是什么原因呢？这也是遭遇了管理数字化悖论。

管理数字化悖论是指采用数字化管理方式、部署数字化管理系统，初衷和目的是提高效率、降低成本，但是取得的结果却是不可避免的效率下降和成本不可控制。

3. 第三个悖论：紧跟浪潮却有心无力

医美机构以小微机构为主，目前市场缺乏对这些机构友好的数字化管理套件和解决方案。如果这些机构强行搞数字化管理，那么将很快面对这个悖论。大型医美机构或者连锁经营的医美机构需要部署分布式集成度高的数字化管理系统，看似可以选择的解决方案很多，可以通过系统集成将所有的信息系统打通，做成All-In-One的信息门户，其实不然。大机构更容易掉进数字化管理陷阱，典型的大而全，既要求事无巨细，还希望尽可能实时处理，更想要可视化和智能化，还希望信息化系统能尽可能代替管理，结果是信息化系统臃肿庞大，成为"屎山"系统，效率低下但是不敢升级、也不敢维护，只能忍受。有些大型连锁机构即使能从这个陷阱爬出来，希望沿着数字化管理的路继续走下去，也会发现自己其实已经走到了一个效率和成本的拐点，向左效率下来，向右成本上去，待在原地又跟不上数字化浪潮，腾笼换鸟又有心无力。这是另外一种数字化管理悖论。造成这个悖论的原因同样是决策者调研不够，认知水平有限。

二、医美营销的数字化悖论

1. 屠龙少年变恶龙

百度魏则西事件[①]之前，投百度关键词竞价是医美营销获客的重要选择，甚至是唯一选择。2016年以前，百度竞价应是系统工程级的技术活儿，做网站、优化、选地域、投关键词、给对手挖坑、弹窗请求对话、拿到有效联系方式、形成有效对话、邀约上门、现场咨询等一大串流程下来，每位顾客到院成本已经好几千块钱了。要想做到投产比1∶2、1∶3、1∶5甚至更高，已经很难很难，基本上能保证首单不亏钱就算是好团队了。

面对惨淡投产比的现实，医美行业那些负责投关键词的同行才想起，原来我们做网络广告是因为嫌弃电视和平面媒体太贵。所谓"屠龙少年最终变成了恶龙"，就是活生生的例子。

网络营销、数字化营销的黄金时期是2012年以前，那个时候百度竞价还能做到1∶3以上，新出现的网络媒体都还没有成气候，网络营销模式单纯而朴素，方法简单而粗暴，收益明确而肯定。但是以现在的眼光看来，医美营销早就成了"内卷之王"，百度之后所有网络平台模式的医美数字化营销，最后都陷入了一种数字化悖论：为了降低成本，提高获客效率，结果滑向了更高的成本，拿到了更低的获客效率。

2. 本来应该降维，结果却在增维

医美营销数字化悖论还体现在底层逻辑上。

医美行业许多中间环节的加入，如渠道、第三方转诊平台、电商等，它们把医美的销售过程弄得无比复杂，并且从中得到越来越多的份额。这就是为什么医美消费十分昂贵，医美机构却不赚钱；而医美机构为了生存，就有可能弄虚作假，影响了行业

[①] http://china.cnr.cn/yaowen/20160502/t20160502_522040119.shtml.

的诚信，并由此进入恶性循环。

数字化医美平台的出发点是让医患双方在第一时间接触，省去许多中间环节，让消费者用最合理的价格进行医美消费，而医美机构也能获得合理利润。将医患割裂开来，是与互联网时代的时代精神背道而驰的，也必然不能长久，这是一种获客成本的数字化悖论。

3. 重新制造信息不对称

数字化本来是消除信息壁垒和信息不对称[①]，加速信息流动，提供供需两侧互信来降低医美获客成本的；但是做数字化的人或者机构却要通过加高信息壁垒、制造信息不对称、降低信息流动效率、切断供需两侧信任关系来获得利益。这就像用斧头砍斧头一样，无法实现，这是信息化医美的又一个悖论。降低成本的工具成了更高的成本本身，这是目前医美行业面临的巨大问题。

三、工具理性战胜价值理性，可能是数字化悖论的真正原因

我们经常走着走着就忘记了为什么出发。

医美数字化管理和数字化营销的初衷都是为了效率、为了成本、为了收益，结果却都走向了低效率、高成本、少收益的路。

有人将之解释为"递弱代偿[②]"，意思是事物发展都是核心特性越来越弱，依靠代偿措施维持运行。想想医美管理和营销这么多年确实走的就是这个路径。

破解这一问题只需要换一个思考方式。我们多次引用德国思想家马克斯·韦伯说过的话：人的理性可以分为两种不同的类型，一种是工具理性，另一种是价值理性。

工具理性是实现目的的手段，也就是说怎样做才是最佳的选择。例如，想做数字化营销，经过计算，选择了私域流量为主，采用企业微信平台，兼顾短视频和信息流，还要自己做IP。这里运用的就是工具理性。

价值理性是什么呢？还是以数字化营销为例，就是要确定是采用"重服务、轻营销"的方式运营，还是采用"重营销、重技术"的方式运营。要确定是否采用数字化营销，是定性的问题。所以，价值理性要做的是价值判断，要比工具理性复杂得多。

[①] 或信息不对等，指参与交易各方所拥有、可影响交易的信息不同，买卖双方中一方拥有比另一方有更多的信息。不对称信息可能导致逆向选择，或是形成经济租，引发寻租行为，导致信息较缺乏的那一方受损。

[②] 王东岳. 物演通论[M]. 陕西人民出版社, 2009.

在医疗数字化管理和营销中，单纯使用工具理性是不够的，价值理性可能更加重要。工具理性是前提和基础，价值理性则是目标与判断。价值理性涉及的面更宽更广。

稍加思索，我们就会发现，现代科学技术系统是大大偏向于工具理性的。医美消费在近些年的高速发展，大众认可了采用医学手段达到美学目的的科学性、合理性，其实是医学技术的工具理性战胜了我们到底需要什么样的人体美学价值的价值理性的结果。

四、数字化医美为什么面临困境？

数字化医美为什么没能如很多业所人士期望的那样，快速发展呢？其中有几个关键，造成了数字化医美目前的困境。

1. 体量被低估

相比大健康及基本医疗，消费医疗总体而言所占比重不大，因此，很少有人能够看到这里面的投资机会。其实，真正的数字医疗机会恰恰在消费医疗里孕育，因为基本医疗的投资逻辑已经发生了改变，基本医疗开始按病种付费，正如刘积仁所说，"我们已经把自己对看病成本、质量、过程和结果的要求委托给了医保局，把钱交给了医保局，医保局再拿着钱与医院谈判"。这就意味着，医院的盈利变得越来越难，它追求的是医疗资源的公平性。

2. 投入不足

基于以上原因，消费医疗的支付方完全是个人，短时间不可能出现消费医疗的商业保险（医责险和意外险除外），政府不可能为医美这类消费型医疗买单。然而，消费医疗已成为人们追求美好生活的次刚性需求，同样具有美好的数字化前景，但是很少有人能认识到这一点，也没有资本愿意为此投入资金。缺钱，这是数字医美面临的第一个困境。

3. 认知存在误区

消费医疗被国家正式认可已 20 多年，此前基本处于散养的状态，相较于基本医疗来说，其整体现代化水平偏低。医疗现代化应该包括行业意识、科技发展、群体文化、合规意识等要素。尽管没有准确数据，从事医美业的整体人群的受教育程度，与医疗相关的领域相比，应该是偏低的，这是不争的事实。因此，医美从业人员对数字化的认知，无法创生行业内在动力；不是没有需求，而是根本不懂。这是数字化医美面临的第二个困境。

4. 缺乏创生环境

高度分散化的医美业，本来可以通过数字化整合，但现实是其自身规模为它的数字化进程增加了障碍，每家机构的规模都不足以支撑数字化运营的前期成本，人们急着挣快钱，迫于生存压力，很少有人能登高望远，为以后的发展做超前预判。因此，数字化没有土壤，是我们面临的第三个困境。

这些矛盾的解决，本应该是政府牵头来做的事，或者说行业组织对此负有责任，只是这个行业还不那么大，政府要优先解决老百姓的看病问题。

总之，数字化医美的困境，来自缺少有眼光的资本、缺少相应的群体意识与人才、缺少具有长远眼光的需求，最重要的，还是认知得不够，意识不到这个巨大的商机。所谓认知的边界就是能力的边界，诚不我欺。

第四节 数字化医美能够为我们带来什么？

数字化医美有三个实用价值。

一、更低的获客成本

从流量到存量、从MCN到个人IP、从第三方平台到渠道转诊，大家每天处心积虑的事，就是两个字：获客。

当初，医美机构因为不信任医生的开单能力而设置了咨询师的职位，这些人负责销售，所以，就医者进入医疗机构时，最先见到的不是医生。这种模式的一个负面效应是当人们意识到原来医美可以让中间环节横在医患之间的，这时候，各行各业的人都想着来分这一杯羹。

二、让美容医生既当艺术家，又当工程师

刘积仁说：如果医疗是一个纯艺术，这会给创新和探索带来很大的空间，没有艺术的医疗也不是创新的医疗；但如果医疗都是艺术，那么医疗的质量、成本，包括老百姓的满意度，就无从谈起。

这话没错，医美行业也适用。长期以来，在非此即彼、非黑即白、各执一端的二元论思考习惯下，我们一直摇摆于医美的艺术性与标准化之间，为此争论不休。一方面，医美的确是一门艺术，需要医生具有艺术造诣，还要懂心理学，用医疗手段帮就医者实现美的价值；另一方面，医美作为消费医疗，容错率低，我们需要尽可能地确保患者的安全，而标准化正是保障安全的手段，应该精确到每一个术式、每次治疗安全。

在确定性的规则里，医生们可以发挥艺术才智，在安全的前提下，生成美好的作品，所以，未来的数字化医美里的医生，一定同时是艺术家和工程师。

三、把美容医疗的过程变得更加精细化、标准化、透明化

基于算法，完全可以将美容医生的创造性诊疗过程，变得更加规矩、严谨、科学。

技术的成熟度取决于术式的确定性，并可以循此规定出每一个步骤，它是安全性的前提，而这一切，离不开算法和数据治理。

有专家早就看到了这一点，例如，北医三院的李冬教授，就曾经想致力术式的标准化研究，他早在10年前就对此开始了探索，并为此付出了相当多的心血。可惜凭借一己之力，很难在没有形成行业共识的情况下成功。也有一些协会组织在推出某种术式的标准化，但是面对过于分散的医美业，很难推行下去。但是我们相信，每一次努力都将是未来成功的积累。

在数据连接与算法基础上形成的数字化医美诊疗工具，每年产生数以千万级病历归档，数据量也会随着医学影像、3D打印材料、虚拟现实等富媒体的广泛应用而急剧增加。只有借助良好的算法和足够的算力才能够帮助医生们更加精准地找出术式对策，这样就可以大大增加医美诊疗的安全性和有效性，医生们在此基础上的发挥，效果绝不是今天的各自为战所能比拟的。套用流行科幻小说《三体》里的说法，有了数字化工具的医美，对传统医美具有"降维打击"的优势。

四、数字化医美最困难的不是技术，而是观念

数字化医美不仅仅是手段，更是一种观念。

用嘴说是非常容易的，真正落地是困难的；每个人都或多或少地接触过数字化工具，所以许多医美人会对数字化医美产生这样那样的误解。所有的机构，在营销过程中，都会不同程度地触及数据，或者使用了一部分数字化工具，但这就是数字化医美

了吗？谁最先将数字化运营过程匹配进业务流程，谁就会充分享受这波红利；哪家机构率先将医生们嵌入数字化医美的流程，哪家机构就会在竞争中胜出。

五、一旦实现了数字化医美，将让我们的营销变得更聪明

医美营销的刚需只有一个：获客。数字化工具可以帮助医生清晰地看清市场，并对属于自己的消费人群做出准确的判断。数字化时代，医生们可以利用数字化工具直接介入营销，并成为营销的中枢。

以往，营销都是营销团队的事，SaaS服务商只对营销团队做工作，医生等着营销团队将客患找来，甚至由咨询师完成初步的咨询与设计，有的咨询师在收取了费用之后，才会将客患带到医生面前，医生只关注临床治疗的过程。根深蒂固的概念是：医疗与营销是两条线。数字化时代将让这个场景发生根本的改变。

数字化医美的核心价值在于让不懂营销的医生可以迅速做出正确的营销指令。因为单凭经验或灵感做营销判断的时代，已经让数字时代终结了，一切由数据说了算，而自媒体的天下也正好匹配了这一点，只有一条路的时候，大家不需要思考，谁能挤过去，全凭实力；有两条路的时候，怎么选都有50%的成功率；10条路的时候，成功率就剩10%了。这时候最好能有一台无人机上天看看，那么数据就是这个无人机。

当医生深度介入营销领域的时候，数字化完全可以帮助他们节省大量的时间，做出正确的决策；大型机构的营销决策可能由专业营销人员或实际控制人为主做出，但是一定要有核心医疗人员深度参与。营销与医疗两张皮的现象在大型机构中普遍存在，它带来了大量的浪费与沟通成本。

把灵感与勤奋全部投入内容吧，无论什么样的决策，都离不开内容建设。诚如刘积仁所预言，"医疗是艺术和工程的结合体"。这句话用在医美业再合适不过。他进而指出：我们在医疗的"工程化"的过程中，要把经验的医学、高度依赖于个人的医学、不可传授的医学、不可复制的医学、不能规模化的医学，变成医学的工程化，可普及、可度量、过程可控，把一个最好的方法论大规模地复制给别人。

未来的新医美，一定是信息技术支撑的医美，数字化医美将改变整个医美生态。同时我们不要以为数字化能解决一切问题，而是要认识到数字化医美还是工具理性的成果，只是能帮我们做得更有效率而已；而医美行业的价值理性依旧属于医生、属于从业者。数字化医美是医美的新基建，但是这个基建不能等着政府投资，而是要行业

自己搞起来,这就应该是我们的医美行业未来的模样。

本章总结

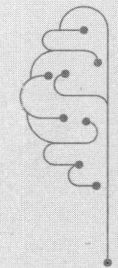

本章的内容,更像是一种呼吁,意在引导观念的更新,并引起医美人对数字化的重视。当然,我们不得不承认,在数字化的进程中,存在着整体性的数字化悖论,但是放在历史进程的大环境去考量,就变得容易理解了。总之,数字化是各个行业的未来发展方向,只是道路漫长,它的实现,需要行业认知水平的整体提升和诚信基础的确立,当从业者将价值理性与工具理性放在同样重要地位的时候,医美数字化的时代,才能真正到来。

PART 5

风控篇

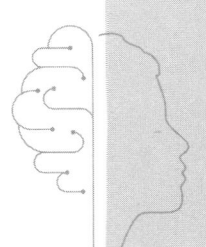

第十八章

控制来自内部的风险

> **本章导读**
>
> 医美机构最大的风险来自内部的医患纠纷,我们在第一节详细讨论医患纠纷的成因,包括与疾病医疗纠纷的区别、特点和相比疾病医疗而言的特殊性与复杂性,它应该引起医美机构的高度重视。
>
> 第二节讨论如何避免医患纠纷,以及出现纠纷后怎样应对。核心议题是医美机构不但要保持技术规范,还要遵守行为规范与服务规范;一旦出现纠纷或事故,机构一方应保持怎样的心态;在处理过程中,如何调动内部风控机制并争取外部的合作。
>
> 第三节是针对创业医生而言的,作为创业者,医生的自我保护意识与手段相对薄弱,有必要为创业挖好护城河。
>
> 第四节和第五节,是两个极容易引发内部危机的方面:一是来自就医者的风险;二是来自视频传播的风险,这是两个最大的风险来源。医美就医者中间的"神经症[1]"患者不在少数,只是程度不同而已,辨别上有难度,但是对这部分就医者说"不"是避免风险的最佳选择。视频是传播的重要途径,但是参与者不同,过度承诺引发的矛盾会集中爆发,而且难以辨别导火线是在何处被点燃的。

---

[1] 神经症,旧称神经官能症,是一组主要表现为精神活动能力下降、烦恼、紧张、焦虑、抑郁、恐惧、强迫、疑病症状、分离症状、转换症状或神经衰弱症状的精神障碍。随着对神经症认识的深化,其概念也发生了一系列的演变,这种演变的总趋势是内涵变得越来越深化并不断异化,结果是在 ICD-10 中几乎完全抛弃了神经症这一概念,将这类疾病肢解为 7 种不同的障碍,称之为神经症性、应激相关和躯体形式障碍。发病原因多样,但以心理社会因素为主。

第一节 医疗美容纠纷的成因

北京12345市民热线服务中心承诺：医美投诉，7天之内回复结果[①]。

医美业长期以来，年复合增长率超过20%，2021年的预计是：医美市场规模将达到2000亿元，而且远没有到高峰期。在此之前，中国整形美容行业协会每年接诉2万起，全网舆情平均每年超过300万条，对12345来说，要想做到接诉即办，压力与难度巨大。

医美行业的高风险不言而喻，然而它往往被医患双方忽视。医美纠纷总会有，处理不好，对就医者、机构乃至医生，都可能带来灭顶之灾。深入了解医美纠纷及其成因的特殊性，是十分必要的。

一、医美事故与疾病医疗事故的差异

医美事故与疾病医疗事故，都是医疗事故，却也有着本质的不同。

疾病医疗具有公益性，医方理应不以营利为目的，白衣天使救死扶伤，病患是心存感激的，同时对医疗风险有相应的心理准备，一旦出现医疗事故，大多数病患及其家属能够保持理性，心态大体上相对宽松；医患矛盾调解不成，走法律途径，大家也能接受。

医美不一样。医美机构以营利为目的，实行市场定价机制，就医者清楚地知道，医方是要赚钱的。所以出现医疗事故或纠纷，赔偿自然首先通过谈判解决。医疗机构也别指望能够轻易走司法程序，因为就医者知道，按照疾病医疗事故的司法调解，赔不了几个钱。

在中国人眼里，医美始终是个医疗另类，大家总是冷眼相待，只对它的负面消息感兴趣，尤其是媒体。医美靠媒体而活，所以媒体有时比法院还管用。医美客户面对纠纷，一般不会求助于司法系统，而是利用媒体，或者到机构门口举牌，吸引媒体注

[①] 北京市人民代表大会常务委员会，北京市接诉即办工作条例，北京市人民代表大会常务委员会公告〔十五届〕62号，2021年9月24日实施。

意。在自媒体时代,传播途径本就更加广泛,传播速度迅速。每一部手机,都是一部摄像机、照相机、录音机。

人们要想找到对比案例是不难的,类似的纠纷,通过法院可以获赔多少,和通过曝光索赔,甚至采用医闹手段,获得的赔偿数额可能天差地别。

二、医美医患纠纷的特点

1. 纠纷数量巨大,但是进入诉讼的非常少

医美纠纷的数量虽然巨大,但是真正进入诉讼的,其实非常少。最后通过诉讼解决的医美争议与纠纷占总争议和纠纷比例不足千分之五[①]。在北京医美机构云集的朝阳区,朝阳法院4年时间仅审理了194件医美诉讼。

2. 医美维权向群体性发展

2021年"3·15"期间,北京朝阳法院曾经为了一个医美诉讼发出一份白皮书,还上了电视新闻。这个诉讼是个群体诉讼,也只有群体诉讼才能让法院高度重视,并为此发表白皮书。

为什么医美维权的群体性越来越大?这当然要归功于社交媒体,不少当初为了营销而建立的各种群,如今成了维权群。根据医美镜[②]的统计,65%的群体性纠纷事件,都建了群;并且正是因为建群,才把事情越弄越大。这也代表医美争议维权有了系统而固定的组织形式,通过社交软件建群,群内不但有自发或者自觉聚集起来的"权益受损者",还有组织者、专业法律工作者、两头套利者等多种角色和身份的人员,目的不一,必定将医美维权弄得越来越复杂。

3. 维权难度大

医美维权的另一个显著特点是维权难度大,特别是渠道医美和黑医美。

渠道医美本无可厚非,但是渠道商对分账的贪婪,倒逼许多医美机构不得不走向坑蒙拐骗的歧路,因为这些机构既要顶着所有收费的名义,又不得不以极低的成本完成治疗。一旦出现纠纷,别说三倍金额的索赔,就是全额退费,医美机构又怎么可能独自承担?

---

① 北京市接诉即办2021年11月数据。
② 北京医美镜医疗美容争议研究与调解中心,是一家第三方社会公益法人机构,受北京市法学会指导,其业务在最高人民法院备案。

有些医美就医者，明知是非法黑医美，仍然接受非法治疗，甚至代为传播介绍，事后一旦出现纠纷，还想维权，难度之大，不言而喻。很多医美争议会像内陆河一样最后自己消失不见，其实就是被中间人消解了。

4. 纠纷双方情绪对立严重

几乎所有处理过医美纠纷的人都有一个共识，那就是纠纷双方的情绪对立严重。据北京多元调解发展促进会的人介绍，调解中心里，只要听见大喊大叫的，一定是医美纠纷。

主要原因是医美纠纷的当事人，大部分是身体健康、精力充沛的女士，而且事关容貌，女性的容错限度很小。情绪严重对立，便成为医美纠纷的一大特色。

5. 暴力维权数量增加

这是情绪严重对立的升级版。医美纠纷在很多时候因为情绪失控而演变成暴力维权，即使用违法方式维权，将维权变成了治安案件。暴力维权的事件目前呈上升趋势。

医美医闹有两大招式，一文一武，文的就是上网，用自媒体进行攻击；武的就是找一伙外表看上去像流氓的人到医美机构闹事。两种招式都用的也有，双管齐下、文武双全，目的就是拿到通过协商或法律途径拿不到的好处。有些案例还涉及一方付出了巨大成本，而看不到预期收益，恼羞成怒之下，文斗变成武斗。

6. 患方要求苛刻

医美纠纷患方当事人在诉求上的特点是要求特别苛刻。这也从另一个侧面表现医美行业具有极低容错率的特点。医美服务毕竟和疾病治疗不同，不切实际的医美期望值和偏误的认知心理驱动下，情绪往往处于临界状态，一旦发生纠纷，当事人很难用理智的心态来面对。

当患方当事人了解到通过正常法律途径无法满足自己的诉求时，便会求助于媒体，利用舆论的力量对医美机构施压。患方当事人有时候甚至将苛刻的要求转移到媒体上，只要媒体方不能满足自己的预期，也会出现对媒体的攻击和苛责行为。

7. 医患双方都急于解决

处理医美纠纷的时候，双方都会表现一个状态：急。

机构方自然希望快速解决纠纷，以免给正常的经营活动带来过多的负面影响，所以医方有时会放宽处理条件，宁愿吃哑巴亏、被敲诈，也试图尽快息事宁人，客观上给就医者带来闹得越大、收获越多的认知。

患者一方的问题往往涉及形象，当然也希望尽快得到处理和解决，拖得时间越久，可能获得的赔偿越少，甚至有可能那些作为纠纷理由的并发症已经恢复，便会失去索赔的依据。

8. 医患双方要求保密

纠纷双方唯一容易达成一致的，就是对保密的要求，这是纠纷双方共同的想法，机构一方可能在这个方面的诉求更加强烈一些，机构不希望这件事让媒体知道，更不愿意被对方捅到网上曝光。

患者一方出于个人隐私的原因，也会希望纠纷的处理过程是保密的，如果当事人不是医闹的话。很多患方也了解到争议和纠纷如果最后通过诉讼解决，就面临着司法文书公示的法律程序，暴露了隐私，因此一般有意无意回避进入司法程序。

9. 举证困难

医美的重要特征就是极少有就医者只在一家机构接受治疗，那么出现的责任后果通常并不是一家机构造成的，所以双方会各执一词，造成举证困难。按照卓小勤老师的说法，现在医美服务流程管理缺乏规范，很多应当有记录、留痕迹的医美诊疗过程并没有客观记录和痕迹留存，这也导致了举证困难。

10. 合同之诉大大多于侵权诉讼

正规医美机构出现的诉讼，患者方质疑医疗技术的情况较少，多是对效果不满，更多的是围绕虚假宣传、过度承诺以及服务中出现的问题。大多数机构在技术规范上还是可以达到要求的，但是在行为规范和服务规范上，既无标准，也不重视，而且技术越好的机构，这种情况越严重。

很多争议和纠纷会附带患方当事人对机构的医疗合规、环境合规、税务、防疫等方面的举报和投诉，虽然这些不能帮助患方当事人直接获益，但也是一个要挟机构的重要手段。

11. 投诉成为新的维权方式

政府部门开设了多条投诉通道，如12345热线、12315热线，还有各地区的卫生监督部门、环保、物价、税务等部门投诉[①]，因此，维权过程中，往往出现多头投诉、重

---

① 目前这些热线大部分最后汇总到了12345。

复投诉的现象。

三、医美纠纷成因的特殊性

1. 法律法规不健全

参与过起草《医疗美容服务管理办法》的卓小勤[①]承认，当初编制这个文件时，参与者大都缺少行业实操经验，多少带有拍脑门的性质，因此这份文件缺乏行业发展的预见性，并不十分利于规范行业与化解纠纷。

目前我国尚未正式承认消费型医疗的存在，尽管在有些判例里，援用了《消费者权益保护法》，出现过3倍赔偿的判例，但所有现行法律法规，并无针对消费医疗的系统性规定，借用疾病医疗法规对医美这类消费医疗进行规制，政策多少会有不配套的问题。

2. 缺少行业标准

医美是医学与美学的结合，而审美评价缺乏统一标准，因此，为医美行业制定行业标准是困难的，而且连制定标准的组织或机构都没有出现。

有协会或学会试图为医美诊疗项目制定标准，但是目前还未见成体系的成果，那些为效果制定标准的努力都是徒劳的。现行的行业管理办法主要针对临床行为，套用一般医疗的管理原则。

3. 缺乏医美纠纷解决标准

和缺乏行业标准一样，医美纠纷的解决同样没有标准，因此更适合调解。

现行的规范里有在术前双方美学沟通一致的要求，但是对医美效果进行事先约定有极大的纠纷风险，很可能双方对术后效果的认知不同，对恢复期也缺乏认识。如果出现对效果的认知分歧，医患双方的沟通更像是一场谈判。

在医疗事故鉴定标准中，对毁容的认定标准相当模糊，对于患者而言，认定结果很难达到预期，它和赔偿金额密切相关。由于医美损害责任中的赔偿通过诉讼无法达到当事人过高的预期，很多律师不愿意代理这类案件。

---

① 卓小勤，男，广东大埔西河人。1956年6月8日出生，著名法学人士，《中国卫生法制》杂志副主编。毕业于北京中医药大学。从20世纪80年代起，曾参与了中华人民共和国许多法律、法规和规章的起草工作，参与了2002年4月15日国务院公布的《医疗事故处理条例》的起草。作为法律学者的他，还代理过许多医疗纠纷案例。

4. 心理伤害大于身体伤害

如果医美的不良后果给就医者带来损害，通常情况下，心理伤害大于身体伤害，这也是医美纠纷容易爆发激烈冲突的原因。

5. 过度宣传带来的过度预期

在医美术前建立合理期望值，是减少纠纷的重要前提；然而医美机构的过度宣传，往往会将就医者的心理预期抬得过高，医患双方对结果认知的巨大差异，是构成纠纷的主要原因。

6. 退费困难

一旦患者方认为治疗失败，想要让医美机构退回费用是困难的，特别是渠道机构，纠纷出现的时候，钱都分配完了，而且大部分被渠道商分走。医美机构退费自然是协调各个合作方，周期漫长。

医美收费涉及多个利益主体，机构、医生、合作方、销售人员、运营人员可能都要参与利益的直接分配，谁也不愿意将已经到手的钱再送回去。

而且患方与医方即便达成了退费协议，也容易因为患方要求尽快拿到钱而发生进一步争议。直客机构有财务流程，退费一般很复杂，难以做到即时完成；渠道机构还涉及分利方的汇总和协商，更容易拉长时间。患方却容易将正常的周期理解为推诿和拖延。

7. 群体维权被医美机构抗拒

医美机构对群体维权事件是极度抗拒的，这样会引发连锁反应，甚至是将原来没有发展为纠纷的变成纠纷，将不是医闹的变成医闹。这类纠纷极易发展成恶性事件。北京朝阳法院还因为群体诉讼发过白皮书。机构对群体维权抗拒和警惕的另外一个原因是：如果被群体维权成功，那么后续的类似情况将连绵不绝，愈演愈烈。

8. 纠纷成因复杂

医美纠纷在医疗纠纷中，成因是最为复杂的；有可能不满意的结果是由多家医美机构前后叠加造成的；既涉及侵权纠纷，又可能是合同纠纷；既有客观伤害，又有主观不满。

有些案例的持续时间很长，经常有的案例前后发展5年到10年，经手的医生和机构十几家，还有江湖上的非法黑医美介入其中。因此，很多修复类的手术和治疗，最后的争议可能落在任何一家机构或者医生身上，如果在司法程序和司法鉴定上稍有不慎，就意味着独自背起所有的黑锅。

9. 病历造假

医美患者普遍不相信病历的真实性。医美机构普遍对病历重视程度不够，医生不愿意在病历文书上花费太多时间，所以，一旦出现纠纷，后补或修改病历的事情时有发生。

解决病历文书造假，是行业进行过程管理的关键，所以，电子病历势在必行，它可以改变以往的病历保管方式，由医美机构单方面保管变成医患双方共同保管，并且不可更改。

第二节　医美机构如何避免和应对重大医患纠纷？

一、医美机构避开危险区的三个规范

对于医疗机构来说，仅仅做到技术规范是不够的，还需要有行为规范和服务规范。要想在竞争中取胜，不但要有绝招，还要穿上"防弹衣"。任何不规范的行业，都可能导致严重的后果，这并不是请到优秀的律师或公关公司就能解决的。

医美机构差异化的医疗技术是核心竞争力，它永远是个性化的，所以可以称之为"绝招"。但是当有了"绝招"，并不能保证一定能在竞争中取胜。

规范化、标准化的行为规范和服务规范，是医美机构保护自己的"防弹衣"。医疗是非标行业，医疗技术必然存在风险及不确定性，但规范化、标准化的行为规范和服务规范，则是建立信任、树立品牌的必由之路。

医疗机构可能面对的医疗事故风险并不常见，更多的是医患纠纷、政府处罚和第三方投诉。假如我们回顾一下每家机构发展的历史，可以思考，有多少损失是因为医疗事故造成的，又有多少损失来自这后三种情况呢？

"绝招"不可多得，但是行为规范和服务规范是人人可以做到的，只要自己想做。

1. 技术规范[①]是最常被提起的话题

医疗美容机构强调医疗技术规范是没错的。但是，仅仅做到技术规范就能保证不出医患纠纷了吗？请注意，这里说的是"医患纠纷"，而不是"医疗事故"。医美中的医患纠纷同样让人头疼。

医疗技术规范这件事，本身就是存在着巨大的信息不对称。通俗地说，就是患者可能并不了解医疗规范是什么标准。当出现意见分歧时，比如对双眼皮手术成功与否，医疗技术规范给出的标准，可能和患者认为的标准，存在巨大差异。

一般而言，医生们会用技术规范来要求自己，当患者对双眼皮手术的效果产生怀疑时，医生会坚持通过医疗鉴定来判定效果如何，这多少有些一厢情愿。医生们认为医疗鉴定都没问题，那就肯定是没问题，然而事实上并不一定如此，矛盾还是没有解决。

有些患者通过协商可以接受这个结果，但是有些人可能会变成医闹。

2. 行为规范常常被忽视

医患双方对手术效果可能有不同的认知，所以，在医疗文书上，有一条规定非常重要，医患双方美学沟通一致。如果医患双方在双眼皮手术的美学意见上达成了一致，并且形成了医疗文书，而且就医者也签了字，事情就好办多了。这个过程，就是行为规范。

比较先进的医疗行为规范系统里，电子病历可以帮助医生们解决这些容易忽略的问题，这一点，全世界的医美医生都有过自己的教训。当然，行为规范并不是这么简单。

在我国，医疗的行为规范多指监管部门的相关要求，比如医生资质、超范围手术、药品资质等，也包括医疗文书（病历、知情同意书）规范，这些行为规范，在许多医美机构都没有给予足够的重视，再大牌的医生开办的机构，也会存在行为规范方面的瑕疵，这导致出现问题时，整个机构都非常被动。

有些非常优秀的医生，只关心自己的技术是否高超、医疗是否规范，但是行为规范等诸多事项，都交给下面的人去办，自己不闻不问。这些经手的工作人员，可能是初出茅庐的年轻人，甚至是外行人。

行为规范带来的效益是"不出事"，这本身就是最大的效益。然而，只做到行为规范合格，也还是不够的。

---

① 一般遵循诊疗常规、临床指南、专家共识等顺序。

3. 服务规范绝不仅仅是服务态度那么简单

医疗美容机构如何避开客户投诉的危险区，建立充分信任的医患关系，还有一点十分重要，就是别让就医者在服务规范上与医美机构产生认知上的分歧。因为就医者处于弱势的一方，医美机构有责任让就医者建立良好的服务感知。

服务规范多指医美机构与就医者沟通过程的信息透明度，从开始接触到服务结束，贯穿始终。它包括宣传推广、信息传播及网络咨询等；到院之后，服务流程的透明度，以及所有服务环节与动作的标准化；离院之后的随访与关怀等。

所谓服务过程，指的是在这个过程中，是否存在客观上的消费欺诈、对效果的过度承诺、对不良反应提示不够甚至刻意隐瞒等行为。这些方面一旦发生纠纷，都是消费者保护机构或相关的法律部门关注的重点。有些机构在服务规范的关注度上，做得很不够，导致了太多的无谓的投诉。

许多机构为了让服务规范上台阶，不惜花重金将服务流程标准化、SaaS化、模块化，这都是有益的尝试，但关键还是观念的转变，以及主要责任人的高度重视。

二、医美机构面对纠纷的心态选择

职业医闹毕竟是少数。而且有些医闹是被逼出来的，原因在于机构自身的处理不当。

面对纠纷，医美机构需要保持一颗谦卑谨慎的心，切不可傲慢暴躁、口无遮拦。勇于担当、快速处理，永远是第一要务。纠纷处理不当，再高超的危机公关能力也是亡羊补牢。

处理医美纠纷的办法不多，除了退款赔钱，就是谈判，一般闹纠纷的患者是不会再让你帮其修复的。所以，解决纠纷的方法，永远是谈判。

特别是自己在纠纷中存在硬伤的机构，尽量满足对方的需求，快速处理是上策。把赔偿控制在合理范畴是本事。硬伤一般是资质不符、超范围、产品设备不合规这几样。不能存在侥幸心理。

凡是把事情闹到不可收拾地步的，都是缺乏谈判技巧或耐心。有些大品牌机构店大欺客，满不在乎，最有可能酿成大祸。再大的品牌，也可能会大意失荆州，品牌碎一地；再大牌的专家，一时不慎，也可能人设崩塌。

避免成为标志性事件，是医美机构的管理人员或核心医生一定要时时告诫自己的。比如魏则西事件，会时常被人提起。标志性事件的坏处就是人们总是要拿它举例子，负面传播经久不息，对品牌伤害巨大无比。有些人在愤怒之下说出的话，成了被媒体传播的"金句"，同样属于标志性事件。

三、医美机构的内部风控团队

有些事是不能交给外人去做的，只能由机构内部的人去完成，这是必要的成本支出。前三个是医疗机构的基本设置，后两个则主要依靠外援。

1. 医疗安全控制团队

控制好医疗安全是一切的根本。

应该由专业人士组成合规风控小组：医疗流程、医生资质、产品器械、服务范围，都在合规监控范围，它们的问题构成机构的硬伤；特别是对外宣传推广中的任何夸大之处，都可能成为对方诉讼的证据。

2. 纠纷处理团队

万一出现纠纷，一定要主动解决，不能回避矛盾，有些时候需要观察术后或者治疗后实际效果，战术性延期处理，不是为了拖延是为了证明疗效，不是拖着不解决问题。为了做到这一切，只有专业的团队才能做到，它需要经验和担当，以及长期的磨炼；当然，这个团队可能是兼职的，由各个岗位的人士根据现场情况临时组成，但召集人最好是专职的。

3. 法律风控团队

医美机构内部一定要有学法律出身的人士，而且仅仅是法律专业毕业还不够，这个人必须是具有不断学习能力的人，因为法律法规在不停地完善与增加。这个人最好在法律界拥有一定的人脉资源，必要的时候可以借助外部的专业力量。

在机构内部建立法律风险的应急处理机制是必要的，尽管这不是常态化的存在，因为一旦出现问题，没有准备的机构势必措手不及。出了事，一定要在第一时间知道该去找谁。

4. 舆论风控团队

负面舆情发酵之后的局面，单靠一己之力难以解决，只能依靠外部力量，但是机构内部一定要有负责舆情监控的专人，时刻对内部或外部的信息进行监控。

这些团队建议采用一专多能的方式组织，否则对中小机构而言，将导致人力成本过高。

四、关于外部风控协作网络的建立

懂得一点法律常识，最直接的帮助并不是让自己能够应付诉讼，而是帮助你找到最合适的律师，采取正确有效的法律对策。诉讼要由律师完成，但是绝不意味着可以临时抱佛脚，而是太平无事时，就要与最优秀的律师建立良好的合作关系，免得病急乱投医。

1. 法律外援

大一些的医美机构应该设有专职的法律顾问，小型机构可以外聘，但是不能没有，这个岗位的职能是管理并调动外部的法律支援。

美国加州湾区的一些独立开业的医生，他们每季度会请合规律师到诊所做合规检查，主要是审核医疗文书和市场营销。这样的做法值得我们学习，虽然我们国内缺乏这样的法律服务，医疗机构也不愿意让自己的医疗文书被"外人"看得太多，但这是趋势，也是外部合规的主要途径。

律师群体也是五花八门，各有各的擅长，没有包打天下的律师。医疗机构聘请的律师应该对医疗行业熟悉，而精通医疗的专业律师并不多见，高水平的更是凤毛麟角。

医美机构常犯的毛病是将诉讼交给律师之后便不闻不问，以为律师可以搞定一切，这种情况是危险的。自己的事情，一定要高度重视，并亲自参与，一边掌握诉讼进度，同时也能学习到不少实用的法律知识。

2. 公关协作

有的人在纠纷出现后是坚决不走法律途径，而依靠舆论来给机构施压，互联网时代，自媒体信息可以自由发表，媒体也乐于发布行业负面消息。

另一种情况是在诉讼的过程中，利用媒体扩大影响，并给机构形成舆论压力。一边倒的舆论是否能够对法官的自由裁量权产生影响，不得而知，我们只能说，在消费医疗法律法规并不完善的当下，法官有法律适用的自由裁量权，他们的情绪或立场很重要。

专业公关公司的重要程度并不亚于律师，但是找到负责任并有水平的公关公司，并不是一件容易的事。

第三节　建好医美医生创业的护城河

要想创业成功，不仅要医术过硬，还要有自我保护意识；在法律严密、法规健全的行业，人们创业的保护是环境赋予、自然获得的，但是在医美行业，医生的创业保护要靠自己。

再优秀的医生，做手术已有失手的时候。医疗难免有瑕疵，更何况容错率极低的消费医疗。有的时候，即便治疗没有失败，就医者也可能对结果不满意；面对不满意结果，有人讲道理，有人当医闹；有的人会先正常协商，再走法律途径，但也有的人会动用舆论或网暴围攻。

创业的自我保护，最主要的是防范合规风险。这种风险主要来自法律相关和舆论相关两个方面。而在这两个方面，医方往往处于被动地位。

创业保护的护城河分为"内河"与"外河"。"内河"是机构内部的自我保护机制，"外河"是创业医生建立的外部协作保护机制；出于成本与规模的考虑，有些保护措施来自外部的关系单位，没必要自建。形象化比喻，内河就像一个细胞的细胞膜，外河就像细胞所处的微环境。

一、为什么有些美容医生经常在纠纷处理上吃亏？

"来美安案"[1]是一个相当典型的案例，一位美容外科医生由于在自我保护的环节出现了严重失误，导致败诉，不但被判处有史以来最高的医美法律裁判金额，并承受着巨大的舆论压力。"来美安案"的全过程，堪称教科书，值得全体医美人从中吸取教训。

1. 不做任何保护措施的创业之路，必定风雨交加

越是有风险的运动，保护装备越复杂，这是尽人皆知的道理。无论是公路自行车、赛车、滑雪、冰球，还是登山、攀岩、潜水或拳击，自我保护都是第一位的，穿戴护具是上场前的第一道程序。但是，许多创业医生狂奔在高风险的医美赛道上，却不加任何保护措施，简直和"裸奔"差不多。

可怕的不是他们艺高人胆大，而是他们根本就没有自我保护意识。他们天真地以为，只要把手术做好了，就能够成功创业，但是往往事与愿违。这些毫无安全防范经

---

[1] 中国庭审公开网，（2021）京03民终12648号等案件。

验的医生,一旦遇到不测风云,立刻手忙脚乱,难以应对。过去环境相对友好的时候,有的医生凭着技术不错、运气够好,"裸奔式"创业闯关成功,但那个时代已经落幕,不能再对那样的成功有企图心。

2. 风险意识淡薄导致疏忽必要程序

有多少医生不爱写病历?有多少医生出现纠纷之后再改写病历?有多少机构忽略了必要的诊疗程序?不注重医疗文书和诊疗程序,就是为自己埋下隐患。一旦医美案件进入法庭诉讼,法官最容易看懂也最容易作出判断的是文书,而不是医生的专业描述和细节复盘。因此,看似"麻烦"的病历书写,要有关键细节和明确的表述。注重医疗文书,管好自己的医疗服务"小流程",是医生规避未知主要风险的第一要务。

3. 缺乏法学知识,书生意气难对"草莽"

医生们难以接受"法律事实大于客观事实"的现实,因为许多医生缺乏必要的法律常识。这种情况直接导致他们面对诉讼案件时意气用事,应对策略错误,甚至一错再错。

对付医闹已经够呛了,对付那些有经验的诉讼对手,医生们常常像不谙世事的孩子。然而,当这些手术台上的强者,成为公堂上的弱者时,无论是媒体还是法官,情感立场基本不在医生们(民营)这一边。医生只能用好法律这个武器。但是法律需要证据和程序支持,所以医生们掌握基本的法学知识,把自己的视线从医疗专业上放远一些,思考裁判者如何裁判,了解草莽者如何草莽,对规避风险、挖好护城河、建好防火墙具有重要意义。

二、创业医生需要建立自我保护意识

人们对2021年甘肃马拉松越野赛事故记忆犹新,那场悲剧让21名优秀选手命丧荒漠。无论是赛事主办方还是运动员本人,都对可能遇到的风险估计不足,更谈不上自我保护的措施。这是一场典型的保护意识淡薄导致的惨案。这场悲剧的主因是:开赛前心存侥幸,想着不会发生极端天气,即便有意外专业选手也能应付。结果是一连串的极端情况,付出了巨大代价。很多医生经历的风险事件,复盘时都有这样的影子。就像"墨菲定律",糟糕的情况精确出现,虽然想到了,但是无法预防。

风险意识同样适用于自主创业的医生群体。

1. 牢固的合规意识

合规意识是防范一切风险的基础。虽然这句话怎么强调都不为过，但是很多医生把这句话仅仅停留在口头。我遇到过许多医患纠纷，有内部的，也有外部的，我常常问的第一句话就是：你的诊疗过程有没有硬伤？诸如超范围、扩大适应证、医生资质不符、产品证照不全等，都是诊疗行为中的硬伤，一旦出现纠纷，就是再有理，也会底气不足。

2. 尽可能学习一点法律常识

医生们在繁忙的工作之余，尽可能学习一些法律常识，这很必要，因为医学是离社会科学最近的自然科学，法学是离自然科学最近的社会科学，它们密不可分。

我们强调从事医美的医生不但医术要精，还要懂美学和心理学，再让医生们成为法律专家，就太强人所难了。能成为法律专家的医生少之又少，但是懂得基本的法律常识，能让医生们在面对医美纠纷的时候，知道如何"下嘴"，而且"吃相"不会太难看。

三、美容医生避免纠纷的"11条军规"

当一名优秀的美容医生并不容易，成长过程中不可避免地面对纠纷。很多不必要的纠纷可能导致医生和机构折戟沉沙，给执业信心带来巨大挫折。

如何避免纠纷，已经有无数金科玉律和专业指导。这"11条军规"有些内容可能拿不上台面儿，但是比较实用。

再多的技巧，有的时候也不灵，最关键的一条，是专业要好。技术不行，说什么都没用，所以，这一条不作为"军规"之一。下述规则，是在过硬的专业基础之上的注意事项。

1. 辨别来意

大部分医美就医者是正常的，但是总有一小部分非正常的就医者，注定会给机构带来纠纷，比如职业碰瓷儿。2022年初，仅北京医美市场的"黑名单"，就达到了400多名，这是北京的医美同行的不完全统计。这些职业碰瓷者发现碰瓷儿是一条收益颇丰的生财之道。

先要弄清楚就医者的来意，这不能不说是医美业的悲哀。虽然其他医疗专业和业态都有类似的问题，但是比例明显没有医美这么高。面对现实，没有太好的办法，只能提高辨识能力。

有些就医者是高纠纷者，比如，神经质或神经症患者、对效果期望不切实际者、透支支付能力也要做"高配"项目者，都是纠纷的高发人群。面对这样的人群，有经验的接诊者可以感知和分辨，如何选择，取决于医生或机构，是冒险要营业额，还是避免纠纷？

有些非正常访客虽然是"噪声"客户，但不足为虑，可能是同行探子、陌生拜访的行业调查人员、职业打假人等，他们别有用心，但是一般不会造成医疗上的纠纷。

2. 鸿离鱼网——你给的是人家想要的吗？

治疗之前，先统一思想。

医患双方在术前没有取得一致意见，或者没有就关键问题沟通清楚，纠纷概率会大增。有时医生在就医者的愚蠢要求前过于强势，压迫对方接受自己的观点或方案，而就医者往往在医生面前是蒙的，有可能没有想明白，依从了医生的主张。但这是假性依从，后患无穷。审美是主观的，很难说服一名客户改变其审美认知，医生不要以为自己咖位高，就能轻松说服就医者。一名就医者审美倾向变化，绝不是一次就能说明白的，务必注意。

首先，患者意见与医生意见相左时，明智选择是寻找中庸之道，给双方都留有余地；其次，看患者的诉求是否可能带来不良后果，如果有，要么说服就医者，要么干脆别接这个活儿。墨菲定律说：凡是可能发生的糟糕情况，就一定会发生。

越无知越危险，对医美常识一窍不通的就医者要特别小心，不要以为遇到"小白"便可以恣意而为。如果"小白"要做的术式并不适合其自身情况，逼迫或者央求医生做治疗，一旦出现不满意，来一句："我又不是医生，我哪儿懂啊！"拿到法庭上都很有说服力。虽然消费医疗应该由患者做决定，但是出了问题的时候，全是医生的责任。

医患双方术前思想统一的不仅仅是医疗事项，还有美学观点。"美学沟通一致"的字样要在医疗文书里正式载入。

3. 好好写病历

似乎行业习惯了这种情况：病历只在出现纠纷、面对检查的时候，才会认真对待，而且会重新改写病历。殊不知，不认真地对待病历，会成为纠纷的温床。

认真书写病历，不但可以在过程中把控风险，规范流程，而且可以避免纠纷。经常听到一个观点：治疗过程可能存在不规范之处，病历滞后书写，可以过滤掉治疗过程中的瑕疵，不进入医疗文书，所以病历就应当先放一放。但是这样做就真能避免风险吗？

医生应该对医疗职业满怀敬畏，为何有些医生将病历视为负担？未来的行业管理，一定是从病历着手，特别是电子病历实施之后。

4. 自己的事儿自己管

治疗结束，服务开始。

有一位非常出名的整形医生做完手术，发现护理团队经验不够，麻醉师也离开了，便自己陪护患者4个多小时，直到患者完全符合麻醉苏醒后的各项指标才离开病房。他说："医美草台班子很多，出事的也很多。手术做完就走，是所有医疗环节都过硬、可信赖的情况下才有的。"

很多问题出在其他环节，如术后麻醉恢复、感染管理、术后换药、拆线、回访等，引发的纠纷不在少数。总之，将自己的患者交给别人负责的时候，责任并不一定会随之转移。

5. 返工的活儿都不善

对修复诊疗，建议慎之又慎，因为一旦上手，全部责任便转移到你的身上。医疗责任是链条状的，至少在司法裁判和仲裁调解环节是这样，人们会自然地认为谁是最后动手的，那么谁就是最大、最直接的责任方。

即使是相当有把握的修复手术，在书写知情同意书的时候，也要做好最坏的打算，千万不能把话说满，相信有经验的专家都明白这个道理，但是仍然会在修复结果上不断地爆出纠纷。最好的办法是事先将所有可能的不良后果都说清楚，如果患者退却了，不必挽留。勉强治疗的结果就是出现纠纷。

还有一种特殊情况，患者的修复治疗由第三方买单，这时，请务必收敛起多赚一点儿的心，或者对患者的所谓"同情"。修复的方案要恰如其分，不要一股脑儿地往对方身上堆项目，弄得不好，患者不会领你的情，该找麻烦还是找麻烦。修复的项目堆得越多，越容易出现纠纷。

6. 永远不要说别人坏话

不要相信患者会为你说的话保密，你贬损同行的话，往往会第一时间大面积快速传播。经常有发誓"守口如瓶"的患者听到修复门诊说的"坏话"，转身就去上一家那里算账,并且将这些"坏话"当作证据和资本。

消费医疗中患者会在几个医生中做选择,自然会用不同医生的话左右互搏,谋取利益,用你说的话和其他医生套近乎、扮成专业求诊者,以便捞取好处。

医生为了获客,有的时候会不由自主地评价同行,压低别人抬高自己。但是你压低了别人,别人会用同样的方法对付你,不但会跟同行结仇,更会增加纠纷率。

咨询师为了业绩,最容易说同行的坏话。所以,医生一定要了解咨询师到底和患者说了些什么,是不是给自己挖了坑。一般咨询师说了其他医生或机构的坏话,账都会算在做手术的医生头上。咨询师们也要注意,贬低同行不一定能给你增加多少业绩,增加麻烦是一定的。

7. 最好别收红包

不要收红包,陌生患者的小礼物也要慎重。

消费医疗和疾病医疗在患者心态上有很大差别,大部分就医者知道医美本身就是消费,没必要再给医生塞红包,但是仍然有少部分患者,尤其是带着孩子来做手术的家长们,会习惯性地给红包。美容医生一旦收了红包,不管多大牌的专家,立刻矮一截儿,尊重没了,有纠纷的时候就医者不会客气,毕竟拿人家的手短,不但这件事情会被曝光,而且在处理纠纷时,会处于劣势。

8. 对患者一视同仁

对于特殊折扣的患者、免费的患者,要一视同仁,这些人往往比正常缴费的患者更敏感。他们知道自己得到了优待,但不一定是医生的本意,而且可能影响医生的收入,所以,这样的患者会格外留意医生的态度与治疗的品质,看是不是在治疗上也打了折扣。这种时候,如果对患者有所怠慢,他们的反应也会格外强烈,这类矛盾即使最后没有构成纠纷,也会形成投诉。有些医生以为患者"得了便宜还卖乖",这种想法要不得,一旦心有所想,就有所表现,会被感知,最后都会出现纠纷。

有时医生会做一些探索性项目、用厂家赠送的样品和赠品,但这些低成本的项目和产品,不要用来在熟人或朋友身上赚面子、省费用,以免"弄巧成拙",这是医美圈子的"魔咒",越不挣钱的、越是熟人亲戚,越容易出事。

9. 出现纠纷时不要不作为

遇到纠纷或不满意结果,任何情况下都不要不作为,拖不是办法,即使是患者的恢复期没到，也不能只让对方干等；对于明显患有"恢复期焦虑症"的人，可以考虑进行心理干预，可以组织会诊，请上级医生和心理医生相助。

有些治疗可能只是心理作用，这也是必要的，哪怕只是耐心沟通，也强过不耐烦地让患者回去等。

10. 不要有侥幸心理

不会或不熟悉的项目，没用过的器械或产品，千万不能带着侥幸心理去尝试；所有新的探索与尝试，都要在留好后路的前提下进行，万一出事，确定有人给你兜底，比如有上级医生给你做后盾。

避免犯错误的一个方式就是有了新的项目或产品，先等一等，谋定而后动，急于上新，反而欲速则不达。先发优势对于消费医疗来说不一定是好事，因为医美属于消费型医疗，容错率很低。

治疗过程中遇到搞不定的问题，千万不能硬着头皮上，马上请示上级医生或相关专家，面子问题在纠纷面前，简直不值一提。

11. 万金油法则——服务态度好

良好的服务态度和遵守医疗常规，是自我保护的重要途径。好的服务也会让患者的心情变好一些，起码不会被激怒。好的态度，是一条万金油法则，无论哪一个环节、哪种情况都适用。

中国是人情社会加面子社会，卫生监督接到的医美投诉案例、调解机构做的笔录，几乎都有一条"服务态度不好"。这不是无理取闹，是真切地感受到被冒犯或者被粗暴对待。即便是面对职业医闹和碰瓷儿者，也要保持良好的态度，在自己的机构里，保持体面和风度是第一位的。出现暴力行为和危险，要保护自己并及时报警，并通知上级领导，但全程要尽量保持良好的态度。

第四节 找出医美就医者中的"神经症"患者

美国的电视连续剧《整形手术室的故事》，夸张地表现了许多类似的场景，剧情中那位帅气的男整形医生简直就是个大渣男，但是每次都能够全身而退，但是现实社会就不是那么回事了，在这件事情上跌跟头的医生不在少数。

聪明的男性医生会保持与患者的距离，绝不会为了实现一次治疗而迷失自己，因为他们清楚地知道，"神经症"患者对医生的暧昧态度，总是盲目崇拜和鄙视相交织的，她们会游移在这两种情绪中，和真正的爱情关系不大。

女性医生面对女性就医者时，最好提醒自己，不要让对方产生嫉妒心理，无论是对医生，还是对其他患者，嫉妒心理一旦滋生，便意味着矛盾或冲突将接踵而来。

虽然很多营销人或者医美客户管理专家喜欢推销"与客户交朋友"的概念，但是实际上这需要很多经验和技巧。别忘了论语有言："远之则逊，近之则不恭。"与医美求美者/客户交朋友还是要多些思考和处事技巧，而不是为了交朋友而交朋友。

医美行业的严管，广告的严控，舆论越发对这个尚不完善的行业另眼相看。医美似乎走到了艰难时刻。往往在这种时候，各种医闹也会越来越多，尽管有些医美纠纷本来不是医闹，但后来慢慢地变成了医闹。

有经验的医美医生或咨询师能在与就医者见面的几分钟之内，便分辨出对方的精神状态，特别是那些具有"神经症"人格的人，他们是潜在的医疗纠纷群体，如果在诊疗上没有十足的把握，这样的就医者最好不要成为医美机构的客户。

比较困难的是难以分辨的、症状不明显的"神经症"患者，他们精神上存在的问题可能没有发展到十分严重的程度，或者说还没有被激发出来，它需要长时间的沟通之后，才能露出端倪。

总之，在就医者中将这类带有纠纷风险的"神经症"人格患者找出来，是十分重要的。

一、"神经症"患者的表现与辨识

1. "神经症"人格

"神经症"这个词并不完全是病理上的称呼，人们在日常使用这个词的时候相当随意，而且指向广泛。也就是说，他们并不一定是病人。

神经症的发病通常与不良的社会心理因素有关，不健康的素质和人格特性，常构成发病的基础。症状复杂多样，其典型体验是患者感到不能控制的自认为应该加以控制的心理活动，如焦虑、持续的紧张心情、恐惧、缠人的烦恼、自认毫无意义的胡思乱想、强迫观念等。患者虽有多种躯体的自觉不适感，但临床检查未能发现器质性病变。患者一般能适应社会，其行为一般保持在社会规范容许的范围，可以被他人理解和接受，但其症状妨碍了患者的心理功能或社会功能。

大部分人对神经症缺乏清晰的认识，但是将他们从就医者的行列中识别出来是有一定意义的。我们所说的"神经症"患者，并不只是医学术语，还带有文化方面的含义；处于不同的文化背景之下的人，"神经症"的表现方式或被认知方式有所不同，但是这种症状的共性，就已经够我们受得了，尤其对医美行业来说，"神经症"患者是易被引爆的高危人群。

2. "神经症"人格的表现

这类人往往偏离了正常人的行为方式，他们最大的不同是疑心病特重，而且不太需要理由，也无法被控制，所以，医生要想得到这类人的信任，是十分不容易的事情，因为他们连自己都不信任，常常表现为自我为难，自己跟自己过不去。

几乎所有的"神经症"患者都有焦虑的表现，他们可能会在内心建立自我防护机制，他们在无意识的状态，带有随时与他人发生冲突的倾向；他们对关爱的渴求十分强烈，但是又缺乏对他人的关心与理解。

自卑感和缺陷感是无时不在的，女性更容易表现对自己缺少魅力的恐惧，因此她们没有安全感，但又极度渴望获得安全感。她们会用比较夸张的方式来掩饰自卑，比如爱出风头，或对整形美容的迷恋。她们中间常常会出现过度医美的案例。

这类患者的另一个表现是攻击性强，这种攻击性在女性患者身上则可能表现为过分挑剔，吹毛求疵，许多带有这种倾向的"神经症"患者永远不可能对医生的治疗满意，你无论怎么做都不能满足其要求。

他们的焦虑来自对假想的威胁和对危险的心理反应，自发地自我建立抵抗机制，这些做法在常人看来是不可理喻的行为或观念；他们可以毫不费力地为自己的行为找到"合理"的依据，所以，劝说没有什么用处，因为这种恐惧或焦虑并不来自客观世界，而是产生于主观世界，这一点在处理医患纠纷时表现得十分明显，哪怕是一个还说得过去的医疗结果，在他们眼里却根本无法接受，医生们或其他院方的人费尽口舌，也会无功而返，冲突激化会经常发生。

医患双方都无法感知冲突的真正原因是焦虑，而非医疗事故或差错，或是不满意结果，如果有人指出来，患者方也不会承认，更不会接受。

有效的预防方式是千万不要在这类患者内心建立"敌意"，一旦发现了就医者的这类倾向，就要格外小心，力争消除对方可能的"敌意"，因为敌意与焦虑是互相激发、互相影响的，敌意可以直接诱发焦虑情绪。

二、"神经症"患者对"爱"的病态渴求

如果说男性"神经症"患者会有对权力的强烈追求，那么女性患者则多数表现为对"爱"的渴望。这种"神经症"人格也会表现在医患关系中。

女性"神经症"患者对爱的病态追求会表现嫉妒情绪，而且非常敏感。如果医美医生提到另一位患者的名字，或表示为其他就医者进行了治疗，都会让她不舒服。这种情绪在女性患者身上或多或少会有一些表露，哪怕她并不是"神经症"患者，医生最好不要提其他女性患者的名字，如果拿其他女性患者与眼前这位进行比较，就更加不明智了。比如某某明星或名人也在这里做了治疗，这种方式一般不会带来正向的结果，也别指望能用这种技巧刺激对方的消费欲望。

聪明的医美医生总会营造一种"专一"的氛围，在与某一位就医者共处的时候，绝口不提其他患者，也从来不会拿眼前的人与其他患者作对比。

这类患者对医生的态度有时是分裂的，她们会强烈质疑医生的动机，认为医生为自己治疗只不过是达到医生的目的，医生对自己的正面说法，包括对自己的赞美，都是为了赚钱。

弗洛伊德把"神经症"对爱的病态需求解释为性欲没能得到满足，其实这并不能解释全部问题。的确，接受消费医疗的就医者，特别是求美者，她们会表现出对男性医生的好感，甚至是性引诱，但真实的情况是，医生只是她们婴儿时期父母角色的异化，对医生的性欲表达不过是父亲或母亲早期"性固着"作用的再现，并不是真正的性欲，只不过是在极度焦虑状态下，借此寻找安全感罢了。

患者对父母庇护的潜意识渴望被转移到医生身上，是常见的"神经症"表现，但是有时会被医生误解，以为就医者真的对自己产生了迷恋，进而与其发生亲密关系。这种特殊的医患关系导致家庭重组的情况时有发生，但大多数这类关系的结局是不妙的，爆发激烈冲突的情况并不少见。

无论是"俄狄浦斯情结"[①]，还是"伊莱克特拉情结"[②]，只能部分解释恋母或恋父情

[①] 恋母情结，亦译"俄狄浦斯情结"，是心理学中精神分析学派用语。源于希腊神话中的人物俄狄浦斯无意中杀父娶母的神话故事。

[②] 弗洛伊德将女性的恋父情结称为"伊莱克特拉情结"。

结在"神经症"患者形成过程中的作用,但无论如何,患者对异性医生的爱意表达,都带有这种病态心理的成分。弗洛伊德认为这两种情结,在童年时代就已经形成了;现代医学理论却并不完全支持这种观点,可能会更加复杂,这与社会文化的变迁高度相关。

当这种"爱"没有结果,或结局并不理想的时候,最直接滋生的心理就是"仇恨",这种仇恨的强烈程度往往比正常的恋人分手厉害得多,伤害性也会更大。医生一不小心卷入这类旋涡,所有的惩罚都变成了手段,而真正的目的仿佛已不再重要;最后,大家都分不清楚到底如何才能真正地解决问题或处理好纠纷。

三、"神经症"患者的辨识与风险预防

虽然有经验的医生和咨询师能够快速识别"神经症"患者,并采取有效措施,防范风险,但是对于经验不够的新手医生和稚嫩的咨询师来说,需要一些具体的措施和方法。

1. 重视倾听和结构化提问

这是HR常用的策略,给面试者充分发言的机会,而且提问清单要设计得很讲究,就像很多互联网公司在不知不觉中对访问者做了大量行为和思考模式测试一样,HR人员可以在对面试者的提问和倾听中得到自己想要的信息,帮助他们作出判断。这样的方法也可以用于顾客咨询,在尊重顾客隐私和尊严的情况下得到宝贵的决策信息:做还是不做?不做的话怎么恭送访问者离开?重视倾听是基本技能,结构化提问需要设计结构化咨询工具和培训。

2. 遇到可疑情况,暂缓决策,并提交讨论

很多医美机构建立了早晚会制度,会讨论和通报重点客户情况。这样,可以筛查出需要重视的客户,其中包括可能的"神经症"患者。对于重点客户,需要专门讨论决策。注意,并不一定第一次来的顾客是需要排查的对象,已经消费或者已经有访问记录的顾客同样重要。因此,运营部门一定要把顾客分析作为日常运营的重中之重。

3. 建立叫停制度

医美机构都是"营收+利润"驱动的运营模式,因此面对可能的营收和利润来源,大家容易忘记和忽视风险,所以很多与"神经症"患者有关的争议和纠纷都是在运营的惯性下被裹挟的结果。大中型机构应当设立运营值班人制度,不但对新手咨询师、

新手医生提供决策咨询，并对可能的意外可以叫停。这个程序就像火车上的紧急制动，也像楼宇里存放的消防设施，必须有。

4. 接待流程标准化

接待流程不要简化到简陋的程度，好的流程不但可以给来访者美好的感受，同时也可以获得更多有用的信息。流程设计应当具有一定的正交属性。所谓正交就是接待、咨询、问诊、客服人员和设施都从不同角度与客户交流，而不是顺着一条线一直跑下去。医美接待流程过去往往强调效率和通量，导致了信息灭失，也就没有了对客户的类型的筛查，因此没有太多的客户管理工具可以使用，就无法快速准确定位找出那些"神经症"患者。

5. 行业协作，建立大数据库

很多有专业HR部门的大中型公司会参与一个HR管理联盟，给求职者和在职员工建立合规管理大数据库，如果某员工被确认具有违法、不合规行为受到某个公司的处罚或者司法处罚，将被记入这个大数据库，其他参加这个联盟的公司可以在对新员工做背景调查的时候直接查询。虽然由于个人信息保密和法律监管的要求，查询结果往往是含糊的指标，但是也足够这些公司的HR部门作出决策。期待未来的医美行业也可以建立这样的行业协作，其中可能涉及诸多法律问题、合规管理问题，但是既然有了类似的开头，未尝不能好好论证一下，建立完善的制度，可以在包括"神经症"患者在内的诸多特殊患者就诊时，能够作出正确的决策，采取适当的措施。

第五节　视频直播的责任划分

视频直播日益成为医美医患交流的主要手段，然而业界存在争论：它毕竟不同于网络带货，特别是非医生人员进行视频推广时，销售的完全不是定制化产品，而是不确定的个性化消费医疗服务，那么一旦把话说大了，出了问题到底应该由谁承担责任？怎么承担？

医美业有不少优秀的咨询师，能说会道，口若悬河，虽然不是医生，但是在求美者面前胜似医生。他们一旦在线上开辟视频直播，恐怕比医生更受欢迎；但是咨询师毕竟不是医生，等于在医患中间加了一道程序，带的不是货，而是人。他们可以向广大求美者推荐医生，同时回答一些基本的常识性问题。但是万一最后弄砸了，他们能免责吗？

一、视频直播对传统营销的革命

传统医美营销暗地里的目的，是尽可能地剥夺求美者的选择权，虽然医美治疗几乎都是选择性地治疗，选择权在于求美者。营销在于制造信息不对称，医美科普的诉求绝不是让就医者了解哪位医生、哪种方式可能真正解决求美者的问题，只是希望引起求美者的兴趣而已。

视频直播将这个逻辑打破了，它的存在形式客观上决定了一个新逻辑的诞生——医生与就医者的见面时间尽可能地提前，在医美潜在消费者刚刚萌生意向的时候，就可以和医生们直接对话，省掉了营销的环节，让信息最大限度地对称，并且透明化。这或许是一种营销方式的迭代。

营销的功能变成了如何让潜在就医者尽快找到与之相匹配的医生，需要抛弃那些让就医者犯晕的套路，这或许让一些从事营销的人感到无所适从，其实仍然有许多事情可以做。就像医美永远摆脱不了线下治疗一样，医美同样不可能没有营销，只是营销的方式有所改变。

善于表达与沟通的咨询师们进行的直播，不同于医生的直接面诊，但是同样有市场，他们可能向公众推荐好的医生。尽管这可能是阶段性的存在，但是他们的起步一定比医生们快，从另一个角度来看，他们的功劳同样是让就医者尽快找到合适的医生。由于在线上直播面向不确定的公众，直播者必须考虑到相应的责任。

二、视频直播的责任种类

1. 连带医疗责任

求美者听从了直播的建议，并支付了相应的居间费用，接受了直播推荐的医生做医美治疗，结果弄砸了，直接医疗责任当然由医生及机构承担，推荐人要承担间接责任；如果是医生自己直播，两者合二为一，责任简单明确，便不存在连带一说。平台按理说也同样负有连带责任，但是一般而言，平台都会在合同里将自己免责。

2. 经济责任

如果涉及经济赔偿，那么可以和医疗责任捆绑，就和传统线下医美机构一样，也可以由合同约定的某一方来承担，或者按合同约定的比例来承担。比如有的直播平台或共享医疗平台愿意承担经济责任，在事先有合同约定的，经济责任可以同医疗责任有一定的分离。这种情况多有保险公司做后盾。

3. 与医疗无关的其他责任

其他责任包括法律和道义两个方面，如涉及广告的法律责任；涉及知识产权的法律责任；如无关金钱，但涉及品牌与信誉的道义责任，损失同样不可估量。信誉损失有可能是多方面的，既涉及直播本人，当然当事医生与机构也跑不了，平台也是难辞其咎。有关广告和知识产权相关法律责任的存在，成为一种约束，每个环节都是相关责任人，所以在直播的时候，不能想说什么就说什么。以往的营销方式相对封闭，就医者上门，在一个单独的小房间，任由咨询师天南海北，东拉西扯，出了问题也是在封闭环境解决，责任完全由机构承担；线上直播就不同了，整个过程完全处于相对公开的状态，每个参与方都不能免责。

三、视频直播的责任人构成

1. 医生是关键责任人

医生是整个环节的关键，线下服务是写完这个"美"字的最后一笔，至于是点睛之笔还是败笔，取决于医生的水平。如果结局完美，所有参与方都会受益；如果出现事故或者纠纷，最大的责任方，肯定是医生自己。所以，当医生发现风险的时候，应该及时叫停，那么所有参与方都避免了成为责任承担方。医生承担的责任主要是医疗责任。

2. 机构是经济责任承担者

如果是医生创业的机构，两者的经济责任便绑定了，机构通常对外承担经济责任后，医生按照出资比例承担部分经济责任。当然，购买了医生责任险和手术意外险的，首先由保险公司出面赔付，然后再由医患双方就其余的部分进行协商。

3. 平台是连带责任承担者

平台的责任一般由合同进行了事先约定，大多数平台将自己免责了，所以平台主要承担无关医疗的第三类责任和信用风险。随着多元化的市场格局的形成，承担更多责任的平台也会出现，从未来行业发展的趋势分析，只有平台承担的责任越多，医疗事故与纠纷的出现才会越少，市场才能越规范。

4. 直播者的责任

直播者在责任分担方面同样可以用合同将自己部分免责，所以，个人风险大多局限于营销法律责任和道义层面，至多是影响个人IP品质而已，如果没有事先约定，一旦就医者追究起来，直播者要承担连带责任。可以说直播者是这个链条上的第二责任人。

四、理想的解决方案

1. 固定化的纠纷解决程序

平台应该将纠纷处理程序固定化，并且在平台颁布，所有参与方十分清楚，一旦出现纠纷，如何启动处理流程。事先规定的程序必然经过各参与方的讨论并具有实际的可操作性，各方达成一致意见，避免出现问题时互相推诿。公众对纠纷处理流程的知晓也十分重要，起码心中有数，知道一旦出了问题该怎么办。

2. 单一责任处理方

多方参与的一件事，一定要有一个统一的事故处理方；当然处理并不一定意味着完全由这一方支付成本或赔偿责任，但是责任处理最好由某一方来承担，并且让所有人知道，出了问题该去找谁。承担责任的一方可以通过一些合理的结构设计和应急预案，将风险最小化。

3. 相互制约的风险管理机制

利益相关方互相制约，用合理的机制控制风险。出面处理事情的一方，并不一定是承担赔偿责任的一方，赔偿责任与所占的利益比重相关，只有互相制约，才有可能诞生真正意义上的诚信。

本章总结：

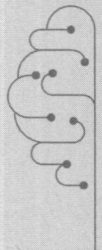

外因总是通过内因起作用。医美机构的风险大部分源于内部，最大风险策源地就是医患纠纷，因此，所有的内部风险控制机制，都应该围绕这个中心议题展开。尽管如此，完全没有纠纷的可能性并不大，因此，我们必须学习各种控制风险与处理危机的知识和技术。特别是创业医生，应该每时每刻保持风险意识。医美运营是一个复杂的系统，参与者众多，内部风险并不止于本章所论及的内容，因此，再小的机构，也应该建立有效的内部风险控制机制，而且不能寄希望于外部的协作与支持。

第十九章

法律与维权——防范来自外部的威胁

本章导读

外部对医美机构的威胁主要来自三个方面：职业举报人和医闹、网络暴力以及法律诉讼。每个方面都有各自的规律和特点，我们分为三节分别进行讨论。

职业举报人与医闹均已形成了各自的产业链，他们以牟利为目的，与医美机构发生定向爆破式的纠纷，手段是多种多样的，所以在逻辑上与第二个方面有所交叉，即网络暴力往往成为这条隐秘产业链的手段之一。我们在第二节谈及的网络暴力，形成因素比较复杂，同样符合弱传播的原理。

第三节可以说是创业医生的应诉指南。为什么专门针对创业医生写一节内容呢？因为创业医生们通常缺乏应对诉讼的能力，许多本来有胜算的官司却输了，这是普遍现象。他们往往是法律纠纷当中的弱势群体。

第一节　一条"以恶制恶"的隐秘产业链

有一位知名美容外科医生对自己的遭遇十分不解。她的一位病人，在某个黑医美场所做坏了眼睛，找这位医生修复，双方约定要修复三次才有希望。做了第一次手术之后，双方相处一直好好的，有一天患者突然就翻脸了，大闹机构，并且提出了高额索赔。初步的判断是：很可能有职业医闹找上了这名医生。这只是众多案例中的一个。

它说明一条隐秘的颜色偏黑的灰色产业链已经逐渐成形，本身也是医美乱象之一。不可否认，医美业尚有诸多不规范之处，亟须整顿，但是医美灰色产业链同样值得警惕与防范。加之经济下行，社会戾气有所抬头，并不是一句"以暴制暴"或"以恶制恶"就能解决的。

一、灰色产业链的构成

医美灰色产业链主要由三部分人构成：一类是职业打假人[①]；二类是职业医闹；三类是由医患纠纷演变而成的维权团体。

1. 职业打假人

职业打假人，早已有之，并且已经做成了企业的规模，有阿米巴式的管理结构，并且都有KPI考核指标，他们的目的很简单，找出产品的漏洞，然后通过举报或诉讼营利。索赔依据来自《食品安全法》第148条的退一赔十；《消费者权益保护法》第55条的退一赔三，有一些深谙此道的人发了财。

从某个层面看，职业打假人的存在，对净化市场有一定的好处。但是从法律层面看，如果纯粹以牟利为目的，若不能界定为真实的消费者，也很难得到法庭的支持，

[①] 自1993年《消费者权益保护法》颁行以来，至《最高人民法院关于审理食品药品纠纷案件适用法律若干问题的规定》（法释〔2013〕28号），《消费者权益保护法》的颁行到《食品药品案件审理规定》的发布，法学理论界与司法实务界对职业打假人的身份认定问题存在争论。

司法实践中,各地司法裁判呈现不同的标准和尺度[①]。毕竟,法律是道德的最低标准。

从"刑法读库"微信公众号文章给出的数据来看,全国法院系统对职业打假的一审支持或部分支持率达到77.79%,总体偏支持。胜诉率最高的是天津和重庆,胜诉率最低的是福建和北京。所以,有大量打假人涌入重庆。据悉,曾活跃在北京的医美职业打假人团伙已将主战场转移至重庆。这伙人已逐渐形成灰色产业链,呈家庭化、抱团化、公司化的不同特征。他们中间的不少人,已将目光投向了乱象较多的医美业。

2. 职业医闹[②]

北京医美圈流传过一份几百人的名单,名单上都是应该警惕、可能是医闹的人。名单不是公开的,体现了行业对这些"医闹"的忌惮。有律师警告说:这些人要警惕,因为现在已经形成了针对医美等消费医疗的医闹灰色产业链条,已经形成了一定气候。他们已经向有组织、有目标、有计划、有行动的方向发展。这批团伙的特点是赤膊上阵。

职业医闹与正常维权的区别在于他们不走正常争议的调解和司法途径,为了获取不正当、不合理的经济利益(退款、赔款、补偿金等),以"一哭二闹三上吊"式的威胁,纠集人群聚众扰乱医疗秩序,对相关人员进行各种骚扰和恐吓、断章取义、虚构事实进行网络"曝光"、用片面"事实"骗取媒体报道,点名式向不同行政部门反复举报、投诉,骚扰式人盯人"谈判",利用社交媒体和社交网络水军进行网暴等方式,形成有组织的医闹灰色产业链。

医美机构的管理者都能凭直觉分辨出哪些是正常的争议,哪些是医闹的操作。专业医闹的计划性很强,第一步,主张权利,录音录像,固定证据,提出要求;第二步,上门谈判,适当展示力量和威胁;第三步,频繁举报投诉,聚集网络干扰,施加压力;第四步,抬高价码,争取谈判优势;第五步,根据需要适当重复第二到第四步;第六步,根据与目标的"博弈"过程,决定收手方式。

他们会寻找"维权者",说服其"带案入伙";还会"钓鱼消费",找到目标机构的合规空隙,上门消费,然后取证,开始自己的"操作"。有些灰产组织的头目甚至有法律专业背景,深谙医疗维权的诸多细节,操作起来得心应手。

3. 由医患纠纷演变而成的维权团体

有的职业医闹会在患者群发广告,对"入伙"的患者的各项费用成本都有说明,

---

① 王承堂. 职业打假人起诉资格的规制逻辑[J]. 法学, 2018(11).
② 刘晓燕. 关于"职业医闹"现象的法律思考[J]. 医学与哲学(人文社会医学版), 2008(11).

包括路费、住宿费及每天的伙食费，都有明确的标准，当然，闹成了之后怎么分账也要事先谈好，俨然已经成为一门生意。

所以，被职业医闹挑起的维权之争，很像"代理人战争"。例如，曾经很火的专业律师发起的明星肖像权维权运动，就是正面的例子。

在互联网社交软件发展的早期，医疗维权者使用聊天室、BBS、论坛发帖、写博客等形式，利用互联网组织起来，然后组织从线上到线下；后来社交软件日益普及，通过建群、发微博或者短视频等"曝光"，变得成本更低、效率更高。

有些医美消费者习惯于到互联网点评平台发表对医美服务的不满，给差评甚至恶评的很多。还有些消费者确实感受到了医美机构的不良体验，或者治疗后出现了不良反应（处于恢复期的很多正常反应被认为是不良反应），就会发帖、拍视频、搞直播，甚至买流量、找主播曝光。

这些消费者的问题如果较长时间没有得到解决，就可能被灰色产业医闹组织搭讪网罗。这种网罗往往是以"维权律师"或者"专业维权"的身份出现，甚至会达成各种目标分成协议，明确分工，做好演练和话术培训，然后这些被网罗的"维权者"就成了医闹灰色产业链的外围力量。

有些医美争议会取得十分成功的维权成果。比如2020—2022年轰动一时的双眼皮手术群体诉讼案例[①]。医美手术效果的复杂性在于，对结果的认定本身就存在不确定性，手术效果本身可能没有问题，或许因为在恢复期，形态还没有最终呈现，就被以"红肿""毁容""不对称""闭合不全""疤痕增生""心理压力大""精神崩溃""病历不全"等理由"维权"，一般没有经验的机构或者胆小怕事的医生，面对强大的职业灰色产业链的行动力，会拿出一大笔钱息事宁人。这样做的结果是鼓励了这些人，他们也会复盘，也会研究对象，也会适配案例，也会调集资源，也会对症下药。这一系列操作，甚至比很多医美机构的客户服务系统都完善、高效。此消彼长，对比之下，面对这样的行动力团队，医疗机构或者医生打败仗，是情理之中的事。

二、灰色产业链的形成，部分源于医美行业的特殊性

围绕医美产业形成的目前尚不完整的几条灰色产业链，虽然客观上起到了一定的挖疮清创的作用，然而，从价值观层面分析：职业打假与社会主义核心价值观背道而

---

① https://finance.sina.cn/chanjing/gsxw/2021-04-06/detail-ikmyaawa7938574.d.html.

驰。北大教授、社会学家夏学銮将这伙人比作"不良商业生活孕育出来的寄生虫"。甚至有的打假人已经开始招生授课，收费培训，相当于这条灰色产业链条的衍生品。法律保护的是消费者的正当权益，但这条隐秘灰色产业链将惩罚性赔偿作为牟利工具，正常的维权生态和市场环境将遭到严重破坏，背离了保护消费者权益的立法初衷相[①]。

市场监督部门虽然有明确规定，《市场监督管理投诉举报处理暂行办法》指出：不是为生活消费需要购买、使用商品或者接受服务，或者不能证明与被投诉人之间存在消费者权益争议而发起的投诉，市场监督管理部门不予受理。但是在监管实践中，职业打假人狂轰滥炸式地投诉举报已经对基层监管部门造成了极大困扰，为了获利，有些职业打假人已经到了丧心病狂的地步，挤占行政资源，向政府各部门、各类投诉平台不间断轮番反映问题，甚至威胁执法人员，去信访、纪监委随意提起莫须有的举报，严重偏离了正常的维权路径，让基层市场监管苦不堪言，以至于忽略了投诉举报的内容本身是否违法。

医美业容易被医闹盯上，与这个行业的特殊性有关。

随着消费医疗的高速发展，行业丕处于探索和建构之中，难免存在诸多不足之处。医疗服务本来就容易出现争议和纠纷，消费医疗因为具有医疗和消费的双重属性，所以争议和纠纷更加常见。医患双方面对争议和纠纷友好协商，在法律和法规的框架之下解决争议、消除纠纷，是现代社会制度给出的基本规则。但是总有一些特别情况，有人要通过挤压现有规则，甚至超越现有规则，利用"按闹分配"的灰色潜规则，用尽"医闹"的套路，获取高额的"维权"收益。

1. 政策的模糊性

我国尚无对消费医疗的相关政策，更谈不上单独立法，毕竟这只是个小行业。借用基本医疗的法规体系，难免不太配套，许多规定缺少预见性，存在滞后性的特点。比如对医疗广告与医疗服务信息的区别与认定，有时完全取决于执法人员对法律法规理解的不同，或者举报人施加的压力大小。

2. 医生对适应证的突破

几乎所有的医美器械与产品，都存在突破现有适应证的现象，完全按照国家药监局给出的适应证范围操作，医生们是无法满足就医者需求的。大部分超适应证使用都

[①] 衷秀珍. 职业打假人的消费者身份认定与法律规制研究[J]. 法制与社会，2018（11）.

达成了专家共识[①]，但是也存在相当多的探索性治疗，在就医者知情同意的前提下，本无可厚非；但是一旦被举报人抓住把柄，便大有文章可做。

3. 医生使用非医疗设备

医疗机构是否可以使用非医疗器械，虽然法无禁止，但是政策处于不明晰状态，往往给职业医闹们可乘之机。有些机构采用医美生美两张牌照的做法来规避风险，但是深究起来往往还是经不起推敲。典型的例子是第五代热玛吉设备，由于政策的模糊，医美机构没少挨罚，而在相关部门推出将其归入三类医械管理规定之后，又给了两年的窗口期，让已经购买了这台设备的机构无所适从。

三、灰色产业链的基本操作模式

上海盈科的孙书保律师对这类医美打假人的行为特征颇有研究。他预计消费医疗行业已被这伙人盯上了。但是这些人通常没有实际消费，并不是消费者；同时，由于职业举报人的目的就是索取费用，不具有正当性，涉嫌违法行为，有犯罪惶恐的心理，所以，90%以上的职业举报人是异地举报。

医闹灰色产业链有明显的套路和行为模式。

1. 第一步是寻找目标

他们也有前端业务人员，会选择一些医美机构或者目标医生。这些目标往往有"被营销记录"，即曾经被"维权"成功，是灰色产业链眼中的"肥羊"。比如一家机构如果曾经多次被超额维权，那么这家机构将大概率被再次盯上，被一次又一次的钓鱼式碰瓷儿。如果团伙的人较多，也会开展扫街式钓鱼。

直接上门闹的属于强行碰瓷儿，有点像古惑仔电影里的江湖帮派立威，选大机构、大品牌、大医生直接碰瓷儿。这样做往往会有一定收获。

2. 第二步是施加压力

互联网自媒体黑与发动公众媒体黑：自媒体发文章、图片、音视频的，有医患纠纷的受害者，也有他们的代理人。虽然有些内容严重偏离事实，并有侮辱和诽谤嫌疑，甚至发动公众媒体歪曲事实，但一般读者难以分辨。

---

① 王吉耀. 制定临床实践指南评价的"中国标准"[J]. 中华医学杂志, 2018, 98(20): 1542-1543. DOI: 10.3760/cma.j.issn.0376-2491.2018.20.003.

然后开始在网上拉群，聚集同类"维权者"，而且有组织有计划。

向有关部门举报是施加压力、展现力量最有效的方法。举报并不能给举报者带来直接收益，但是可以制造压力。他们常采用复制加粘贴的方式反复举报，甚至起诉执法部门；执法部门有时会替机构应诉，但他们会告诉相关医美机构，如果败诉，则要顶格处罚，让机构陷入选择困境。

3. 第三步是与医美机构接触

最后的底牌千篇一律，通常是可以讨价还价的。这是最终的变现环节，也是需要认真处理的环节。

四、医美机构的对策

1. 合规第一

主动合规是避免"被黑被灰"的最好办法。医疗合规化是不可阻挡的进程，与其被动合规，不如主动合规。职业医闹也会选择所谓"优质客户"。如果机构或者医生有合规瑕疵，被盯上就难以脱身。在做好合规和服务的同时，出现问题尽快处理，不要让职业打假人或医闹将普通争议的消费者网罗走。这是关键，如果全行业都能做到，让这样的"种子"争议用户越来越少，那么医闹灰色产业链也就无以为继。尤其是互联网广告和网络市场营销，会被职业维权者举报，而且这些人有明显的聚集地，近年来主要的举报者IP地址大多集中在河南。

2. 建设"护城河"

医美机构建好自己的"护城河"也很重要，要意识到，防灰体质，也是医生和机构的一种重要能力和资产。笔者曾经写过一篇关于建好"护城河"的文章，将避免争议和纠纷的护城河分成"内河"与"外河"。这是避免医闹的长期性、预防性策略。

3. 理性对待医患纠纷

医疗服务争议不可避免，同时不是所有争议者都是医闹。因此，出现医患纠纷要理性对待。要明分辨、有策略、讲道理、不蛮干、补漏洞、重合作。无论什么情况都要保持医疗机构的体面和礼貌，注意分辨是不是医闹。要避免将本来不是医闹的给"处理"成医闹。

树立斗争意识。在确保自己非盲目乐观，并且没有瑕疵的时候，坚持博弈，不能为了息事宁人轻易让步，否则后患无穷。

近年来美容外科绝对数量和相对比例都在萎缩，很多从业者甚至宣布美容外科出局，理由是美容外科争议多、客诉多、不可标准化、医生做久了问题积累严重。这是不理性对待医患纠纷的典型。以鼻整形手术为例，欧美国家的统计一般都是一次满意率大约70%，有30%需要多次诊疗或者修复调整[1]。在国内做鼻子的医生一般在一家机构正常手术量做到3年以上，积累的客诉（效果、不满意、审美不一致、医疗偏差等）就会非常显著。通常美容外科医生会选择换一家机构继续干，然后重复这个过程。美容外科客诉与医患纠纷的情形似乎在非手术医美得到缓解，因此很多人看好非手术轻医美。实际情况则不尽然，而是要分清楚美容外科医生的医患纠纷是否比行业平均水平高，也要分清楚轻医美带来的营收和利润是否能满足机构发展目标。

第二节
医美机构须制定和舆情相关的危机应急预案

加拿大媒介理论思想家马歇尔·麦克卢汉说过："在我们这样的文化中，长期以来已经习惯于把所有的事物都分裂和切割，以此作为控制事物的手段，如果有人提醒我们说，在事物运转的实际过程中，媒介就是信息，我们难免会感到吃惊。"[2] "严肃的艺术家是仅有的能够在遭遇新技术时不会受到伤害的人，因为这样的人是认识感觉变化方面的专家。"他的意思是在新的媒介时代，要放弃逻辑推理式的思维方式，而用艺术的方式进行探索。

舆情危机时常会伴随着医疗美容机构的经营管理。无论你是否合法经营、诚信服务，危机舆情是不以主观意志为转移的，所以作为经营管理者要做好应对舆情危机的充分准备。"兵来将挡，水来土掩"，不惹事、不怕事、能平事，这些都是经营管理者在舆情危机中应该具备的基本素质。

---

[1] https://www.plasticsurgery.org/cosmetic-procedures/rhinoplasty.
[2] ［加］马歇尔·麦克卢汉.理解媒介：论人的延伸［M］.北京：商务印书馆，2000.

一、民营医疗与网络伴生发展的过程：恐惧大于倚重

民营医疗的发展过程，与互联网迭代发展的过程几乎同步。互联网媒体逐渐取代了传统媒体，丰富了传播形式和内容。按照麦克卢汉的观点：媒介即信息。互联网媒介重新定义了信息传播以及信息的一切。民营医疗发展需要倚重媒介传播，在这个发展过程中，民营医疗与互联网伴生发展，但是民营医疗对互联网却是恐惧大于倚重。

媒体人邱振海先生经常在电视节目里说，任何一条消息，都要从两个无关联的渠道获得，才能证实它的真实性。这是新闻媒体的办事原则。这是信息正交法验证的基本原则，甚至写进了新闻伦理和传播伦理。

网络新传媒特点，不但给正常的维护医疗权益者提供了便利，同时也给非理性维权者、职业维权者，甚至是医闹提供了操作利器。媒体和平台很难消除医闹制造的信息差，而这个信息差，恰恰是医闹操纵网络的抓手。所谓信息差，就是媒体或平台来不及核实的，甚至无法核实的信息。

所以，在弱传播的场景中，那些懂得利用网络的医闹，是非常可怕的。当然，笔者需要声明一下，这里说的"医闹"，与患者大夫无关，没有特指。

我们已经无法回到纸媒时代。网络世界有网络世界的玩法，我们必须适应面对网络世界的另一面，做好充分准备。

二、网暴潮到来之前的未雨绸缪，是必修课

医美机构是网暴潮最容易攻击的对象，因为我们并不完美。那么，我们应该采取怎样的应对之策呢？

1. 练好基本功——苍蝇不叮无缝的蛋

在无差别轰炸的网暴潮面前，每家机构都是一粒无足轻重的尘埃。千万不能有从上一个时代带来的盲目的自大和幼稚的自信，因为我们已经来到了一个新的时代，这个时代的土壤是互联网，游戏规则今非昔比。

但是最原始、最民间的经验永远不会过时：苍蝇不叮无缝的蛋。任何在网暴潮面前惨败的大块头，都是咎由自取。在无处可逃的互联网世界，你必须努力做到无懈可击，不留缝；而且，要舍得在这个方面花大力气，投入大成本。许多失败案件从根本

上是没有完整的证据之王——"书证"①，医疗文书不完备、不规范。具体原因前面已作分析，这是人情社会里经常面对的灵魂拷问：在面子面前，规则重不重要。医疗文书的规则太重要了，这也是我们一直呼吁电子病历尽快落地实施的原因之一。

但是我们并非完美组织，在进化的路上，肯定会暴露弱点。所以，我们能有多少自律，就会有多少自由，把自己的工作做好，是根本。

2."花钱消灾"与"亡羊补牢"：公关危机的处理原则

应急的原则：一旦危机事件发生，企业可能面临四面楚歌的局面，虽然公众的关注热点会随着时间流逝而变化，但是在公众关注焦点未转变之前，如果采取不当措施，或稍有不慎，都可能激起公愤，甚至可能危及组织的生存。反之，如果能及时采取有效措施，化解危机，企业就能迅速赢得公众的谅解，重新获得信任，顺利度过危险期，获得新的生存和发展机会。

实事求是原则：面对危机，任何愤懑、隐瞒遮掩都无济于事。明智的办法是，正视事实，敢于和善于及时向社会公众开放必要的信息通道，以尽快求得公众的谅解与信任。企业可以采取"三不主义"的态度：对危机事件不回避；对危机事件所造成的结果不避重就轻；对自己应承担的责任不推卸，实事求是地解决危机问题。

变危机为机会的原则：危机是转机和恶化的分水岭，"危机"二字中，包含着"危险"，也包含着"机会"。因为在危机期间，企业成为新闻媒体报道的热点，也是公众议论的热点话题，虽然这是一种恶意的关注，但毕竟为强化组织形象提供了机会。好比一件衣服，烧了个洞，本身并非好事，但高明的裁缝在补洞后，绣上一朵花或者一个可爱的卡通形象，衣服会更加美观。在危机事件中，医美机构的有关人员要像高明的裁缝那样，善于变坏事为好事，将本来不利于组织的危机事件，演化为宣传组织的机遇。

如果在网暴潮面前没有准备，仍然按照行业一般的理解，按部就班甚至躺平式地解决问题，那么互联网是不给旧式的思维方式任何喘息时间的。在网络舆情管理专家眼中，许多机构错失了无数机会窗口，总是在关键时刻不能选择方式。即使我们面对网暴潮无能为力、束手无策，也要记住一句话：永远不能躺平。你一定要在第一时间尽自己的一切努力，做点什么。

假如花点钱能解决问题，该花就花，知识分子的气节在网暴潮面前一钱不值；当

---

① 书证是指以其内容来证明待证事实的有关情况的文字材料，是能够作为认定案件事实的根据。

然，互联网绝不是不讲理的地方，只是讲理往往来不及。有些神通广大的人可以删帖、控评，那条隐含的舆论链条一直都在。人们的理由很简单：既然能随便发，就应该能想办法删。是不是？

躺平就是破罐子破摔，这个想法更加要不得，哪怕是亡羊补牢，也要尽全力去补，因为你在网上的那些"黑料"，随时都可能被人拎出来游街示众。当然，也是为了让自己以后不再犯同样的错误，所以，能挽回多少是多少。大众传播第一规则是快速传播，而不是"行为事实"，也不是"法律事实"，更不是公平和正义。因此，面对大众传播，面对网络推手，面对汹涌舆情，必须有策略、有方法。

3. 危机事件的处理方法

"垃圾人定律"①只在马路上适用，在网络上是坚决不适用的，特别是医闹来了的时候。有医美同行遭到医闹网暴之后，用"垃圾人定律"来自我安慰，这是错误的，那是对行业、对事业、对团队不负责的表现；许多被医闹网暴弄得身心疲惫、痛苦不堪的医生，他们本来都是挺不错的医生，但是在网络上变成了恶魔，在现实生活里被逼成了神经病。

采取紧急行动：首先，迅速成立临时专门机构。在危机爆发后，应立即成立处理危机的领导部门和办事机构。这一机构一般由主要领导负责（集团总经理＋片区总经理＋集团公关总监＋机构经营院长，第一时间的沟通联动机制），有关部门负责人及企业公关人员参加，其作用一是进行组织内外的联络，二是为媒介准备材料，三是成立信息中心，加强与外界公众的传播沟通。其次，迅速隔离险境。当出现恶性事件和重大事故时，要采取各种果断措施，迅速隔离险境，力求把损失降到最低程度，隔离重点在于公众隔离和财产隔离。对于伤员（医美患者）要进行无条件的隔离救治，这也是危机后迅速恢复组织形象的基础。最后，控制危机蔓延态势。严重危机事件在爆发后的一段时间内不会自行消失，相反，可能会进一步恶化、蔓延，甚至引发其他危机。

快速处理危机：第一，收集信息，综合分析，形成调查报告，为处理危机提供基本依据。在内容上，首先，循环收集现场信息，以准确分析事故的原因；其次，收集包括危机发生的时间、地点、原因、人员伤亡、财产损失、事态发展等方面的信息；再次，根据危机事件提供的线索，了解危机出现的组织背景，公众背景，找出组织、

---

① 大卫·波莱在《垃圾车法则》一书中，把卷入病态的垃圾情绪称为"垃圾车定律"，也叫"垃圾人定律"，意思是有严重不良情绪的人就像一台"垃圾车"，他们到处跑来跑去，身上充满了负面情绪、垃圾情绪。

公众与危机事件的关节点；最后，调查受害公众、政府公众、媒介公众及其他公众在危机事件中的诉求。第二，分析研究、确定对策，针对不同公众制定相应的消除危机影响的方案。总之，处理要快速，坚持不能拖。

对于受害者（医美纠纷患者），应该做的是：了解受害者情况，承担应有的责任；冷静倾听受害者的意见，了解和确认有关需求。切忌在事故现场与受害者发生争执或冲突；向受害者及其家属公布补偿的方法与标准，并尽快实施。

对于新闻媒介公众可采取的对策包括：统一发言口径；提供准确信息；与新闻媒介保持合作。

对于上级主管部门的对策：事故发生后，应及时向直属的上级主管部门汇报，不文过饰非，歪曲真相。事故处理中，定期报告事态的发展，及时与上级主管部门取得联系，争取其指导与支持。事故处理后，形成详细报告，包括处理经过、解决方法以及今后的预防措施等上报主管部门备案。

重塑组织形象：危机事件对企业造成的损害，其不利影响会在今后显露出来。因此，危机事件处置后，还要进入重建组织良好形象的阶段。只有当组织形象得到重新建立，才谈得上转危为安。

4. 防患于未然：危机预防

虽然传统公关的理论依然适用，但是游戏规则早已日新月异，完全不是一个逻辑。为什么当今的民营医疗机构会在网上屡屡出事儿？有一个不可忽视的问题是：抱持着传统公关思维的"60后""70后"们，现在还在掌权，他们用上一个时代的公关思维，玩今天的游戏，和"90后""00后"在网上博弈，不是自找倒霉吗？网络世界的游戏规则已经变了，从上一个时代走来的创业者，务必跟上形势，调整思路。所谓"行百里者半九十"，许多失败的案例都说明，不重视互联网公关管理，就可能吃大亏。

培养全体员工的危机意识：危机意识的强弱往往决定企业的生死，危机并不可怕，积极应对就会化险为夷，可怕的是面对危机视而不见，麻木不仁，最终陷入真正的危机，不能自拔。任何一家企业，无论其性质、类型、规模如何，也不管其过去的历史和现在的情况怎样，都免不了出现危机。因此，企业不能不对全体员工进行危机教育，培养员工的危机意识，世界上的优秀企业莫不如此。

减少危机形成的概率：企业危机形成的主要原因不外乎企业的内部因素、相关公众因素、传播媒介因素及外部环境因素等。在这几类因素中，存在着企业诸多的可控因素，如企业内部的人力资源危机、质量事故危机、外部的新闻传播媒介等，只要对这些因素加以控制和调整，主动沟通，使其保持正常状态，就有可能减少危机形成的概率，进而把危机的发生率降到最低程度。

网络公关的第一步就是建立风险预警机制，把危机消灭在萌芽状态：危机管理理论告诉我们，任何危机事件的产生都有其产生的信号。任何危机事件的形成都要经过潜伏期、初显期和爆发期。企业可采用各种监控手段进行监测，以便在危机的潜伏期和初显期准确地发现危机苗头，并采取果断措施，把危机消灭在萌芽之际。第二步才是内容策划与传播。我们都知道"弱传播"的道理，好事不出门，坏事传千里，也就是说好事的传播要比坏事的传播困难得多，那么反过来也是同理，堵住坏事的传播也必然重要得多，花的成本也大得多。认清了这个道理，就应该知道，网络负面舆情管控的重要性。

提高危机事件的处理水平：企业危机事件的预防从某种意义上说，也是一种未雨绸缪的危机处理准备工作。它通过对全体员工进行危机教育，对企业危机应变小组进行专门培训，设立领导小组进行协调，制订应变计划和应变对策以应付危机事件，在物质技术和经费上做好准备以应付不测，并通过对企业公共关系系统的长期与持续不断的监测获取充足的危机发生、发展情况等信息，为危机的处理打下良好的基础，提高企业危机事件的处理水平。

危机是无法彻底避免的[①]，但企业可以预见危机，并且在危机发生后，有效管理、控制危机，最终让危机消弭于无形。预防工作最到位的标准是自己不能犯错误，要人人争当在淤泥里长大的荷花。

5. 危机补救：该交的"学费"还是得交

组织形象危机事件的出现，往往具有较大的随机性和不可控性；但就总体而言，多数是事出有因。如果医美机构的公关职能部门和公关人员有科学的"危机观"，高度重视组织形象管理工作，那么无论是工作失误还是飞来横祸，都是能补救的。

尽可能与媒体搞好关系，当然，绝不是说媒体都是收"学费"的，良好的媒体关系能够在我们可能遭遇网暴的时候，可以有一个解释的机会。

任何能够在网上有话语权的势力，包括职业打假人、KOL、KOC等，都不可小觑，总有"湿鞋"的可能，何况还是搞医疗的。一定要放下知识分子的架子，和这些网络

---

① 根据统计学的"大数定律"，只要样本数量积累到一定程度，再小的概率事件也会发生。

Influencer[①]打成一片,该交的"学费"不能少,目的不是掩饰自己作恶,而是在行善的路上,别被人打劫。

6. 增强转化意识,时刻牢记危险与机遇并存

"危险"与"机遇",是现代企业永远离不开的两个永恒命题。但"危险"与"机遇"并存,并不是所有人都能深刻地认识到,只有不断培养危机管理意识,并能够把握住危机发生中潜在的机遇,时刻意识到危机的双面性质,才能从容面对危机,在危机中创造机遇。

其实,从某种意义上来说,危机既是祸,也是福,这种福就是危机处理中的良机意识。因为在组织形象危机管理中,把形象危机转化为塑造形象的良机,这是完全可能的。危机发生后,在公众中造成的影响一般都非常广,甚至会在一段时间内成为舆论关注的焦点。这时,组织就应力争使本来不利于组织形象的危机事件,通过加强管理,演化为重塑组织形象、做好正面宣传的机遇。

把危机转变为良机的途径应视危机的性质而定。如果是因公众的误解、曲解或同行的诽谤贬低而造成的危机,组织不仅要澄清事实,而且要进一步宣传形象,通过危机事件的管理,力争得到更多公众的信赖和支持。如果是因为组织管理不善或经营决策失误而造成的形象危机,社会组织不但应主动承担责任,而且要果断采取措施,塑造全新形象。

7. 形象就是效益,形象就是生命

健康积极的品牌公关形象,是任何一个企业的发展和生存之本,医疗美容机构自然也不能例外。当出现危机时,先应当尽快采取措施将危机控制在最小范围内,然后寻找恰当的途径以最快的速度和公众沟通,争取得到公众的理解和信任,并以富有责任心的、积极的态度处理好事件,以便于企业良好形象的重新塑造。

第三节 医美创业医生如何应对诉讼?

作为消费医疗的医美,医疗事故并不多见,但是不满意结果比比皆是,纠纷在所难免。所以,当纠纷出现时,先要做的,就是客观地分析纠纷形成的原因,自己的成

[①] "网红"的意思。

分占多少？是不是真的给人家弄砸了？如果是医疗方面出了问题，就需要赶紧解决问题，自己解决不了的，另请高明。医生们之间互相帮助是常有的事；行业互助也初现雏形，比如某些专业医美维权牟利的群体已经被行业发现，并且有一定的警示机制。

一、当我们面对诉讼

有的时候，不管纠纷的责任在谁，都不得不面对诉讼。不管如何应对，情绪化的处理方式都是糟糕的。过去，一旦出现纠纷，机构都会主张患者一方走法律途径解决，因为通过法院判决周期长，时间拖久了，将对方拖疲了，事情或许相对好处理一些，而且判决而产生的赔偿费用，往往比较低，也是机构一方愿意接受的数目。

患者一方也心知肚明，谈判可能获得更多的筹码，如果能借助舆论的压力，效果会更好。从这个角度来看，医美机构似乎是普遍乐意走法律途径。当然，也会有更多的消费者会采用理性的司法途径来解决问题。

现在的形势已经发生了改变。2019年，《人民法院报》第七版刊登了一篇文章：《医疗美容合同纠纷可适用消费者权益保护法》，指出"医疗美容合同具有消费性，就诊者符合消费者特征"，应当"把就诊者纳入消费者予以保护"。2021年，便出现了相应的判例。消费型医疗适用《消费者权益保护法》之后，退一赔三的赔付方法，让某些医方希望通过司法途径解决纠纷以降低损失的想法落空；以前是法律途径赔偿额低，现在有可能会颠倒过来。

以前医美业的惯性思维是：反正打官司也赔不了多少钱，交给律师之后便不闻不问。现在不同了，打官司可能赔得更多。

1. 能沟通和解的，就不要打官司

毕竟医美是一种特殊的服务，作为服务提供方，和服务对象发生诉讼，总不是一件好事，能和解的，最好还是和解，只要对方的要求不是特别过分，哪怕多赔点钱，也节省了大量的时间成本，否则既费心劳神，情绪受影响不说，影响也不好。

2018年10月1日生效的《医疗纠纷预防和处理条例》规定，"发生医疗纠纷，医患双方可以通过下列途径解决：（一）双方自愿协商；（二）申请人民调解；（三）申请行政调解；（四）向人民法院提起诉讼；（五）法律、法规规定的其他途径"。因此，除了诉讼，还可以采用人民调解和行政调解等方式解决。司法裁判文书原则上是公开的，对医患双方都有诸多不利之处。调解文书可以选择不公开，而且具有法律效力，

成本和时效更好。只要双方冷静客观,采用调解是一个好的选择。当然,冷静客观是非常困难的。

2. 一边打官司,一边和解

如果不能回避诉讼,那就面对;要用100%的精力去应对诉讼,这是一个复杂的过程,要聘请专业人士。但是,打官司不是目的,一边打官司,一边寻求和解,边打边谈,寻找对双方都有利的结果。

医美机构与就医者之间的官司,不是零和博弈,只要对方不是医闹,一定要给对方留有余地。有的时候,赢了官司,输了品牌,毁了口碑,也是得不偿失。漫长的诉讼对医方和患方都是巨大的考验,在争议和诉讼过程中,总会出现几次和解窗口,要善于捕捉和利用。

3. 打官司是解决纠纷的终极方式

按照现代法学思想,诉讼就是战争的和平化方式,官司只要开打,就必须让它有结果,对簿公堂的时候要寸土必争,争取对自己最有利的结果。至于胜诉之后,是否还会给对方一定的安抚,则要视情况而定。

哪怕是调解,也要在法定程序内调解,不管是判决书还是调解书,都是解决纠纷的终极方式。

4. 最终的决策,不要自己作

如果最终的决策由医生作出,很容易变成"名誉保卫战",失去必要的理智。应当把最后决定权交给第三方,或专业律师,以获得比较理性的结果。

二、应对诉讼的步骤

1. 固定证据[①]

固定证据,抓住案件处理的关键点,构建证据链条。如果平时的医疗文书是规范的,那么在应诉的时候,就不会手忙脚乱。

这里要注意一点,医疗事实和证据只是逻辑的起点,不是逻辑的结果。往往医生在诉讼上吃亏,一个主要原因就是过于注重医疗事实和证据,却对其他事实和证据没有足够注重,导致证据链条基础扎实,但是逻辑脆弱。就像眼睛修复手术,医疗证据

---

① 法学术语,即对证据采取措施加以固定并提取。

能证明手术是成功的,但是患者举证自己受到人身伤害,而且有恢复后眼睑闭合不全的"鉴定"作为支持。医方如果不能证明患者现在情况是"非己方医疗原因或者欺诈导致",那么就会陷入被动甚至败诉。

2. 找最好的律师:最贵的就是最节约的

不少医生在请律师的时候,会根据收费的多少来确定,这种做法要不得,最贵的律师就是最节约的,这个道理不是所有人都明白。

律师的选择很有学问,要做相应的背景调查,看他擅长何种诉讼,以及口碑如何,就如同患者找医生的程序一样。有可能是熟人介绍的,这些程序也不能减免,而且该给的钱一分也不能少,不要相信这个世界上的律师有免费帮忙的。

如果在诉讼的过程中发现律师水平不够,要果断更换,不能不好意思。当然,也切忌患得患失,朝令夕改,弄得律师无所适从。

3. 和律师详细讨论案情,找到诉讼的关键点①,并持续关注

不要以为找好了律师就万事大吉,要和律师一道详细讨论案情,并持续关注事态的发展,甩手掌柜的下场一般都不会太理想。

可以跟律师对比对方的证据链条和我方的证据链条,找出双方的优势和劣势。不要仅仅站在医疗专业视角考虑问题。医生不是法官,律师也有盲区,该自己参与的不要得过且过。

4. 始终敞开和谈的大门

和对方律师接触的时候,表示善意,始终敞开和谈的大门。弄清对方的意图也很重要,无论案件朝着对哪一方有利的方向发展,都不要把和谈的大门关上。

5. 谨慎对待鉴定

鉴定很重要,鉴定机关的选择也很重要,鉴定结论是法官断案的重要依据。司法鉴定与医疗事故鉴定是两种不同的鉴定机构,它们得出的结论可能是不同的,对于医美纠纷的处理经验也各自不同,所以要慎重对待鉴定机构的鉴定过程。当然,对方选择鉴定机关,一定会朝着对自己有利的方向,那么,你所聘请的律师的经验就至关重要,无论是鉴定程序上还是参与鉴定的人选上,都不能不管不问。

---

① 可以理解为诉讼庭审时候法官会问的"争议焦点"。

三、打官司必须知道的事情

摆正心态是应对诉讼的第一件事,许多人不愿意正视即将开始的官司,就像鸵鸟一样,以为将头埋进沙中就可以逃避。有些事是必须知道的,免得结果对自己不利的时候,意气用事。

1. 重视程序的可操作性

打官司首先要打程序,什么叫法律程序?就是《刑事诉讼法》《民事诉讼法》等程序法规定的程序,比如管辖权,也就是诉讼地,如果发现诉讼地点有问题,就先打管辖权,将诉讼地转移到对自己有利的地区,这就是程序的可操作性。再如,共同侵权之诉,原告只起诉其中一方当事人,没有起诉所有的侵权人,将所有责任压到一家身上,这种情况,人民法院应当追加其他共同侵权人作为共同被告。有些医生不懂这些,白白丧失了自己的机会和权利。

2. 法律事实大于客观事实

法律事实是由证据构建起来的事实,与客观事实不一定是一回事,而且法律事实大于客观事实。不能认为事实摆在那里,白的就是白的,不能说成是黑的;但是你要提出证据,如果对方有证据说它就是黑的,法官就有可能根据对方的证据,将所谓的白的判成黑的。

3. 找到对自己最有利的应诉方式

诉讼案由有很多种,有的方式对自己有利,而有的则对自己大大不利,要与律师详细讨论这一点,找到对自己最为有利的方式。比如,是合同之诉还是侵权之诉?寻找什么样的鉴定机关?给自己的治疗定性为治疗型还是消费型?不同类型的治疗行为,可能适用不同的法律。

4. 不要全部交给代理人,保持知情和参与

这一点已经说过许多次了,进入诉讼程序之后,一定要亲自参与,全部交给代理人是不负责任的表现,当然也不要将诉讼交给自己的至亲,因为要时刻保持头脑清醒,并能够作出理性判断,打官司最忌讳感情用事,作出不理智的选择。

参与过程中,要知道面对的是诉讼,适用的是诉讼专业知识和经验,不要企图用医生在手术台和治疗室的经验总括诉讼中遇到的问题,这不是一个范畴的内容,要转换这个角色。有些大医生觉得自己行业地位高,自己的论文和专著都是业内标杆,指南和规范都是自己写的,就以为司法诉讼也要围着自己转,掉以轻心,最后一定会吃亏。

5. 每个环节都要认真对待,不要幻想在下一个程序翻盘

进入诉讼程序之后,每个环节都要认真对待,要坚持到最后,能在一审解决的问题,不要拖到二审。

医疗诉讼不应该有策略性二审。从司法实践的数据统计看,二审翻盘的机会很小。医疗诉讼如果证据固定完成,且没有新的证据出现,二审基本不会有根本改变。有些时候,法律团队会寄希望于二审,但是作为案件当事人还是要坚持在一审解决问题。即便最后被上诉到了二审,那么案件中主客的地位变了,一审基本已经认定的情况,二审推翻的可能性很小。

6. 正确应对舆论施压

医患纠纷中的医方,只要进入诉讼流程,通常都是不被同情的一方,所以,要深知自己处于舆论的弱势地位。对方很可能利用媒体进行攻击,这时就要动用自己的公关协作网络,积极应对,既要让事实客观公正,也不能被舆论吓倒,官司就是官司,不能被媒体的声音影响自己的判断。

注意不要将自己的案件聚集化、典型化。舆论对群体案件和典型案件更关心,更热衷于报道,因此面对舆论的时候,要尽量给自己的案件去标签化,不要搞成"×××中国第一案"或者"×××中国最大案"等。舆论有时候不但会影响大众认知,甚至会影响最终结果。

7. 了解法官的立场,找到应对之策

中国司法体系属于大陆法系,审判方式是法官职权主义。在消费医疗的医患纠纷中,法官有相当大的自由裁量权,洞察法官的立场相当重要,他同情哪一方,作出的判决就可能不一样。

可以查阅法官过往判决书中类似的案例,清楚法官的裁量习惯,明晰法官的说理逻辑;根据庭审进度,为法官提供必要的说明文件和申请,向法庭补充事实和依据。

8. 打官司不是目的,解决问题才是

只要有利于问题的解决,应该根据形势的判断,随时作出调整,要综合评估哪一种结果对自己是最有利的,所谓"两害相权取其轻",该坚持的要坚持,该妥协的时候要让步,始终保持清醒冷静的头脑。

四、关于医患纠纷诉讼中的举证责任倒置

2020年5月1日，最高人民法院《关于民事诉讼证据的若干规定》（以下简称《证据新规》）生效。《证据新规》删除了第4条，该条规定的是侵权诉讼中，举证责任倒置的八种情形，其中第八项是"因医疗行为引起的侵权诉讼，由医疗机构就医疗行为与损害结果之间不存在因果关系及不存在医疗过错承担举证责任"。

接着，多家医疗类公众号发表文章，诸如"专业医闹'利器'被废，这条法规改得痛快""医生必读！'举证责任倒置'规定被删除了！喜大普奔""医疗纠纷举证责任倒置，删得大快人心！""最新举证规则，医疗纠纷举证责任倒置条款被删除了"……除了标题党以外，众人皆以为《证据新规》删除了举证责任倒置的规定，医疗损害责任纠纷中，举证责任分配迎来了新时代。其实，大家想多了，不是这么回事。

其实，2020年生效的《证据新规》删除举证责任倒置规定，是对法律依据适用的梳理。

另外，处理过医疗纠纷的人都知道，医疗侵权纠纷中的医闹99%都不会走司法程序，因为他们深知：走司法程序并不能满足他们想要的利益。所以，将举证责任倒置规定说成是医闹的法律利器并不恰当。因此，《证据新规》删除举证责任倒置的规定，对医疗损害责任纠纷举证责任分配没有任何实际影响，欢欣鼓舞的人们，需要冷静。

1."举证责任"和"举证责任倒置"[①]的概念

（1）举证责任，是指当事人对自己提出的主张，有收集或提供证据的义务，并有运用该证据证明主张的案件事实成立，或有利于自己的主张的责任，否则将承担其主张不能成立的危险。

（2）举证责任倒置，是指按照通说规则，本来应当由一方当事人承担的举证责任，可以通过法律上的明确规定，转移给另一方当事人来承担。

2. 举证责任的基本规则和特殊规定

（1）基本规则

举证责任通说的基本规则是"谁主张，谁举证"，即案件事实由哪一方当事人提出来，其就应对该事实承担举证责任。如《中华人民共和国民事诉讼法》第64条规定："当

---

① 所指基于法律规定，将通常情形下本应由提出主张的一方当事人（一般是原告）就某种事由不负担举证责任，而由他方当事人（一般是被告）就某种事实存在或不存在承担举证责任，如果该方当事人不能就此举证证明，则推定原告的事实主张成立的一种举证责任分配制度。

事人对自己提出的主张,有责任提供证据。"最高人民法院《关于民事诉讼证据的若干规定》(旧规和《证据新规》基本相同)第1条规定:"原告向人民法院起诉或者被告提出反诉,应当提供符合起诉条件的相应的证据。"

最高人民法院关于适用《中华人民共和国民事诉讼法》的解释(以下简称《民诉解释》)第90条第1款规定:"当事人对自己提出的诉讼请求所依据的事实或者反驳对方诉讼请求所依据的事实,应当提供证据加以证明,但法律另有规定的除外。"这里注意"法律另有规定的除外",即法律有可能规定,或者说法律事先分配了与我们通常认识不同的举证责任;第90条第2款规定:"在作出判决前,当事人未能提供证据或者证据不足以证明其事实主张的,由负有举证证明责任的当事人承担不利的后果。"这是一个结果意义上的举证责任,不同于"谁主张,谁举证"的通说,这里是说谁承担举证责任谁承担该责任的后果。

《民诉解释》第91条规定:"人民法院应当依照下列原则确定举证证明责任的承担,但法律另有规定的除外:(一)主张法律关系存在的当事人,应当对产生该法律关系的基本事实承担举证证明责任;(二)主张法律关系变更、消灭或者权利受到妨害的当事人,应当对该法律关系变更、消灭或者权利受到妨害的基本事实承担举证证明责任。"这个条文明确"谁主张,谁举证"的通说原则可能会被两种方式改变,一是法官根据该条进行的举证责任重新分配,二是法律规定的举证责任重新分配。

(2)特殊规定

按照民事实体法有关侵权的一般理论,构成侵权的四个要件,即侵权行为和侵权结果的存在、行为与结果之间的因果关系,以及主观过错,原则上都由被侵权人承担举证责任。但实践中,在有些侵权人处于强势地位的特殊侵权中,如果由被侵权人承担举证责任,可能会有失公平,因此,特定情形下,为了实质正义或公平,举证责任可能会倒置。

2001年发布的最高人民法院《关于民事诉讼证据的若干规定》(旧规)第4条规定了八种侵权诉讼的举证责任倒置,分别是专利;高度危险作业;环境污染;建筑物或者其他设施以及建筑物上的搁置物、悬挂物发生倒塌、脱落、坠落;饲养动物;缺陷产品;共同危险行为;医疗侵权行为。

2010年生效的《中华人民共和国侵权责任法》(已随民法典施行而废止),以下条款再次细化了若干项特殊侵权的举证责任,其中第58条为医疗侵权。

从以上法条列举可以看出，虽然2020年5月1日生效的《证据新规》删除了第4条（八种特殊侵权诉讼）举证责任倒置的规定，但由于其他实体法早已经有了更细化的规定，因此《证据新规》删除举证责任倒置的规定对司法实践中举证责任分配，并无实际影响。

3. 医疗侵权诉讼的举证责任规定

2001年，旧规第4条第1款第8项确定了医疗侵权的举证责任倒置，规定了医疗机构承担的举证责任。

2010年，《中华人民共和国侵权责任法》第54条确定了过错责任原则，需要患者证明医疗机构存在过错、医疗行为与损害结果之间具有因果关系。在举证责任分配上，不再有举证责任倒置。第58条规定了医疗机构的过错责任推定原则为主的归责原则。按照此条规定，如果患者一方能够证明医疗机构有"违反法律、行政法规、规章以及其他有关诊疗规范的规定，隐匿或者拒绝提供与纠纷有关的病历资料，伪造、篡改或者销毁病历资料"等情形之一，即可推定医疗机构存在过错。这里虽没有明确举证责任倒置，但是明显减轻患者的举证责任。医疗机构在履行告知义务、主张免责等特定情形下承担举证责任。

2017年，《最高人民法院关于审理医疗损害责任纠纷案件适用法律若干问题的解释》第4条、第5条、第6条、第7条、第8条对医疗损害责任纠纷诉讼举证责任分配，进行了进一步明确，也没有举证责任倒置。如明确患方承担到医疗机构就诊、医疗机构存在过错、患方受到损害、医疗行为与损害结果之间的因果关系等举证责任，但可以对过错、因果关系等难以举证的专业问题申请司法鉴定。

2020年，《证据新规》删除了2001年旧规中举证责任倒置的条款（包括医疗侵权），不再涉及举证责任问题。

4.《证据新规》修改原因及适用解读

最高人民法院司法案例研究院详细解读了《证据新规》，修改的原因是"施行了十余年的2002版证据规定（旧规），历经民诉法三次修改和民诉法解释的出台，部分规定已落后于司法审判实践，为此，最高人民法院根据'四五改革纲要'关于'贯彻证据裁判规则、完善民事诉讼证明规则'的要求，对旧规进行了全面修改"。"《证据新规》是依照民诉法的规定，在民诉法解释的基础上，根据审判实践的需要，对旧规的修改、完善和补充。对于民诉法解释已经吸收的相关规定，《证据新规》原则上不再重复规定。

民事案件应适用证据的规定，还应包括民诉法、民诉法解释，以及民间借贷、建设工程等专项司法解释中的规定。"

最高人民法院司法案例研究院对《证据新规》适用的解读："……应注意实体法中关于证据的规定仍应适用。在适用时有以下三个尺度：实体法有规定的仍应优先适用，如旧规第4条关于侵权案件中举证责任分配的规定虽被删除，但在2010年实施的侵权责任法中有相关规定。"

早在2010年侵权责任法实施后，司法审判实践中，对医疗侵权纠纷诉讼就已经不再依据旧规第4条的举证责任倒置规定。查阅医疗侵权相关司法判例，可以看出，绝大多数医疗侵权诉讼，患者都申请了司法鉴定，印证了司法实践中依据2010年侵权责任法和2017年《最高人民法院关于审理医疗损害责任纠纷案件适用法律若干问题的解释》审理的事实。

本章总结：

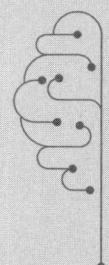

我们之所以将上述三部分内容放在一起讨论，并将之合称为来自外部的威胁，是因为医美机构中间已经有不少家因为经受不住这些威胁，而在创业之路上折戟沉沙。当然，来自外部的威胁远不止这些，我们选择了其中比较有代表性的几种情况，与大家分享。总的来说，抵御外部威胁的最佳方式是练好内功，让自己强大、完善、合规起来，将可能的危险消灭在萌芽状态，当然，这都是理想化的说辞；医美机构在成长之路上，总会犯错误，也会遭遇种种不公，甚至是有组织、有预谋、有目的的攻击，这时候就要拿起法律武器，并用知识武装自己。

参考文献

[1] 严伯钧.对立之美——西方艺术500年[M].北京：中信出版集团股份有限公司，2021.

[2] 周子衡.变轨[M].北京：中译出版社，2021.

[3] [日]三谷宏治.商业模式全史[M].马云雷，等译.南京：江苏凤凰文艺出版社，2016.

[4] [瑞士]亚历山大·奥斯特瓦德，[比利时]伊夫·皮尼厄.商业模式新生代[M].黄涛，等译.北京：机械工业出版社，2016.

[5] [日]野中郁次郎，[日]德冈晃一郎.商业模式创新实践[M].姚博文，译.北京：人民邮电出版社，2021.

[6] [日]近藤哲朗.商业模式2.0图鉴：全球100家新创企业的成功之道[M].北京：中国青年出版社，2020.

[7] [日]大前研一.数字化商业模式[M].王晓燕，译.北京：中信出版社，2006.

[8] [瑞士]亚历山大·奥斯特瓦德，[比利时]伊夫·皮尼厄，[瑞士]格雷格·贝尔纳达.价值主张设计[M].余锋，曾建新，李芳芳译.北京：机械工业出版社，2015.

[9] 戴建业.戴建业精读老子[M].上海：上海文艺出版社，2019.

[10] 萧延中.中国思维的根系研究笔记[M].北京：中央编译出版社，2020.

[11] [奥地利]路德维希·维特根斯坦.哲学研究[M].陈嘉映，译.上海：上海人民出版社，2005.

[12] [美]理查德·舒斯特曼.实用主义美学[M].北京：商务印书馆，2002.

[13] 王晓华.身体美学导论[M].北京：中国社会科学出版社，2016.

[14] 陶东风.文化研究：西方与中国[M].北京：北京师范大学出版社，2002.

［15］王国维.人间词话［M］.上海：上海古籍出版社，2019.

［16］医学名词审定委员会.医学美学与美容医学名词［M］.科学出版社，2015.

［17］［美］曼昆.经济学原理（典藏版）［M］.7版.梁小民，等译.北京：北京大学出版社，2017.

［18］李滨.中国医疗美容机构经营院长（全二册）［M］.北京：中国经济出版社，2020.

［19］［德］康德.康德三大批判合集（注释版）（康德文集注释版）［M］.李秋零，译.北京：中国人民大学出版社，2016.

［20］吴军.全球科技通史［M］.北京：中信出版集团，2019.

［21］［美］凯文·凯利.失控·全人类的最终命运和结局［M］.北京：新星出版社，2010.

［22］赵宏田.用户画像·方法论与工程化解决方案［M］.北京：机械工业出版社，2020.

［23］子非鱼，王东岳.著物演通论［M］.西安：陕西人民出版社，2009.

［24］［以色列］尤瓦尔·赫拉利.人类简史［M］.林俊宏，译.北京：中信出版社，2014.

［25］本雅明.本雅明文选［M］.陈永国，等译.北京：中国社会科学出版社，2011.

［26］国家卫生健康委主编.中国卫生健康统计年鉴（2021）［M］.北京：中国协和医科大学出版社，2021.

［27］［德］马克斯·韦伯.经济与社会（第一卷）［M］.阎克文，译.上海：上海人民出版社，2010.

［28］中华医学会.临床技术操作规范·美容医学分册［M］.北京：中华医学电子音像出版社，2004.

［29］朱光潜.谈美［M］.北京：金城出版社，2006.

［30］熊逸.逍遥游（当庄子遭遇现实）［M］.北京：北京联合出版公司，2018.

［31］［英］罗伯特·戴博德.蛤蟆先生去看心理医生［M］.天津：天津人民出版社，2020.

［32］［美］尼古拉斯·克里斯塔基斯，詹姆斯·富勒.大连接［M］.北京：中国人民大学出版社，2013.

［33］邹振东.弱传播［M］.北京：国家行政学院出版社，2018.

[34][美]史蒂文·史密斯.现代性及其不满[M].朱陈拓,译.北京:九州出版社,2021.

[35][加拿大]马歇尔·麦克卢汉.理解媒介:论人的延伸[M].何道宽,译.南京:译林出版社,2019.

[36][美]兰迪·奥尔森.科学需要讲故事[M].高爽,译.重庆:重庆大学出版社,2018.

[37][美]索尔斯坦·凡勃伦.有闲阶级论[M].凌复华,等译.上海:上海译文出版社,2019.

[38][法]雅克·拉康.拉康选集[M].褚孝泉,译.上海:华东师范大学出版社,2019.

[39]师永刚.无国界病人[M].北京:人民文学出版社,2022.

[40][美]汉娜·阿伦特.艾希曼在耶路撒冷:一份关于平庸的恶的报告[M].安尼,译.南京:译林出版社,2017.

[41]刘擎.西方现代思想讲义[M].北京:新星出版社,2021.

[42][美]威尔伯·施拉姆,[美]威廉·波特.传播学概论(第二版)[M].何道宽,译.北京:中国人民大学出版社,2010.

[43][英]格雷戈·麦吉沃恩.精要主义:如何应对拥挤不堪的工作和生活[M].邵信芳,译.杭州:浙江人民出版社,2016.

[44][奥]西格蒙德·弗洛伊德.精神分析引论[M].高觉敷,译.北京:商务印书馆,1984.

[45]林语堂.孔子的智慧[M].黄嘉德,译.长沙:湖南文艺出版社,2016.

[46][英]约翰·伯格.观看之道[M].戴行钺,译.桂林:广西师范大学出版社,2015.

[47][美]弗朗西斯·福山.我们的后人类未来:生物技术革命的后果[M].黄立志,译.桂林:广西师范大学出版社,2016.

[48][美]理查德·舒斯特曼.通过身体来思考:身体美学文集[M].张宝贵,译.北京:北京大学出版社,2020.

[49][捷克]扬·索克尔.小哲学:如何思考普通的事物[M].何文忠,等译.北京:北京大学出版社,2018.

[50]周建武.科学推理:逻辑与科学思维方法[M].2版.北京:化学工业出版社,2020.

[51] 周宪.美学是什么[M].北京：北京大学出版社，2015.

[52] 牟宗三.中国哲学十九讲[M].贵阳：贵州出版集团，2020.

[53] [斯洛文尼亚]阿列西·艾尔雅维奇.审美革命与20世纪先锋运动[M].胡漫，译.上海：东方出版中心，2021.

[54] [美]彼得·基维.美学指南[M].2版.彭锋，等译.南京：南京大学出版社，2018.

[55] [美]Paul Graham.黑客与画家·来自计算机时代的高见[M].阮一峰，译.北京：人民邮电出版社，2013.

[56] 刘悦笛.审美即生活[M].北京：商务印书馆，2021.